工业和信息化蓝皮书

# 数字经济发展报告
# （2020—2021）

Annual Report on the Development of Digital Economy
（2020-2021）

国家工业信息安全发展研究中心
赵岩　主编

電子工業出版社·

Publishing House of Electronics Industry

北京·BEIJING

## 内 容 简 介

本书是国家工业信息安全发展研究中心连续推出的数字经济领域的权威报告，本书系统阐述了 2020—2021 年度数字基础设施、数据要素、数字产业、产业数字化转型、数字政府、数字贸易等数字经济重点领域的发展态势，梳理和总结了主要国家和地区数字经济发展的特点，并对疫情对数字经济的影响、数字基建、数据要素价值评估、数字贸易规模测度、数字营商环境、互联网企业发展态势等年度热点问题进行了专题介绍。

希望本书反映的新态势、洞察的发展规律、研判的未来发展趋势，能够给数字经济领域的政府领导和专家学者提供参考和借鉴。

**图书在版编目（CIP）数据**

数字经济发展报告. 2020—2021 / 赵岩主编. —北京：电子工业出版社，2021.8

（工业和信息化蓝皮书）

ISBN 978-7-121-41977-5

Ⅰ. ①数… Ⅱ. ①赵… Ⅲ. ①信息经济－经济发展－研究报告－中国－2020-2021 Ⅳ. ①F492

中国版本图书馆 CIP 数据核字（2021）第 186412 号

责任编辑：刘小琳　　特约编辑：朱　言
印　　刷：北京盛通商印快线网络科技有限公司
装　　订：北京盛通商印快线网络科技有限公司
出版发行：电子工业出版社
　　　　　北京市海淀区万寿路 173 信箱　　邮编：100036
开　　本：720×1 000　1/16　印张：24.5　字数：390 千字
版　　次：2021 年 8 月第 1 版
印　　次：2022 年 4 月第 2 次印刷
定　　价：128.00 元

凡所购买电子工业出版社图书有缺损问题，请向购买书店调换。若书店售缺，请与本社发行部联系，联系及邮购电话：（010）88254888，88258888。

质量投诉请发邮件至 zlts@phei.com.cn，盗版侵权举报请发邮件至 dbqq@phei.com.cn。

本书咨询联系方式：liuxl@phei.com.cn，（010）88254538。

# 《数字经济发展报告（2020—2021）》
## 课题组

课题编写     国家工业信息安全发展研究中心

               信息政策所

组　　长     蒋　艳

副 组 长     黄　鹏　高晓雨

成　　员     殷利梅　路广通　牛玮璐　郑　磊　王梦梓

               王一鹤　方元欣　赵令锐　李　潇　元志林

# 主编简介

　　赵岩，国家工业信息安全发展研究中心主任、党委副书记，高级工程师；全国信息化和工业化融合管理标准化技术委员会副主任委员；长期致力于科技、数字经济、产业经济、两化融合、工业信息安全、新一代信息技术等领域的政策研究、产业咨询、技术创新和行业管理工作；主持和参与多项国家和省级规划政策制定；主持多项国家科技安全专项、重大工程专项和国家重点研发计划项目；公开发表多篇文章，编著多部报告和书籍。

# 国家工业信息安全发展研究中心简介

国家工业信息安全发展研究中心（工业和信息化部电子第一研究所，以下简称"中心"），是工业和信息化部直属事业单位。经过 60 多年的发展与积淀，中心以"支撑政府、服务行业"为宗旨，构建了以工业信息安全、产业数字化、软件和知识产权、智库支撑四大板块为核心的业务体系，发展成为工业和信息化领域有重要影响力的研究咨询与决策支撑机构，以及国防科技、装备发展工业的电子领域技术基础核心情报研究机构。

中心业务范围涵盖工业信息安全、两化融合、工业互联网、软件和信创产业、工业经济、数字经济、国防电子等领域，提供智库咨询、技术研发、检验检测、试验验证、评估评价、知识产权、数据资源等公共服务，并长期承担声像采集制作、档案文献、科技期刊、工程建设、年鉴出版等管理支撑工作。中心服务对象包括工业和信息化部、中共中央网络安全和信息化委员会办公室、科学技术部、国家发展和改革委员会等政府机构，以及科研院所、企事业单位和高等院校等各类主体。

"十四五"时期，中心将深入贯彻总体国家安全观，统筹发展和安全，聚焦主责主业，突出特色、整合资源，勇担工业信息安全保障主要责任，强化产业链供应链安全研究支撑，推进制造业数字化转型，支撑服务国防军工科技创新，着力建设一流工业信息安全综合保障体系、一流特色高端智库，构建产业数字化数据赋能、关键软件应用推广、知识产权全生命周期三大服务体系，打造具有核心竞争力的智库支撑、公共服务、市场化发展3种能力，发展成为保障工业信息安全的国家队、服务数字化发展的思想库、培育软件产业生态的推进器、促进军民科技协同创新的生力军，更好地服务我国工业和信息化事业高质量发展。

# 序

当前世界正在经历百年未有之大变局，新一轮科技革命和产业变革深入发展，国际力量对比深刻调整。新冠肺炎疫情给世界经济带来的冲击正在进一步显现，全球经济一体化萎缩，贸易保护主义兴起。科技脱钩、网络攻击、规则博弈等冲突进一步加剧，使不同发展理念、体系、路径、能力分化加快。我们必须深刻认识错综复杂的国际环境带来的新矛盾和新挑战，增强风险意识和机遇意识，保持战略定力，趋利避害。习近平总书记强调，"要主动应变、化危为机，以科技创新和数字化变革催生新的发展动能"。

以网络和信息技术为代表的新一轮科技革命不断推动传统经济发展和产业模式的变革，数字经济成为新格局的重要标志。各国家和地区纷纷发布高科技战略，抢占未来技术竞争制高点。例如，美国的《关键和新兴技术国家战略》、欧盟的《2030 数字指南针：欧盟数字十年战略》、韩国的《2021—2035 核心技术计划》等，均大力布局人工智能、半导体、生物技术、量子计算、先进通信等前沿技术。2020 年以来，我国也出台了《新时期促进集成电路产业和软件产业高质量发展的若干政策》和《工业互联网创新发展行动计划（2021—2023 年）》等引导政策，鼓励 5G、集成电路、工业互联网等重点 IT 产业发展。《中华人民共和国国民经济和社会发展第十四个五年规划和 2035 年远景目标纲要》（以下简称《纲要》）将加强关键数字技术创新应用，特别是高端芯片、操作系统、人工智能、传感器等关键领域的技术产品应用列为当前政策鼓励重点。

新冠肺炎疫情导致全球消费模式发生变化，根据麦肯锡 2021 年 1 月发布的报告，新冠肺炎疫情使超过 60% 的消费者改变了购物习惯，37% 的消费者更多地选择在网上购物；企业开始使用在线客户服务、远程办公，并使用 AI 和机器学习来改进运营；数字化创业企业大量涌现，企业间并购重组行为增多。同时，新冠肺炎疫情揭示了许多企业供应链的脆弱性，全球供应链面临重构，未来的供应链链条将趋于区域化、本地化、分散化。从全球来看，发达国家尤其是美国一直高度重视供应链安全，美国近几年发布了《全球供应链安全国家战略》《建立可信 ICT 供应链白皮书》等多个文件，拜登政府在短短几个月内发布了 3 个相关行政令——《可持续公共卫生供应链行政命令》《确保未来由美工人在美制造行政令》《美国供应链行政令》，不断强化自主供应链建设，并联合盟友共同维护供应链安全。面对部分发达国家从供需两侧对我国供应链的限制，中央经济工作会议强调要增强产业链供应链自主可控能力，并做出一系列部署，强化高端通用芯片、机器人、高精度减速器、工业软件、光刻机等高端产品的自主性。《纲要》进一步提出实施"上云用数赋智"行动，推动数据赋能全产业链协同转型。

数字化的快速推进导致网络风险呈指数级增长。美国欧亚集团认为，未来 5 到 10 年内，网络安全将成为全球第三大风险。一方面，很多国家和地区纷纷通过加强数据保护等举措努力在维护公共利益和保护个人隐私之间寻求平衡。另一方面，网络漏洞、数据泄露等问题日益凸显，有组织、有目的的网络攻击不断增多，网络安全防护工作面临更多挑战。国家工业信息安全发展研究中心监测数据显示，2020 年全球工业信息安全事件涉及 8 大领域、16 个细分领域，其中，装备制造、能源等行业遭受的网络攻击最严重，交通运输、电子信息制造、消费品制造、水利等行业网络攻击呈现高发态势。2020 年以来，我国发布了《数据安全法》《电信和互联网行业数据安全标准体系建设指南》《工业互联网数据安全防护指南》《关于开展工业互联网企业网络安全分类分级管理试点工作的通知》等法律法规和规范文件，形成我国在数据安全、工业网络安全防护等方面的基本制度安排。

我们要围绕产业链部署创新链、围绕创新链布局产业链，推动经济高质量发展迈出更大步伐。进一步强调创新在现代化建设全局中的核心地位，把科技自立自强作为国家发展的战略支撑，以创新驱动引领高质量供给和创新需求，畅通国内大循环，促进国内国际双循环，全面促进消费，拓展投资空间，深入推动数字经济与实体经济融合，强化产业链安全，打造良好的产业生态，实现产业链各方"共创、共享、共赢"。

新时期，工业和信息化发展的着力点包括以下几个方面。

**一是加强国家创新体系建设**。打造国家战略科技力量，推动产学研用合作，强化科技创新与产业政策之间的协同效应。围绕创新链布局产业链，依托科技创新成果开辟新的产业和业态。创新链引发的创新行为既提升了产业各环节的价值，也拓展和延伸了产业链条。围绕产业链部署创新链，产业链的每个环节或节点都可能成为创新的爆发点，从而带动整个产业链中各环节的协同创新。这种闭环关系体现了创新链与产业链的深度融合、科技与经济的深度融合。

**二是加快产业数字化转型**。目前，我国消费端的数字化转型进程较快，但产业端数字化转型相对滞后，影响了数字经济的整体发展。通过深化数字技术在实体经济中的应用，实现传统产业的数字化、网络化、智能化转型，不断释放数字技术对经济发展的放大、叠加、倍增作用，是传统产业实现质量变革、效率变革、动力变革的重要途径。"十四五"时期要围绕加快发展现代产业体系，推动互联网、大数据、人工智能等同各产业深度融合，实施"上云用数赋智"，大力推进产业数字化转型，提高全要素生产率，提高经济质量效益和核心竞争力。

**三是加快数字化人才培养**。数字化转型不仅涉及数字技术的运用，而且涉及组织结构和业务流程再造。在这个过程中，数字化人才建设至关重要。数字化人才既包括首席数据官等数字化领导者，也包括软件工程师、硬件工程师、大数据专家等数字化专业人才，还包括将数字化专业技术与企业转型实践结合起来的数字化应用人才。这需要高校、企业、研究机构和社会各界力量积极参与，通过校企合作、产教融合、就业培训等多种形式，开设适应不同人群、不同层次的教育培训课程，提高全民的数字素养和数字技能。《纲要》要求，"加强全民数字技能教育和培训，普及提升公民数字素养"。针对劳动者的数字职业技能，人力资源和社会保障部研究制定了《提升全民数字技能工作方案》对数字技能培养提出了具体举措。

**四是充分发挥市场与政府的作用**。将有效市场与有为政府结合，企业是市场经济主体，但政府的作用也必不可少。工业互联网作为产业数字化的重要载体已进入发展快车道，在航空、石油化工、钢铁、家电、服装、机械等多个行业得到应用。基于工业互联网平台开展面向不同场景的应用创新，不断拓展行业价值空间，赋能中小企业数字化转型。为确保该产业健康发展，工业和信息化部等十部门已印发《加强工业互联网安全工作的指导意见》，明确建立监督检查、信息共享和通报、应急处置等工业互联网安全管理制度，建设国家工业互联网安全技术保障平台、基础资源库和安全测试验证环境，构建工业互联网安全评估体系，为培育具有核心竞争力的工业互联网企业提供良好环境。

**五是大力支持中小微企业发展**。中小微企业是数字化转型和数字经济发展的关键。中央政府层面已经推出多项减税降费举措，并鼓励金融资本服务实体经济，积极利用金融资本赋能产业技术创新和应用发展，打造多元化资金支持体系，努力形成产业与金融良性互动、共生共荣的生态环境。工业和信息化部通过制造业单项冠军企业培育提升专项行动、支持"专精特新"中小企业高质量发展等举措，大大提升了中小企业创新能力和专业化水平，有助于提升产业链供应链稳定性和竞争力。国家发展和改革委员会联合相关部门、地方、企业近 150 家单位启动数字化转型伙伴行动，推出 500 余项帮扶举措，为中小微企业数字化转型纾困。

2021 年，面对日趋复杂、严峻的国际竞争格局，我们需要坚持以习近平新时代中国特色社会主义思想为指导，准确识变、科学应变、主动求变，积极塑造新时代我国工业和信息化建设新优势、新格局。值此之际，国家工业信息安全发展研究中心推出 2020—2021 年度"工业和信息化蓝皮书"，深入分析数字经济、数字化转型、工业信息安全、人工智能、新兴产业、中小企业和"一带一路"产业合作等重点领域的发展态势。相信这套蓝皮书有助于读者全面理解和把握我国工业和信息化领域的发展形势、机遇和挑战，共同为网络强国和制造强国建设贡献力量。

是以为序。

中国工程院院士

# 摘　要

2020 年，新冠肺炎疫情突如其来、肆虐全球，世界经济发展受到严重冲击。与此同时，数字经济却展现出强大的发展韧性和抗冲击能力，实现逆势增长，为全球经济复苏注入重要动力。在后疫情时代，数字技术必将进一步快速发展和创新，持续重塑世界经济和社会。《数字经济发展报告（2020—2021）》在全面跟踪各国（地区）数字经济发展情况的基础上进行综合研究，重点探讨了 2020 年数字经济领域的战略政策、具体举措和热点问题，分析数字经济呈现的新特点和新亮点，并针对热点领域进行了专题研究，具有很强的综合性、系统性和前瞻性。

本报告分为 5 个部分，共计 22 篇文章。总体结构如下：第 1 部分是总报告，包括数字经济 2020 年形势与 2021 年展望、2020 年全国数字经济发展水平分析、2020 年主要国际组织数字经济议题演进态势分析 3 篇文章；第 2 部分是领域篇，涵盖数字基础设施、数据要素、数字产业、产业数字化、数字政府、数字贸易 6 篇文章；第 3 部分是国家和地区篇，涵盖中国、美国、欧盟、日本、东盟数字经济发展情况的 5 篇文章；第 4 部分是专题篇，涵盖疫情对数字经济的影响、数字基建、数据要素价值评估、数字贸易发展、数字营商环境、大型互联网企业发展态势等主题的 6 篇文章。第 5 部分是附录，包括数字经济领域相关政策及指数和 2020 年经济领域十大事件。本报告是对全球数字经济进行研究的综合性年度报告，可供数字经济领域的主管领导、专家学者、研究人员参考借鉴。

# Abstract

In 2020, the COVID-19 epidemic suddenly came to the world, and the world economy was seriously affected. At the same time, the digital economy showed strong development resilience and anti shock ability, realizing the growth of counter trend, and injected an important impetus for the global economic recovery. In the post epidemic era, digital technology is bound to further rapid development and innovation, and continue to reshape the world economy and society. *ANNUAL REPORT ON THE DEVELOPMENT OF DIGITAL ECONOMY (2020-2021)*, a comprehensive study based on comprehensively tracking the development of digital economy in various countries and regions, which focuses on the strategic policies, specific measures, and hot issues in the field of digital economy in 2020, analyzes the new features and highlights of the digital economy, and conducts a special study on the hot areas, which is highly comprehensive, systematic and forward-looking.

This report is divided into four parts, a total of 20 articles. The overall structure is as follows: the first part is the general report, including three articles, the situation of digital economy in 2020 and the outlook for 2021, the analysis of the development level of national digital economy in 2020, and the analysis of the evolution trend of digital economy issues of major international organizations in 2020; the second part is the field, covering digital infrastructure, data elements, digital industry, industry digitization, digital government, and digital trade; the third part is about countries and regions, including five articles on the development of digital economy in China, the United States, the European Union, Japan and ASEAN; the fourth part is about special topics, including the impact of the epidemic on digital economy, digital infrastructure, value evaluation of data elements, development of digital trade, digital business environment and development trend of large Internet enterprises. The fifth part is the appendix, including relevant policies and indexes in the field of digital economy , and the top ten events in the field of digital economy in 2020. This report is a comprehensive annual report on the research of global digital economy, which can be used for reference by leaders, experts, scholars and researchers in the field of digital economy.

# 目　录

## Ⅰ　总报告

## Ⅱ　领域篇

# Ⅲ 国家和地区篇

# Ⅳ 专题篇

# Ⅴ 附录

# Ⅰ 总 报 告

## General Reports

B.1

# 数字经济 2020 年形势与 2021 年展望

高晓雨　殷利梅　郑磊　王梦梓　路广通
牛玮璐　王一鹤　赵令锐　方元欣　李潇[1]

**摘　要：**2020 年，面对突如其来的新冠肺炎疫情，数字经济展现出强大的发展韧性，实现逆势增长，为世界经济复苏、增长注入重要动力。数字基础设施高速泛在化，天地空一体化网络融合发展。数据要素的价值日益凸显，数据开发利用水平不断提高。数字产业化保

---

[1] 高晓雨，国家工业信息安全发展研究中心信息政策所副所长、高级工程师，专注于数字经济政策研究；殷利梅，国家工业信息安全发展研究中心信息政策所数字经济研究室主任、高级工程师，研究方向为数字经济战略、数字政府、数据要素；郑磊，国家工业信息安全发展研究中心所数字经济研究室副主任，工程师，研究方向为数字经济战略、数字贸易、数据治理；王梦梓，国家工业信息安全发展研究中心工程师，博士，研究方向为数字经济测度、产业数字化、数字经济战略；路广通，国家工业信息安全发展研究中心工程师，研究方向为平台经济、数字经济国际合作、数字税；牛玮璐，国家工业信息安全发展研究中心工程师，研究方向为数字经济国际合作、数字贸易；王一鹤，国家工业信息安全发展研究中心工程师，研究方向为数字经济战略、数字产业；赵令锐，国家工业信息安全发展研究中心工程师，博士，研究方向为数字化转型、数字经济测度、数据产权；方元欣，国家工业信息安全发展研究中心工程师，研究方向为数字经济国际合作、数字经济测度、数字贸易；李潇，国家工业信息安全发展研究中心工程师，研究方向为数字经济、数据要素、产业数字化。

持快速增长，疫情推动在线服务加速普及。产业数字化发展全面提速，各领域数字化转型加快推进。数字政府发展向纵深推进，政府数字化领导力日益提升。数字治理规则侧重规范化，部分领域已达成全球性共识。国际合作联盟化趋势凸显，双循环新发展格局正在形成。疫情在凸显数字经济发展韧性的同时，也显现了不少发展过程中存在的问题与挑战。"数据孤岛"制约了数据要素价值开发和利用，工业互联网面临行业复杂性掣肘突破仍需假以时日，大型互联网企业与实体经济和线上经营者争利，数字鸿沟由"接入鸿沟"向"能力鸿沟"演变，数字经济国际规则对企业海外权益保障有效性不足，数字经济测度体系的"宽""窄"口径均亟待完善。展望"十四五"时期，数字经济将保持快速、持续、健康发展，成为未来经济发展"主形态"，我国作为全球数字经济第二大国，有望实现增速领跑。分领域看，算力基础设施对经济社会发展的支撑作用不断扩大，数据交易在"区块链+隐私计算"等新技术的推动下将会实现破局，政府、企业、个人对于数字化的理解、使用水平都将得到极大提升，数字消费不断提质扩容，增强经济发展的新动能，线上线下融合发展推动工作生活方式加速变革，数字贸易在竞争合作中步入高速发展的新阶段，部分数字治理规则将达成具体规范性监管框架，数字经济安全发展基础也将得到进一步巩固提升。为大力发展数字经济，充分发挥数字经济的推动作用，下一步的建议是：一是明晰数字经济"三个抓手、两个进程、一个环境"的"三二一"发展框架；二是布局泛在先进的数字基础设施体系；三是健全安全高效的数据开发利用体系；四是打造繁荣共享的数字消费生态体系；五是推进融合化的产业数字化发展体系；六是推动更高质量的数字贸易发展体系；七是完善包容审慎的数字经济监管体系；八是构建高水平的对外开放双循环体系；九是建立科学包容的数字经济测度体系。

**关键词：** 数字经济；逆势增长；"十四五"规划；发展框架

**Abstract:**　In 2020, in the face of the sudden COVID-19 epidemic, the digital economy will show strong development resilience, achieve growth against the trend, and inject important impetus to the recovery and growth of the world economy. Digital infrastructure has become ubiquitous at a high speed, and the integration of space, earth and air networks has developed. The value of data elements has become increasingly prominent, and the level of data development and utilization has continued to deepen. Digital industrialization has maintained rapid growth, and the epidemic has promoted the accelerated popularization of online services. The digital development of the industry has accelerated in an all-round way, and the digital transformation of various fields has been accelerated. The development of digital government is advancing in depth, and the government's digital leadership is increasing day by day. Digital governance rules focus on standardization, and global consensus has been reached in some areas. The trend of international cooperation and alliances is prominent, and a new dual-cycle development pattern is taking shape. While the epidemic has highlighted the resilience of the digital economy, it has also revealed many problems and challenges in the development process. "Data silos" restrict the development and utilization of the value of data elements. The industrial Internet is facing the constraints of industry complexity and it will take time to break through. Large Internet companies compete with the real economy and online operators for profits. The digital divide is changing from the "access gap" to "capability". The "gap" evolves, the international rules of the digital economy are not effective in protecting companies' overseas rights and interests, and the "broad" and "narrow" calibers of the digital economy measurement system are in urgent need of improvement. Looking forward to the "14th Five-Year Plan", the digital economy will maintain rapid, sustained and healthy development and become the "main form" of future economic development. As the world's second largest country in the digital economy, my country is expected to lead the way in growth. In terms of different fields, the supporting role of computing power infrastructure for economic and social development continues to expand. Data transactions will be broken through the promotion of new technologies such as "blockchain & privacy computing". Governments, enterprises, and individuals will understand, use, and use numbers. Skills will be greatly improved, digital consumption will continue to be upgraded and expanded to enhance the new momentum of economic development, online and offline integrated development promotes accelerated changes in work and lifestyle, digital trade has entered a new stage of rapid development in competition and cooperation, and some digital governance The rules will reach a specific and normative regulatory framework, and the foundation for the secure development of the digital economy will also be further consolidated and improved. In order to vigorously develop the digital economy and give full play to the role of the digital economy, the next step is to make recommendations: first, clarify the "three-two-one" development framework of "three hands, two processes, and one environment" for the digital economy; second, the layout is ubiquitous Advanced digital infrastructure system, the third is to improve the safe and efficient data development and utilization system, the fourth is to create a prosperous and shared digital consumption ecosystem, the fifth is to promote the integrated industrial digital development system, and the sixth is to promote the development of higher-quality digital trade. System, seven is to improve an inclusive and prudent digital economy supervision system, eight is to build a high-level dual-cycle system of opening to the outside world, and nine is to establish a scientific and inclusive digital economy measurement system.

**Keywords:** Digital Economy; Contrary Growth; "14th Five-Year" Plan; Development Framework

习近平总书记指出，数字经济是全球未来的发展方向。数字经济以其广泛的渗透力和融合力，支撑实体经济数字化、网络化、智能化跃升，推动经济高质量发展的作用愈加凸显。

# 一、基本情况

2020 年是极不平凡的一年。面对突如其来的新冠肺炎疫情，数字经济逆势上扬，展现出强大的韧性与活力，为世界经济复苏、增长注入重要动力，成为推动各国发展的新动能。

## （一）数字经济展现出强大韧性，全球对其重视程度再创新高

一是疫情之下数字经济实现逆势增长。放眼全球，疫情以非自然演进的方式推进各领域数字化转型，数字经济有望成为推动全球经济复苏并实现可持续增长的新动能。国际货币基金组织（IMF）在 2020 年 10 月发布

的《世界经济展望》指出，新冠肺炎疫情在 2020 年对于经济整体的增加值冲击达到 7.5%，其中，对于批发零售、交通运输、住宿餐饮、艺术、娱乐、休闲和其他服务的负面影响最大，分别高达-14.7%和-16.1%[1]，但对于信息和通信等行业的冲击明显较小。美国塔夫茨大学弗莱彻学院与万事达卡合作开发的 2020 年第三版《数字进化记分卡》显示，针对新冠肺炎疫情带来的负面影响，数字化至少提供了 20%的经济复原力。从国内来看，国家统计局数据显示，2020 年信息传输、软件和信息技术服务业增加值增长 16.9%，增速快于第三产业 14.8 个百分点；12 月，营业收入增长 13.5%，增速快于规模以上服务业 11.9 个百分点。全国网上零售额 117601 亿元，比上年增长 10.9%，其中实物商品网上零售额增长 14.8%，占社会消费品零售总额的比重为 24.9%，比 2019 年提高 4.2 个百分点。

二是数字战略引领数字化转型新方向。新冠肺炎疫情加速全球数字化转型，数字经济已经成为抢占全球竞争制高点的重要战略选择，各国和地区纷纷加强数字经济政策制定工作。经济合作与发展组织（OECD）发布的《2020 年数字经济展望》报告显示，在对 37 个国家开展的数字经济政策调查中，有 34 个国家制定了国家总体数字战略。具体经济体方面，2020年 2 月，欧盟发布《塑造欧洲数字未来》等三份政策文件，标志其正式启动"数字新政"，意图打造值得信赖的数字经济领导者，建立一个有别于中美的"数字化第三极"。美国、英国等国家也相继出台数字经济相关战略，有针对性地优先推进数据、人工智能、个人隐私保护等事项。具体领域方面，数字政府、数字基础设施、数字技术创新和数字化转型技能等都是重要的政策目标。

三是更多政府启动最高级别协调机制。加强政府最高层（总理/总理府或专职部门）政策协调已经成为全球推进数字经济最强有力的机制和举措。智利、哥伦比亚、土耳其等 8 个 OECD 成员国的数字战略由总统、总理或总理领导的协调办公室进行制定和责任分工。奥地利、比利时、希腊、以色列、斯洛文尼亚、瑞典和英国等国家专门设立了负责数字事务的部门。2019 年年底就职的现任欧委会中，将与数字经济相关的数字单一市场欧委会执行副主席、反垄断竞争委员、数字经济与社会委员三个职位合而为一，并升级为执行副主席，总体统筹布局数字经济发展。法国还另设了"国家数字经济事务部长"，该部长同时隶属于经济与财政部和公共行动与统计部，主管数字经济相关工作。

## （二）数字基础设施高速泛在化，天地空一体化网络融合发展

一是全球移动宽带网络部署速度放缓。截至 2020 年年底，全球超过 93% 的人口获得 3G 移动宽带网络，近 85% 的人口被 4G 网络覆盖。从 2015 年到 2020 年，全球 4G 网络覆盖率增长了两倍，自 2017 年以来，年增长率一直在逐渐放缓，2020 年的覆盖率仅比 2019 年高 1.3 个百分点，其中，非洲 2020 年在 4G 部署方面实现了 21% 的增长，其他地区增长可以忽略不计。在新冠肺炎疫情期间，国际带宽使用量增长加速，据国际电信联盟（ITU）预测，2020 年全球国际带宽使用量已增长 38%，比 2019 年增长了 6 个百分点。国际带宽使用率最高的地区是亚太地区（超过 300TB/s），随后是欧洲（超过 150Tbps）和美洲（超过 140Tbps）。

二是中国 5G 建设继续领跑全球。新冠肺炎疫情全球大流行导致远程访问的需求激增，5G 部署全面提速。Gartner 当时估测，2020 年全球约有 81 亿美元的资金用于建设 5G 基础设施，超过 20% 的无线基础设施支出将用于 5G 建设。2020 年是 5G 商用的第二年，自首个 5G 商用网络推出以来，超过 95 家运营商已在超过 40 个国家及地区推出 5G 商用网络服务。预计到 2020 年全球 5G 智能手机出货量将达 7.5 亿部，到 2025 年全球 5G 连接数将接近 30 亿，5G 流量将占全球移动网络数据流量的 45%。中国 5G 成绩单更为耀眼，5G 网络建设速度和建设规模位居全球第一。2020 年，中国新增 58 万个 5G 基站，累计建成 71.8 万个 5G 基站，5G 手机在国内手机市场出货量占比连续数月超过 60%，5G 智能终端领域持续领航。

三是卫星互联网建设按下"加速键"。卫星互联网是未来解决泛在通信的有效手段，已经历与地面通信网络的竞争阶段、补充阶段，目前正走

向融合阶段。ITU 等国际标准化组织明确提出了卫星是移动通信的接入手段之一，未来 6G 标准工作预计有一半内容涉及空天地一体化。各国相继将卫星互联网建设提升为国家战略，吸引航天和互联网巨头涌入，目前全球发布低轨卫星星座建设计划的公司接近 30 家，呈现"美国主导，其他航天国家加速跟进"的国际竞争态势。截至 2020 年第一季度末，全球低轨通信卫星在轨数量为 710 颗，其中美国在轨数量为 526 颗，占全球总量的 74%，战略部署优势显著，英国和俄罗斯在轨数量分别为 75 颗和 53 颗，分列第二位和第三位。中国低轨通信卫星在轨数量为 18 颗，目前排在第四位。2020 年 4 月，卫星互联网被国家发展和改革委员会纳入"新基建"信息基础设施之一，标志着 2020 年成为我国卫星互联网建设元年，未来有望呈现快速发展态势。

## （三）数据要素的价值日益凸显，数据开发利用水平不断提高

一是数据促进经济增长作用日益凸显。全球数据量飞速增长，据 IDC 预测，2025 年全球数据圈将达到 175ZB，中国数据圈将增长至 48.6ZB，占全球数据圈的 27.8%，拥有全球最大的数据圈。欧盟数据市场报告显示，2020 年欧盟 27 国及英国的数据经济价值预计达 4439.25 亿欧元，年增长率达 9.2%，对欧盟 2019 年 GDP 的贡献比达 2.6%。英国方面数据显示，数据经济占 2020 年英国 GDP 的 4% 左右。为加快对数据价值的挖掘，各国争相布局数据战略：2019 年 12 月，美国发布《联邦数据战略与 2020 年行动计划》；2020 年 2 月，欧盟发布《欧盟数据战略》；2020 年 9 月，英国发布《国家数据战略》。

二是行业数据价值开发进展明显。在金融、海洋、医疗等领域，各国已经探索出较完善的数据开发利用模式。金融数据方面，开放银行模式已被大多数国家和组织接受。英国、欧盟、日本、新加坡、澳大利亚、印度、巴西等国家和组织均布局开放银行，如表 1-1 所示。海洋数据方面，美国探索公私合作的数据开放共享模式，政府负责采集高质量环境数据，企业

提供基础设施和可扩展计算能力。健康医疗数据方面，英国开展地方卫生和保健记录项目，致力于提高国家保健服务及其合作伙伴如何安全可靠地分享信息的门槛，以为公民提供更好的护理。我国无锡市开展"个人医疗健康试点"，利用个人健康账户管理系统，通过基层把医保和医疗融合在一起，实现三医联动。

表 1-1　2020 年部分国家布局开放银行情况

| 时间 | 国家 | 相关情况 |
| --- | --- | --- |
| 5 月 | 澳大利亚 | 对银行业的开放银行数据分享进行了规定 |
| 5 月 | 巴西 | 发布首部开放银行业务法规 |
| 6 月 | 英国 | 实施组织推出开放银行 App Store |
| 12 月 | 韩国 | 宣布 18 家公司将开始提供开放银行服务 |

资料来源：国家工业信息安全发展研究中心整理。

三是发挥数据价值成为城市建设重点。2020 年以来，各地方智慧城市政策中均提出要加大城市数据开发利用。其中，政务数据开放、城市数据大脑、数据流通等成为关键词。截至 2020 年 10 月，我国 66% 的省级行政区（不包含港澳台）、73% 的副省级和 35% 的地级行政区上线了政府数据开放平台。城市大脑在杭州等地取得显著成效。例如，杭州城市大脑已形成 11 个重点领域的 48 个应用场景，惠及企业 27 万家，服务普通市民 200余万人。贵州省铜仁市开发"数据主体自主管理模式"，通过可信数据身份为个人创建账户，在数据使用时经过个人、政府的双重确认，促进数据合法有序流通。

## （四）数字产业化保持快速增长，疫情推动在线服务加速普及

一是互联网和相关服务业逆势增长。2020 年 1—11 月，我国规模以上互联网和相关服务企业完成业务收入 11466 亿元，同比增长 12.7%。2020年全年，我国排名前 30 位的大型互联网上市企业总市值增长了 63.8%，增速远高于 2019 年的 38.2% 和 2018 年的 -21.5%。其中，从事互联网与传

统服务相融合（O2O）业务的企业市值增速高达 102.7%。在全球，2020 年排名前 70 位的上市互联网企业总市值增长了 58.86%（数据统计起止时间同上），增速远高于 2019 年的 41.13% 和 2018 年的 -3.42%。在新冠肺炎疫情的影响下，各国综合 GDP 增长情况不容乐观，但互联网企业市值却逆势上涨，涨幅远超过去两年。这体现出疫情影响下，以传统服务业为代表的线下业务向线上加速转移的趋势。

二是电子信息制造业波动明显。我国电子信息制造业保持增长态势，但增幅有所回落。2020 年 1—11 月，我国规模以上电子信息制造企业增加值同比增长 7.2%，增幅同比回落 1.7 个百分点。受新冠肺炎疫情影响，电子信息制造业全球供应链出现波动，相关指标在 2020 年上半年明显下滑。以智能手机为例，Gartner 的数据显示，2020 年上半年，全球智能手机出货量同比下降超过 20.0%。2020 年下半年，随着部分国家复工复产和供应链调整，全球电子信息制造业下滑趋势明显减弱。Gartner 数据显示，2020 年第三季度全球智能手机出货量同比下滑 5.7%，降幅比上半年收窄。IDC 数据显示，2020 年全年智能手机出货量预计同比下滑 12.0%。

三是前沿技术产业保持快速发展。2020 年 10 月，美国发布《关键与新兴技术国家战略》，为保持美国的全球领导力，强调发展 20 项关键与新兴技术。在中国，党的十九届五中全会提出："坚持创新在我国现代化建设全局中的核心地位，把科技自立自强作为国家发展的战略支撑"，我国对科技创新的重视程度远超以往。2020 年，受到全球各大国关注的前沿技术产业继续保持快速发展。IDC 预测，2020 年全球人工智能市场规模将达到 1565 亿美元，同比增长 12.3%。同期，我国人工智能产业规模为 3031 亿元（约合 433.4 亿美元），同比增长 15.1%。2020 年全球区块链市场整体支出将达到 42.8 亿美元，五年复合增长率（CAGR）为 57.1%。Gartner 预测，2020 年全球云计算市场规模将达 2253 亿美元，同比增长 19.65%。

## （五）产业数字化发展全面提速，各领域数字化转型加快推进

一是农业数字化稳步发展。全球疫情的蔓延给农业发展带来很多新的

困难和挑战,世界各国稳步推进农业数字化转型,大力发展数字农业。2020 年年初,德国联邦食品及农业部启动数字农业试点项目,并将资助 2 个以上农业企业在农村地区开展试点,推动农业数字化发展。2020 年 5 月,中国发布《2020 年数字乡村发展工作要点》等政策文件,加快推进数字乡村建设,各地区数字农业发展取得良好成效,农村电商更是成为新亮点,其创新发展引领农业数字化转型升级。商务大数据监测显示,2020 年前三季度全国农村网络零售额达 1.2 万亿元,同比增长 7.8%,其中农产品网络零售额达 2884.1 亿元,同比增长 34.3%。

二是制造业数字化进一步深化。智能制造深入推进,制造业数字化、网络化、智能化转型升级不断加速,降本提质增效显著。OECD 在《2020 年数字经济展望》中指出,疫情加速了数字化转型,其成员国正在加强数字化转型的战略方针制定工作。我国规模以上工业企业生产设备数字化率、关键工序数控化率分别达到 49.4%和 51.7%,305 个智能制造试点示范项目覆盖了 92 个重点行业,生产效率平均提高 44.9%。工业互联网进入创新发展快车道,应用场景与领域不断拓展,助推产业升级。前瞻产业研究院预测,2020 年全球工业互联网市场规模将达到 8948 亿美元。我国工业互联网产业规模达 3 万亿元(约合 4289.5 亿美元),具有一定影响力的工业互联网平台超过 70 家,"5G+工业互联网"项目超过 1100 个。

三是服务业数字化升级加快。"无接触服务"陡然提速,在线教育、在线医疗、在线办公等线上经济爆发式增长,体育、旅游、展览等线下场景优势产业加快向线上转移。联合国贸易和发展会议(UNCTAD)的一项调查显示,50%以上的受访者表示线上消费次数增加,且更依赖互联网来获取新闻、健康相关信息。直播电商、跨境电商等零售新模式火热兴起,疫情之下全球电商依然保持快速增长态势。根据 eMarketer 的数据,2020 年全球零售电商市场规模预计将达到 3.9 万亿美元,同比增长 16.5%,占全球零售行业总销售额的 16.8%。分地区来看(见图 1-1),亚太地区虽然增速相对较低,但电商零售额依然最大,2020 年预计可达约 2.4 万亿美元,占全球电商零售总额的 62.6%;其次是北美和西欧地区,预计分别可达约 0.7 万亿美元、0.5 万亿美元；中东欧地区可达约 0.09 万亿美元，增速最快，达到 21.5%。

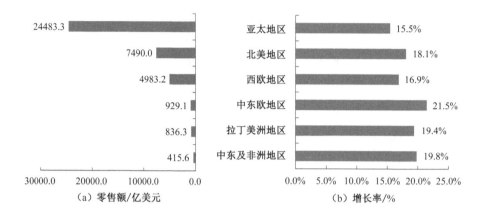

（a）零售额/亿美元　　　　　　　（b）增长率/%

图 1-1　2020 年全球各地区电商零售额（亿美元）及增长率（%）

资料来源：eMarketer。

## （六）数字政府发展向纵深推进，政府数字化领导力日益提升

一是数字政府发展框架日益清晰。OECD、欧盟等通过研究提出了数字政府的概念和政策框架，并在此基础上构建评价体系，对全球及地区经济体数字政府开展评价，展现数字政府发展进程。OECD 提出了数字政府政策框架（DGPF），DGPF 从设计数字化、数据驱动的公共部门、政府平台化、默认开放、用户驱动和主动性六个维度衡量数字政府成熟度水平。2020 年，OECD 首次将 DGPF 转化为衡量工具，开展了数字政府调查，用数字政府指数（DGI）排名表征 OECD 成员国数字政府发展水平。2020 年 10 月，OECD 发布的首次评估结果显示，韩国、英国、哥伦比亚、丹麦、日本位列前五。与之类似的是，欧盟将电子政务基准框架作为监测工具，从以用户为中心、透明度、关键驱动因素、跨界移动性四个顶级基准衡量欧盟成员国电子政务发展水平。2020 年 9 月，欧盟基于电子政务基准框架发布了《2020 电子政务基准报告：为人民服务的电子政务》，该报告显

示，欧盟成员国电子政务发展水平稳步提升，整体表现为 68%，比两年前的 62% 提高了 6 个百分点。

二是政府数字化领导力不断增强。政府数字化转型成功与否的关键在于政府部门的统筹协调能力，很大程度上取决于政府管理者的数字化领导力。当前，随着各国数字政府建设提速，与之相匹配的数字化领导力日益增强。联合国经济和社会事务部发布的《2020 联合国电子政务调查报告》显示，194 个联合国成员国中的 145 个拥有首席信息官（CIO）或同等职位，占比为 74.7%。部分国家还设立了跨部门 CIO 联络人网络，如哥伦比亚。印度还建立了 CIO 项目，意在培养和选拔卓越的 CIO。OECD 的最新调查显示，34 个 OECD 成员国中有 29 个国家设立了 CIO，负责推进数字政府建设，占比为 85.3%。

三是全球电子政务朝着更高水平积极发展。2020 年 7 月，联合国经济和社会事务部发布《2020 联合国电子政务调查报告》，这是自 2001 年联合国启动电子政务调查评估以来发布的第 11 份报告。通过梳理发现，经过近 20 年的发展，除 2010 年、2014 年略有下降外，全球电子政务发展指数（EGDI）整体上呈现相对平稳的上升态势，数值从 2003 年的 0.40 提升至 2020 年的 0.60，全球电子政务朝着更高水平积极发展（见图 1-2）。具体从低、中、高、非常高四个组别包含的国家数量来看，上升趋势更加明显。低组别国家的数量从 2003 年的 55 个减少到 2020 年的 8 个，相应的高组别国家数则从 2003 年的 10 个增加到 2020 年的 57 个。

四是我国电子政务排名再创历史新高。党的十九届四中全会首次提出推进数字政府建设，党的十九届五中全会强调加强数字政府建设，为我国数字政府发展指明了方向。近年来，我国对于数字政府的推进力度不断加大，取得了显著成效。《2020 联合国电子政务调查报告》显示，我国电子政务发展指数（EGDI）排名升至全球第 45 位，较 2018 年提升 20 个位次，达到历史新高（见图 1-3）。2020 年我国 EGDI 数值达到 0.79，首次实现了从"高"组别到"非常高"组别的跃升。

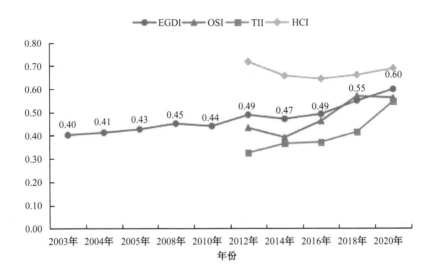

图 1-2　全球 EGDI 及三个分指数变化情况（2003—2020）年

资料来源：2003—2020 年联合国电子政务调查报告。

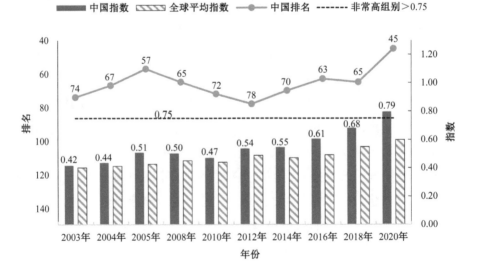

图 1-3　我国 EGDI 指数排名及数值变化情况（2003—2020）年

资料来源：2003—2020 年联合国电子政务调查报告。

如图 1-4 所示，在线服务指数（OSI）成为提升我国电子政务总体水平的核心和关键，2020 年达到 0.91，排名与荷兰、日本并列第 9 位。可以看到，2005—2010 年我国 OSI 持续走低至 0.37，排名第 55 位；之后快速上扬，2016 年达到 0.77，超越电信基础设施指数（TII）和人力资本指数（HCI），成为决定 EGDI 的核心指标。

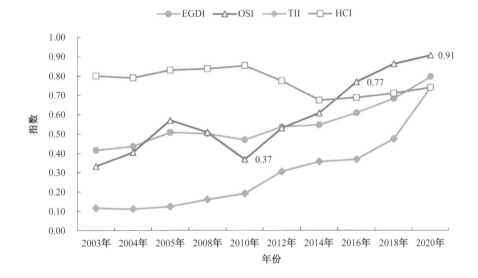

**图 1-4　我国 EGDI 指数及 OSI、TII、HCI 指数变化情况（2003—2020）年**

资料来源：2003—2020 年联合国电子政务调查报告。

我国积极推行在线政务服务工作取得显著成效。中国互联网络信息中心（CNNIC）发布的第 46 次《中国互联网络发展状况统计报告》数据显示，截至 2020 年 6 月，我国在线政务服务用户规模达 7.73 亿人，占网民整体数量的 82.2%。全国一体化政务服务平台初步建成，已经成为企业和群众办事的主要渠道。国家政务服务平台上线一年来，陆续接入地方部门 360 多万项政务服务事项和 1000 多项高频热点办事服务。截至 2020 年 5 月底，平台实名注册人数超过 1 亿人，访问人数超过 8 亿人，累计浏览量达 50 亿人次，支撑地方部门平台数据共享 80 亿余次。此外，电子政务在助力疫情防控和复工复产等方面发挥了至关重要的作用。各级政府部门充分利用数字技术防疫抗疫，浙江、江西、山东、广东、河北、上海等多个省市出台举措倡导事项"网上办""掌上办"。例如，浙江省组织的疫情新闻发布会上，医保、教育、卫生健康、交通、税务等部门多次强调事项可以"网上办""掌上办"，"浙里办"App 成为搜索高频词。江西省发布《关于印发积极应对当前疫情充分依托"赣服通"平台为企业和群众提供优质高效服务的十项举措的通知》，积极引导广大企业和群众通过计算机、手机 App 办事，努力做到"办事不出门、办事不见面"，最大限度地减少人员聚集，有效防控疫情传播。

### （七）数字治理规则侧重规范化，部分领域已达成全球性共识

一是技术监管更加侧重规范化。基于可预期的、可被约束的、行为向善的人工智能治理已成为人工智能时代的首要命题。在政策引导方面，2020 年 1 月，美国白宫发布了《人工智能应用规范指南》，希望各主管机关采取弹性监管方法，避免因为严格监管对创新产生阻碍；2 月，欧盟发布《人工智能白皮书》，提出建立"可信赖的人工智能框架"；8 月，中国印发《国家新一代人工智能标准体系建设指南》，其中伦理标准的研制方向是规范人工智能服务冲击传统道德伦理和法律秩序而产生的要求。在细分领域上，如 AI 算法自动化决策系统引发了社会各界对歧视、隐私、安全等问题的关注。各国均通过立法对此予以回应，我国针对定向推送、算法推荐、个性化展示、信息系统自动决策提出了要求，规范算法系统的应用。欧盟针对政府和公共部门使用的算法系统和商业领域的算法系统建立不同的监管机制，如"算法影响评估"（algorithmic impact assessment）机制。随着生成对抗网络（GAN）等机器学习技术的进一步发展，针对深度伪造（Deepfake）和合成内容进行规定，美国国会提出了《深度伪造责任法案》。

二是针对大型互联网平台加强监管成为新动向。2020 年，全球对大型互联网平台发起的反垄断调查趋多。2020 年 2 月，美国联邦贸易委员会（FTC）对脸书、亚马逊、苹果、谷歌和微软发起反垄断调查。2020 年 10 月，美

国众议院司法委员会发布针对 GAFA［谷歌（Google）、苹果（Apple）、脸书和亚马逊（Amazon）］的调查结论，建议对科技巨头进行结构性拆分。2020 年 11 月，欧盟指控亚马逊破坏公平竞争，而且还在起草一份"黑名单"，可能涉及近 20 家大型互联网公司。12 月，我国依据《中华人民共和国反垄断法》对阿里巴巴处以 50 万元罚款的行政处罚。此外，各国针对平台经济的监管规则不断收紧。2020 年 1 月，我国首次启动《中华人民共和国反垄断法》修订工作，随后公布了《中华人民共和国反垄断法（修订草案）》，新增互联网领域的反垄断条款；2020 年 11 月，我国再次发布《关于平台经济领域的反垄断指南（征求意见稿）》，对滥用行政权力排除、限制竞争等方面做出分析和规定。2020 年 12 月，欧盟委员会对外公布《数字服务法案》和《数字市场法案》草案，提出科技公司不能利用其竞争对手的数据来与其竞争，也不能在自己的平台上优先展示本公司的产品。

三是数据保护成为世界范围内的共识和实践议题。从美欧到我国，强化对数据的保护已经成为互联网时代的重要命题。2020 年 1 月，美国《加利福尼亚消费者隐私保护法案》（CCPA）正式施行，赋予人们更多的信息和数据控制权。3 月，欧洲数据保护专员公署（EDPS）发布 2019 年工作报告，该报告指出，将把个人数据保护意识和文化融入欧盟社会经济发展事务中，确保欧盟数据保护规则的有效实施和推广。6 月，欧盟委员会发布了有关《通用数据保护条例》（GDPR）的评估报告。8 月，欧洲法院做出裁决，认定欧美之间的数据保护协议"隐私盾"无效，第二次废止欧美之间个人数据跨境流动协议。我国也通过《中华人民共和国民法典》，对于隐私权和个人信息保护做出专门规定。12 月，我国发布《关于进一步完善失信约束制度构建诚信建设长效机制的指导意见》，提出加大个人隐私保护力度。

## （八）国际合作联盟化趋势凸显，双循环新发展格局正在形成

一是全球顶层国际合作机制聚焦于数字化防疫抗疫。截至 2020 年年

底，全球累计死亡新冠肺炎病例超过 180 万例。世界银行数据显示，受新冠肺炎疫情影响，2020 年全球经济下滑 4.3%，数百万人陷入贫困，并可能长期抑制经济活动和收入增长。面对全球经济下滑和数字经济逆势上扬的态势，主要国际合作机制纷纷聚焦于数字化防疫抗疫，促进疫情后全球经济复苏。二十国集团（G20）分别于 2020 年 3 月和 4 月召开领导人特别峰会和数字经济部长特别会议，讨论以数字技术应对新冠肺炎和促进全球经济复苏问题，并发布《G20 数字经济部长应对新冠肺炎声明》。6 月，联合国发布"数字合作路线图"，指出无论是为了战胜新冠肺炎疫情，还是为了实现可持续和包容性经济复苏，数字连接都是不可或缺的。亚太经济合作组织（APEC）将年度会议主题定为"激发人民潜能，共享具有韧性的繁荣未来"，重点讨论促进疫情期间亚太地区经济稳定和疫情后经济复苏问题。

二是联盟化成为数字经济国际合作的重要形态。如果换一个视角看 2020 年全球经济中的贸易摩擦，会发现联盟化正在成为全球化的一种新形态，成为全球化的有效补充。2020 年 6 月，中国—东盟数字经济合作年开幕式成功召开；11 月，《区域全面经济伙伴关系协定》（RCEP）正式签署，电子商务章节是其中的重要组成部分，中国—东盟合作关系更加紧密。7 月，北美自由贸易协定的"升级版"——"美国—墨西哥—加拿大协定"正式生效，率先提出数字贸易规则，北美联盟正式落成。10 月，日本与英国签署全面经济伙伴关系协定（EPA），再加上 2019 年生效的日欧 EPA，以日本为中心的"英国—日本—欧盟"共同体关系进一步拓展。12 月，中欧投资协定谈判完成，中欧合作关系迈入新阶段。

三是互联网企业在短视频等领域海外市场表现亮眼。2020 年，虽然美国、印度等国持续通过进出口管制、投融资限制、应用程序禁令等手段打压我国互联网企业海外运营，但我国互联网企业仍然在智能硬件、短视频等细分领域表现亮眼，并在东南亚等部分市场取得了优秀成绩。如图 1-5 所示，在智能硬件方面，我国手机品牌占据了东南亚约 65% 的市场份额，在东南亚手机销量前 5 位中，有 4 位均为我国手机品牌。在短视频方面，目前全球短视频榜首基本被我国公司占领。Sensor Tower 数据显示，2020 年上半年，海外 App Store 和 Google Play 收入排名前 20 款的中国短视频/直播应用产品总收入达到 3.2 亿美元，同比增长 85%。2020 年 6 月，TikTok 成为全球收入最高的非游戏应用，超过 9070 万美元，同比增长 8.3 倍。此外，在直播领域，欢聚时代旗下的海外品牌 BIGO LIVE 也已占据全球直播榜首，无论是用户规模还是收入均为全球第一。

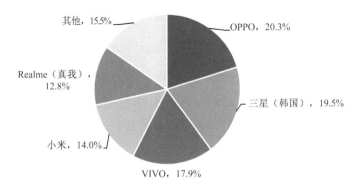

**图 1-5　2020 年上半年东南亚手机市场销量占比情况**

资料来源：Counterpoint。

## 二、问题与挑战

疫情在凸显数字经济发展韧性的同时，也显现了不少发展过程中存在的问题与挑战。

### （一）"数据孤岛"成为制约数据要素价值开发利用的瓶颈

静止孤立的数据没有价值，面向特定场景的数据开发往往需要汇聚不同法人主体的数据。然而，由于传统信息系统合规监管和隐私保护要求不明确，使得数据共享举步维艰，各方均持"拿来容易，拿走难"的态度，主要原因有三个方面。一是信息系统"烟囱林立"。长期的信息化建设中，各个部门建立了大量的信息系统，数据标准不统一，整合成本高。二是责任界定不明确。数据一旦进行共享，就脱离了供给方的控制，后续如果出现数据泄露，难以明确划分责任。三是相关法律法规不完善。部分法律条文存在过于原则性的问题，比如《网络安全法》将匿名化描述为"无法识别个人的信息"，但在实践中难以明确界定。

## （二）工业互联网面临行业复杂性掣肘突破仍需时日

新冠肺炎疫情发生以来，以海尔卡奥斯、三一重工、工业富联等为代表的企业充分发挥工业互联网优势，构建了基于工业互联网的敏捷产业能力，为疫情防控和复工复产提供了有力支撑。但是，总体来看，工业互联网应用场景尚不成熟，各行业的应用效果有待进一步显现，整体还处于初级应用阶段。我国工业门类复杂，各行业间千差万别，甚至行业内不同细分领域之间都有较大差异。因此，承载工业领域知识的机理模型开发和分享较为困难。再加上传统工业企业数字化基础薄弱，使得工业互联网应用推广面临较大障碍。此外，中小企业由于技术、人才、资金等方面的限制，上平台、用平台的积极性不高，影响了平台充分发挥泛在汇聚、高效分析和科学决策的作用，进而制约其应用的实际效果与价值。

## （三）大型互联网企业与实体经济和线上经营者争夺利益

疫情加剧了经济活动向线上转移的趋势，互联网企业占据的市场份额、资本、数据日益增长，广大中小企业对平台的依赖度显著提升，反垄断问题越发凸显。2020 年 1—11 月，在疫情影响下，我国实体店消费品零售额同比下降 8.8%，而实物商品网上零售额同比增长 14.8%，网络渠道日益成为零售的主战场。互联网平台对线上商家和线下实体经济的议价能力显著提升，这可能会加剧互联网平台"技术服务费"（佣金）上涨的趋势，使得平台上的中小商家和生产制造厂商的利润向大型互联网平台快速转移。如表 1-2 所示，近年来，我国电商平台技术服务收入增幅始终高于电子商务交易额总增长率，同时也高于信息技术服务全行业的收入增幅。电商平台技术服务收入的增长率最高可超过电子商务交易总额增长率的 4 倍，可见电商平台收入的增长并不主要来自行业发展，而是来自对中小商家利润的挤占。2020 年 4 月，重庆、四川、河北、云南等多地的餐饮协会曾先后公开呼吁美团、饿了么等平台降低佣金费率。互联网平台大力发展的"社区团购"也引发了极大争议，可能对蔬菜零售商、菜市场产生"挤出效应"。

表 1-2　电商平台技术服务收入增长情况

| 时间 | 电子商务交易额总增长率 | 电子商务平台技术服务收入增幅 | 信息技术服务收入增幅 |
| --- | --- | --- | --- |
| 2017 年 | 11.7% | 30.3% | 16.8% |
| 2018 年 | 8.5% | 21.9% | 17.6% |
| 2019 年 | 6.7% | 28.1% | 18.4% |
| 2020 年 | — | 15.1% | 13.9% |

资料来源：商务部、工业和信息化部。

注：2020 年数据起止时间为 1～10 月。

## （四）数字鸿沟逐步由"接入鸿沟"向"能力鸿沟"演变

数字鸿沟具体表现为"接入鸿沟"和"能力鸿沟"。"接入鸿沟"指一部分人可以接入数字技术，另一部分人无法接入数字技术所导致的在信息可及性层面的差异。而"能力鸿沟"指近年来随着生产生活的数字化水平不断提升，数字技术逐渐成为一种通用技术，数字化生存成为现实，这一阶段的数字鸿沟，不再局限于数字技术的发展和使用层面，而是体现为不同群体在获取数字资源、处理数字资源、创造数字资源等方面的差异。

与全球普遍存在的"接入鸿沟"不同，我国普遍遭遇的是"能力鸿沟"，诸多中老年人普遍存在"没有智能手机""不会操作智能手机""不会使用移动软件"等问题。2019 年，我国 60 岁及以上人口为 2.5 亿人，占总人口的 18.1%。相对于 9600 万人的"银发网民"，剩余的 1.6 亿老年人是生活在信息化社会边缘的群体，他们不会上网，对智能手机"一窍不通"，对智能技术更是一无所知。随着数字化和智能化社会的不断推进，广大老年人群体正面临日益凸显的"能力鸿沟"。无法共享社会信息化成果会使老年人群体产生相对剥夺感，这种负面情绪的产生并不利于打造共建共享的和谐社会，"能力鸿沟"使老年人变成了"数字弱势群体"。据预测，2025 年我国 60 岁及以上老年人口将突破 3 亿人，到 2050 年将接近 5 亿人。在互联网技术和产品日新月异，以及人口老龄化的大趋势下，"能力鸿沟"仍需要下大力气才能填平。

### （五）数字经济国际规则对企业海外权益保障有效性不足

近年来，我国蓬勃发展的数字经济给世界贡献了很多优秀创新实践，但在治理方面，我国规则制定能力仍显不足，特别是面对美国、印度等国家不断通过"清洁网络计划"、应用程序禁令、投融资限制等方式打压我国互联网企业海外运营时，我国国内外规制对企业的保护不够有力有效。一方面，美欧通过制定一系列法案保护国内市场和本国企业竞争力，如欧盟发布的《数字市场法》《数字服务法》，美国发布的《安全和可信通信网络法案》等。另一方面，美欧通过签订自贸协定的方式输出符合其利益诉求的数字经济国际规则，帮助企业扩展海外市场。反观我国，我国数字经济蓬勃发展，跨境电商、移动支付、短视频等新模式、新业态全球领先，但在国际规则制定方面则以跟随为主，尚未形成与我国数字经济发展水平相适应的、可以妥善保护我国数字企业海外合法权益的规则体系。2021 年 1 月，商务部发布了我国首部专门阻断立法《阻断外国法律与措施不当域外适用办法》，为保护我国企业合法权益迈出了重要一步。后续，相关配套细则和指南也亟须跟进发布，以更好地指导企业使用法律武器维护自身合法权益。

### （六）数字经济测度体系的"宽""窄"口径均亟待完善

我国具有较大影响力的数字经济测度体系与国际上流行的以美国为代表的数字经济测度体系有较大差别。以 2017 年本国数字经济规模占

GDP 比重为例，美国、英国、加拿大测算结果分别为 8.9%、7.5% 和 5.5%，而我国结果高达 32.9%。两种测算体系差别巨大的原因在于我国在计算数字经济规模时采用了"广口径"定义，将数字技术和数据显著改进和增强企业的经济活动计算在内，而当前美国等均采用"窄口径"测算体系，只包括数字经济核心产业增加值。准确地衡量数字经济规模，对反映数字经济发展趋势、制定积极的数字化战略、指导数字经济发展等有重要作用，我国在逐步优化"宽口径"测度体系的同时，还应提出"窄口径"测度体系，以便更好地进行国家间数字经济的横向比较。

## 三、发展趋势

当前，数字经济已成为推进世界经济发展复苏的重要引擎。"十四五"时期，数字经济将保持快速、持续、健康发展，助力经济社会实现更高质量、更有效率、更加公平、更可持续、更为安全的发展。

### （一）数字经济将成为"十四五"时期经济发展"主形态"

一是数字经济将持续快速增长，产业规模迈上新台阶。近年来，各国数字经济快速发展，产业规模持续扩大，增长势头十分强劲。美国经济分析局（BEA）数据显示，美国数字经济规模从 2006 年的 9484 亿美元增长到 2018 年的 1.8493 万亿美元，实际增加值年均增长 6.8%，超过整体经济增长率 1.7%。中国信息通信研究院数据显示，中国数字经济增加值已由 2005 年的 2.6 万亿元增加到 2019 年的 35.8 万亿元，年均名义增长率达 20.6%，远高于同期 GDP 名义增速。"十四五"时期，在创新投入加大、数字化转型加速、应用场景拓展等有利条件催化下，数字经济将保持以高于 GDP 增速的态势持续高位运行，占 GDP 的比重不断提升，产业规模不断扩张，迈上新台阶。

二是数字经济成为撬动世界经济复苏增长的新杠杆。经过数十年的要素驱动型增长后，新兴市场面临资源、人口、环境等硬约束条件，叠加传统要素的边际回报收益不断递减，通过低成本扩大要素投入获取高增长的模式难以延续。数字经济作为一种新的经济形态，在数字技术的支撑下，通过推动生产方式、商业模式与管理范式的深刻变革，能够对冲疫情带来的不利影响，释放数字对经济发展的放大、叠加、倍增作用，提高全要素生产率，重塑全球经济增长模式。数据作为数字经济时代新的要素投入，通过对其他生产要素的效率产生增幅作用，与其他要素一起融入价值创造过程，形成新的先进生产力，从而贡献更高的边际产出，推动世界经济加快复苏、增长。

三是数字经济成为保障产业链供应链安全的新纽带。当前世界经济形势复杂严峻，新冠肺炎疫情的影响广泛而深远，单边主义、保护主义、霸权主义盛行，全球产业链供应链面临较大的不稳定性和不确定性。数字经济能够打破物理限制，通过数字化网络平台聚合产业链上多环节多种类企业和多种生产要素，使全球产业连接形成网链，提升全球产业链供应链的稳定性和安全性。即使在类似于疫情造成产业链断裂的特殊时期，网络平台仍然能够智能化地在供需双方之间进行匹配，迅速寻找替代或调整方案，快速补链接链。数据要素因其无形性，更具跨地区流动的便利性优势，全球产业链供应链价值链有望围绕数据要素进行重构，进一步增强产业链供应链安全性与稳定性。

## （二）中国作为全球数字经济第二大国有望实现"增速领跑"

从数字经济全球竞争态势上看，中、美、欧分别在市场、技术、规则领域占据优势，其他国家短期内无法对这三方构成挑战。美国在数字企业全球竞争力、数字技术研发实力上遥遥领先。中国拥有全球最大的数字市场，且企业创新实力仅次于美国。欧盟在数字经济监管规则上独树一帜，力争掌握数字经济国际规则制定权。日本无意争夺领导地位，而是采取"搭便车"策略，在 CBPR、RCEP、GDPR、FDA 等机制下，分别与美国、中国、欧盟、英国达成数据流动相关协议，并对韩国挑起半导体贸易摩擦。印度则更具野心，在本土市场采取保护主义策略，先后 4 次下令封禁了共计 267 款中国 App，并对谷歌等美国企业发起调查。

在企业层面，中美两国占据领先地位。国家工业信息安全发展研究中心统计显示，截至 2021 年 1 月，全球前 70 大互联网上市企业中，美国企业共 41 家，占 70 家企业总市值的 75.41%；中国企业共 16 家，占总市值的 18.08%；其他国家企业共 13 家，仅占总市值的 6.51%。其中，欧盟企业有 4 家，日本、韩国、新加坡等亚洲发达国家企业有 5 家。在福布斯发布的 2019 年全球数字经济 100 强榜中，美国企业有 38 家，中国企业有 14 家，欧盟和日本的上榜企业分别达到 14 家和 13 家，排名比中美两国企业靠后。

从我国在数字经济全球竞争中的位置上看，中国将长期保持数字经济全球第二大国的地位，有望实现"增速领跑"。无论从数字经济规模还是企业实力上看，中国都是仅次于美国的全球数字经济第二大国，但中美间的差距仍旧较大。美国数字经济规模约是中国的 2.5 倍，全球前 70 大互联网上市企业中，美国企业的市值约是中国企业的 4.2 倍，美国上榜福布斯数字经济 100 强榜的企业数量约是中国的 2.7 倍。预计在未来短时期内，中国仍将保持数字经济全球第二的地位，暂时无法超越美国，但将是美国最主要的竞争对手。作为"十四五"时期经济发展的"主形态"，数字经济将日益成为大国竞争的焦点。

从发展趋势上看，美国对中国的领先优势有缩小的趋势，中国对其他国家的领先优势有扩大的趋势。虽然整体实力与美国相比仍有较大差距，但中国数字经济增长速度显著高于美国。2019 年，中国数字经济规模同比上涨 15.6%，远高于美国的 5.87%。同期，欧盟、日本、英国、韩国数字经济规模的增速均不超过 5%，与中美的差距正在扩大。印度数字经济规模增速为 8.14%，发展潜力较大。在全球前 70 大互联网企业市值方面，2020 年中国企业市值增速达 67.65%，高于美国企业的 56.54% 和其他国家企业的 62.99%。上海社会科学院发布的《全球数字经济竞争力发展报告》也显示，中国与美国在数字经济竞争力上的差距呈逐年缩小态势。在体现数字经济创新活力的"独角兽企业"数量上，中国连续两年超过美国。2020 年，中国"独角兽企业"数量达到 217 家，总估值为 9376.9 亿美元，美国"独角兽企业"数量为 192 家，总估值达 8050.7 亿美元。其他国家企业共有 107 家"独角兽企业"，与中美的差距较大。

## （三）算力基础设施对经济社会发展的支撑作用扩大

一是数据中心将秉持绿色理念持续快速发展。数据中心是数字经济发展的基石，大数据、人工智能、云计算、物联网等数字技术和产业均离不开数据中心的算力支持。未来，随着经济社会各个领域与数字技术深度融合，数据总量呈现爆发式增长，据统计，2012 年以来每年数据总量的年增长率均在 50%左右，IDC 预测，2025 年全球数据总量预计将达到 180ZB。随着数据中心的重要性日益凸显，需求将持续快速增长，同时，数据中心布局结构性失衡、能耗水平居高不下成为亟待解决的问题，预计未来数据中心将朝着绿色、集约的方向进一步发展，通过降低数据机房 IT 系统、制冷、照明和电气等对能源的消耗，减少对环境的影响。

二是云计算基础设施建设需求高涨。2020 年新冠肺炎疫情全球大流行，远程办公、在线学习等需求激增，拉动了对云计算的需求，同时也带动了服务器、存储和网络基础设施等云计算基础设施的发展。据 IDC 统计，2020 年全球云计算基础设施的投资估计达到 695 亿美元，在全球 IT 基础设施投资额中所占的比重为 54.2%，云计算基础设施投入首次超过非云设施。随着全球数字经济蓬勃发展，企业通过应用云服务显著降本增效，有调查表明 95%的企业通过云计算降低企业 IT 成本，超过 40%的企业通过云计算提升了 IT 运行效率，加之各国政府通过制定国家战略和行动计划鼓励云计算行业发展，预计云计算基础设施未来还将继续保持稳定增速。

三是我国智能计算中心迎来明晰发展未来。与云数据中心和超算中心相比，智能计算中心更加注重"以智生智"，以 AI 基础设施促进 AI 产业化和产业 AI 化。根据工业和信息化部数据，2020 年上半年我国人工智能核心产业规模达到 770 亿元，人工智能企业超过 260 家，是全球 AI "独角兽企业"主要集中地之一。预计到 2025 年，我国人工智能核心产业规模将超过 4000 亿元，带动相关产业规模将超过 5 万亿元。随着算力逐渐成为数字时代核心生产力，智能计算中心通过构建 AI 算力基础设施，将在带动 AI 产业化和产业 AI 化发展方面发挥支撑作用，2020 年 4 月，国家发展和改革委会明确将智能计算中心纳入新型基础设施的范围，对智能计算中心的规划建设指明方向。

### （四）数据交易在新技术发展的推动下将会实现破局

一是数据交易中心将再次成为关注焦点。2015—2016 年，全国有 13 家大数据交易中心密集成立，但由于市场认可度低而纷纷陷入停滞。2020 年 4 月，《中共中央国务院关于构建更加完善的要素市场化配置体制机制的意见》（以下简称《意见》）公布后，多地再次提出布局大数据交易中心。7 月，湖南大数据交易中心正式开工；8 月，北部湾大数据交易平台在南宁揭牌成立；9 月，北京市提出探索建设北京国际大数据交易所；10 月，深圳提出研究论证设立数据交易市场或依托现有交易场所开展数据交易；12 月，杭州提出探索设立全球数据交易中心。随着《意见》的落实，将有更多省市提出建设大数据交易中心。然而，多数交易中心具体方案还尚未明确，需在技术、模式等层面加以探索。

二是"区块链+隐私计算"将支撑数据更加"安全、可信"流通。

当前，数据交易层面最关键的问题是如何实现"安全、可信"。通过"区块链+隐私计算"技术，能够通过隐私计算强化数据流通过程中的隐私保护，通过区块链对数据进行确权、对交易信息进行记录，为跨法人主体的数据协作提供技术支撑，实现数据"安全、可信"流通。这一领域目前已成为各方布局热点，例如清华大学自主研发多方安全计算的隐私计算技术，北京大学依托区块链和加密算法，自主研发数据要素确权与可信流通平台，并已经实现河南根中心平台上线试运行。未来，随着各方的探索，"区块链+隐私计算"支撑下的数据"安全、可信"流通模式将更加完善。

三是"可用不可见"将成为数据交易主流模式。目前，数据产权、个人隐私保护等法律法规体系尚不完善，数据确权、数据定价等问题尚未解决。传统基于数据所有权转让的交易模式难以发展壮大，2015 年以来，我国以数据所有权流转为核心的数据交易所均面临停滞，调研显示，超过 80% 的大数据交易平台，日均数据消耗量不足百条。目前，随着以"区块链+隐私计算"为依托的可信流通平台的发展，"算法多跑路，数据少跑路""可用不可见"将成为未来数据交易平台的主要形态。

## （五）数字理解、使用和技能水平都将得到极大提升

一是政府数字化转型能力将得到极大提升。各国政府积极拥抱数字技术，数字技术的应用使得用户能够便捷地获取公共服务，让人们参与到政策制定、服务设计和提供的过程。《2020 联合国电子政务调查报告》指出，政府领导人比任何时候都需要解决更好地实现公共部门数字化转型这一严峻的问题。OECD 的研究显示，需要建立一个数字政府生态系统，以实现政府的完全数字化。未来，数字化转型将成为政府变革的重要方向。随着联合国政府数字化转型和能力提升的整体方法、OECD 数字政府政策框架（DGPF）等的普及推广，政府数字化转型能力将得到极大提升。

二是企业数字能力随技术使用加大而显著提升。受全球疫情影响，企业深刻意识到数字技术的重要性，均在加速数字技术的部署和利用，大幅增加针对数字技术的投资，未来企业数字能力将显著提升。IHS Markit《5G经济》2020 年更新版报告发现，未来 15 年全球 5G 投资和研发投入将比2019 年的预测值净增 10.8%，到 2035 年，5G 将创造 13.1 万亿美元的全球经济产出。德勤《2021 科技、传媒和电信行业预测》显示，云迁移、视频问诊、智能边缘三大领域将迎来加速变革，其中云收入 2021—2025 年的增长将与 2019 年持平或更高（大于 30%）。Gartner《如何利用数字孪生帮助企业创造价值》预测，到 2021 年，50% 的大型工业企业将使用数字孪生技术，到 2024 年，超过 25% 的全新数字孪生技术将作为新 IoT 原生

业务应用的绑定功能被采用。

三是个人数字能力因技能需求升级不断提升。数字技术的快速发展与应用，与之适应的数字技能需求也随之不断提升，世界主要经济体都开展了有针对性的数字技能提升计划。2020 年 4 月，英国教育部发布了新的基本数字技能国家标准，对基本数字技能进行改革，以确保学习者具备生活和工作所需的数字技能。7 月，欧盟委员会发布《欧洲技能议程》，计划到 2025 年为未成年人提供 5.4 亿人次培训，将具有基本数字技能的未成年人数量增加到 2.3 亿人。11 月，我国党的十九届五中全会通过的《中共中央关于制定国民经济和社会发展第十四个五年规划和 2035 年远景目标的建议》提出，提升全民数字技能，实现信息服务全覆盖。未来，接受数字技能培训的人群将迅速增加，不同年龄和职业群体的数字能力也将不断提升。

### （六）数字消费不断提质扩容，增强经济发展的新动能

一是数字消费重心将日益下沉。随着数字消费扩容提质，面向大众、低线城市和农村地区的高性价比数字消费将获得更大增长。普华永道发布的《2020 年全球消费者洞察调研》报告显示，电商平台（包括全球电商平台），尤其是跨境电商平台的进一步普及加快了消费者使用优质高档产品的步伐，其已成功吸引低线城市中的成熟消费者，据统计数据门户网站 Statista 预计，截至 2020 年年末，整个市场规模将达到 1640 亿美元。截至 2020 年 6 月，我国农村网民规模达到 2.85 亿人，未来，电子商务和社交商务将继续充当低线城市和农村地区数字消费增长的催化剂。

二是年轻群体将享受更多数字消费红利。"80 后""90 后"等年轻一代的经济实力逐步崛起，叠加数字经济的跃迁，个性化、多样化的数字消费细分市场将茁壮成长。以数字人民币为例，我国苏州数字人民币试点过程中，京东场景首批数字人民币使用者"80 后"（41.7%）和"90 后"（37.4%）占绝对主力。此外，智能穿戴设备也得到年轻群体的青睐，IDC

的数据显示，2020 年上半年中国无线耳机的出货量达到 4256 万台，同比增长 24%。随着年轻群体消费实力日益增强，作为互联网时代的原住民，年轻群体将进一步推动数字消费升级。

三是服务类数字消费将获得更广阔的发展空间。疫情期间，更多消费者和企业上网，人们通过多种渠道进行数字消费，涌现出了在线教育、在线医疗、直播经济、无人经济等新型服务类消费模式，在为消费者节省成本的同时，也带来了更多便利。2020 年 5 月，麦肯锡发布的《新常态中的消费者组织及运营模式》报告显示，约 30% 的消费者计划在疫情过后继续使用自助结账。对中国消费者的调查显示，约 55% 的消费者愿意在疫情高峰过后继续进行网购和使用网上服务。如果疫情消散，消费者的数字消费习惯也将继续保留并固化下来。

## （七）线上线下融合发展推动工作生活方式加速变革

一是电商直播化成为营销新风尚。疫情期间的"足不出户"使互联网成为唯一可以实现与外界瞬时交互的渠道，培养了用户数字化消费习惯，加快了人们生活线上化转移，也带动营销进一步数字化变革，短视频、直播等新模式正在成为全球商家与消费者互动的新平台和新阵地。2020 年，阿里巴巴、亚马逊等电商平台，脸书等社交平台，YouTube 等视频平台均纷纷开通了直播功能，凭借庞大的用户数量迅速打开全球电商直播市场。英国视频营销机构 Wyzowl 发布的《2020 视频营销报告》调研数据显示，2020 年，85% 的企业将视频作为营销工具，92% 的营销人员认为视频是营销策略中的重要组成部分，预计视频使用量将在 2021 年进一步增长。疫情过后，线下经济将继续蓬勃发展，但直播电商等线上消费场景便利化的优势已深入人心，将成为传统产业渠道拓展和销量增加的有效补充，逐步实现线上线下营销一体化。

二是就业灵活化成为用工新方式。近年来，平台经济、共享经济等新业态新模式的迅猛发展让自由职业者成为促进就业和经济增长的重要力量。《2019 美国自由职业者报告》数据显示，美国全职自由职业者比例已从 2014 年的 17%上升至 2019 年的 28%，且 53%的美国"95 后"是自由职业者。Upwork 发布的《2019 年自由职业者与经济》报告显示，美国的自由职业者在 2019 年贡献了近 5%的 GDP。2020 年，新冠肺炎疫情的暴发更是加速了这一进程，《以灵活应万变：未来的工作方式》白皮书显示，我国 77%的受访企业计划在未来几个月内增加使用临时员工或短期合约员工。可以预计，未来虽然企业核心关键环节仍将保持传统雇佣模式，但大量非核心的或者季节性波动强的岗位，将越来越多地采取灵活用工的模式。在全球就业市场中，将呈现出包含传统雇佣就业、基于网络的灵活就业、服务外包和众包等多元化并存的格局。

三是货币数字化成为支付新形态。新冠肺炎疫情加速了现钞退出市场，其对支付行业的影响甚至超过了金融危机。凯捷咨询发布的《2020 年世界支付报告》数据显示，预计 2019—2023 年全球非现金交易的复合年增长率将达到 12%，数字钱包用户到 2024 年将达到 40 亿人，占世界人口的50%。当前，全球提供支付服务的主要金融机构都开始调整了产品和运营策略，向线上迁移。谷歌和盖茨基金会也成立了非营利机构 Mojaloop 基金会，为发展中国家开发开源实时数字支付服务，推动实现普惠金融。此外，在数字货币方面，2020 年是全球央行数字货币元年，中国、瑞典、韩国等国家均把央行数字货币提上日程，全球央行数字货币竞赛已然开启。可以预计，疫情过后，全球将经历一场以支付和货币数字化为起点的金融生态变革。

## （八）数字贸易在竞争合作中步入高速发展的新阶段

一是数字贸易将成为我国经济发展新的增长极。经测算，2019 年我国数字贸易整体规模达到 1.4 万亿元，同比增长 19.0%，相较于整体服务贸易 2.8%的增速态势十分显著。预计 2020 年我国数字贸易规模将达到 1.6 万亿元，2025 年将达到 2.5 万亿元，服务贸易基本实现数字化。随着《中

共中央　国务院关于推进贸易高质量发展的指导意见》得到贯彻与实施，以数据驱动为核心、以平台为支撑、以商产融合为主线的数字化、网络化、智能化发展模式将加速发展。在政策利好和数字消费潜力的叠加效应下，我国数字贸易发展将迎来黄金机遇期。

二是数字贸易竞争将呈现"一超多强"的局面。根据联合国贸易和发展会议发布的"可数字化服务贸易规模"指标，2019年可数字化服务出口额达3.2万亿美元，其中发达经济体出口额为2.4万亿美元，占世界市场份额的75%，相比2005年下降了8.1个百分点，发展中国家正在抢占世界市场份额。美国可数字化服务出口额为5341.9亿美元，位居全球之首，占世界市场份额的16.7%，英国和爱尔兰分别排名第二和第三，分别占9.6%和6.8%。欧洲经济体出口额为1.7万亿美元，在各大洲中占比最高，高达53.1%。尽管我国可数字化服务出口额为1435.5亿美元，排名第八，但同比增长率达8.6%，相较于美国3.4%和英国1.4%的增长率，增速相当可观。作为数字贸易强国，美国在全球价值链分工中仍处于中高端地位，掌握全球数字贸易市场话语权，但是以中国、日本、德国、英国为代表的数字贸易大国正快速崛起，尤其我国作为数字消费大国和数据资源大国，数字贸易发展潜力正在持续释放，未来将实现跨越式发展。

三是全球数字贸易环境将得到逐步改善。随着世界各国在数字技术创新、数字抗疫、数字基建等领域的合作不断深化，为全球数字贸易交流合作创造了良好条件。各国积极寻求在数据跨境流动、知识产权保护等方面增进互信，探索数字贸易合作模式。2020年11月，在APEC领导人非正式会议和部长级会议上，我国倡议构建开放、公正、非歧视的营商环境，促进创新、包容和可持续发展，释放出推进亚太区域经济一体化、支持多边贸易体制的明确信号。美国有望重启双多边对话与规则机制，包括重启与欧盟隐私盾协议谈判、推进跨大西洋贸易与投资伙伴关系协定（TTIP）谈判、重新加入全面与进步跨太平洋伙伴关系协定（CPTPP），下一步全球数字贸易自由化便利化水平有望提升。

## （九）部分数字治理规则将达成具体规范性监管框架

一是基于全球共识的数字规则将进一步细化。在人工智能治理规则方面，目前在 G20 框架下已经初步达成了"以人为中心的人工智能"的共识。2019 年 G20 会议，日本将"以人为中心的人工智能"作为《G20 数字经济部长宣言》的一部分内容，并力排众议使会议最终通过了《G20 人工智能原则》。2020 年，G20 沙特峰会上，"可信任的人工智能"再次成为数字经济部长宣言重要议题。结合欧盟前期对人工智能治理的高度重视，预计 2021 年 G20 意大利峰会，"可信任的人工智能"将再一次出现在数字经济部长宣言的重要议题中。虽然 G20 发出的相关倡议不具备较强的约束力，但在一段时期内也会对人工智能的发展起到一定的引导作用。在跨境数据流动方面，基于 G20 日本峰会达成的"大阪轨道"共识，原定于 2020 年 6 月召开的 WTO 部长会议因新冠肺炎疫情暴发而中断，导致具有全球共识性的跨境数据流动规则由理念层向框架协议深化进程被打断，但随着全球基于线上的复工复产逐步展开，跨境数据流动规则框架有望在 1~2 年内初步达成。

二是针对大型互联网平台的反垄断或将长期持续。目前，欧盟、美国及中国基于不同原因对大型互联网平台发起了反垄断调查。欧盟市场缺乏具有领导地位的欧洲企业，所以欧盟对科技巨头的监管更多是出于防御性的目的；美国的监管一部分是出于市场目的，另一部分是出于政治目的。回归到我国，在平台经济发展初期，我国采取"包容审慎"的发展理念，不过多过早干预企业行为。但在平台企业已具有相当规模、行业发展日趋成熟的阶段，强化监管就成了维护市场竞争、促进优胜劣汰的必要之举。中美欧纷纷将反垄断之剑指向大型互联网平台企业，这也标志着相较于前一个较为宽松的监管阶段而言，未来一段时间内，大型互联网平台需要面对一个较为严格的反垄断监管期。值得注意的是，监管不是打压，规范也不是取缔。强力监管针对的是妨碍正常竞争、损害消费者利益的不法行为，清理的是行业发展道路上的各种障碍。依靠但不放纵市场，实现"有效市场"和"有为政府"的有机结合。

三是个人信息保护规则将成为国际多边或双边协议的基本门槛。近年来，各国依据自身能力定位和价值选择，采取不同的利益平衡模式，构建本国的数据保护方案，以促进自身利益最大化。特别是在数字贸易、数据跨境流动等数字经济国际协议的达成上，都普遍关注协约签约国之间是否具有较强的个人信息保护规则。欧盟《通用数据保护条例》（GDPR）就规定，"原则上禁止，有合法授权时允许"的个人数据使用模式，以期通过高标准的数据保护重塑全球数据保护规则体系。CPTPP 同样也对个人信息保护提出了要求，其中在电子商务章节中规定了数据保护和数据传输的若干问题，如每一缔约方应采取或维持保护电子商务用户个人信息的法律框架。RCEP 在电子商务章节中，对各缔约方的个人信息数据保护法律框架提出要求，各缔约方应公布其向电子商务用户提供个人信息保护的相关信息。可以说，是否有健全的个人信息保护规则，已经成为未来开展多边或双边合作协议的基本条件。

## （十）数字经济安全发展底座将得到进一步巩固提升

一是数字经济发展面临的安全形势将更加严峻。在数字技术依赖程度加深、云迁移加快等因素的推动下，数字安全问题已从网络空间向经济社会的各个领域加速延伸，数字经济发展面临的安全威胁将进一步增大。世界经济论坛《2020 全球风险报告》显示，数字安全是未来十年最受关注的全球十大风险之一。疫情更是加大了数字安全风险，数字安全事件不断出现，尤其是医疗卫生领域和中小企业。根据 2020 年 4 月的一项针对安全专业人士的调查，94% 的受访者认为疫情会加剧网络威胁形势，约 83% 的受访者认为未来将不断涌现新的威胁。美国欧亚集团《2020 年未来风险报告》指出，未来五到十年内，网络安全是第三大风险。

二是数字经济发展的安全意识将进一步增强。当前，世界主要经济体继续加大数字安全的战略部署，以应对与日俱增的数字安全威胁与风险。

2020 年 10 月，新加坡启动了《2020 年新加坡更安全的网络空间总体规划》，提出三大战略目标、七大重点领域和十一项主要行动。2020 年 12 月初，时任美国总统特朗普签署《物联网网络安全改进法》，以确保改善物联网（IoT）设备的安全性。2020 年 12 月，欧盟委员会和外交与安全政策联盟高级代表发布了新的《欧盟数字十年的网络安全战略》，包含法规、投资和政策工具方面的相关建议。未来，随着各国数字安全战略的落地实施，数字安全方面的投入也将进一步增加，推动各类主体的安全意识不断提升。

三是数字安全生态系统的构建将加速推进。面对不断增长的数字安全风险，仅依靠政府部门的战略布局是不够的，需要企业、机构等市场主体的有效参与，建立基于信任的合作伙伴关系。世界经济论坛《网络安全信息共享：构建集体安全》认为，可信、安全和可扩展的网络安全信息共享可成为维护网络安全的解决方案。随着全球产业分工的调整，数字经济的竞争转向产业生态的竞争，数字安全主体也随之发生变化。产业生态中任何一个环节被攻破，都有可能导致安全威胁沿着产业链不断延伸，给整个产业生态造成巨大损失甚至崩溃。未来，为维护和提升全球产业链供应链的稳定性和安全性，数字安全生态系统的构建将愈加迫切，各大产业将持续加大对数字安全的资金、人员、技术的全面投入，加快推动数字安全生态系统建设。

## 四、相关建议

"十四五"时期，我国数字经济发展面临的内部环境发生复杂而深刻的变化，应深入贯彻落实党的十九届五中全会精神，科学把握新发展阶段，坚决贯彻新发展理念，服务构建新发展格局，发展数字经济，推进数字产业化和产业数字化，推动数字经济和实体经济深度融合，打造具有国际竞争力的数字产业集群。

## （一）明晰数字经济"三二一"发展框架

面向未来，特别是"十四五"时期，数字经济发展框架可以概括为"三二一"，即"三个抓手、两个进程、一个环境"（见图1-6）。

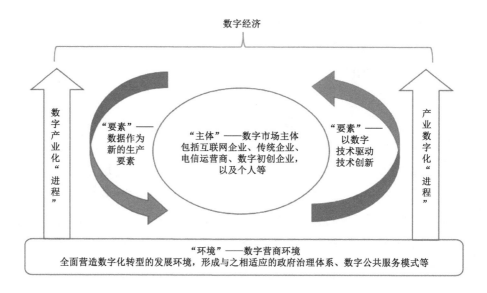

**图1-6 我国"十四五"时期数字经济发展框架建议**

资料来源：国家工业信息安全发展研究中心。

"三个抓手"包含一个主体和技术、数据两个要素。一个主体即数字市场主体，也就是在数字经济市场中从事交易活动的组织和个人。代表性企业往往包括以互联网运营和交付模式为核心的互联网企业，建设数字基础设施的服务商包括电信运营商和制造设备、组件（硬件）、软件开发商，以及众多通过数字创新在行业转型和应用中增加价值以获取竞争优势的数字初创企业。可以说，创新和培育数字市场主体，是激发数字经济发展活力的根本要求。两个要素，其中一个是以数字技术驱动的技术创新要素。纵观世界文明史，人类每次重大的生产力跃升背后都离不开技术创新的驱动。第一次科技革命以来，技术创新在经济社会中的引领作用不断增强，改造产业竞争方式的能力不断提高。尤其在云计算、大数据、物联网等新技术的引领下，创新在数字经济中的驱动作用日趋凸显，影响范围持续扩大。另一个要素是数据作为新的生产要素。按照传统经济学理论，经济全球化是资本、劳动、技术三大生产要素在全球范围内自由流动与合理配置的过程。数字经济的发展突破了这一理论框架，使数据作为新的关键生产要素，通过提高数字服务的交付效率，降低企业成本，刺激更多商业模式的创新，迸发出巨大的经济价值。

"两个进程"包含数字产业化和产业数字化进程。其中，数字产业化是数字经济发展的先导力量，以信息通信产业为主要内容，具体包括电子信息制造业、电信业、软件和信息技术服务业、互联网行业及其他新兴产业。数字产业化的稳步发展，集中表现为数字技术经济范式创新体系变革。产业数字化是数字经济发展的主引擎，是传统产业由于应用数字技术所带来的生产数量和生产效率提升，其新增产出构成数字经济的重要组成部分。产业数字化集中体现为数字技术体系对生产制度结构的影响，即对传统产业组织、生产、交易等的影响。

"一个环境"指的是数字营商环境。着重于强调全面营造数字化转型的发展环境，维护数字企业在进入、运营、繁荣和退出市场等环节中所享有的便利，特别是培育数字初创企业成长的土壤，包括利用数字技术完善治理体系、创新治理模式、提升综合治理能力等，即在数字经济快速发展背景下形成的，与之相适应的政府治理体系、数字公共服务模式等的全面变革，保证信息技术创新的溢出效应扩散到国民经济和社会发展各个部门和领域，从而激发整个经济体转型升级，提升人民获得感。构建数字营商环境，有利于推动数字经济相关政策的集成和协同创新，更好地形成政策合力，是从根本上实现数字经济包容可持续发展的关键举措。

### （二）布局泛在先进的数字基础设施体系

一是加快新型信息基础设施建设。加快推动 5G 网络部署，促进光纤宽带网络的优化升级，鼓励以物联网、工业互联网、卫星互联网为代表的通信网络基础设施建设。把握数字技术快速迭代的特点，积极推进以人工智能、云计算、区块链等为代表的新技术基础设施，加快推广"上云、赋智、用链"等新技术应用。加快全国一体化大数据中心建设，前瞻布局以数据中心、智能计算中心为代表的算力基础设施。

二是加速数字发展红利惠及边远贫困地区。通过移动蜂窝、光纤、低轨道卫星互联网等多元化方式推进边远地区、贫困地区网络覆盖。通过加强网络知识普及、开展网络应用培训、提供无障碍上网设备、减少用网费用等多种方式提升农村居民互联网使用率，弥合城乡间"数字鸿沟"，确保更多的人享受数字红利。

三是加快推进政企合作的投资建设模式。发挥电信运营商的主体作用，通过支持性政策激发行业积极性，深化政企合作和共建共享，以"政府引导+市场主导"的模式加快建成新一代信息基础设施。政府以建设智慧城市为抓手，加快交通、能源等传统基础设施领域数字化改造升级，推广物联网感知设备，提高传统基础设施的质量和运行效率，形成可高效支撑数字经济发展的新型基础设施体系。

### （三）健全安全高效的数据开发利用体系

一是组建国家大数据管理机构。理顺中央和地方的关系，建立集中统一领导、协同高效运作的国家大数据管理体系，实现数据资源高效流转、数据产业高质量发展，支撑国家治理体系和治理能力现代化。参照国防工业、能源工业等战略性产业，设置国家专门机构，统筹数据资源管理。科学设置地方管理机构，明确中央和地方数据职能部门，统一职权范围。

二是加快数据要素开发利用。持续开展数据权属基础理论研究。深化政府数据共享，建立国家基础公共信息数据资源池，明确对外开放标准和规范，有序推动公共数据开放与增值化开发利用。加快培育数据要素市场，建立数据资源产权、交易流通、跨境传输和安全保护等基础制度和标准规范，推动数据资源开发利用。培育发展大数据产业，支持数据收集、传输、存储、处理、应用各环节核心技术研发，支持数据"安全、可信"流通。

三是完善数据法律法规体系。制定数据交易流通法规与监管制度，规范数据交易行为，引导大数据交易市场法治化发展。加快推进数据安全、个人隐私保护立法工作，切实落实数据安全保护。《中华人民共和国民法典》等加强了对数据法律的司法解释，开展数据要素市场"以案释法"工作，加强相关法律法规的宣传教育，推动树立数据要素市场法治意识。研究数据垄断监管机制，规范平台数据垄断竞争行为，引导市场合理有序竞争。

## （四）打造繁荣共享的数字消费生态体系

一是积极构建数字消费生态。引导传统企业改变传统的产品设计理念，注入数字化思维，创新数字产品，提供更丰富的数字产品供给。培育一批数字化服务企业和创新应用企业，发挥引领带动作用，连接和协同行业、消费者、企业和各种生产要素。不断挖掘用户需求，着力提升供给体系对需求的适配性，形成需求牵引供给、供给创造需求的更高水平动态平衡。

二是挖掘农村数字消费潜力。鼓励开发符合"三农"特点且适应农村居民使用习惯的信息终端、技术产品、移动互联网应用软件等，满足农民日常生活需求。畅通"工业品下乡通道"，挖掘新消费点，推进生活用品、农资农具、生产经营服务的线上购买。开展数字消费培训活动，引导农村居民合理进行网上消费。加强农村数字消费市场监管，依法打击制假售假、违法生产经营等坑害农村居民的行为，切实保护群众消费权益。

三是培育数字消费新模式新业态。以应用场景为牵引，推进超高清视频、VR/AR、智慧家居、智慧出行、智慧医疗、在线教育等网络和数字服务。创新无接触式消费模式，探索发展智慧超市、智慧商店、智慧餐厅等新零售业态。促进线上线下有机融合，组织开展形式多样的网络促销活动，促进品牌消费、品质消费，助力扩大消费和内需。

## （五）推进融合化的产业数字化发展体系

一是加快制造业数字化转型。制定重点行业数字化转型发展路线图，开展制造业数字化转型行动，加快制造业数字化、网络化、智能化升级。加快工业互联网创新发展，发展智能制造和服务型制造，培育数据驱动的制造业新模式新业态。全面普及与推广两化（信息化和工业化）融合管理体系，推动企业实施集流程优化、组织重构、数据驱动于一体的管理变革。

二是加速企业数字化改造。推动传统企业全链条数字化改造，引导企业加快工业网络和装备的数字化升级，深化各环节的数字化应用。加大国有企业数字化转型考核力度，增强民营企业数字化转型支持力度。推进企业强化生产经营数据的采集、汇聚、管理等，发展基于数据的用户画像、市场预测等创新应用，提升企业数据开发利用能力。

三是加大数字化转型服务供给。总结行业内工业互联网应用可复制、可推广的解决方案，并基于此寻求构建共性问题的标准化解决框架，加快工业互联网跨行业、跨领域的应用。全面实施数字化转型伙伴行动，积极培育数字化转型服务商与中介机构，增强数字化转型公共服务，推行普惠性服务，加快中小企业数字化转型。

## （六）推动更高质量的数字贸易发展体系

一是制定数字贸易发展战略规划。聚焦数字贸易发展重点行业、数字市场对外开放、数字领域自主创新、数字贸易区域协调发展等重要目标，加快完善国家层面的战略规划和政策措施。从健全数字贸易发展法律法规、强化数字贸易管理机制、优化贸易环境、鼓励扶持创新、完善指标和测算体系、保护知识产权、培育行业协会等方面出台和完善具体举措。

二是提高我国数字贸易产业的国际竞争力。加快发展数字贸易核心产业，重点培育以信息通信服务业为主要代表的战略性新兴产业，保持我国数字贸易产业在国际市场的竞争优势。加强引导数字内容产业发展，积极布局全球数字内容产业市场，建立健全数字文化内容版权服务体系，提升数字内容出海原创力和竞争力。提高知识技术密集型服务等高附加值服务贸易的比重，培育数字贸易竞争新优势，推进数字贸易高质量发展。

三是充分发挥数字技术对传统贸易的提质增效作用。依托数字技术大力发展众包、云外包、平台分包等服务模式，在新业态新模式方面积极探索、寻求突破。积极扩大信息技术服务出口，增强数字教育、数字医疗、数字金融等数字内容服务的出口能力。促进服务外包与制造业融合发展，大力发展研发、工业设计、咨询、检验检测、维护维修、技术服务、供应链管理、品牌营销等生产性服务外包，增强对企业自主创新、品牌塑造、价值链升级和境外投资等支持。

四是营造良好的数字贸易发展环境。加快搭建数字治理体系，针对隐私保护、数据安全、数据确权、数字税收、数据法治等，强化组织与制度创新。积极参与数字贸易国际合作，推动双边、多边、区域等层面数字贸易规则协调，提出符合我国利益诉求的方案，积极参与或主导数字贸易规则的谈判和制定。加强数字人才培养，增强企业、科研院所、高校之间的交流合作，推动产学研协同发展，带动数字贸易向更高水平发展。

### （七）完善包容审慎的数字经济监管体系

一是优化互联网行业竞争生态，维护中小企业和实体经济权益。由国家市场监督管理总局、工业和信息化部、国家发展和改革委员会、中共中央网络安全和信息化委员会办公室、商务部等部门成立跨部门工作机制，统一监管步伐。对于电子商务平台与线上经营者争利、O2O 企业与传统服务业争利的问题，宜采用《中华人民共和国反垄断法》（以下简称《反垄断法》），限制电子商务企业技术服务费过度上涨，约束 O2O 行业恶意补贴，维护平台上经营者和实体经济权益。对于互联网平台相互间恶性竞争的"强制二选一"问题，宜采用《中华人民共和国反不正当竞争法》，避免在《反垄断法》框架下难以认定相关市场和市场支配地位的困境，以便尽快采取灵活行动。

二是探索数字经济时代的算法监管规则，加强消费者和劳动者权益保障。研究借鉴国际上关于"算法公开""自我优待""事前监管""在线危害"等的监管规则和理念，解决算法下的信息茧房、大数据杀熟、AI 监工等问题，避免出现社会极化现象。尽快完善相关法律法规，明确界定劳动关系，建立健全适应平台经济发展、顺应灵活用工形势的劳动标准体系。加强《中华人民共和国劳动法》在数字经济领域的执行力度，探索劳动仲裁灵活应用，切实维护劳动者权益。

三是建立健全基于目的地原则的税收分配机制，解决区域间税收利益分配不公平、不合理问题。研究借鉴欧盟委员会 2018 年 3 月发布的两项数字税提案和 OECD 关于数字税问题的"双支柱"计划，探索构建以"显著数字化存在"代替"物理常设机构"的新联结度规则，推动互联网企业的税收收入向用户所在地合理转移。研究借鉴美国电子商务销售税改革经验，推动流转税适应性改革，协调不同地区间的税收分配问题。

四是加快完善个人信息保护制度，为数字经济健康发展保驾护航。当前，一些国家违背自由市场原则和公平竞争规则，肆意以个人信息保护和国家安全为借口打压我国企业。完善的个人信息保护立法在一定程度上有助于树立良好的保护隐私和个人信息的国际形象，为我国企业"走出去"参与国际竞争提供良好的制度环境。应尽快通过《中华人民共和国个人信息保护法（草案）》，并完善相关实施细则。积极就个人信息保护参与国际规则制定，将市场优势转换为国际话语权，维护我国在数字世界中的国家主权、安全与发展利益。

## （八）构建高水平的对外开放双循环体系

一是推进企业高水平"走出去"。推动跨境电商、共享单车、移动支付等数字经济新模式创新并为全球用户提供服务。提升企业"走出去"服务水平，建立数字企业"走出去"海外风险预警机制，深入了解当地政策信息并为我国互联网企业海外经营提供保护和遇纠纷处理时的协助。通过海外商会提高对企业的服务质量与覆盖范围，维护广大中国企业的海外投资利益。

二是实现外资高质量"引进来"。充分发挥自贸试验区试点作用，在自贸试验区内先行先试新模式、新技术、新规则。建立健全负面清单管理制度，进一步扩大增值电信服务开放，鼓励外商投资、改造、提升传统产业。开展高水平的国际科技合作，支持内外资企业、科研机构研发合作。发挥企业人才引进载体作用，支持数字经济领域海外高层次人才在华创业发展。

三是探索完善我国的数字经济国际治理体系。深化数字经济双边、区域合作，积极推动中欧、中英等相关协定的签署，充分利用 G20、APEC 等多边机制，积极参与数字领域国际规则和标准制定。以"一带一路"为重点建立常态化合作机制和创新联盟，以数据流带动技术流、资金流、人才流、物资流，打造数字丝绸之路。

### （九）建立科学包容的数字经济测度体系

一是建立政府、企业和社会团体沟通合作机制。加强政府、企业和社会团体之间的交流合作，加强完善数字经济测度框架的证据基础，补充官方统计数据，构建跨部门、跨学科的数据研究、调查、评估体系，促进和允许企业对企业（B2B）、企业对政府（B2G）和政府对企业（G2B）模式更好地使用数据，促进使用可操作的工具和数据格式，推动政府和企业之间数据获取和共享，推动创新，并使政府活动更加公开和透明。

二是加强数字经济测度相关理论研究。加强数字经济测度和评估的理论研究，促进国际组织和国家间更多交流合作，传播国际标准和最佳实践。对标 OECD、G20、ITU 等主要国际组织的数字经济测度指标体系，提升指标可比性，立足我国数字经济发展特点，提出能够真实、科学、准确反映我国数字经济发展实际的评价和测度框架，分享我国数字经济测度经验，提升我国数字经济测度的国际影响力。

三是探索全面有效的数据收集工具。将大数据、人工智能等数字技术应用于数据统计工作，不断创新数据收集方法，创新数据来源，收集包括性别、年龄、技能、教育、地区、商业规模、部门等在内的具有关键特征的数据，探索数字技术在个人和商业层面的使用和影响。改进现有宏观经济框架内数字经济的计量，发展数字经济卫星账户。

## 参考资料

1. 国际电信联盟（ITU）. Measuring digital development: Facts and Figures 2020，2020-11。

2. G20. G20 数字经济部长应对新冠肺炎声明，2020-04。

3. APEC 电信工作组. 关于使用 ICT 技术应对全球挑战和合作的倡议——新冠肺炎疫情及其之后，2020-09。

4. 经济合作组织. 2020 年数字经济展望，2020-11。

5. 国际货币基金组织（IMF）. 世界经济展望，2020-10。

6. 联合国经济和社会事务部. 2020 联合国电子政务调查报告，2020-07。

7. 世界经济论坛. 2020 全球风险报告，2020-01。

8. 世界经济论坛. 网络安全信息共享：构建集体安全，2020-10。

9. 中国互联网络信息中心. 第 46 次《中国互联网发展状况统计报告》，2020-09。

10. 国家信息中心信息化和产业发展部、浪潮. 智能计算中心规划建设指南，2020-11。

11. 商务部服务贸易和商贸服务业司. 中国数字服务贸易发展报告，2019-09。

12. 复旦大学、国家信息中心数字中国研究院. 2020 下半年中国地方政府数据开放报告，2021-01。

13. Wyzowl. 2020 视频营销报告，2020-09。

14. Upwork. 2019 美国自由职业者报告，2019-10。

15. Wework，经济学人智库. 以灵活应万变：未来的工作方式，2020-07。

16.　凯捷. 2020 年世界支付报告，2020-10。

17.　张依依. 老年人如何跨越"数字鸿沟"？中国电子报，2020-12。

18.　钱童心. 全球都在反互联网垄断.第一财经，2020-12。

19.　德勤. 2021 科技、传媒和电信行业预测，2020-12。

20.　Gartner. 如何利用数字孪生帮助企业创造价值，2020-08。

21.　IHS Markit.《5G 经济》2020 年更新版，2020-11。

22.　程实，王宇哲. 展望 2021 年全球经济：疫情后的修复式增长。

23.　ITU. Measuring digital development: Facts and Figures 2020。

24.　吴奇龙，龙坤，朱启超. 低轨卫星通信网络领域国际竞争：态势、动因及参与策略. 世界科技研究与发展，2020-12。

25.　复旦大学联合国家信息中心数字中国研究院. 2020 下半年中国地方政府数据开放报告。

26.　IDC. 全球区块链支出指南 2020（Worldwide Blockchain Spending Guide, 2020）。

27.　国务院. 国务院关于印发新一代人工智能发展规划的通知，2017-7。http://www.gov.cn/zhengce/content/2017-07/20/content_5211996.htm。

28.　Blackhat, Cyber threats in turbulent times, accessed 2020-11-04。

# 2020 年全国数字经济发展水平分析

牛玮璐　王梦梓[1]

**摘　要：** 本文基于"数字经济测度工具箱"，利用两化融合服务平台及官方数据，对全国 31 个省份和 85 个城市的数字经济发展水平进行定量测评（数据部分由国家工业信息安全发展研究中心和北京赛昇计世资讯科技有限公司共同完成），从产业、省域、城市等多个维度展现 2020 年我国数字经济发展的新特点、新做法和新态势，并对"十四五"时期我国数字经济高质量发展提出对策建议。根据测算，2020 年，我国数字经济发展水平得分为 65.3 分，新型基础设施建设成为助推数字经济可持续发展的强劲动力，数据要素应用成为产业数字化转型的核心能力，"互联网+社会服务"成为新型政企合作关系的重要纽带，以数字政府建设为牵引的数字营商环境不断优化，数字经济实现更高质量、更有效率、更加公平、更可持续、更为安全的发展。

**关键词：** 数字经济；测度；指标

**Abstract:** This paper based on the Toolkit for Measuring the Digital Economy, the Contemporary Service Platform for Integration of Informatization

---

[1] 牛玮璐，国家工业信息安全发展研究中心工程师，研究方向为数字经济国际合作、数字贸易等；王梦梓，国家工业信息安全发展研究中心工程师，博士，研究方向为数字经济测度、产业数字化、数字经济战略等。

and Industrialization and official data, measures the level of digital economy development of 31 provinces and 85 cities in China, showing some new features, new practices and new trends about digital economy in 2020 in China, and making suggestions for high-quality digital economy development during the 14<sup>th</sup> Five-Year Plan period. In 2020, the score of the level of digital economy development is 65.3. The construction of digital infrastructure becomes a strong driving force for the digital economy sustainable growth; data becomes a supportive tool to push digitalization; "Internet+ public services" becomes a important tie of public-private partnership; the digital business environment is much better. In 2020, the digital economy has achieved higher-quality development that is more efficient, equitable, sustainable and secure.

**Keywords:**  Digital Economy; Measurement; Indictors

当前，数字技术正在深度重塑世界经济和人类社会面貌，数字经济日益成为我国加快新旧动能接续转换，实现经济高质量发展的重要支撑。2020 年，新冠肺炎疫情全球暴发，数字经济更是在助力疫情防控和保障人民生产生活等方面发挥了重要作用，成为疫情后经济高质量发展的新动能。构建具有科学性、前瞻性、包容性的数字经济评价体系，对准确反映我国数字经济发展趋势、制定数字化战略等方面具有重要意义。

## 一、数字经济测度工具箱介绍

国家工业信息安全发展研究中心连续第二年推出数字经济测度工具箱（以下简称"工具箱"），此次推出的工具箱在 2019 年版本的基础上进一步完善，主要涉及：①"数字基础设施"下 5G 指标由前瞻性指标改为基础性指标，统计工作随着 5G 建设发展同步跟进；②"公共服务数字化变革"下的数字时代的技能与就业相关指标转入"数字经济生态环境"部分的人才环境，进一步明晰政府在公共服务数字化变革中的职责定位；③"数字经济生态环境"部分将原来的"政策环境"改为"营商环境"，突出数字营商环境对数字经济的提升拉动作用。

整体而言，该工具箱积极对标经合组织（OECD）、二十国集团（G20）等国际高标准、高水平数字经济评估指标体系，结合我国数字经济发展特色，以数字基础设施、数字产业、产业数字化转型、公共服务数字化变革和数字经济生态环境五个方面为分析视角，坚持科学性、导向性、可比性和可操作性原则，形成一组有机关联的指标体系，包括 5 个一级指标、15 个二级指标、44 个三级指标，并利用逐级加权的方法计算和评价城市数字经济发展水平，如图 2-1 所示。工具箱通过设置基础性指标和前瞻性指标，准确把握数字技术高速迭代的特点，既能够全面评估数字经济发展水平，又能引导数字经济下一步优先发展领域。图中，浅色代表基础性指标，深色代表前瞻性指标。

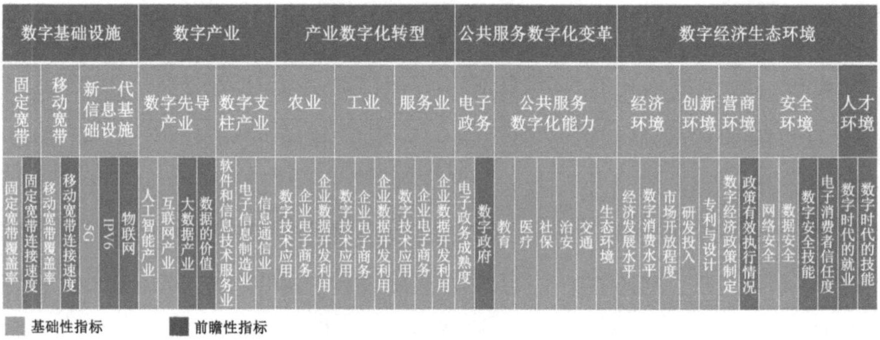

**图 2-1 "数字经济测度工具箱"指标体系**

资料来源：国家工业信息安全发展研究中心。

## 二、全国数字经济发展水平

2020 年，我国数字经济发展水平得分 65.3 分，数字经济发展呈现出以下特点。

## （一）新基建成为数字经济发展的强劲动力

通过研究二级指标"新一代信息基础设施"和"数字产业"及"产业数字化转型"两项一级指标之间的相关性后发现，新一代基础设施建设对于推动数字产业发展和产业数字化转型有高度正相关性，如图 2-2 所示。2020 年 3 月 4 日，中共中央政治局常务委员会召开会议，强调要加快 5G 网络、数据中心等新型基础设施建设进度，"新基建"成为社会广泛关注的热点。一方面，以 5G 为代表的新基建对数字经济时代新技术、新产业、新模式的发展具有乘数效应和裂变功能，可帮助传统产业尽快实现数字化转型。另一方面，数字经济发展又能反哺新基建，反向拉动新基建进程，形成良性循环，共同构建数字经济产业生态，带动数字经济长期增长。

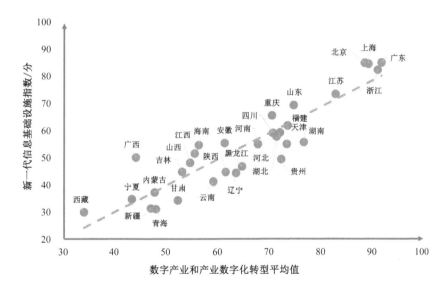

图 2-2　数字产业和产业数字化转型平均值和新一代基础设施相关性

资料来源：国家工业信息安全发展研究中心。

## （二）数据要素应用成为产业数字化转型的核心能力

一级指标"产业数字化转型"由三大产业的"数字技术应用""企业

电子商务"和"企业数据开发利用"三项三级指标反映，其中"企业数据开发利用"对"产业数字化转型"的影响力最大、相关性最高，如图 2-3 所示，相关系数分别为 0.87、0.88 和 0.90，数据要素开发利用已成为企业数字化转型的关键能力，数据已成为数字经济时代的新型生产要素。通过数据将实体经济过程在数字世界"再呈现"并进行数据开发利用，构建以数据驱动的生产、运营和决策新模式，能够让企业获得预测、应对和解决生产经营过程中复杂性和不确定性的新型能力，带动企业生产力提升和整个产业的转型升级。

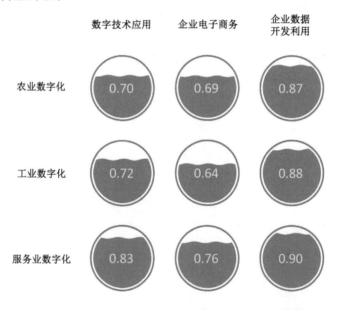

图 2-3　产业数字化转型和企业数字技术应用、电子商务和数据开发利用的相关性

资料来源：国家工业信息安全发展研究中心。

## （三）"互联网+社会服务"成为新型政企合作关系的重要纽带

二级指标"公共服务数字化能力"反映数字技术在教育、医疗、社会保障、治安、交通等社会服务中的应用水平，与三级指标"互联网产业"呈指数式正相关，如图 2-4 所示，表现出互联网平台对社会服务数字化水平的倍增作用。数字经济时代，以微信、支付宝为代表的综合性大型平台成为经济运行的新型基础设施，互联网平台承担了越来越多的社会责任和公共属性，已成为社会公共服务的重要载体，也是政企合作的主要领域。政府通过与互联网平台合作搭建社会服务平台，向公众提供一体化、一站式的服务，在极大程度上方便人民群众生产生活的同时，充分激发社会服务市场的创新活力，推动社会服务市场融合发展。

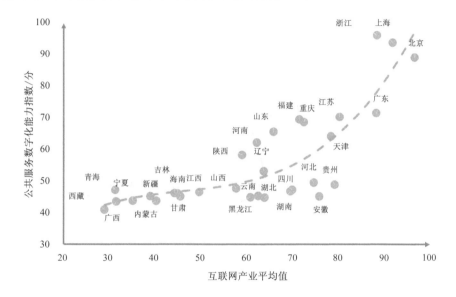

图 2-4 互联网产业和公共服务数字化能力相关性

资料来源：国家工业信息安全发展研究中心。

## （四）数字政府建设成为优化数字营商环境的有力牵引

二级指标"电子政务成熟度"反映当前数字政府建设水平，通过对其和二级指标"营商环境"的关联性分析后发现，数字政府建设对打造数字营商环境高度正相关，如图 2-5 所示。开展数字政府建设，通过数字化手段降低当前营商环境中的时间和物理成本，消除和打破物理政府服务市场主体过程中的局限，用数字政府再造政务流程，提高行政效率，降低行政成本，通过逐步开放人口、地理、环境等基础数据，释放更多行政资源，是优化提升营商环境，激发数字市场主体活力的关键突破口。数字经济先行地区将建设数字政府作为"营商环境"工作的重中之重，以"最多跑一次""一网通办"为主线的政务环境改善，成为政府对广大企业数字化转型"传帮带"的主要抓手。

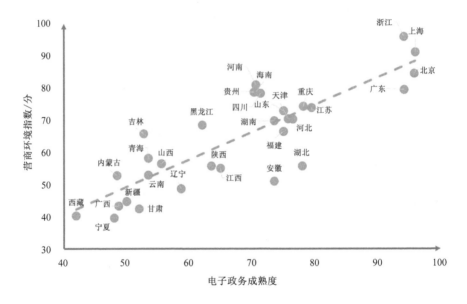

图 2-5　电子政务成熟度和数字经济营商环境的相关性

资料来源：国家工业信息安全发展研究中心。

## 三、省域数字经济发展水平

2020 年，全国 31 个省份数字经济发展水平如表 2-1 所示，基本可分为四大梯队。

表 2-1　全国各省份数字经济发展水平（不含港澳台地区）

| 序号 | 省、市、自治区 | 数字基础设施得分/分 | 数字产业得分/分 | 产业数字化得分/分 | 公共服务数字化得分/分 | 数字经济生态环境得分/分 | 数字经济发展水平得分/分 |
|---|---|---|---|---|---|---|---|
| 1 | 浙江 | 83.0 | 91.5 | 90.2 | 95.1 | 84.5 | 88.9 |
| 2 | 上海 | 84.0 | 94.1 | 84.1 | 94.9 | 80.6 | 87.5 |
| 3 | 北京 | 84.3 | 94.6 | 82.1 | 92.4 | 80.1 | 86.7 |
| 4 | 广东 | 82.5 | 95.4 | 87.8 | 82.8 | 83.2 | 86.4 |
| 5 | 江苏 | 76.3 | 82.1 | 83.4 | 74.8 | 72.5 | 77.8 |
| 6 | 福建 | 72.8 | 76.6 | 70.3 | 72.2 | 70.1 | 72.4 |
| 7 | 山东 | 71.3 | 68.3 | 80.8 | 70.3 | 68.1 | 71.8 |
| 8 | 天津 | 70.5 | 78.6 | 67.9 | 69.9 | 71.2 | 71.6 |
| 9 | 重庆 | 70.8 | 73.4 | 67.4 | 73.4 | 68.0 | 70.6 |
| 10 | 湖南 | 63.2 | 76.0 | 77.1 | 60.2 | 64.1 | 68.1 |
| 11 | 河北 | 65.2 | 71.3 | 71.3 | 63.0 | 64.0 | 67.0 |
| 12 | 河南 | 62.9 | 69.6 | 65.7 | 66.4 | 68.1 | 66.6 |
| 13 | 四川 | 63.9 | 76.4 | 64.7 | 59.3 | 65.9 | 66.1 |
| 14 | 湖北 | 65.9 | 69.3 | 74.6 | 61.4 | 58.4 | 65.9 |
| 15 | 贵州 | 58.2 | 80.5 | 63.8 | 59.6 | 58.0 | 64.0 |
| 16 | 安徽 | 64.1 | 63.7 | 58.8 | 59.3 | 58.3 | 60.8 |
| 17 | 陕西 | 61.4 | 59.3 | 63.6 | 60.9 | 57.9 | 60.6 |
| 18 | 黑龙江 | 58.2 | 62.9 | 66.3 | 53.5 | 59.0 | 60.0 |
| 19 | 海南 | 60.3 | 55.9 | 56.5 | 58.3 | 62.8 | 58.8 |
| 20 | 江西 | 62.9 | 49.1 | 61.7 | 55.7 | 60.2 | 57.9 |
| 21 | 辽宁 | 51.9 | 62.7 | 64.2 | 55.9 | 47.8 | 56.5 |
| 22 | 云南 | 50.5 | 57.0 | 61.1 | 49.4 | 49.0 | 53.4 |
| 23 | 山西 | 59.6 | 54.2 | 54.8 | 51.6 | 46.1 | 53.3 |
| 24 | 青海 | 61.2 | 38.5 | 57.2 | 50.4 | 57.3 | 52.9 |
| 25 | 吉林 | 52.3 | 49.7 | 56.2 | 49.5 | 53.2 | 52.2 |
| 26 | 内蒙古 | 49.0 | 49.0 | 46.2 | 46.1 | 47.1 | 47.5 |
| 27 | 甘肃 | 44.3 | 46.6 | 57.6 | 48.6 | 36.4 | 46.7 |
| 28 | 广西 | 54.9 | 35.6 | 52.3 | 46.2 | 38.9 | 45.6 |
| 29 | 新疆 | 41.8 | 40.5 | 53.2 | 47.6 | 42.5 | 45.1 |
| 30 | 宁夏 | 42.6 | 39.4 | 47.0 | 45.9 | 36.9 | 42.3 |
| 31 | 西藏 | 35.4 | 23.4 | 44.2 | 41.4 | 32.6 | 35.4 |

资料来源：国家工业信息安全发展研究中心。

## （一）第一梯队：全面建设，打造数字经济创新高地

浙江、上海、北京和广东数字经济发展水平均超过 80 分，如图 2-6 所示，各单项指标名列前茅，是我国数字经济发展的先行者和示范者。

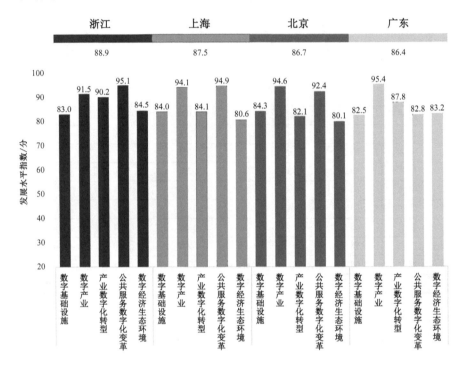

**图 2-6　第一梯队省份各领域发展水平**

资料来源：国家工业信息安全发展研究中心。

浙江作为我国首个国家信息经济示范区，多年来把数字经济作为发展的"一号工程"，推出了"最多跑一次""城市大脑""移动支付之省"等全国领先的标志性项目。疫情期间，线上办公、健康码等应用在浙江省内甚至全国迅速应用，高效助力复工复产，数字经济发展水平得分以 88.9 分领先全国。上海作为我国经贸中心，依托上海自贸区和传统贸易领域优势率先发力数字贸易，打造"数字贸易国际枢纽港"，数字经济发展水平

得分为 87.5 分，位列第二。北京和广东名校、学府云集，国内外知名企业汇聚，数字技术创新能力和成果转化能力全国领先，占据国内数字产业的半壁江山，数字经济发展水平得分分别为 86.7 分和 86.4 分。

## （二）第二梯队：因地制宜，打造数字经济产业生态

江苏、福建、山东、天津、重庆、湖南、河北、河南、四川、湖北数字经济发展水平得分均在 65 分以上，如图 2-7 所示，超过全国平均水平，第二梯队各省（市）近年来纷纷结合各自优势和产业结构特点，推动数字产业和产业数字化发展，打造全新的数字经济产业生态。

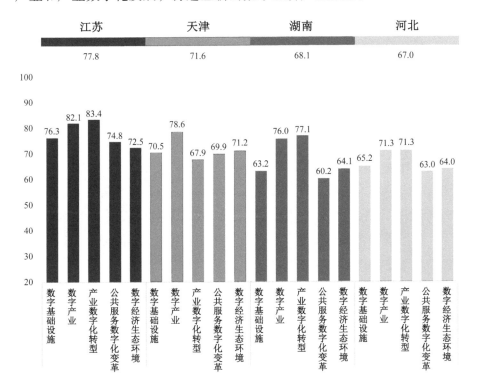

图 2-7　第二梯队部分省份各领域发展水平

资料来源：国家工业信息安全发展研究中心。

江苏作为制造大省，积极发展云计算等数字产业并向制造业赋能，"江苏制造"正在转变为"江苏智造"，各项指标均居第二梯队首位，数字经济发展水平得分为 77.8 分。天津和河北紧抓承接北京非首都功能的战略任务，加速发展"大智移云"相关产业和产业集群，以雄安、张家口等为代表的环京数字产业带已初步形成，数字经济发展水平得分分别为 71.6 分和 67.0 分。湖南作为我国"大粮仓"，以"数字乡村"建设打造"数字湖南"，通过物联网等技术建立数据感知网络，构建农业基础数据体系，推动农业全产业链数字化管理，"数字产业"和"产业数字化"一级指标得分分别为 76 分和 77.1 分。

## （三）第三梯队：分步推进，明确数字经济发展重点

贵州、安徽、陕西、黑龙江、海南、江西、辽宁、云南、山西、青海、吉林数字经济发展水平得分均在 50 分以上，如图 2-8 所示，为把握数字经济发展的重要机遇，纷纷明确优先重点发展方向，旨在"以点带面"实现经济跨越式发展。

贵州作为我国首个大数据综合试验区，聚集国内外各大互联网公司数据中心，四年来大数据发展经历了从无到有的过程，大数据已成为贵州的一张新名片，"数字产业"一级指标高达 80.5 分。安徽以人工智能产业为抓手，已形成以科大讯飞为核心，中国声谷为基地，智能语音、芯片、智能制造等为主的多元化人工智能产业布局，"数字产业"一级指标得分为 63.7 分。陕西以农业数字化为重点，通过促进"工业品下乡"和"农产品进城"双向流通推动农村一、二、三产业相互融合，"产业数字化"一级指标得分为 63.6 分。黑龙江着力从制造业数字化转型入手破解产业结构和经济结构问题，充分发挥哈尔滨工业大学等科研和产业优势，组建燃气轮机、电力装备、机器人等 10 大产业联盟，"产业数字化"一级指标得分为 66.3 分。

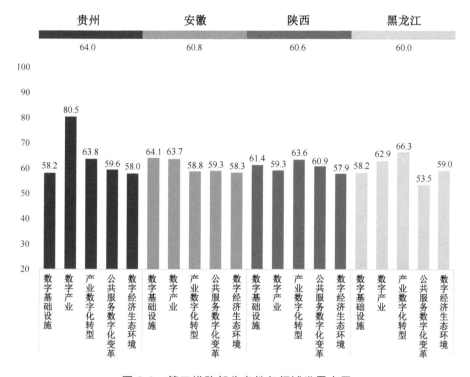

图 2-8 第三梯队部分省份各领域发展水平

资料来源：国家工业信息安全发展研究中心。

## （四）第四梯队：补齐短板，加快数字经济单点突破

内蒙古、甘肃、广西、新疆、宁夏、西藏数字经济发展水平不足 50 分，如图 2-9 所示，既要"补课"，也要"加量"，近年来着力实现单项突破。

甘肃作为西北地区数字经济"河西走廊"，致力于建设以数字化供应链为代表的新基建和区块链信任基础设施平台，数字经济发展水平得分为 46.7 分。新疆依托地缘优势，与哈萨克斯坦、吉尔吉斯斯坦、塔吉克斯坦三个国家实现光缆系统对接，成为我国重要的西向国际电信网络枢纽，数字经济发展水平得分为 45.1 分。宁夏以"智慧银川""云天中卫"建设为契机，带动宁夏大数据、云计算等新兴产业发展，数字经济发展水平得分为 42.3 分。西藏抓住 5G "机会窗口"建设"高原 5G 应用标杆区"，并

借力 5G 打造"云游布达拉宫"、珠穆朗玛峰"云登顶"，带动西藏旅游业发展，数字经济发展水平得分为 35.4 分。

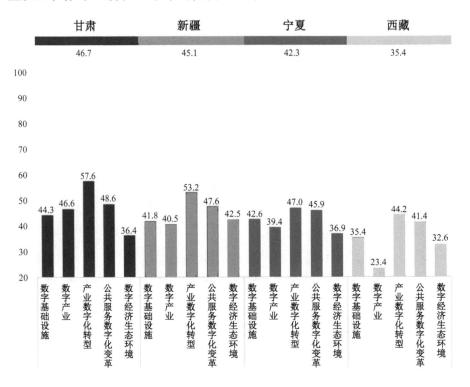

图 2-9　第四梯队部分省份各领域发展水平

资料来源：国家工业信息安全发展研究中心。

## 四、城市数字经济发展水平

城镇化是推动我国经济社会高质量发展的重要路径和重要动力之一，以中心城市为引领的区域数字经济发展已经成为实现我国数字经济跨越式发展的新趋势。经济基础和人才资源作为城市发展的关键支撑，近年来受重视程度不断攀升，已经成为城市数字经济比拼的重要力量。2020 年，我国部分城市数字经济发展水平如表 2-2 所示。

表 2-2  全国部分城市数字经济发展水平[1]

| 序号 | 城市 | 总分 | 序号 | 城市 | 总分 | 序号 | 城市 | 总分 |
|---|---|---|---|---|---|---|---|---|
| 1 | 杭州市 | 90.9 | 30 | 哈尔滨市 | 57.4 | 59 | 滁州市 | 49.7 |
| 2 | 深圳市 | 89.1 | 31 | 嘉兴市 | 57.2 | 60 | 肇庆市 | 49.7 |
| 3 | 广州市 | 83.3 | 32 | 沈阳市 | 53.8 | 61 | 呼和浩特市 | 45.2 |
| 4 | 南京市 | 80.5 | 33 | 长春市 | 53.9 | 62 | 马鞍山市 | 48.5 |
| 5 | 苏州市 | 79.5 | 34 | 银川市 | 52.6 | 63 | 铜陵市 | 47.3 |
| 6 | 武汉市 | 75.4 | 35 | 保定市 | 55.9 | 64 | 自贡市 | 46.6 |
| 7 | 宁波市 | 75.5 | 36 | 珠海市 | 55.7 | 65 | 邢台市 | 46.5 |
| 8 | 长沙市 | 72.2 | 37 | 廊坊市 | 55.6 | 66 | 沧州市 | 46.4 |
| 9 | 福州市 | 71.1 | 38 | 西宁市 | 49.4 | 67 | 邯郸市 | 45.9 |
| 10 | 西安市 | 70.5 | 39 | 湖州市 | 54.0 | 68 | 乐山市 | 44.3 |
| 11 | 青岛市 | 68.7 | 40 | 南通市 | 53.9 | 69 | 达州市 | 44.1 |
| 12 | 厦门市 | 68.1 | 41 | 中山市 | 53.6 | 70 | 南充市 | 44.1 |
| 13 | 郑州市 | 67.7 | 42 | 贵阳市 | 55.8 | 71 | 泸州市 | 43.9 |
| 14 | 成都市 | 69.7 | 43 | 兰州市 | 50.4 | 72 | 宜宾市 | 43.9 |
| 15 | 温州市 | 69.4 | 44 | 泰州市 | 53.5 | 73 | 绵阳市 | 42.9 |
| 16 | 济南市 | 65.5 | 45 | 扬州市 | 53.3 | 74 | 眉山市 | 42.9 |
| 17 | 台州市 | 67.2 | 46 | 盐城市 | 53.1 | 75 | 承德市 | 42.3 |
| 18 | 石家庄市 | 67.1 | 47 | 南宁市 | 45.7 | 76 | 资阳市 | 42.1 |
| 19 | 合肥市 | 65.9 | 48 | 太原市 | 53.7 | 77 | 池州市 | 40.9 |
| 20 | 无锡市 | 63.9 | 49 | 东莞市 | 52.3 | 78 | 遂宁市 | 40.6 |
| 21 | 昆明市 | 60.1 | 50 | 秦皇岛市 | 51.9 | 79 | 德阳市 | 40.4 |
| 22 | 金华市 | 63.2 | 51 | 芜湖市 | 51.2 | 80 | 雅安市 | 40.3 |
| 23 | 海口市 | 58.4 | 52 | 南昌市 | 47.9 | 81 | 乌鲁木齐市 | 39.4 |
| 24 | 大连市 | 60.9 | 53 | 镇江市 | 50.9 | 82 | 衡水市 | 40.2 |
| 25 | 张家口市 | 60.8 | 54 | 惠州市 | 50.7 | 83 | 广安市 | 39.3 |
| 26 | 绍兴市 | 59.8 | 55 | 唐山市 | 50.5 | 84 | 内江市 | 39.0 |
| 27 | 佛山市 | 59.6 | 56 | 安庆市 | 50.4 | 85 | 拉萨市 | 33.9 |
| 28 | 舟山市 | 59.0 | 57 | 宣城市 | 50.1 | | | |
| 29 | 常州市 | 58.7 | 58 | 江门市 | 50.0 | | | |

资料来源：国家工业信息安全发展研究中心。

---

[1] 包括各副省级城市、省会城市和京津冀、长三角、粤港澳、成渝四大城市群的全部城市。

## （一）北京、上海、武汉、重庆等中心城市辐射引领城市群数字经济高质量发展

中心城市正在成为引领区域数字经济发展的重要载体。以上海为中心的长三角地区，汇聚形成全国数字经济发展高地，杭州、南京、苏州、宁波等城市优势互补、差异化发展，数字经济总分排名均跻身前十。武汉、重庆、成都、郑州、西安等中西部城市总分排名靠前，这些城市立足自身特点寻找突破点，数字经济已实现从"跟跑"到"并跑"，甚至某些领域向"领跑"发展，成为我国中西部数字经济发展的中坚力量。北京作为全国科研创新中心，培育出众多人工智能、大数据、云计算等领域的上市企业，数字产业发展全国领先，通过资本辐射、创新驱动在北部地区发挥龙头作用。

## （二）南京、宁波、郑州、青岛超越经济发展水平跻身"数字一线城市"

城市经济发展可以为其数字经济持续繁荣提供强大、稳定的支撑基础，城市各行业数字化转型又为带动经济发展提供新动能，中国城市格局在数字化加持下正在悄然发生改变，城市数字经济发展水平与地区生产总值呈显著正相关趋势，如图 2-10 所示，杭州、深圳、上海、北京、广州这些数字经济总分排名前十的城市在 GDP 排行榜上也稳稳占据领先地位，这些城市 2019 年 GDP 均超过两万亿元。南京、宁波、郑州、青岛等城市凭借各自在数字经济分领域的优秀表现，迈入数字新一线城市阵容。西安、福州等 GDP 达到 9000 亿级别的城市数字经济发展也取得了超越其 GDP 发展水平的成绩。

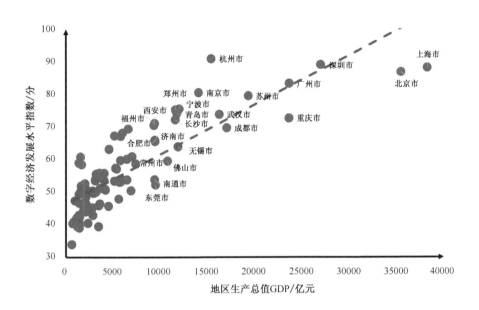

**图 2-10 数字经济发展与地区生产总值相关性**

资料来源：国家工业信息安全发展研究中心。

## （三）杭州、深圳、广州、长沙汇聚数字人才为城市数字化转型提供持续动力

　　年轻数字劳动力的加入为城市数字化转型升级提供了源源不断的人才动力，城市数字经济的发展所提供的大量就业机会和良好的软环境又是吸引人才的重要因素。如图 2-11 所示，城市人口数和数字经济发展水平呈现显著正相关趋势。杭州着力打造"全国数字经济第一城"，面向全球实施引进人才"521"计划，其完善的互联网服务体系和生产、生活的高度便利化，也成为吸引人才的重要砝码，杭州成为 2019 年人口净流入最多的城市。深圳和广州 2019 年人口净流入仅次于杭州，分列第二名和第三名，数字技术人才涌入为数字产业发展注入强大动力，新产业、新模式、新业态的不断涌现又持续扩大了人才需求，创造了大量就业机会。长沙、宁波等城市近年来产业数字化转型迈出坚实一步，强势入场"抢人大战"，

连续出台优惠政策吸引人才，实现城市数字人力资源快速增长。

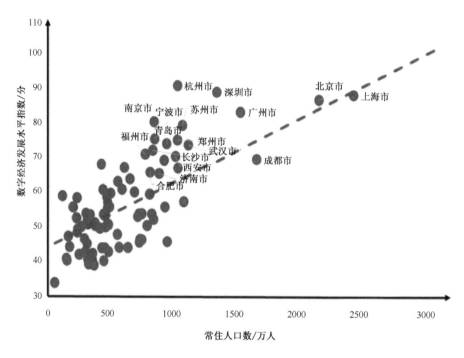

图 2-11　数字经济发展水平与城市人口常住人口数相关性

资料来源：国家工业信息安全发展研究中心。

## （四）杭州、深圳、成都、南京、郑州成为数字化防疫抗疫先锋城市

2020 年突发的新冠肺炎疫情在一定程度上反映了各地应对突发情况的能力。由于长期的数字化积累，杭州、深圳、成都、南京、郑州等城市在数字化防疫抗疫工作中脱颖而出，为其他城市创新数字技术应用场景、助推新经济走深向实提供优秀样板，如图 2-12 所示。杭州数字基础设施和 5G 基站建设均位列全国第一，在基础设施支撑下数字经济全线发力，"城市大脑"确保疫情防控和经济社会发展"两战全胜"，全国首发"红黄绿"动态管理健康码有效助力复工复产，"亲清在线"使政府服务常态化

直达所有企业和员工，惠企政策在线兑付。深圳数字产业总分排名第一，腾讯、华为、大疆创新这些深圳成长起来的高科技企业奋勇担当，积极运用数字技术助力疫情防控。成都抢抓疫情后发展机遇，3 月底召开"2020 成都新经济新场景新产品发布会"，年内面向全球持续发布 1000 个新场景、1000 个新产品，为新经济企业提供场景赋能。南京在各大城市受疫情影响第一季度 GDP 增速出现明显下降的背景下，逆势实现 1.6% 的 GDP 正增长，新兴产业成为拉动南京经济发展的核心动力。郑州是新冠肺炎疫情暴发后最早启用智能防疫系统的城市，"发热门诊登记系统""疫情物资管理系统"等十套数字防疫系统轮番登场，构建起数字化"郑州之盾"，治理能力现代化水平初步显现。

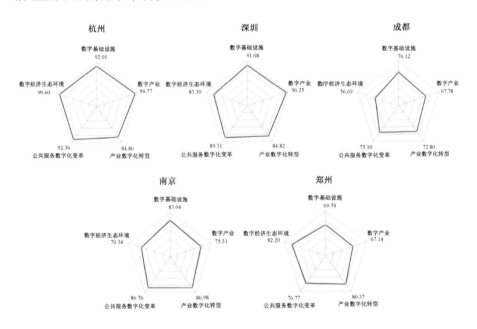

**图 2-12　杭州、深圳、成都、南京、郑州数字经济各领域发展水平**

资料来源：国家工业信息安全发展研究中心。

# 五、对策建议

"十四五"时期是我国全面建成小康社会、实现第一个百年奋斗目标之后，乘势而上开启全面建设社会主义现代化国家新征程、向第二个百年奋斗目标进军的第一个五年。为在"十四五"时期巩固拓展我国数字经济发展的良好态势，推进数字产业化和产业数字化，推动数字经济和实体经济深度融合，加强数字社会、数字政府建设，坚定不移建设网络强国、数字中国，我们建议：

一是加快推进新型基础设施建设。加快推进 5G 等数字新型基础设施建设，启动 6G 相关技术预研，超前布局基础研究、核心关键技术攻关和标准规范。持续推进高等级绿色云数据中心建设，增加数据中心与国家骨干网的互联带宽，打造具有国际领先水平的公共云计算平台。加大物联网、无线通信技术在铁路、公路、水运、航空等公共设施和市政基础设施领域的应用力度，实现动态实时监控与应急指挥。

二是激活数据资源要素潜力。推动数据采集科学规范，制定数据采集归集标准，加大智能传感器、数据采集终端等智能终端的推广应用，形成跨部门数据采集、共享校核机制，提高数据准确性、可用性、可靠性。推进数据整合与开放共享，推动政务数据资源跨部门、多层级共享和"一源多用"。深入推进大数据在能源、医疗、教育、农业、制造及金融等领域深化应用，构建以数据为核心生产要素的数字经济发展新方式。

三是持续推进数字化转型走深走实。深化工业互联网平台体系建设，率先培育建设一批具有行业引领作用的工业互联网平台，探索"工业互联网+消费互联网+金融服务"的新制造模式。推动现代数字技术与乡村生产、生活、生态全面融合，探索农旅融合的农村电子商务新模式。大力发展高效物联网农业，实现农业生产、农机作业等信息的空间化、可视化、智能化。加快电子商务模式、市场服务方式创新和科技水平提升，推动现代服务业同先进制造业、现代农业深度融合，加快推进服务业数字化。推动生活性服务业向高品质和多样化升级，加快推进健康、养老、育幼、文化、旅游、体育、家政、物业等服务业数字化，加强公益性、基础性服务业供给。

四是共同推进数字政府建设。统筹构建国家一体化电子政务平台，推动云网高效融合，为国家各部门提供多层次、专业化的服务支撑体系。优化"互联网+政务服务"，推进个人和企业全生命周期"一件事"全流程"最多跑一次"。加强"一网通办"平台建设，提高跨区域数据共享和数字化治理水平。加快构建"互联网+监管"综合监管体系，建立联合监管事项清单，实现"一处发起、全网协同""进一次门、查多件事"。加快智慧社区建设，探索基于信息化的养老、物业服务、停车等新业态新模式，提升社区服务精细化、精准化水平。

五是建立跨部门、跨学科的数据收集工作机制。传统统计方法已无法适应数字技术对经济社会带来的深刻变化，衡量数字经济需要捕捉数字技术带来的传统国民经济账户核算范围之外的数字经济新业态。统筹协调统计部门、监管机构、互联网服务提供商、研究机构等统计数据，对标国际高标准制定科学统一的核算标准。构建跨部门、跨学科的数据研究、调查、评估体系，保障一手数据、核心数据长期采集。

六是实施高水平对外开放和国际合作。推动跨境电商、共享单车、移动支付等数字经济新模式创新并为全球用户提供服务，实现高水平"走出去"。建立健全负面清单管理制度，放宽市场准入，扩大优质服务进口，扩大增值电信服务开放，鼓励外商来我国投资。提升传统产业，支持内外资企业、科研机构合作，实现高质量"引进来"。充分利用 G20、APEC等多边机制，积极参与数字领域国际规则和标准制定和世界贸易组织改革，推动完善更加公正合理的全球经济治理体系。积极向国际组织输出人才，提升我国在重要国际机制内的影响力和话语权。

**参考资料**

1. 十九届五中全会. 中共中央关于制定国民经济和社会发展第十四个五年规划和 2035 年远景目标的建议，2020-11。

2. 杭州市人民政府. 关于杭州市数字经济发展情况的报告，2020-06。

3. 国务院办公厅. 长三角地区政务服务"一网通办"技术标准，2019-04。

4. 上海市商务委员会等 9 部门. 上海市数字贸易发展行动方案（2019—2021 年），2019-07。

5. 阿里研究院. 2020 粤港澳数字大湾区融合创新发展报告，2020-05。

6. 河北省委员会办公厅，省政府办公厅. 关于加快发展"大智移云"的指导意见，2017-03。

7. 郑小鸣. 以"数字乡村"建设推进农业农村信息化，2019-03。

8. 安徽省政府. 中国（合肥）智能语音及人工智能产业基地（中国声谷）的发展规划（2018—2025 年），2017-12。

# 2020 年主要国际组织数字经济议题演进态势分析

高晓雨　牛玮璐　路广通[1]

**摘　要：** 2020 年，在 G20、APEC 等国际机制下，数字经济的重要性进一步凸显。G20 首次在一年内召开了两次数字经济部长会议，APEC 则将数字经济确定为未来 20 年的发展重点。未来，国际合作联盟化趋势将进一步显现，基于全球共识的数字规则将更加细化，国际社会将共同加强网络平台监管，并将重点讨论疫情后全球经济复苏问题。下一步，我国应积极参与数字经济国际规则制定，从我国优势领域入手研提数字经济国际规则，完善国内相关法律法规建设，在自贸试验区内先行先试新规则，推动我国网信企业"走出去"，培养更多复合型人才在国际组织任职。

**关键词：** 数字经济；国际合作；G20；APEC

**Abstract:** In 2020, the importance of digital economy has been more prominent in G20 and APEC. The G20 held two digital economy ministerial meetings in one year for the first time, and APEC identified the digital economy as one of priorities in the next 20 years. In the

---

[1] 高晓雨，国家工业信息安全发展研究中心信息政策所副所长，高级工程师，专注于数字经济政策研究；牛玮璐，国家工业信息安全发展研究中心信息政策所工程师，研究方向为数字经济、数字贸易、数字经济国际规则等；路广通，国家工业信息安全发展研究中心信息政策所工程师，研究方向为平台经济、数字税、数字经济国际合作等。

future, the trend of national alliance will be further revealed; rules with global consensus about digital economy will be more detailed; the supervision of online platforms will be strengthened; the issue of global economic recovery after the COVID-19 pandemic will be more important. In the next step, China should actively participate in the formulation of international rules of the digital economy and development the international rules from our advantageous areas, improve relevant domestic laws and regulations, try new rules first in the pilot free trade zone, promote internet enterprises carrying out international business and foster more compound talents to take up positions in international organizations.

**Keywords:** Digital Economy; International Cooperation; G20; APEC

二十国集团（G20）、亚太经济合作组织（APEC）是当前全球经济合作最重要的平台之一，引领全球和区域经济发展方向。随着数字经济成为全球经济增长新动能，G20、APEC 等顶层经济合作机制奋勇担当，率先探路，多年来就数字经济相关议题展开前沿而深入的讨论。2020 年，新冠肺炎疫情全球暴发，数字经济以其线上化的优势迎来逆势增长，进一步引起 G20、APEC 等顶层国际合作机制的高度重视，也呈现出新的议题导向和合作态势。

# 一、2020 年 G20、APEC 数字经济议题磋商进展

G20 数字经济工作组和 APEC 电信工作组分别是 G20 和 APEC 两大机制中数字经济相关议题的主要讨论平台和落实机制。2020 年，两工作组就数字经济相关议题分别展开了富有成效的讨论。

## （一）2020 年 G20 数字经济议题进展

G20 成员包括中国、阿根廷、澳大利亚、巴西、加拿大、法国、德国、印度、印度尼西亚、意大利、日本、韩国、墨西哥、俄罗斯、沙特阿拉伯、南非、土耳其、英国、美国及欧盟。G20 成员的人口数占全球三分之二，总面积占全球的 60%，GDP 总额占全球的 90%，贸易总额占全球的 80%，是当之无愧的最具影响力的国际经济合作论坛。

G20 数字经济工作组起源于 2016 年我国作为主席国举办的 G20 杭州峰会。2016 年，在我国的牵头下，G20 首次发布了《二十国集团数字经济发展与合作倡议》，就数字经济议题展开系统性的讨论。随后，2017 年，G20 首次发起数字经济部长会议，成立数字经济工作组（Digital Economy Task Force，DETF）并延续至今，关于数字经济议题的讨论也日渐深入。

2020 年，沙特阿拉伯担任 G20 轮值主席国，召开了两次数字经济部长会议。第一次会议于 4 月 30 日以视频方式召开，重点就以数字技术应对全球蔓延的新冠肺炎疫情展开讨论，会后发布了《G20 数字经济部长应对新冠肺炎声明》（以下简称《声明》）。第二次会议于 7 月 22 日以视频方式召开，会后发布 2020 年《G20 数字经济部长宣言》（以下简称《宣言》）。《宣言》包括可信任的人工智能、可信任的数据自由流动和跨境数据流动、智慧城市、数字经济测度和数字经济安全五大议题，并发布了《推进 G20 人工智能原则国家政策案例》《G20 智能出行指南》《G20 迈向数字经济测度共同框架路线图》和《G20 数字经济安全相关实践案例》四个附件。总体来看，2020 年 G20 数字经济工作组数字经济议题讨论主要有以下特点。

一是议题延续性进一步凸显。2020 年沙特阿拉伯设置的 G20 数字经济工作组五大议题中，可信任的人工智能、可信任的数据自由流动和跨境数据流动、数字经济安全三个议题均与 2019 年日本 G20 会议的议题重复，特别是可信任的数据自由流动和跨境数据流动、可信任的人工智能两大议题，均为上一年度日本担任轮值主席国时最为重视的议题。在可信任的数据自由流动和跨境数据流动方面，"可信任的数据自由流动"概念为日本提出，是日本近年来在数据流动议题上的主推概念。2020 年，沙特阿拉伯作为轮值主席国，仅在"可信任的数据自由流动"后补充了"跨境数据流动"一词，并未做出删改，可见其对 G20 日本会议成果的延续性。在人工智能方面，针对 2019 年通过的《G20 人工智能原则》，2020 年沙特会议进一步发布了《推进 G20 人工智能原则的国家实践案例》，延续这一成果。

二是经济合作与发展组织在 G20 中的影响力不断增强。G20 数字经济工作组的历次会议不仅有 20 个国家参与其中，还有诸多专业国际组织在幕后提供技术和智力支持，包括国际货币基金组织、世界银行、世界贸易组织、联合国、国际劳工组织和经济合作与发展组织（OECD）等，它们都是 G20 会议成果的执行者和贡献者。从近年的情况来看，相较于其他国际组织，OECD 在其中发挥了越来越大的作用，在 2020 年沙特阿拉伯举办的会议期间这种趋势更加明显。2020 年，数字经济工作组的五个议题中有四个均源于 OECD 的研究成果，OECD 也向数字经济工作组提交了各个议题的背景文件。在 G20 机制下，OECD 的专业权威能够与 G20 的政治权威形成良好的互补，也进一步巩固了 OECD "G20 背后的智库"的形象。

三是欧日英联合提升影响力。欧盟、日本、英国在数字经济发展上实力较为相近，都拥有强大的研发实力、雄厚的产业基础、完善的数字基础设施、领先的电子政务水平以及消费能力较强的庞大内部市场，但这三者均缺少全球领先的数字经济巨头。日本与欧盟于 2019 年 1 月达成跨境数据流动充分性互认，与英国于 2020 年 9 月达成了包括跨境数据流动的《全面经济伙伴关系协定》，联合英国和欧盟或将成为日本数字经济国际战略的着力点，其最终目标是与英欧共同构建中美之外的全球数字经济第三极。

## （二）2020 年 APEC 数字经济议题进展

亚太经济合作组织（Asia-Pacific Economic Cooperation，APEC）是亚太地区层级最高、领域最广、最具影响力的经济合作机制，现有成员国包括澳大利亚、文莱、加拿大、智利、中国、中国香港、印度尼西亚、日本、韩国、墨西哥、马来西亚、新西兰、巴布亚新几内亚、秘鲁、菲律宾、俄罗斯、新加坡、中国台北、泰国、美国和越南，共21个经济体。作为区域经济合作论坛，APEC的宗旨是支持亚太区域经济可持续增长和繁荣，建设有活力和和谐的亚太大家庭，捍卫自由开放的贸易和投资，加速区域经济一体化进程，鼓励经济技术合作，保障人民安全，促进建设良好和可持续的商业环境。

2020年是APEC的新起点和转折年。1994年，APEC印度尼西亚茂物会议上提出了著名的"茂物目标"，要求发达成员在2010年前、发展中成员在2020年前实现贸易和投资自由化，这一目标成为APEC过去蓬勃发展，推动区域经济一体化的方向。2020年是"茂物目标"的收官之年，加之全球新冠肺炎疫情暴发，设定APEC 2020年后的新发展目标，指引APEC未来发展道路，成为2020年APEC工作重点。马来西亚作为2020年APEC会议的轮值主席国，将2020年APEC会议主题定为"优化人类潜能，共享繁荣未来"，并设定了区域经济一体化、包容性和技术以及创新和可持续性三个优先领域，体现了2020年承前启后的会议目标，即承接并进一步推动"茂物目标"贸易投资自由化的发展方向，并探寻数字经济蓬勃发展下技术、创新、可持续发展的未来。APEC电信工作组作为APEC机制下数字经济相关议题的主要推动和落实机制之一，总体来看，2020年APEC电信工作组工作主要具有以下特点。

一是确定未来20年数字经济在亚太地区经济发展中的重要地位。2020年，APEC通过了《2040年亚太经合组织布特拉加亚愿景》，开启了亚太合作新阶段，展望到2040年建成一个开放、活力、强韧、和平的亚太共同体，并指出将从贸易和投资，创新和数字化，强劲、平衡、安全可持续和包容增长这三个方面驱动实现这一愿景。在创新和数字化方面，将培育由市场等因素驱动、由数字经济和创新支持的有利环境，将推行结构改革促进创新和提高生产力，将加强数字基础设施建设，加快数字化转型，消弭数字鸿沟，促进数据流动，加强数字交易中的消费者和商业信任。可见，发展数字经济将是未来20年内亚太地区各经济体的主攻方向之一。

二是确定未来五年亚太地区数字经济发展路径。APEC 电信工作组作为落实《APEC 互联网和数字经济路线图》的主要工作组之一，2020 年会议的主要任务是确定未来五年的行动路线。根据《APEC 电信工作组战略行动计划（2021—2025）》，未来 APEC 电信工作组将从以下四个方面重点推进数字经济发展。一是电信/ICT 基础设施和互联互通。未来五年，APEC 将继续支持对电信/ICT 基础设施建设的投资，使电信/ICT 基础设施能够支持互联网流量的增长，提供足够的覆盖能力，确保各地区的人们都能充分享受数字服务，参与数字经济。二是可信、安全和韧性的通信技术。APEC 将继续努力增强人们对使用 ICT 技术的信任和信心，帮助 APEC 经济体管理风险、创建有韧性的网络，并为 ICT 技术发展创造可信的环境。三是促进创新、经济一体化和包容性的 ICT 政策法规。APEC 将继续推动有助于创新的监管和政策环境，加强在 ICT 技术政策方面的合作，加速区域经济一体化，促进跨境贸易和投资。四是加强电信/ICT 技术和应用方面的合作。APEC 将与其他组织合作，最大限度地发挥协同作用，考虑如何充分利用 ICT 技术并解决相关问题。

三是数字化防疫抗疫成为年度"优先议题"。2020 年突如其来的新冠肺炎疫情极大地影响了 APEC 会议的议题和形式，APEC 首次以线上会议的方式进行磋商，且防疫抗疫议题贯穿全程。APEC 电信工作组着力推动数字化防疫抗疫合作，通过了《亚太经合组织电信工作组关于使用 ICT 技术应对全球挑战和合作的倡议——新冠肺炎疫情及其之后》倡议，要求各经济体分享应对新冠肺炎疫情的信息并开展合作，通过公私伙伴关系和多方利益相关方的参与提升亚太地区整体行动能力，强化利用 ICT 技术应对全球挑战，从新冠肺炎疫情中吸取教训，为未来发展创造动力。

## 二、2020 年数字经济主要议题探析

2020 年，国际社会继续对人工智能、数据流动、数字鸿沟等议题保持高度关注。此外，面对新冠肺炎疫情，数字化防疫抗疫也成为新增议题。

总体而言，议题体现了数字经济发展的走向和国际各方力量的现实考量。

## （一）数字化防疫抗疫

新冠肺炎疫情的大流行是全球面临的共同挑战，数字经济是抗击疫情的重要手段之一，各国迫切需要就此采取合作。

在 G20 方面，2020 年 3 月 26 日，G20 领导人召开了"二十国集团领导人应对新冠肺炎特别峰会"，会后发布的《二十国集团领导人应对新冠肺炎特别峰会声明》中指出，要利用数字技术并加强科研全球合作。G20 数字经济工作组积极落实领导人峰会的共识，于 2020 年 4 月 30 日以视频方式召开了 G20 数字经济部长应对新冠肺炎特别会议，通过了《二十国集团数字经济部长应对新冠肺炎声明》，强调了数字技术和相关数字战略在加速和合作应对全球新冠肺炎疫情和未来全球挑战方面的重要性，指出要在基础设施互联互通、安全的数据交换、健康相关的数字技术的研发和应用、安全可信任的线上环境和商业韧性等方面加强合作，以妥善应对未来的全球性、突发性挑战。

在 APEC 方面，《亚太经合组织电信工作组关于使用 ICT 技术应对全球挑战和合作的倡议——新冠肺炎疫情及其之后》倡议呼吁 APEC 经济体积极共享应对新冠肺炎疫情的 ICT 相关政策，支持远程工作、远程医疗、远程教育等新模式新业态发展，在电子商务、电子发票、电子支付等方面共建可交互操作、安全、可信的 ICT 技术环境，合作建立有韧性的基础设施，弥合数字鸿沟。

## （二）数字经济测度

2020 年，沙特阿拉伯作为 G20 轮值主席国在数字经济测度领域大展拳脚，颇具雄心，希望更新 2016 年 G20 杭州峰会上对数字经济的定义，提出新的 G20 数字经济定义框架，使测度工作更具包容性。为实现这一目标，沙特阿拉伯委托 OECD 起草了《迈向数字经济测度共同框架路线图》

（以下简称《路线图》）背景文件。最终《路线图》的摘要成为《G20数字经济部长宣言》的附件对外发布。

2020年的《G20数字经济部长宣言》（以下简称《宣言》）强调了定义数字经济对测度的重要性，在2016年杭州峰会数字经济定义的基础上开创性地提出了"分层定义框架"的概念，并提出"数字经济要素的总体政策定义"，即"为测度之目的，数字经济涵盖依赖于或显著获益于利用数字投入的所有经济活动，这些投入包括数字技术、数字基础设施、数字服务和数据，指包括政府在内，所有在其经济活动中利用数字投入的生产者和消费者"。此外，《宣言》强调了为提高数字经济社会和经济影响的监测能力，评估政策以引导其发展，并确保没有人掉队，明确与就业、技能（包括数字素养）和增长相关的代表性测度指标及其跨社区的有效使用至关重要。为了提高数据的可用性和当前统计方式，并增强数字经济测度的证据基础，《宣言》提出支持政府与利益相关方如私营部门、企业实体、教育机构、民间社会和国际组织等开展合作，明确、制定并使用新增和现有数据资源，包括根据各国目前尚未实施的按性别分类的数据，同时保护隐私和个人数据。《宣言》强调，数字化转型驱动的新业务模式对涉及数据、数字化服务和数字平台的测度带来各种挑战，G20成员鼓励讨论和探索指标，以应对各种测度挑战，在可能的情况下提供测度指导，并酌情认可将数字经济纳入国民经济核算和其他统计体系的有关工作。

如图3-1所示，"分层定义框架"将数字经济分为四层，分别是核心层、狭义层、广义层和数字社会。核心层包括数字内容、ICT产品和服务。狭义层在核心层的基础上，还包括依赖于数字技术和数据的企业的经济活动，类似于我国的"数字产业"概念，美国对数字经济的测算主要集中于核心层和部分狭义层。广义层在狭义层的基础上，还包括使用数字技术和数据显著提升企业的经济活动，类似于我国的"产业数字化转型"概念。数字社会则包括免费服务等超出了GDP核算范畴的数字化交易和活动，类似于我国的"数字经济"概念。此外，《路线图》还基于2017年IMF和OECD共同发布的《测度数字贸易：OECD/IMF盘点结果》中对数字贸易的概念提出了"数字交易经济"，即数字化订购和/或数字化交付的经济活动，包括核心层、狭义层和广义层，并认为"数字交易经济"可以作为数字经济当前的替代测度方法。OECD指出，分层的定义框架主要用于解决当前国际上数字经济规模测度缺乏可比性的问题。以中美为例，中国信息通信研究院参考2016年G20杭州峰会上的数字经济定义，将数字经济分为数字产业化和产业数字化两部分，测算得出2018年我国数字经济规模为31万亿元，占GDP的比重为34.8%;美国商务部经济分析局(USBEA)对数字经济的定义则聚焦于数字产业部分，认为数字经济包括基础设施、电子商务和定价数字服务，测算得出2018年美国数字经济规模为18493亿美元，占GDP的比重为9%。

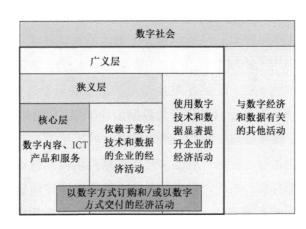

图 3-1　数字经济的分层定义

资料来源：OECD。

## （三）数据流动

数据流动是 G20 数字经济工作组自成立以来的核心议题之一。历届 G20 轮值主席国均试图在该议题上寻求突破，抢夺数字时代数据竞争制高点，然而数据作为数字经济时代的关键生产要素和核心资源，数据权利涉及各国公民权利、产业发展等核心利益,各国难以妥协让步达成一致意见,相关议题进展举步维艰。2020 年，沙特阿拉伯担任轮值主席国，在延续上一年度日本作为轮值主席国的成果的基础上综合各方意见提出"可信任的数据自由流动和跨境数据流动"。在该部分，G20 认可了在大阪峰会期间取得的共识，同意数据、信息、思想和知识的跨境流动有助于产生更高的生产力、激发创新并促进可持续发展，也认识到数据自由流动会带来隐私和个人数据保护等挑战，要根据相关适用的法律框架，进一步促进数据自由流动，增强消费者和企业的信任，同时避免损害合理的公共政策目标。《宣言》提出三个方面的具体做法：一是围绕数据政策分享经验和良好实践，特别是互操作性和交换机制，明确当前有信任的数据跨境流动途径和工具间的共性；二是重申贸易与数字经济融合的重要性，注意到正在进行的关于电子商务联合声明倡议的谈判，并重申世界贸易组织《电子商务工作计划》的重要性；三是探索并了解隐私增强技术（PET）等技术。

2020 年，OECD 还向 G20 数字经济工作组提交了《数据和数据流动的映射方法》报告，表示数据是至关重要的资源，但由于其分散的特性，不同区域的数据受制于不同的数据治理框架，加之数据跨境流动往往与隐私保护、国家安全、数据安全、经济发展等相关，所以相关规则约束或审计力度会加强。各国政府也常常在数据跨境流动时提出限制条件，或要求数据本地存储。然而，数据治理体系的复杂多样性事实上加大了政府、企业和个人的不确定性，包括在给定情况下如何适用规则。因此，政府和其他利益相关方开始更多地考虑如何促进基于信任的数据跨境流动，具体路径包括多边协定、贸易协定、单边做法和私人主导或技术驱动的倡议四种。OECD 向 G20 数字经济工作组提出了进一步发挥领导力、促进国际对话等建议，该部分内容均被吸纳入《2020 年数字经济部长宣言》中。

## （四）人工智能

人工智能等数字技术成为数字经济发展的重要动力，全球各主要国家均在加快推动人工智能技术进步和产业发展。人工智能具有快速自我学习、算法不公开的特点，如果不事先设定相应的规则，事中和事后监管及法律责任关系处理可能变得非常复杂，甚至影响产业发展。人工智能的道德规范和管理标准成为一项全球性的新挑战，也成为近年来 G20 的讨论重点。2020 年，G20 轮值主席国沙特阿拉伯延续上一年度大阪峰会成果，再次将"可信任的人工智能"（Trustworthy Artificial Intelligence）列为《2020 年数字经济部长宣言》（以下简称《宣言》）的重要议题之一。会议期间召开了"G20 人工智能对话"，旨在讨论人工智能在疫情应对中的应用及政府在确保可信人工智能中的角色等内容。《宣言》指出人工智能系统有潜力产生经济、社会和健康效益和创新，推动包容性经济增长，解决不平等问题，加速实现可持续发展目标。它们还可能对未来的工作、数字包容性、安全、信任、伦理问题，特别是与言论自由、非歧视、隐私和数据保护有关的人权产生潜在影响。

## （五）数字鸿沟

当前，受各国信息通信基础设施水平、信息通信服务需求、数字技术掌握程度等因素影响，数字鸿沟问题依然严峻。2020 年，G20 数字经济工作组关于弥合数字鸿沟议题的讨论主要集中于加强互联互通和提升公共数字技能方面。在加强互联互通方面，《宣言》指出通用、安全和负担得起的连接性是数字经济发展的根本推动力，也是包容性增长、创新和可持续发展的催化剂。在提升公共数字技能方面，G20 认为数字技能是 G20 经济体和伙伴国家创新和竞争力的重要驱动力，提升数字素养和掌握数字技能将有助于缩小国家之间和国家内部的数字鸿沟，还将在日益数字化的世界中促进包容性增长。此外，在《宣言》中的测度部分也着重强调了就业、技能、数字素养等相关指标的重要性。

# 三、2021 年数字经济国际合作趋势展望

从 2020 年 G20、APEC 等机制下数字经济相关议题磋商研讨情况来看，2021 年数字经济议题讨论可能呈现以下态势。

一是国际合作联盟化趋势凸显。2020 年，在 G20、APEC 等机制下，已经展现出了美国—印度、日本—欧盟等"小团体"态势，预计 2021 年这种联盟化趋势将进一步凸显。美国方面，2020 年美国在 APEC 电信工作组下推动的自筹资金项目"开放式无线接入网络和网络虚拟化"得到韩国和墨西哥的大力支持，印度和巴布亚新几内亚对美国在 G20、APEC 等机制下议题的支持度极高，《美国—墨西哥—加拿大协定》正式生效，因此，"美国联盟"将由印度、巴布亚新几内亚、墨西哥、韩国和加拿大组成。日本方面，2019 年日欧经济伙伴关系协定（EPA）正式生效，2020 年日本与英国签署 EPA，英国也正式申请加入日本牵头的《全面与进步跨太平洋伙伴关系协定》（CPTPP），"日本联盟"将由日本和欧洲诸国组成。

二是基于全球共识的数字规则将进一步细化。在人工智能治理规则方面，目前在 G20 框架下已经初步达成了"以人为中心的人工智能"的共识。2019 年 G20 会议，日本将"以人为中心的人工智能"作为《G20 数字经济部长宣言》的一部分，并通过了《G20 人工智能原则》。2020 年，G20 沙特峰会期间，"可信任的人工智能"再次成为数字经济部长宣言重要议题。结合欧盟前期对人工智能治理的高度重视，预计 2021 年的 G20 意大利峰会，"可信任的人工智能"将再一次出现在数字经济部长宣言重要议题中。虽然 G20 发出的相关倡议不具备较强约束力，但在一段时期内也会对人工智能的发展起到一定的引导作用。在跨境数据流动方面，基于 G20 日本峰会达成的"大阪轨道"共识，原定 2020 年 6 月召开的 WTO 部长会议因新冠肺炎疫情暴发而中断，导致具有全球共识性的跨境数据流动规则由理念层向框架协议深化进程被打断，但随着全球基于线上的复工复产逐步推进，跨境数据流动规则框架将展开进一步磋商。

三是探索加强网络平台监管。平台经济发展初期监管理念往往较为包容，不过多过早地干预企业行为。但在平台企业已具有相当大规模、行业发展日趋成熟的阶段，强化监管就成了维护市场竞争、促进优胜劣汰的必要之举。2020 年，全球主要国家均开启了针对大型互联网平台企业的反垄断调查。美国开启了对谷歌、苹果、脸书、亚马逊（GAFA）的反垄断调查，欧盟发布了针对大型互联网平台反垄断的《数字市场法》，我国也公布了《〔反垄断法〕修订草案（公开征求意见稿）》，新增互联网领域的反垄断条款，并对阿里巴巴等大型互联网企业处以行政罚款。可以预计，未来一段时间内，全球大型互联网平台都需要面对一个较为严格的反垄断监管期，相关议题也将被纳入 G20、APEC 等国际机制并展开讨论。2021年意大利作为 G20 轮值主席国，预计将引导 G20 数字经济工作组讨论网络平台监管问题，并可能加入关于数字税的相关内容。

四是重点讨论疫情后全球经济复苏问题。2021年，新西兰作为 APEC 主席国，已将 APEC 主题定为"共同参与、共同行动、共同增长"，并设定了三大优先领域，分别为促进复苏的经贸政策、提高包容性和可持续性促进复苏、寻求创新和数字赋能的经济复苏，均与疫情后经济复苏有关。G20 也于 2020 年通过了《二十国集团数字经济部长应对新冠肺炎声明》。强调数字技术在疫情应对中作用显著，疫情下的数字化转型刻不容缓的意见成为会议普遍共识。因此，2021年，疫情后全球经济复苏将成为各国际合作机制的首要议题之一。

## 四、对策建议

为把握疫情后数字经济发展的主动权，提升我国在数字经济相关领域的国际话语权，助力构建我国以国内大循环为主体，国际国内相互促进的新发展格局，我们提出如下建议。

### （一）积极参与数字经济国际合作和规则制定

积极参与 G20、APEC 等机制下数字经济相关议题讨论，了解各方诉求，研究我国主张，提升我国数字经济国际影响力。积极与"一带一路"沿线国家签署"数字丝绸之路"谅解备忘录和自贸协定，依托《区域全面经济伙伴关系》（RCEP）和"中国—东盟数字经济合作年"，拓展我国与周边国家在电子商务、科技创新、5G、智慧城市等领域的合作，构建我国数字经济"朋友圈"。加快推动中日韩自贸协定谈判，启动中欧自贸协定谈判，探索与加拿大等国构建自贸关系，进一步扩大我国数字经济伙伴关系。

## （二）从我国优势领域入手研提数字经济国际规则

依托我国在跨境电商、移动支付、人工智能等领域的领先优势，借鉴《数字经济伙伴关系协定》（DEPA）、《全面与进步跨太平洋伙伴关系协定》（CPTPP）等相关贸易协定表述，提出数字经济国际规则"中国方案"。在跨境电商方面，当前全球贸易协定中关于电子商务的争端解决机制仍处于起步阶段。我国国内市场已形成"七天无理由退货"等较为成熟的机制，但无法直接套用。我国可依托跨境电商实践，探索率先提出跨境电商争端解决机制，通过互联网法院等方式解决跨境电子商务纠纷。在人工智能方面，可参考《新一代人工智能治理原则——发展负责任的人工智能》等国内相关文件，将我国人工智能治理原则推向国际。在移动支付方面，可根据《关于促进互联网金融健康发展的指导意见》《非银行支付机构网络支付业务管理办法》等文件提出移动支付的国际规则。

## （三）完善国内相关法律法规建设

加快推进《中华人民共和国反垄断法》《中华人民共和国个人信息保护法（草案）》等相关法律法规的起草和修订，切实在保障数据安全的前提下促进数据流动和数据开发利用。组建国家大数据管理机构，建立集中统一领导、协同高效运作的国家大数据管理体系，实现数据资源高效流转、数据产业高质量发展，支撑国家治理体系和治理能力现代化。参照国防工业、能源工业等战略性产业的管理模式，设置国家专门机构，统筹数据资源管理。科学设置地方管理机构，明确中央和地方数据职能部门，统一职权范围。

## （四）在自贸试验区内先行先试新规则

充分发挥自贸试验区"试验田"的作用，在数字经济试验区、自由贸易试验区探索扩大对外开放的路径和模式，先行先试数字经济相关新规则，争取形成可复制、可推广的经验。建立健全负面清单管理制度，进一步扩大增值电信服务开放，鼓励外商投资、改造、提升传统产业。开展高水平的国际科技合作，支持内外资企业、科研机构研发合作。发挥企业人才引进载体作用，支持数字经济领域海外高层次人才在华创业发展。

## （五）推动我国网信企业高水平"走出去"

推动跨境电商、共享单车、移动支付等数字经济新模式创新并为全球用户提供服务。从激发创新活力、加大税费优惠力度、人才支撑、优化要素供给、加强市场主体培育等方面出台相关政策，扶持相关企业发展。鼓励企业积极"走出去"，引导有条件的企业带动上下游企业联合"走出去"，为我国开展数字经济务实合作奠定重要基础和形成推动力。提升企业走出去服务水平，建立数字企业"走出去"海外风险预警机制，深入了解当地政策信息并为我国互联网企业海外经营提供保护和纠纷处理协助。通过海外商会提高对企业的服务质量与覆盖范围，维护广大中国企业在海外的投资利益。

## （六）培养更多复合型人才在国际组织任职

尽管当前数字经济领域求贤若渴，长期以来却难以"解渴"。发展数字经济所需的人才是指能够将传统产业与信息技术专业技能互补协同的跨界复合人才。培养数字经济所需人才，要创新人才培养模式，推动产学研跨界合作，构建以企业为主体、以市场为导向、产学研深度融合的技术创新体系，将分散在各个封闭组织中的人才汇聚融通，为人才的培育和发展营造良好氛围，让各类创新主体迸发出强劲活力。提前加强人才储备和布局，培养通晓技术、法律、外语的复合型人才并派驻到重要的国际组织中去，深度参与相关工作，提升我国对议题设置和走向的引导力和话语权。

参考资料

1.    OECD. A Roadmap toward a Common Framework for Measuring the Digital Economy, Report for the G20 DETF Saudi Arabia, 2020。

2.    G20. G20 Digital Economy Ministerial Declaration, 2020-07。

3.    OECD, IMF. Measuring Digital Trade: Results of OECD/IMF Stocktaking Survey, 2017-10。

4.    中国信息通信研究院. 中国数字经济发展与就业白皮书（2019），2019-04。

5.    Jessica R. Nicholson. New Digital Economy Estimates, U.S. Bureau of Economic Analysis (BEA), 2020-08。

6.    OECD. Mapping Approaches to data and data flows, 2020。

7.    APEC TELWG. Initiative on Global Challenges and Cooperation Utilizing ICT - COVID-19 pandemic and beyond, 2020-10。

8.    APEC TELWG. APEC TELWG Strategic Action Plan [2021-2025], 2020-10。

# Ⅱ 领 域 篇

## Field Articles

B.4

# 数字基础设施赋能数字经济高质量发展

王梦梓[1]

摘　要：2020 年以来，新冠肺炎疫情在全球范围内蔓延，居家模式下，
工作和生活加速向线上转移，数字基础设施需求明显提升。同时，
各国政府也认识到发展数字基础设施不仅是疫情背景下稳投资、
促消费、提增长的有效手段，更是提升各行业数字化转型升级的
重要支撑，各国在推进数字化进程方面不断加码。总体看来，以
5G、固定宽带、卫星互联网为代表的通信网络基础设施不断完善，
推动实现高速泛在连接；以人工智能、云计算、区块链等为代表
的新技术基础设施迎来高速发展期；以数据中心、智能计算中心
为代表的算力基础设施正在汇聚政府、企业多方力量，迎来新一
轮建设热潮。

---

[1] 王梦梓，国家工业信息安全发展研究中心工程师，博士，研究方向为数字经济测度、产业数
字化、数字经济战略。

**关键词：** 5G；光纤；卫星互联网；新技术基础设施；算力基础设施

**Abstract:** Since 2020, COVID-19 has spread globally. Under the home mode, work and life are rapidly shifting online, and the demand for digital infrastructure has increased significantly. At the same time, governments of various countries also recognize that the development of digital infrastructure is not only an effective measures to stabilize investment, promote consumption and increase growth in the context of the epidemic, but also an important support for upgrading the digital transformation of various industries. Countries continue to increase their efforts in advancing the digital process. In general, the communication network infrastructure represented by 5G, fixed broadband, and satellite internet has been continuously improved to promote the realization of high-speed ubiquitous connections; new technology infrastructure represented by AI, cloud computing, block chain ushering in a period of rapid development; computing power infrastructure represented by data centers and intelligent computing centers is bringing together governments and enterprises to usher in a new round of construction boom.

**Keywords:** 5G; Optical Fiber; Satellite Internet; New Technology Infrastructure; Computing Power Infrastructure

国际电信联盟发布的《衡量数字化发展：2020事实与数据》显示，截至2020年年末，全球约85%的人口被4G网络覆盖，与2015年相比，全球4G网络覆盖率增长了两倍。新冠肺炎疫情推动了国际宽带使用量持续增长，据估计，2020年全球国际宽带使用量增长了38%，比2019年增速提高了 6 个百分点。我国数字基础设施建设走在世界前列，高速光纤已覆盖全国所有城镇及 99%以上的行政村，4G 网络用户数达到 12.89 亿户，IPv6 活跃用户数超过 4 亿户。5G、人工智能、区块链、大数据等基础设施加速布局，推动产业化步伐不断加快。

## 一、通信网络基础设施各领域全面发力，加快实现高速泛在互联

以 5G、光纤宽带、卫星互联网等为代表的通信网络基础设施是数字经济的重要载体和基础，也是各国战略竞争的焦点。2020 年，全球主要国家加快布局 5G，争夺 5G 发展主导权的竞争愈演愈烈。受新冠肺炎疫情影响，全球光纤建设在 2020 年上半年出现大规模停工停产的窘境，直至第三季度开始逐渐恢复建设，并预期在 2021 年光纤需求将进一步增长。卫星互联网呈现"美国主导，其他航天国家加速跟进"的国际竞争态势，随着卫星互联网在我国被划定为"新基建"的一部分，预计将作为重要投资领域加速落地。

### （一）全球主要国家争夺 5G 发展主导权

全球移动供应商协会（GSA）在 2020 年 12 月 18 日发布的《回顾 2020 年的 5G 网络》显示，全球已有 135 个运营商在 58 个国家和地区部署商用 5G，其中欧洲、中东、非洲地区有 86 张网络，APEC 地区有 35 张网络，美洲地区有 15 张网络。109 家厂商已经发布 519 款 5G 终端，其中 303 款 5G 终端已经上市，预计到 2021 年，全球 5G 商用终端将超过 500 亿台（套），5G 商用网络数将超过 200 张。

韩国 5G 发展处于全球领先地位，自 2019 年 4 月率先部署 5G 商用以来，不到一年（截至 2020 年 2 月末），韩国 5G 基站总数达到 10.9 万个，覆盖本国 85 个城市。全球知名网络评测机构 IHS Markit 对比了韩国首尔、

英国伦敦、美国纽约和瑞士苏黎世等全球几大主要城市的 5G 性能，结果显示韩国首尔的 5G 性能遥遥领先。在首尔，韩国运营商 LG U+的 5G 可用度高达 90.9%，这意味着几乎所有 LG U+用户都可以随时随地接入 5G 网络，并且平均下载速率可以达到 476.5 Mbps，网络延时为 22ms。

美国通过拉拢盟国形成对我国的遏制，确保美国在全球 5G 的竞争力。2020 年 3 月 23 日，时任美国总统特朗普签署了《2020 年 5G 安全保障法》，提出美国在发展 5G 过程中应加强与盟国、战略伙伴和其他国家的合作，通过国际参与、领导制定国际标准等方式提升 5G 市场竞争力。2020 年 4 月 29 日，美国以信息安全为由，推出"5G 清洁通道（Clean Path）"计划，公然施压希腊等 20 多个欧洲和亚洲国家及当地电信运营商禁止使用华为和中兴设备，全方位加大对我国的遏制力度。

在面临 2020 年诸多不稳定因素的影响下，我国 5G 建设稳步推进，取得较好成绩，2020 年我国新增 5G 基站约 58 万个。5G 落地应用进程不断加快，2020 年 1 月至 11 月，国内市场 5G 手机出货量达 1.44 亿部，占手机总出货量一半以上，上市 5G 手机新机型累计 199 款，占新上市机型的 47.7%。5G 终端连接数已超过 2 亿个。德国专利信息分析机构 IPlytics 公布的一份最新报告显示，截至 2020 年 10 月末，华为高居专利申请量第一名，遥遥领先于其他企业，但授权量仅居第四位，专利质量还有待于进一步提升（见图 4-1）。

### （二）全球光纤光缆需求受疫情影响先抑后扬

在新冠肺炎全球大流行的影响下，大多数运营商放缓了固定网络和 5G 的建设，全球光纤光缆需求也随之下降，全球光纤光缆行业面临停工停产、收入下降、需求锐减的困境。如图 4-2 所示，第一季度全球光缆需求量约 1 亿芯千米，同比收缩 12%，是自 2015 年第四季度以来的最低水平；第二季度光缆需求量约为 1.14 亿芯千米，同比收缩 6.3%；第三季度运营商逐步恢复网络建设进度，光缆需求回升 4.6%，达到 1.29 亿芯千米。目前全球光纤光缆行业处于缓慢恢复状态，据英国商品研究所（CRU）预测，在疫情得到有效控制、经济恢复正常的情况下，2021 年全球光纤光缆的需求将增长 7%。

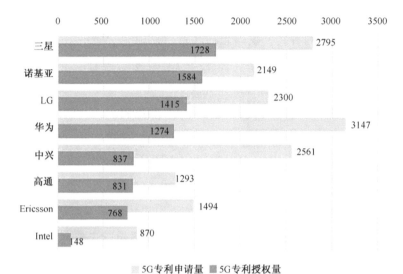

**图 4-1　电信企业专利申请量及授权量（数据截至 2020 年 10 月末）**

资料来源：IPlytics。

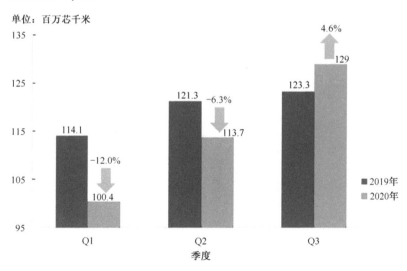

**图 4-2　2019 年与 2020 年前三季度全球光纤产业需求量对比**

资料来源：CRU。

2020 年第一季度正值新冠肺炎疫情暴发，大部分光纤光缆制造商推迟复工复产，我国第一季度光缆需求量急剧下降，同比下滑 18.6%，随着疫情在我国迅速得到控制，加之"新基建"政策激励，我国光纤需求表现为持续增长。可以明确看到，我国光纤入户行动取得显著成效，目前我国已建成全球最大规模的光纤网络，截至 2020 年第二季度末，我国已经完成铜缆入户到光缆入户的全面替换，光纤入户覆盖家庭超过 3 亿户，其中，千兆光纤覆盖用户超过 8000 万户，所有城市建成了光网城市，城市固定宽带接入能力普遍超过 100Mpbs，行政村通光纤比例超过 98%，农村固定宽带接入能力普遍超过 12Mbps。根据国家统计局 2021 年 1 月 21 日最新数据显示，2020 年全年光缆累计产量 28877.7 万芯千米，光缆产量累计增加 6.3%。长远来看，随着我国大规模光纤到户建设基本完成，5G 建设需要更高的光纤量，可能成为未来光纤光缆消费增长的主要驱动力。

## （三）各国相继将卫星互联网建设上升为国家战略

当前全球在轨卫星数量稳步增长。如图 4-3 所示，截至 2020 年第一季度末，全球在轨卫星数量为 2666 颗，增长率为 14%，其中通信卫星占比最高，可以达到 45.3%，全球在轨卫星发展呈现低轨化、小体量化趋势。

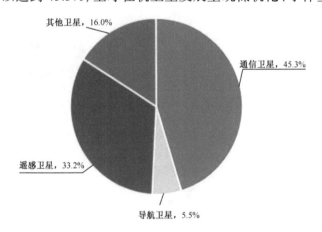

图 4-3　全球不同类型卫星在轨数量占比（截至 2020 年一季度末）

资料来源：赛迪顾问。

有研究统计，目前全球发布低轨卫星星座建设计划的公司多达近 30 家，呈现"美国主导，其他航天国家加速跟进"的国际竞争态势。如图 4-4 所示，截至 2020 年第一季度末，全球低轨通信卫星在轨数量为 710 颗，其中美国在轨数 526 颗，占全球总量的 74%，战略部署优势明显，英国和俄罗斯在轨数分别为 75 颗和 53 颗，分列第二位和第三位。中国低轨通信卫星在轨数为 18 颗，目前排在第四位。随着航天逐渐由国家主导向商业化转变，全球主要国家和地区航天产业政策进一步开放，卫星互联网作为地面通信的重要补充手段，将进一步带动商业航天全产业链快速发展，预计 2020 年全球低轨通信卫星在轨数将突破 20 万颗。

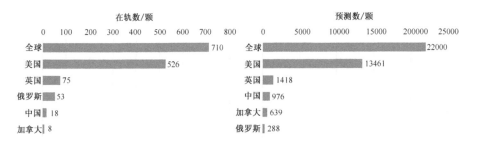

**图 4-4　2020 年主要国家低轨卫星入轨数量（截至 2020 年一季度末）及**

**2025 年入轨数量预测**

资料来源：赛迪顾问。

越来越多的国家将卫星互联网建设上升为国家战略，美国、英国、俄罗斯等多个国家和地区相继制定了产业政策来支持卫星互联网建设，美国在 5G 等地面组网领域处于劣势的情况下，推出《国家航天战略》，部署卫星星座计划，力争主导全球低轨卫星市场，SpaceX、亚马逊等企业纷纷提出低轨卫星"星座计划"，近期，SpaceX 星链项目迎来新突破，美国网速测试公司 Ookla 于 2020 年 11 月公布的最新消息称，SpaceX 的"星链"卫星互联网服务的试用速度已突破 160Mbps，超过了美国 95% 的宽带连接速度。英国脱欧后力争发展独立的全球卫星导航系统，英国政府 2020 年抓住机会收购了 OneWeb，在完成收购不到一个月的时间内，OneWeb 迅速全面恢复运营，于 2020 年 12 月组网发射卫星 36 颗，进一步实现其太空航天工业的雄心。俄罗斯依托苏联在航天领域的雄厚基础，积极布局和发展低轨卫星星座，2020 年 10 月，俄罗斯联邦航天局局长罗戈津宣布，俄罗斯将于 2021 年起开始着手实施"球体"（Sfera）计划，打造由 600 多颗卫星组成的卫星群，以应对美国"StarLink"卫星系统和英国—印度的"OneWeb"卫星系统。

近年来，在国家政策和技术发展驱动下，我国卫星互联网快速发展，2020 年 4 月，卫星互联网被国家发展和改革委员会划定为"新基建"信息基础设施，卫星互联网进入发展元年，有望在"新基建"浪潮下加速落地，并成为贯穿"十四五"时期的重要投资领域。2020 年 1 月，商业航天公司银河航天自主研发的"银河航天首发星"成功发射；4 月，"银河航天首发星"首次实现 3 分钟以上的通信应用试验，7 月，中国卫通完成中国首架 Ka 宽带卫星互联网飞机首航，我国卫星互联网建设迈出坚实一步。

## 二、新技术基础设施重要性进一步凸显，迎来重大发展机遇

以人工智能、云计算、区块链等为代表的新技术基础设施被列入"新基建"范畴，预计其在我国未来经济社会发展中的地位将进一步提升，特别是在需求、政策、资金等多种要素投入驱动下，新技术基础设施将获得重大发展机遇，并最终服务于我国数字经济发展战略。

### （一）加快人工智能基础设施建设成为各国普遍共识

人工智能基础设施是以"高质量网络"为关键支撑，以"数据资源、算法框架、算力资源"为核心能力要素，以"开放平台"为主要赋能载体，能够长期提供公共普惠的智能化服务的基础设施。发展人工智能基础设施可以有力促进人工智能产业发展，为数字经济蓬勃发展提供强大牵引力。

　　全球正在迈入智能社会的黄金发展期，各国高度重视人工智能发展，根据 OECD《2020 年数字经济展望》统计，截至 2020 年中期，全球超过 60 个国家和地区实施了国家人工智能发展战略，其中美国、欧盟和加拿大的人工智能战略优先选项主要涉及与人工智能相关的研发，芬兰、德国、韩国侧重于人工智能应用，澳大利亚、芬兰、英国侧重于提升 AI 技能。加快人工智能基础设施已经成为全球各主要国家的普遍共识，中国通信学会发布《全球人工智能基础设施战略与政策观察》，除中国以外，报告梳理了美国、欧盟、英国、德国、法国、挪威、芬兰、丹麦、俄罗斯、印度、日本、韩国 12 个国家和组织所发布的人工智能基础设施相关战略文件，这些国家中，中国与美国、欧盟、德国、日本、韩国、英国等同处于全球 AI 发展第一梯队，这些国家和组织出台的 AI 战略及政策文件，以及 AI 整体发展水平均相对较高。法国、挪威、芬兰、丹麦、俄罗斯、印度等国家发布的 AI 战略文件较少，在 AI 基础设施各领域布局较为单一，处于第二梯队，与第一梯队国家存在一定的差距。

　　我国积极推动人工智能基础设施发展，已形成国家、地方、企业三个层面协同推进的发展态势。国家层面，印发《新一代人工智能发展规划》《促进新一代人工智能产业三年行动计划（2018—2020 年）》等顶层文件均对加快构筑智能化基础设施，搭建包括数据库、云服务平台等人工智能产业支撑体系做出统筹布局，给予方向指引。地方层面，超过 20 个省市结合自身发展实际，相继出台本地人工智能相关政策，支持人工智能基础设施建设。例如，2020 年 4 月，上海提出打造亚太地区一流的超大规模人工智能计算与赋能平台；6 月，北京提出面向数据智能、智慧应用等六大基础设施建设领域，实施 30 个重点任务；7 月，广州提出开展人工智能跨界融合行动，构建全球顶尖的"创新型智慧城市"；浙江省围绕国家数字经济示范省进行建设，聚焦云数据中心、人工智能平台等领域，超前布局人工智能基础设施。企业层面，科技企业纷纷响应，加快推进技术探索，百度、阿里巴巴、腾讯、科大讯飞等科技企业发挥自身优势，立足自动驾驶、城市大脑、医疗影像、智能语音等优势领域，打造国家新一代人工智能开放创新平台，推动我国人工智能技术创新和产业发展。

## （二）云计算基础设施投入首次赶超非云基础设施

受疫情在全球范围内大流行的影响，远程办公、在线学习等需求激增，拉动对云计算的需求，同时也带动了对服务器、存储和网络基础设施等云计算基础设施的发展。在"2020 年 Gartner 云计算终端用户购买行为调查"中，几乎所有的受访者都表示，他们所在的企业计划在未来 12 个月内维持或增加云计算方面的支出。Synergy Research、Canalys 等调研机构的分析结果一致表明，全球云服务市场保持稳健的增长态势，2020 年第一季度云支出较 2019 年同期增长 30%以上。

2020 年云计算基础设施投入首次超过非云基础设施。据 IDC 统计，2020 年全球云基础设施的投资估计值达到 695 亿美元，在全球 IT 基础设施投资额中所占比重为 54.2%（见图 4-5），其中公有云达到 477 亿美元，在 2020 年云基础设施投资的比重为 68.6%。当前，云基础设施服务市场掌握在少数厂商的手中，据 Synergy Research 统计，排名前三的云厂商亚马逊（32%）、微软（18%）和谷歌（8%）占据全球近 60%的市场份额，我国阿里云和腾讯云分别排名第四和第七。

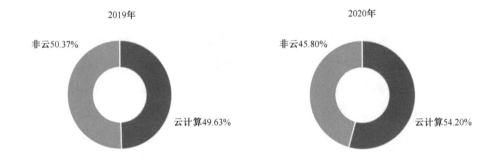

图 4-5　2019 年和 2020 年云计算和非云基础设施市场规模对比

资料来源：IDC。

　　"十三五"期间,我国云计算领域在政策和产业方面均得到显著提升。政策方面,我国国务院、工业和信息化部等部门发布一系列政策措施,规范和引导云计算基础设施建设,提升云计算服务能力。2020年3月,中共中央、国务院发布《关于构建更加完善的要素市场化配置体制机制的意见》,提出"鼓励运用大数据、人工智能、云计算等数字技术,在应急管理、疫情防控、资源调配、社会管理等方面更好发挥作用"。2020年4月,国家发展和改革委员会和中共中央网络安全和信息化委员会办公室联合发布《关于推进"上云用数赋智"行动 培育新经济发展实施方案》,提出"支持在具备条件的行业领域和企业范围探索大数据、人工智能、云计算、数字孪生、5G、物联网和区块链等新一代数字技术应用和集成创新"(见表4-1)。产业方面,2020年,我国云计算行业继续保持快速增长势头,特别是在疫情影响下,工业部门加速上云,云计算基础设施发展得到进一步巩固和加强,根据工业和信息化部统计数据,截至2020年年底,我国35万家以上的工业企业上云,行业赋能效果日益凸显。《云计算发展白皮书(2020年)》预测了2020年我国云计算整体市场规模为1782亿元,其中公有云市场规模估计为991亿元,私有云市场规模估计为791亿元。

表4-1　中国云计算部分法规标准汇总(2015—2020年)

| 时间 | 法规标准 | 签发部门 | 主要内容 |
|------|---------|---------|---------|
| 2015-01 | 《关于促进云计算创新发展培育信息产业新业态的意见》 | 国务院 | 促进我国云计算创新发展,积极培育信息产业新业态 |
| 2015-10 | 《云计算综合标准化体系建设指南》 | 工业和信息化部 | 构建包括"云基础""云资源""云服务""云安全"的云计算综合标准化体系框架 |
| 2016-11 | 《关于规范云服务市场经营行为的通知(公开征求意见稿)》 | 工业和信息化部 | 完善云服务市场环境,加强规范管理,促进互联网产业健康有序发展 |
| 2017-04 | 《云计算发展三年行动计划(2017—2019年)》 | 工业和信息化部 | 提出到2019年我国云计算产业规模达到4300亿元的发展目标 |

| 时间 | 法规标准 | 签发部门 | 主要内容 |
|---|---|---|---|
| 2017-05 至 2017-07 | 基于云计算的电子政务公共平台的系列规范 | 国家质量监督检验检疫总局、中国国家标准化管理委员会 | 包括《基于云计算的电子政务公共平台总体规范》《基于云计算的电子政务公共平台管理规范》《基于云计算的电子政务公共平台技术规范》《基于云计算的电子政务公共平台服务规范》《基于云计算的电子政务公共平台安全规范》 |
| 2017-11 | 《信息技术 云计算 虚拟机管理通用要求》 | 国家质量监督检验检疫总局、中国国家标准化管理委员会 | 移动智能终端操作系统安全性描述，安全技术要求，测试评价方法 |
| 2017-12 | 《信息安全技术 云计算安全参考架构》 | 国家质量监督检验检疫总局、中国国家标准化管理委员会 | 云计算安全参考架构 |
| 2019-7 | 《云计算服务安全评估办法》 | 中共中央网络安全和信息化委员会办公室、国家发展和改革委员会、工业和信息化部、财政部 | 提高党政机关、关键信息基础设施运营者采购使用云计算服务的安全可控水平 |
| 2020-3 | 《关于构建更加完善的要素市场化配置体制机制的意见》 | 国务院 | 鼓励运用大数据、人工智能、云计算等数字技术，在应急管理、疫情防控、资源调配、社会管理等方面更好发挥作用 |
| 2020-4 | 《关于推进"上云用数赋智"行动 培育新经济发展实施方案》 | 国家发展和改革委员会、中共中央网络安全和信息化委员会办公室 | 深化数字化转型服务，推动云服务基础上的轻重资产分离合作。引导云服务拓展至生产制造领域和中小微企业 |

资料来源：国家工业信息安全发展研究中心整理。

## （三）区块链基础设施处于政策、资本双重利好期

区块链对促进各行业的产业升级、实现企业数字化转型具有重要意义，各国高度关注区块链技术，积极推进国家战略布局、政策监管及项目创新。2020 年 2 月，澳大利亚发布《国家区块链路线图：迈向区块链赋能的未

来》，加强对区块链产业的监管引导、技能培训和能力建设，加大产业投资力度，推动澳大利亚成为新兴区块链产业的全球领导者。2020 年 3 月，俄罗斯联邦政府出台一项法律，允许在特殊监管环境下使用加密货币和区块链。2020 年 9 月，瑞士议会通过了瑞士加密和区块链技术的扩大监管框架，并于 2021 年 2 月瑞士区块链法案的一部分开始生效，新的监管模式有助于改善瑞士迅速发展的加密货币和区块链领域。2020 年 10 月，美国众议院通过《区块链创新法》(*Blockchain Innovation Act*)，确保美国在区块链技术方面保持领先地位。

2019 年 10 月，习近平总书记在中共中央政治局第十八次集体学习时强调，我们要把区块链作为核心技术自主创新的重要突破口，明确主攻方向，加大投入力度，着力攻克一批关键核心技术，加快推动区块链技术和产业创新发展。随后，北京、上海、天津、江苏、广州等 27 个省（直辖市、自治区）将区块链写入 2020 年政府工作报告，积极布局区块链发展。尽管不同地区对区块链的定位有所不同，大多数普遍认为区块链处于技术培育期，明确表达出地方支持区块链技术和产业的态度（见表 4-2）。

表 4-2  全国各省（直辖市、自治区）2020 年政府工作报告中区块链相关内容一览表

| 地区 | 发布时间 | 报告名称 | 主要内容 |
|---|---|---|---|
| 北京 | 2020-01-12 | 《北京市政府工作报告》 | 强化关键核心技术攻关，围绕 5G、半导体、新能源、车联网、区块链等领域，支持新型研发机构、高等学校、科研机构、科技领军企业开展战略协作和联合攻关，加快底层技术和通用技术突破 |
| 天津 | 2020-01-14 | 《天津市政府工作报告》 | 培育人工智能、网络安全、大数据、区块链、5G 等一批新兴产业集群 |
| 河北 | 2020-01-7 | 《河北省政府工作报告》 | 推动数字河北建设，促进人工智能、区块链技术应用及产业发展 |
| 山西 | 2020-01-13 | 《山西省政府工作报告》 | 探索"区块链+产业"应用示范 |
| 内蒙古 | 2020-01-12 | 《内蒙古自治区政府工作报告》 | 大力发展数字经济，积极布局 5G 通信应用和大数据、区块链、物联网、人工智能等产业 |

| 地区 | 发布时间 | 报告名称 | 主要内容 |
|---|---|---|---|
| 辽宁 | 2020-01-14 | 《辽宁省政府工作报告》 | 大力发展数字经济，稳步推进 5G 通信网络建设，推动人工智能、物联网、大数据、区块链等技术创新与产业应用 |
| 吉林 | 2020-01-12 | 《吉林省政府工作报告》 | 探索区块链技术在社会信用、农产品溯源和供应链管理等领域应用，鼓励推进技术创新，融合发展相关产业 |
| 上海 | 2020-01-15 | 《上海市政府工作报告》 | 加快物联网、大数据、人工智能、区块链等信息技术推广应用，实施智慧城市场景开放计划 |
| 江苏 | 2020-01-15 | 《江苏省政府工作报告》 | 加强人工智能、大数据、区块链等技术创新与产业应用 |
| 安徽 | 2020-01-12 | 《安徽省政府工作报告》 | 推动物联网、下一代互联网、区块链等技术和产业创新发展 |
| 福建 | 2020-01-11 | 《福建省政府工作报告》 | 实施区块链技术创新和产业培育专项行动 |
| 江西 | 2020-01-15 | 《江西省政府工作报告》 | 打造"赣服通"升级版，探索"区块链+无证通办" |
| 山东 | 2020-01-18 | 《山东省政府工作报告》 | 建设省级区块链产业园区 |
| 湖北 | 2020-01-12 | 《湖北省政府工作报告》 | 深入推进信息化和工业化两化融合，强化大数据、云计算、物联网、区块链等新型通用技术引领带动，加快新技术、新产业、新业态、新模式发展应用 |
| 湖南 | 2020-01-13 | 《湖南省政府工作报告》 | 大力发展数字经济，加快发展基于移动互联网、云计算、区块链、物联网等新技术的信息服务 |
| 广东 | 2020-01-14 | 《广东省政府工作报告》 | 加快区块链技术和产业创新发展，在金融、民生服务等领域积极推广应用，打造区块链产业集聚区 |
| 广西 | 2020-01-12 | 《广西壮族自治区政府工作报告》 | 促进数字经济、平台经济、创意经济、流量经济发展，推动人工智能、物联网、大数据、区块链等技术创新和产业应用 |
| 海南 | 2020-01-16 | 《海南省政府工作报告》 | 运用大数据、云计算、人工智能、区块链等技术手段提升政府效能。重点发展游戏出口、智能物联、区块链、数字贸易、金融科技等数字经济产业 |
| 重庆 | 2020-01-11 | 《重庆市政府工作报告》 | 出台生物医药、区块链、工业互联网等专项政策 |

| 地区 | 发布时间 | 报告名称 | 主要内容 |
|------|---------|---------|---------|
| 四川 | 2020-05-9 | 《四川省政府工作报告》 | 抢占区块链、大数据、人工智能、工业互联网、5G 网络应用和超高清视频等产业高地。开展区块链等重点技术行业示范 |
| 贵州 | 2020-01-15 | 《贵州省政府工作报告》 | 充分运用大数据、云计算、区块链、人工智能、物联网等新一代信息技术，提升产业数字化、网络化、智能化水平 |
| 云南 | 2020-05-10 | 《云南省政府工作报告》 | 加快布局 5G 网络、数据中心、区块链技术云平台、人工智能、工业互联网、物联网等新基建，提升数字经济发展支撑能力 |
| 陕西 | 2020-01-15 | 《陕西省政府工作报告》 | 建设数字经济示范区，推动区块链等数字技术与实体经济深度融合 |
| 甘肃 | 2020-01-10 | 《甘肃省政府工作报告》 | 推动区块链产业布局和产业变革，加快拓展区块链在有色金属、文化旅游、通道物流、知识产权等领域的应用场景 |
| 青海 | 2020-01-15 | 《青海省政府工作报告》 | 推广应用物联网、云计算、大数据、区块链、人工智能等新一代信息技术 |
| 宁夏 | 2020-01-11 | 《宁夏回族自治区政府工作报告》 | 加快人工智能、物联网、区块链等应用，力促数字经济深融合、大发展 |
| 新疆 | 2020-01-6 | 《新疆维吾尔自治区政府工作报告》 | 推进 5G 通信网络建设，大力发展云计算、区块链 |

资料来源：国家工业信息安全发展研究中心整理。

随着区块链政策的不断利好，资本布局明显加速，我国各级政府加速区块链基础设施项目落地。国家层面，2020 年 9 月，国家区块链与工业互联网协同新型基础设施"星火·链网"正式启动，星火链网使用区块链技术解决工业互联网标识、产业数字化转型过程中遇到的"价值落地"问题，定位于面向全球服务的国家区块链新型基础设施。省级层面，2020 年 8 月 25 日，国内首个省级政府指导的区块链基础设施四川"蜀信链"计划启动，为全国链上服务一体化提供范本，截至 2021 年 1 月 25 日，"蜀信链"区块链服务基础设施进展顺利，已授牌 10 个城市节点、6 个行业节点及 20 个应用合作机构，与重庆"渝信链"实现技术对接，生态建设初显成效。市级层面，2020 年 10 月，第三届数字中国建设峰会上，国内首个城市级政务区块链建设项目"福州市区块链技术示范应用工程"解开面纱，推进福州市政务数据共享、公共信用两大领域的应用落地，进一步加速国内政务区块链应用进程。

## 三、算力基础设施推动各行业智能化转型，提供数字经济发展"算力底座"

据《2020 年全球计算力指数评估报告》统计显示，算力与 GDP 和数字经济呈现显著正相关关系，计算力指数平均每提高 1 个百分点，GDP 和数字经济分别增长 1.8‰和 3.3‰，算力已经成为数字经济发展的重要支柱。数据中心、智能计算中心，以及算力时代的城市基础设施"城市大脑"成为新基建的重要内容。

### （一）数据中心向着绿色、大型、集群方向发展/迎来落地投产爆发期

根据 Synergy Research 统计，截至 2020 年年底，全球 20 家主要云和互联网公司共计建成 597 个大型数据中心，是 2015 年数据中心数量的 2 倍。在已建成的数据中心中，美国以 40%的占有份额居绝对领先地位，Amazon（亚马逊）、Microsoft（微软）、Google（谷歌）和 IBM 分别在各大洲至少有 60 个以上。中国、日本、德国、英国和澳大利亚合计占 29%。全球 17 个国家开设了数据中心，新增数据中心数量最多的国家依次是美国、中国、加拿大、阿联酋、印度尼西亚、意大利和南非。

随着 5G 商用提速，以工业互联网、人工智能为代表的数字技术进一步带动各行各业数字化转型，加之后疫情时代远程办公、在线教育、网络视频、网络游戏等新消费方式快速增长，数据存储量和处理需求呈爆发式

增长，极大地增加了对数据中心的需求。中共中央政治局常务委员会于2020年3月4日召开会议，会议提出"加快5G网络、数据中心等新型基础设施建设进度"，数据中心占据了新基建的战略高地。

据中国电子信息产业发展研究院、信息通信研究院等权威机构统计，截至2019年年底，我国数据中心数量约为7.4万个，占全球数据中心总量的23%，其中大型数据中心占比12.7%；在用数据中心机架规模达到265.8万架，同比增长28.7%；在建数据中心机架规模约185万架，同比增加约43万架。在新基建的政策驱动下，2020年集中报批的数据中心数量较多，预计2021年将是数据中心落地投产的爆发期。数据中心市场规模持续扩张，据前瞻产业研究院报告，近年来数据中心市场规模年增长率达到30%左右，根据2019年数据中心市场规模1000亿元计算，2020年数据中心市场规模预计接近1500亿元。

我国数据中心以运营商数据中心为主，三大电信运营商市场份额占比超过60%，万国数据、世纪互联等第三方数据中心逐渐兴起。近年来，阿里、腾讯、华为等数字巨头，通过自建、共建、租赁方式加速部署数据中心。2020年4月，阿里与杭钢合作共建浙江云计算数据中心，阿里云2020年6月宣布未来三年将投资2000亿元用于数据中心建设；腾讯宣布跟进5000亿元，以数据中心为投资重点，2020年6月，腾讯在天津划地290亩，计划建设全国最大的IDC数据机房；华为计划在未来几年内投入约10亿美元研发经费开发云数据中心产品；快手宣布在乌兰察布市投资建设首个大数据中心。

## （二）智能计算中心建设开启有益探索

在众多的算力形式中，AI计算力最能代表国家前沿水平，据《2020全球计算力指数评估报告》统计，AI计算占整体计算市场的比例从2015年的7%提升至2019年的12%，到2024年预计将达到23%。美国和中国由于本国互联网巨头数量多和规模大，对算力有巨量需求，在算力和算力基础设施方面领先于其他国家，日本、德国、英国、法国、澳大利亚处于第二梯队，巴西、南非、俄罗斯起步较晚，算力水平相对落后。

随着 AI 算力的快速增长，倒逼智能计算中心建设进入新阶段。2020年 4 月，国家发展和改革委员会明确将智能计算中心作为算力基础设施纳入新基建范围。2020 年 11 月 17 日，国家信息中心信息化和产业发展部联合浪潮发布了《智能计算中心规划建设指南》（以下简称《指南》），《指南》对智能计算中心的定义、内涵、技术架构、投资建设运营模式等进行了解释和介绍。目前，除对现有数据中心进行智能化改造，使其成为能提供智能计算服务的算力平台外，一些围绕人工智能产业需求而设计、为人工智能提供专门服务的智能计算中心也在加速落地。

智能计算中心的建设模式主要以政府主导建设和头部企业自行建设为主。目前，西安、武汉和许昌等城市在智能计算中心建设方面已开展有益探索。2019 年，西安的沣东新城搭建了"沣东人工智能计算创新中心"，填补了西部地区人工智能基础设施的空白。2020 年 10 月，武汉人工智能计算中心启动建设，建成后将达到每秒百亿亿次计算，相当于 50 万台计算机的算力之和，为提升武汉 AI 技术实力、孵化并推进 AI 应用层落地提供有效保障，围绕人工智能计算中心开展生态体系建设，未来将扶持带动各行业智能化升级。2021 年 1 月 30 日，许昌市人民政府与华为签署合作协议，二者将充分发挥各自优势，投资 15 亿元，共同建设基于自主创新的中原人工智能计算中心，以及公共算力服务平台、应用创新孵化平台、产业聚合发展平台和科研创新人才培养平台四大配套平台，打造具有全球影响力的中原地区人工智能创新高地。

## （三）"城市大脑"是算力时代城市的基础设施

"城市大脑"的概念由中国首次创新提出，是中国为全世界城市发展做出的有益探索。2015 年，《基于互联网大脑架构的智慧城市建设探讨》率先定义"城市大脑"，提出"城市大脑是互联网大脑架构与智慧城市建设相结合的产物，是城市级的类脑复杂智能巨系统"。2016 年 3 月在杭州市政府主导下，"城市大脑"启动并于 2016 年 10 月发布 1.0 版本，引发行业内外广泛热议。2020 年 11 月，国家信息中心信息化和产业发展部在"全球智慧城市大会"上发布《城市大脑建设目标选择、方法与路径——城市大脑规划建设与应用研究报告 2020》，认为"城市大脑的核心是基于万物感知、全面互联、数字孪生而形成数据驱动的人工智能中枢平台"。2020 年 12 月，城市大脑全球标准研究组发布《城市大脑全球标准研究报告》，提出了城市大脑全球标准的九个研究方向，关于"城市大脑"的研究不断深入。

"城市大脑"可以提高城市运行效率，解决城市运行中面临的复杂问题。截至今日，城市大脑已经覆盖了杭州、苏州、海口等十余个城市，全国近 500 个城市启动了"城市大脑"建设计划，建设规模超过数百亿资金。但是，目前"城市大脑"的建设还处于初级阶段，面临三个方面的问题。一是信息孤岛问题突出。"城市大脑"建设没有统一的标准，各领域数据、机器没有统一的规范连接入"城市大脑"系统中，部门孤岛、行业孤岛、企业孤岛现象突出，无法形成协同工作的整体。二是尚未形成工作合力。目前产业界、学术界，以及各经济社会发展各个领域对"城市大脑"的认识尚未统一，例如有的从城市交通角度着手，有的从城市安防角度展开，有的从城市人工智能中枢角度切入，还有的城市从类脑结构角度进行分析，对城市大脑的研究和实施角度不一，成果各异。三是容易形成行业垄断。目前，城市大脑建设主要被互联网企业巨头垄断，中小型科创企业难有机会参与其中。

参考资料

1.  国际电信联盟. 衡量数字化发展：2020 年事实与数字，2021-01。

2.  吴奇龙，龙坤，朱启超. 低轨卫星通信网络领域国际竞争：态势、动因及参与策略. 世界科技研究与发展，2020，42（06）：587-597。

3. 经合组织. 2020 年数字经济展望，2020-11-27。

4. 浪潮信息，国际数据公司（IDC）. 2020 全球计算力指数评估报告，2021-02-04。

5. 城市大脑全球标准研究组，中国科学院虚拟经济与数据科学研究中心，国家创新与发展战略研究会数字治理研究中心. 城市大脑全球标准研究报告，2020-12-23。

6. 中国信息通信研究院. 云计算发展白皮书，2020-07。

7. https://gsacom.com/technology/5g/。

8. http://www.xinghuozk.com/221466.html。

9. http://www.iccsz.com/site/cn/News/2020/10/27/20201027092050975076.htm。

10. 赛迪顾问物联网产业研究中心."新基建"之全球卫星互联网产业区域发展分析白皮书，2020-07。

11. 英国政府和印度通信巨头 Bharti Airtel 公司共同收购 OneWeb，双方各出资 5 亿美元，共持股 84.4%。

12. https://www.sohu.com/a/433798611_610300。

13. 中国通信学会. 全球人工智能基础设施战略与政策观察，2020-12。

14. 上海市推进新型基础设施建设行动方案（2020—2022 年），2020-04。

15. 北京市加快新型基础设施建设行动方案（2020—2000 年），2020-06。

16. 广州市加快推进数字新基建发展三年行动计划（2020—2022 年）》，2020-07。

17. 浙江省新型基础设施建设三年行动计划（2020—2022 年）》，2020-07。

18. http://www.techweb.com.cn/world/2020-07-06/2796168.shtml。

19. https://new.qq.com/omn/20200503/20200503A08CKF00.html。

20. https://www.srgresearch.com/。

# 数据要素价值日益凸显

李潇[1]

**摘 要**：随着新一代信息技术的发展，以及经济社会数字化转型速度的加快，全球数据量持续增长，数据价值不断凸显。数据的安全流通、高效利用，不仅能够促进提升经济社会运行效率，还有利于推动创新，培育发展新模式新业态，打造新的经济增长点。2020年以来，多国部署数据战略，加快激发数据要素价值。与此同时，行业数据利用步伐也不断加快，金融领域的开放银行模式获得更多国家认可，环境领域的公私合作数据开放模式取得显著进展，健康领域的"数据二次使用"正在被各国广泛关注。

**关键词**：数据价值；数据战略；行业数据利用

**Abstract**: With the development of the new generation of information technology and the acceleration of economic and social digital transformation, the volume of global data continues to grow, and the value of data continues to be highlighted. The safe circulation and efficient use of data can not only promote the improvement of economic and social operation efficiency, but also promote innovation, foster the development of new models and new business forms, and create new

---

[1] 李潇，国家工业信息安全发展研究中心工程师，研究方向为数字经济、数据要素、产业数字化转型等。

economic growth points. At the same time, the use of industry data has been accelerating. The "Open Bank" in the financial sector has been recognized by more countries. The data open in the field of environment through public-private cooperation has gained great achievements. "The Secondary Use of Data" in the health sector is attracting wide attention from all over the world.

**Keywords**: The Value of Data; Data Strategy; Industry Data Utilization

新一代信息技术改变了经济社会发展方式，推动人类社会进入以数字化生产力为主要标志的新阶段。在这场变革中，数据发挥着核心作用，并将带来更多的变革。把握数据要素价值，就是把握了数字经济时代发展的核心。2020 年以来，数据要素价值进一步凸显，很多国家纷纷布局数据战略，重点行业数据要素价值开发利用进程加快，数据对经济社会发展的促进作用不断释放。

# 一、数据要素促进经济增长作用凸显

## （一）全球数据量持续增长

根据 IDC、Kleiner Perkins 和 Statista 预测，2020 年全球数据量达到 47ZB，到 2025 年，全球数据量将达到 175ZB，2035 年将达到 2142ZB（见图 5-1）。中国的数据量增长最为迅速，平均每年比全球快 3%，预计到 2025 年，中国的数据量将占全球数据量的 27.8%，中国将成为全球最大的数据圈。未来，随着物联网、云计算、5G 等的快速发展，以及经济社会数字化转型步伐的加快，数据规模将进一步增大。

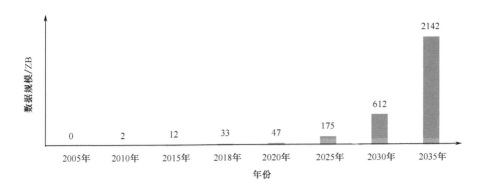

**图 5-1　全球数据规模**

资料来源：IDC、Kleiner Perkins 和 Statista。

海量的数据中实时数据占比将逐渐提高。IDC 预测，2025 年实时数据占比将达到 30%，届时将有超过 1500 亿台联网设备实时创建数据，每天将有超过 60 亿名消费者与数据发生互动（见图 5-2），占全球人口的 75%。全世界每个联网的人每天平均会有超过 4900 次数字化数据互动，相当于每隔 18 秒就会有 1 次数据交互。这种交互大多来源于全球各地联网的数十亿台物联网设备。

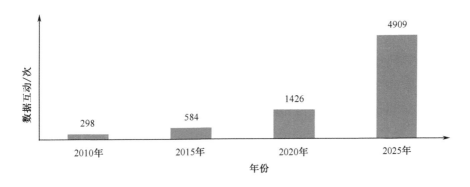

**图 5-2　每个联网的人每天的数据互动**

资料来源：IDC《世界的数字化：从边缘到核心》。

庞大的数据规模对数据存储、计算等提出了更高的要求。如果要存储

2018 年全球的数据量（33ZB），则需要 33000 万个 100TB 的硬盘。未来，80%的数据处理和分析将发生在数据中心和集中式计算设施上，20%的数据处理和分析由智能连接设备来完成，比如汽车、家用电器、工业机器人和靠近用户端的计算设施（边缘计算）。随着数据量的不断增加，云存储将逐渐取代传统的存储方式，成为最受欢迎的存储方案。据 Statista 预测，云存储市场份额在 2026 年将达到 92%（见图 5-3）。

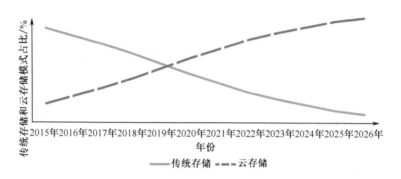

图 5-3　传统存储和云存储模式占比变化示意

资料来源：Statista。

## （二）数据经济价值不断提升

数据对经济的促进作用正在不断凸显。根据英国《欧盟数据市场报告》，2016 年至 2020 年，欧盟、英国、美国、巴西、日本等国家和组织的数据要素价值不断发挥，数据市场价值不断提高，数据专业人员、数据企业等指标都获得了较快提升。

如表 5-1 所示，2020 年，欧盟 27 国数据经济价值达约 3554 万亿欧元，比上年增长 9.3%。数据有关专业人员达 658.8 万人，占总就业比重达 3.5%，数据公司超过 1.5 亿家，总营业额超过 700 万欧元。2019 年数据经济价值对 GDP 的影响达到 2.6%。

表 5-1 欧盟 27 国数据有关指标

| 指标 | 2016 | 2017 | 2018 | 2019 | 2020 |
|---|---|---|---|---|---|
| 数据专业人员/千人 | 4875 | 5260 | 5688 | 6033 | 6588 |
| 占总就业人数比例/% | 2.8 | 3.0 | 3.2 | 3.3 | 3.5 |
| 数据公司总数/千家 | 13430 | 139450 | 145440 | 148900 | 153100 |
| 数据公司总营业额/百万欧元 | 47178 | 52479 | 58948 | 64262 | 71050 |
| 数据公司用户数 | 505950 | 517100 | 531720 | 534840 | 542510 |
| 数据市场价值/百万欧元 | 46183 | 50604 | 55486 | 58214 | 62244 |
| 数据经济价值/百万欧元（包含直接影响、间接影响、其他影响） | 238699 | 267986 | 301637 | 324858 | 355396 |

如表 5-2 所示，欧盟 27 国及英国数据经济价值达 4439 万亿欧元，比上年增长 9.2%。数据有关专业人员达 826.1 万人，占总就业比重达 3.8%，数据公司近 3 亿家，总营业额超过 900 万欧元。2019 年数据经济价值对 GDP 的影响达到 2.6%。

表 5-2 欧盟 27 国及英国数据有关指标

| 指标 | 2016 | 2017 | 2018 | 2019 | 2020 |
|---|---|---|---|---|---|
| 数据专业人员/千人 | 6187 | 6666 | 7251 | 7608 | 8261 |
| 占总就业人数比例/% | 3.1 | 3.3 | 3.5 | 3.6 | 3.8 |
| 数据公司总数/千家 | 261450 | 271700 | 283390 | 290000 | 297350 |
| 数据公司总营业额/百万欧元 | 61781 | 68846 | 77297 | 83545 | 91318 |
| 数据公司用户数 | 676150 | 691500 | 711870 | 715890 | 726110 |
| 数据市场价值/百万欧元 | 59496 | 65286 | 71787 | 75274 | 80253 |
| 数据经济价值/百万欧元（包含直接影响、间接影响、其他影响） | 299989 | 336602 | 377871 | 406468 | 443925 |

如表 5-3 所示，2020 年，美国数据经济[1]占 GDP 比重达到 1.34%。数据有关专业人员达 1459.3 万人，占总就业比重达 9.11%，数据公司超过 3 亿家。

---

[1] 报告中对美国、巴西、日本数据经济的测算不包含其他影响，而对欧盟 27 国及英国的测算包括直接影响、间接影响、其他影响。因此在结果上不应将美国、巴西、日本数据直接与欧盟 27 国进行对比。

表 5-3　美国数据有关指标

| 指标 | 2016 | 2017 | 2018 | 2019 | 2020 |
|---|---|---|---|---|---|
| 数据专业人员/千人 | 12732 | 13857 | 14105 | 14350 | 14593 |
| 总就业人数比例/% | 8.42 | 9.04 | 9.06 | 9.08 | 9.11 |
| 数据公司总数/千家 | 289556 | 303552 | 309263 | 312215 | 316190 |
| 数据市场价值/百万欧元 | 129173 | 146970 | 163993 | 184873 | 211349 |
| 数据经济价值（百万欧元）直接影响 | 108521 | 146966 | 158283 | 178450 | 204013 |
| 数据经济价值（百万欧元）间接影响 | 7270 | 7860 | 8769 | 9500 | 11463 |
| 数据经济价值（包含直接影响、间接影响）占 GDP 比重/% | 0.78 | 1.03 | 1.11 | 1.19 | 1.34 |

如表 5-4 所示，2020 年，巴西数据经济占 GDP 比重达到 0.24%。数据有关专业人员达 121 万人，占总就业比重达 1.89%，数据公司超过 3 千万家。

表 5-4　巴西数据有关指标

| 指标 | 2016 | 2017 | 2018 | 2019 | 2020 |
|---|---|---|---|---|---|
| 数据专业人员/千人 | 1160 | 1175 | 1200 | 1211 | 1215 |
| 总就业人数比例/% | 1.81 | 1.84 | 1.86 | 1.88 | 1.89 |
| 数据公司总数/千家 | 35979 | 36906 | 37605 | 38192 | 38477 |
| 数据市场价值/百万欧元 | 6049 | 6998 | 7373 | 7905 | 8374 |
| 数据经济价值（百万欧元）直接影响 | 6157 | 6996 | 7380 | 7986 | 8536 |
| 数据经济价值（百万欧元）间接影响 | 290 | 335 | 353 | 374 | 384 |
| 数据经济价值（包含直接影响、间接影响）占 GDP 比重/% | 0.16 | 0.17 | 0.21 | 0.23 | 0.24 |

如表 5-5 所示，2020 年，日本数据经济占 GDP 比重达到 1.25%。数据有关专业人员达 432 万人，占总就业比重达 6.45%，数据公司超过 1 亿家。

表 5-5　日本数据有关指标

| 指标 | 2016 | 2017 | 2018 | 2019 | 2020 |
|---|---|---|---|---|---|
| 数据专业人员/千人 | 3740 | 4045 | 4118 | 4236 | 4324 |
| 总就业人数比例/% | 5.82 | 6.20 | 6.20 | 6.37 | 6.45 |
| 数据公司总数/千家 | 101612 | 104587 | 105273 | 106983 | 107612 |

| | | | | | |
|---|---|---|---|---|---|
| 数据市场价值/百万欧元 | 25513 | 26720 | 29799 | 32929 | 37019 |
| 数据经济价值（百万欧元）直接影响 | 27394 | 27296 | 30074 | 32500 | 37287 |
| 数据经济价值（百万欧元）间接影响 | 1189 | 1230 | 1330 | 1454 | 1689 |
| 数据经济价值（包含直接影响、间接影响）占 GDP 比重/% | 0.93 | 0.96 | 1.08 | 1.09 | 1.25 |

## 二、主要国家部署数据战略政策

以美国、英国等为代表的发达国家和地区很早就重视数据资源的开发利用。2020 年以来，随着数据价值的进一步凸显，欧盟、英国等相继发布数据战略，进一步促进数据红利释放。

### （一）欧盟委员会发布《欧盟数据战略》

2020 年 2 月，新一届欧盟委员会在其新数字战略"塑造欧洲数字未来"框架下发布《欧洲数据战略》（*European Strategy for Data*）。该战略的目标是使欧盟成为世界上最具吸引力、最安全、最具活力的数据敏捷型经济体，并在未来的全球数据经济中占据领先地位。该战略分析了欧洲当前面临的八大问题，分别是数据可用性不足、市场竞争失灵、数据互操作性和质量较差、数据治理问题、数据基础设施和技术不够自主、个人数据权利问题、数据技能及素养短缺、网络安全问题，提出了以四大支柱为核心的行动方案（见表 5-6）。

表 5-6　欧盟数据战略核心框架及举措

| 目标 | 措施 |
|---|---|
| 数据访问和使用的跨部门治理框架 | （1）提出欧盟共同数据空间治理立法框架（2020 年第四季度）；<br>（2）正式通过《高质量数据集实施法案》（2021 年第一季度）；<br>（3）在适当情况下提出《数据法案》（2021 年）；<br>（4）分析数据在数字经济中的重要性（如通过在线平台经济观察组织），并在《数字服务法案》计划框架范围内审查现有的政策框架（2020 年第四季度） |

| 目标 | 措施 |
|---|---|
| 加强欧洲托管、处理和使用数据的能力，促进数字基础设施建设 | （1）投资欧盟数据空间具有重大影响力的项目，其中包括数据共享架构（包括数据共享标准、最佳实践和工具）和治理机制，并将欧盟高能效和可靠的云基础设施及相关服务整合在一起。目标是获得 40 亿到 60 亿欧元的共同投资，其中欧盟计划投资 20 亿欧元。预计将于 2022 年进入第一个实施阶段；<br>（2）与成员国签署关于云整合的谅解备忘录（2020 年第三季度）；<br>（3）推出欧盟云服务市场并整合所有云服务产品（2022 年第四季度）；<br>（4）制定欧盟（自我）监管云规则手册（2022 年第二季度） |
| 加强个人处理自我数据的能力，加大对技术和中小企业的投资 | 审议加强《通用数据保护条例》第 20 条中所规定的个人的可移植性权力，使个人能够更好地控制谁可以访问和使用机器生成的数据（可能纳入 2021 年《数据法案》） |
| 面向战略性部门及公共利益领域建立欧洲公共数据空间 | 在欧洲开放科学云研究共同体的基础上，欧盟委员会还将推动构建以下九种欧盟共同数据空间：工业制造数据空间、环保交易数据空间、交通数据空间、医疗数据空间、金融数据空间、能源数据空间、农业数据空间、公共管理数据空间、技能数据空间 |

## 1. 建立数据访问和使用的跨部门治理框架

委员会放弃过分详细、过分严苛的事前监管，而倾向于采用敏捷型数据治理方法，例如试验（监管沙箱）、迭代和差异化。

首先，为欧盟数据空间治理建立一个有效的立法框架。该框架将加强欧盟成员国之间的协同性体系建设，促进特定部门或特定领域的产业创新，解决以下一个或多个问题：加强欧盟和成员国与跨部门数据使用以及公共部门数据空间的治理机制；基于《通用数据保护条例》（GDPR），帮助决定哪些数据可以使用，如何使用、由谁基于何种目的使用；基于 GDPR，让拥有"数据利他主义"（data altruism）意愿的个人更方便地将他们产生的数据用于公共产品。

其次，促进更多高质量公共部门数据得以重新利用。基于开放数据指令（Open Data Directive），欧盟委员会将尽快通过《高价值数据集应用法案》（2021 第一季度），使这些数据集在整个欧盟范围内以机器可读的方式，通过标准化应用程序接口（API）免费开放。欧盟委员会将着手研究各种机制，以满足中小企业特殊需求。它还将帮助成员国在 2021 年 7 月 17 日之前顺利适应开放数据指令的新规则。

再次，促进跨部门的数据共享。欧盟计划 2021 年通过《数据法》（*Data Act*）解决以下一个或多个问题：促进企业与政府的数据共享；支持企业对企业的数据共享（尤其是共生数据，如物联网生成的数据）；以公平、合理、透明的方式支持数据的可访问性；评估知识产权框架，进一步加强数据的访问和使用。此外，欧盟委员会将评估有关建立数据池（用于数据分析和机器学习）等一系列措施。

最后，将加强对数字经济中数据作用的探索研究。网络平台经济观察站正在分析科技巨头积累的海量数据、数据在创新或导致议价能力失衡方面的作用及这些公司跨部门使用和共享数据的方式。在事实调查基础上，欧盟委员会将考虑如何最好地解决有关平台和数据的系统性问题，包括在适当时通过事前监管确保市场开放和公平。

**2. 加强欧洲托管、处理和使用数据的能力，促进数字基础设施建设**

建设欧洲数据空间和联邦云设施，确保具有竞争性、安全性和公平性的欧洲云服务。欧盟委员会将在 2022 年第二季度之前以《云规则手册》（*Cloud Rule Book*）的形式，围绕云服务的不同适用规则包括自我监管，建立统一框架。云规则手册将提供有关安全、能效、服务质量、数据保护和数据可移植性的现有云行为准则和认证概要。

欧盟委员会将促进制定"欧洲通用标准"和"数据处理服务公共采购要求"。这将使欧盟及其成员国各级公共部门成为新的欧盟数据处理能力提升的推动者，而不仅仅是受益者。尽管许多成员国已经在国家层面上制定了类似的市场计划，但欧盟层面的云服务市场计划具有两方面的优势：可以解决当前市场的不对称性；可以提高云服务合规的清晰度。

**3. 加强个人处理自我数据的能力，加大对技术和中小企业的投资**

欧盟委员会支持用户个人行使其数据权利，提供相应工具和手段授权数据主体控制其个人数据，从而在更加精细级别上决定处理个人数据的方式（个人数据空间，Personal Data Paces）。欧盟委员会可以通过增强 GDPR第 20 条个人数据可移植性权利执法力度来予以支持，并通过更严格的交互要求控制谁可以存取和使用机读数据（如可穿戴设备等）。此外，需要考虑制定针对个人数据 App 提供商或新型数据中介（如个人数据空间提供商）的规则，以确保其作为经纪人的中立作用，"数字欧洲"计划也将支持"个人数据空间"的开发和推广。

**4. 面向战略性部门及公共利益领域建立欧洲公共数据空间**

作为对横向框架的补充，欧盟委员会将促进战略性经济部门和公共领域中公共欧洲数据空间的发展。基于欧洲开放科学云在研究界的经验积累，欧盟委员会在欧洲开放科学云研究共同体的基础上，还将支持建立以下 9种欧洲公共数据空间：工业制造数据空间、环保交易数据空间、交通数据空间、医疗数据空间、金融数据空间、能源数据空间、农业数据空间、公共管理数据空间、技能数据空间。

为落实《欧洲数据战略》，2020 年 11 月 25 日，欧盟委员会提出《数据治理法案》（提案），促进整个欧盟及各部门之间的数据共享，从而在增强公民和企业对数据掌控力度和信任程度的同时，为欧盟经济发展和社会治理提供支撑。

法案共分为八个章节：第一章定义了法规的主题，并对法规中使用的相关概念进行了界定；第二章建立了某些受保护的公共部门数据重复使用的机制；第三章旨在通过为数据共享服务提供者创建通知机制，增加对共享个人和非个人数据的信任程度，降低 B2B 和 C2B 数据共享的成本；第四章促进数据利他主义（个人或企业出于共同利益资源提供数据）；第五章规定数据共享服务提供者和从事数据利他主义行为的实体应当向负责监督和管理的主管部门履行通知的义务，同时还包括对主管部门的决定提出申诉的权利和司法救济手段的规定；第六章设立了"欧洲数据创新委员会"的正式专家组，将促进成员国最佳实践，特别是处理重复使用受他人权力制约的数据的请求（根据第二章），确保数据共享服务提供者（第三章）和数据利他主义（第四章）的通知框架一致做法；第七章允许欧盟委员会通过有关欧洲数据利他主义同意书的实施法案；第八章规定了有关数据共享服务提供者开展数据授权计划的过渡性规定等内容。

法案通过对公共机构的数据、数据中介机构（数据共享服务提供者）、数据利他主义三个主要要素的规制形成了整个立法框架的体系。一是支持开发公共部门拥有的由于商业机密、统计保密性、保护第三方知识产权、保护个人数据等原因而受到保护的数据。这些数据的使用必须遵守非排他性的要求。二是开展数据中介服务，包括提供启用数据服务的技术或其他手段，数据服务包括双边或多边数据交换，创建能够交换或联合利用数据的平台或数据库，以及建立数据持有人和数据用户互联的特定基础设施等。法案要求数据共享服务提供者应当在成员国主管部门登记，并规定了提供数据共享服务的一系列条件。三是发展数据利他主义，以官方的名义将从事数据利他活动的组织注册为"欧盟认可的数据利他主义组织"，其能够直接从自然人和法人那里收集相关数据，或处理他人收集的数据。应制定欧洲数据利他主义同意书，根据数据主体的同意并完全遵守数据保护规则来访问和使用其数据，增加透明度。

### （二）英国发布《国家数据战略》

英国大部分的数据政策是在欧盟相关指令框架下制定的，从脱欧后的情况来看，相关政策仍然保持不变。英国在严格保护个人数据的基础上，积极倡导数据驱动创新，有研究表明，到2020年数据驱动技术每年将为英国经济贡献600亿英镑（约合5.4万亿元人民币）。近年来，英国政府采取了诸多举措进一步提升其在数据驱动创新方面的世界领先地位，在政府数据、金融数据和平台数据三个方面重点发力，如运输和地理空间等关键行业持续开放大量公共数据资产，开发了通过开放银行安全、合乎道德地获取数据的框架，积极探索数据信托等数据共享框架，以允许和确保组织之间安全公平的数据共享。

2020 年 9 月 9 日，英国政府发布《国家数据战略》（以下简称《战略》），为英国如何处理和投资数据以促进经济发展构建了框架。《战略》指出数据带来了五个方面的机遇。一是促进生产力和贸易发展。以数据为基础的业务模型及企业采用数据驱动的流程可以显著提高国家的经济竞争力和生产力。二是支持新业务和增加就业。据估算，2013 年至 2020 年间，英国数据专业人员的数量增加了 50% 以上，从 110 万人增加到 170 万人。三是提高科研效率和范围。例如，跟踪公共健康风险，基础设施的预测性维护，基于人工智能和大数据技术应用预测病毒的蛋白质结构和确定哪些药物对治疗有效。四是推动更好地制定政策和提供公共服务。数据可以彻底改变公共部门，创造更好、更便捷、响应速度更快的服务。五是创造更公平的社会。

《战略》规定了政府的五个优先行动领域。一是释放整个经济中的数据价值。可获取性不足导致数据的价值没有充分释放，数据变革的潜力在于跨组织、领域和部门的数据之间的连接和重用。应建立清晰的政策框架，进行研究以进一步制定获取高质量数据的政策。二是确保促进增长和可信赖的数据机制。让企业和其他使用数据的组织透明地了解如何负责任地收集和使用数据，人们有权选择是否共享以及如何在公共部门和私营部门共享数据。三是变革政府数据使用，以提高效率、改善公共服务。要构建由政府首席数据官与组织合作的整体政府方法，创建联合和可互操作的数据基础架构。四是确保数据所依赖的基础架构的安全性和弹性。五是倡导跨境数据流动。

实现数据带来机遇的路径需要四个相互联系的支柱。一是数据基础。数据价值的实现需要以标准化格式记录在系统上，并可发现、可获取、可互操作和可重用。通过提高数据质量更有效地使用，并从使用中获得更好的见解和结果。二是数据技能。通过教育系统提供的正确的数据技能培训，确保人们可以继续发展所需的数据技能。三是数据可用性。需要适当地获取、移动和重用数据，鼓励在公共部门、私营部门和第三部门的组织之间更好地协调、获取和共享优质数据，并确保对跨境数据流动进行适当的保护。这里面特别提到了确保消费者的数据为其服务的智能数据计划，智能数据计划使消费者和中小型企业能够与授权的第三方简单安全地共享数据。开放银行是最早也是最先进的智能数据案例。四是数据责任。必须确保以合法、安全、公平和道德的、可持续、可追责的方式负责任地使用数据，同时支持研究和创新。

## （三）我国发布《关于构建更加完善的要素市场化配置体制机制的意见》

总体而言，当前主要国家对数据的认识都停留于资源层面。我国将数据和劳动、资本、土地等并列为生产要素，对数据的认识提升到生产要素高度。

2020 年 4 月，中共中央、国务院在《关于构建更加完善的要素市场化配置体制机制的意见》中将"加快培育数据要素市场"列为重点任务，并提出推进政府数据开放共享、提升社会数据资源价值、加强数据资源整合和安全保护三条举措。此后，中央和各地方政府陆续出台数据要素市场培育相关的政策文件（见表 5-7）。中央提出在培育数据要素市场方面的指引和要求，先进省市提出在数据要素市场培育方面的切入点和着力点，为各地制定相关规范性文件或建设实践提供参考。

表 5-7　国家层面出台的培育数据要素市场的文件

| 序号 | 文件 | 文件 | 时间 |
|------|------|------|------|
| 1 | 党的十九届四中全会发布了《中共中央关于坚持和完善中国特色社会主义制度推进国家治理体系和治理能力现代化若干重大问题的决定》 | 首次将"数据"列为生产要素，提出了健全劳动、资本、土地、知识、技术、管理、数据等生产要素由市场评价贡献、按贡献决定报酬的机制 | 2019-11 |
| 2 | 《关于构建更加完善的要素市场化配置体制机制的意见》 | 将数据作为与土地、劳动力、资本、技术并列的生产要素，把数据作为一种新型生产要素写入国家政策文件中，提出要加快培育数据要素市场 | 2020-04 |

续表

| 序号 | 文件 | 文件 | 时间 |
|---|---|---|---|
| 3 | 《中共中央 国务院关于新时代加快完善社会主义市场经济体制的意见》 | 要加快培育发展数据要素市场，建立数据资源清单管理机制，完善数据权属界定、开放共享、交易流通等标准和措施。加强数据有序共享，依法保护个人信息 | 2020-05 |
| 4 | 《国务院办公厅关于以新业态新模式引领新型消费加快发展的意见》 | 安全有序推进数据商用；在健全安全保障体系的基础上，依法加强信息数据资源服务和监管；探索数据流通规则制度，有效破除数据壁垒和"孤岛" | 2020-09 |
| 5 | 党的十九届五中全会《中共中央关于制定国民经济和社会发展第十四个五年规划和2035年远景目标的建议》 | 充分发挥市场在资源配置中的决定性作用，更好发挥政府作用，推动有效市场和有为政府更好结合；建立数据资源产权、交易流通、跨境传输和安全保护等基础制度和标准规范；扩大基础公共信息数据有序开放，建设数据统一共享开放平台；保障国家数据安全，加强个人信息保护；积极参与数字领域国际规则和标准制定 | 2020-10 |
| 6 | 《最高人民法院关于支持和保障深圳建设中国特色社会主义先行示范区的意见》 | 加强个人数据、公共数据等数据产权属性、形态、权属、公共数据共享机制等法律问题研究，加快完善数据产权司法保护规则 | 2020-11 |

## 三、行业数据要素价值开发进展加快

为进一步激发数据要素价值，主要国家围绕金融、环境、健康等领域持续发力，在金融、环境领域已经探索出较完善的数据开发利用模式。

### （一）金融领域，开放银行模式被更多国家接受

开放银行是指银行通过提供API应用程序接口，让第三方合作者在自

己的应用程序中调用银行的核心业务和服务。Gartner 认为，开放银行是一种与商业生态系统共享数据、算法、交易、流程和其他业务功能的平台化生态模式。开放银行中，商业银行依托 API 技术，实现内部与外部互联，向合作伙伴输出自身金融能力和信息技术能力。开放银行模式将银行的数据、业务、产品等开放给其他企业，共同为用户提供金融服务，为增加金融生态黏性提供有益补充，构建协调有序的金融服务生态体系。

开放银行模式始于 2004 年，PayPal 推出 PayPal API，开启了金融领域服务开放的先河。2015 年，英国和欧盟有关部门政策先行，发布系列条文指令正式提出开放银行概念。随后，其他国家和地区进行了对开放银行的积极探索，如新加坡星展银行、Mint、花旗银行等。2018 年，中国开放银行进入快速发展阶段，浦发银行、中国建设银行等多家银行纷纷尝试开放转型，政策监管不断完善。

表 5-8　不同国家和地区开放银行发展模式比较

| 国家和地区 | 具体情况 |
| --- | --- |
| 欧洲：监管先行 | 欧盟：主动推出支付服务指令修正案、GDPR（数据可携带权）<br>英国：推出第三方服务商白名单，监管要求九家主要开放银行零售和中小企业客户的经常账户 |
| 美国：市场驱动 | 监管：提供大的监管环境，包括隐私保护、《多德·弗兰克法案》、网络安全法规<br>市场背景：科技公司自发形成了推动开放银行的力量 |
| 中国香港：后来居上 | 监管：HKMA 综合各国家经验，推出针对开放银行的指引，分阶段推进 API 开放<br>市场背景：建立了 fast payment system |
| 新加坡：政府引导 | 监管：发布 API Playbook，覆盖银行、保险、资管的 411 个 API<br>市场背景：政府主导的 Myinfo |
| 中国内地：自身特色 | 银行：中国各家银行已经走上了具有自身优势的开放银行道路<br>市场背景：中国人民银行已经建立了超级网银等支持系统 |

资料来源：中国人民大学，《开放银行全球发展报告——银行+金融科技》。

虽然各国开放银行模式并不完全相同（见表 5-8），但总体而言，均包含"账户层—中间层—生态层"等在内的三层生态结构（见图 5-4）。

账户层一般以银行为主，也包含基金公司、证券公司等。账户层有海量的用户数据，以及金融功能和业务。中间层一般为技术服务商、卡公司等，通过利用强大技术能力，为开放银行体系高效和稳定运行提供保障。生态层直接面向客户端、企业或商家端提供服务。

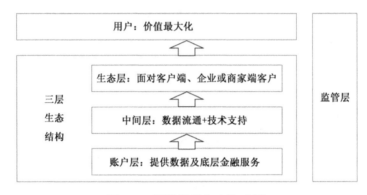

图 5-4　开放银行生态构成图

资料来源：中国人民大学，《开放银行全球发展报告——银行+金融科技》。

2020 年，世界各国进一步推动开放银行发展。英国、日本、新加坡、澳大利亚、印度、巴西等均布局开放银行（见表 5-9）。

表 5-9　2020 年各国布局开放银行情况

| 时间 | 国家 | 工作 |
|------|------|------|
| 5 月 | 澳大利亚 | 对银行业的开放银行数据分享进行了规定 |
| 5 月 | 巴西 | 发布首部开放银行业务法规 |
| 6 月 | 英国 | 实施组织推出开放银行 App Store |
| 12 月 | 韩国 | 宣布 18 家公司将开始提供开放银行服务 |

资料来源：国家工业信息安全发展研究中心整理。

中国人民银行于 2020 年 2 月印发了《商业银行应用程序接口安全管理规范》，规定了商业银行应用程序接口的类型与安全级别、安全设计、安全部署、安全集成、安全运维、服务终止与系统下线、安全管理等安全技术和安全保障要求（见图 5-5）。标准适用于商业银行对外互联的应用程序接口的设计和应用。

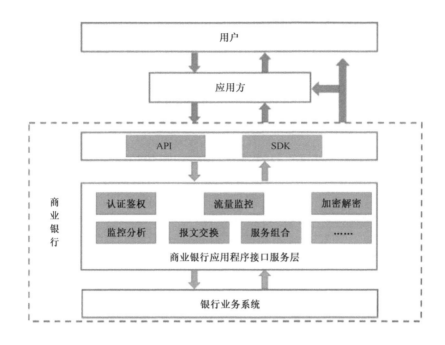

**图 5-5　商业银行应用程序接口逻辑结构图**

资料来源：中国人民银行关于发布金融行业标准加强商业银行应用程序接口安全管理的通知。

　　澳大利亚方面，2017 年 11 月 26 日，澳大利亚政府正式宣布在澳大利亚引入消费者数据权（CDR），CDR 将首先适用于银行业，随后是能源行业和电信行业。2020 年 2 月 6 日起，澳大利业《消费者数据权利规则》（*Consumer Data Right Rules*）（以下简称《规则》）正式生效，主要对银行业的开放银行数据分享进行了规定。根据《规则》，CDR 将分阶段引入银行业。与信用卡和借记卡、存款账户和交易账户有关的消费者数据将从 2020 年 7 月 1 日开放共享，与抵押和个人贷款数据有关的消费者数据将在 2020 年 11 月 1 日之后开放共享。

　　巴西方面，2020 年 5 月 9 日，巴西中央银行（Banco Central do Brasil）颁布了该国首部《开放银行业务法规》（*Sistema Financeiro Aberto*）。该法规指出，在获得用户许可的情况下，允许金融机构、支付机构和其他获得巴西央行许可的机构共享用户注册和交易数据，并明确了数据和服务的共享范围、参与机构、客户身份验证程序和相关技术标准（见表5-10）。

表 5-10　巴西开放银行计划将分四个阶段实施

| 阶段 | 具体内容 |
| --- | --- |
| 第一阶段（到 2020 年 11 月） | 实现对参与机构客户服务渠道以及与活期存款或储蓄账户、支付账户或信贷业务有关产品和服务信息的公共访问 |
| 第二阶段（到 2021 年 5 月） | 共享客户或其代表的注册信息，以及第一阶段中所列产品和服务相关的客户交易数据 |
| 第三阶段（到 2021 年 8 月） | 共享发起付款交易和转发贷款申请的服务信息 |
| 第四阶段（到 2021 年 10 月） | 扩大涵盖数据的范围，覆盖外汇业务、投资、保险和开放式养老基金以及其他金融产品 |

资料来源：未央网。

韩国方面，2020 年 12 月 21 日，韩国金融服务委员会（FSC）宣布，五家互助金融公司、韩国邮政和 13 家证券公司将从 12 月 22 日开始提供开放银行服务。储蓄银行和信用卡公司也将于 2021 年上半年加入开放银行服务机构行列。

英国方面，2020 年 6 月 8 日，英国竞争及市场管理局（CMA）所成立的开放银行实施组织（Open Banking Implementation Entity，OBIE）宣布推出开放银行 App Store，以协助消费者和企业能获得更多适合他们的金融产品。消费者和企业可以在平台上比较各类产品与服务，其中一些类别包括预算、会计与税收、支付、借贷、债务咨询、财务维护等，有利于消费者、客户能找到最佳的开放银行解决方案。

## （二）环境领域，公私合作的数据开放模式初步形成

美国国家海洋和大气管理局（National Oceanic and Atmospheric Administration，NOAA）掌握着每天从卫星、雷达、舰船、天气模型和其他生成数十太字节（TB）的数据，这些数据对于美国工业、学术界、政府机构、公众带来了巨大价值。尽管这些数据可供公众使用，但要下载和处理如此大的数据量可能会很困难。因此，NOAA 的大量数据代表着巨大的

未开发的经济机会。

NOAA 开展大数据计划，通过公私合作伙伴关系提供对商业云平台上 NOAA 开放数据的公共访问。大数据计划始于 2015 年 4 月开展的大数据项目，当时 NOAA 与亚马逊、谷歌云平台、IBM、微软 Azure 和开放公共联盟签署了为期三年的非竞争性合作研究与开发协议。2019 年协议到期后，NOAA 通过招标继续与亚马逊、谷歌、微软等三家企业开展合作。

大数据计划结合了三个强大资源：NOAA 负责收集广泛高质量的环境数据和专业数据，合作伙伴提供基础设施和可扩展计算能力，以及国内众多的创新型公司利用前面二者，提供应用服务。这些伙伴关系将消除公众使用 NOAA 数据的障碍，帮助避免与联邦数据访问服务相关的成本和风险，并利用与云计算和信息服务行业的公私合作伙伴关系。大数据计划已经取得了显著成绩：天气雷达数据利用率增长了 130%，从协作平台访问 GOES-16 卫星数据的速度是之前的 10 倍。

在大数据计划的基础上，2020 年 7 月，NOAA 发布《数据战略》，意在建立一致性框架，更好与利益相关方开展合作，提高对海洋和大气数据的使用效率，最大限度提升开放程度，同时确保数据质量、安全性、隐私性。《数据战略》围绕有效管理、共享和最大化 NOAA 数据资产价值，提出了五个方面的目标及其具体目标（见表 5-11）。

表 5-11　美国国家海洋和大气管理局《数据战略》主要内容

| 目标 | 具体目标 |
| --- | --- |
| 在整个组织中协调数据管理领导角色<br>该目标将确保有足够的权限、角色、组织结构、策略和资源来支持 NOAA 数据资产的管理和最大程度地使用 | （1）授权 NOAA 首席数据官（CDO）有效地代表组织的计划和决策机构中的数据资产<br>（2）在整个 NOAA 部门和员工办公室中建立报告和协调结构，以有效、集中地管理 NOAA 的数据资产<br>（3）确保在 NOAA 现有的决策委员会和咨询委员会中有代表企业数据治理、安全性的专家，以促进有效的数据驱动型决策和投资 |

续表

| 目标 | 具体目标 |
|---|---|
| 战略性地管理数据，以最有效地管理美国纳税人的投资<br><br>该目标将确保有足够的人力和财力资源来支持数据驱动机构的决策、商业化、创新和公众使用的能力 | （1）建立一个多元化的数据治理机构，该机构有权监督 NOAA 的集中数据运营，协同管理 NOAA 数据资产的管理方式，并为 NOAA 部门和员工办公室提供与其数据和相关活动（包括计划管理、收购等）相关的战略指导。数据治理机构将通过 NOAA 已建立的战略委员会和执行理事机构进行报告<br>（2）数据治理机构将审查并合并现有的 NOAA 数据政策<br>（3）数据治理机构应促进在 NOAA 范围内使用通用服务，以在整个数据生命周期中支持 NOAA 数据。采用并使用数据标准来执行任务，并使用这些标准共享数据 |
| 尽可能公开和广泛地共享数据，以促进 NOAA 数据的利用最大化<br><br>促进以开放、机器可读的形式并通过多种机制（包括联邦和非联邦提供者）公平合理地访问 NOAA 数据，以满足利益相关者的需求，同时保护隐私、机密性和所有权<br><br>传播 NOAA 数据集，以便用户在整个信息生命周期中都能发现和验证其真实性，与开放数据做法保持一致 | （1）制定 NOAA 开放数据计划、数据安全计划、协同运营概念，以描述 NOAA 数据将如何以及将如何在 NOAA 内部与其他联邦政府共享<br>（2）开发和维护全面的数据清单，该清单应说明由 NOAA 创建，由其收集，在其控制或指导下或由其维护的所有数据资产。库存中的所有物品都必须以标准格式用机器可读的元数据进行记录，并发布到联邦数据目录中<br>（3）制定 NOAA 数据许可指南，以确保 NOAA 的数据默认情况下是"开放的"，对它们的使用或重复使用没有任何限制，除非法律、法规或政策另有明确规定<br>（4）尽可能自由地共享数据以启用它们，同时保护隐私、机密性和完整性。采用分层数据访问做法，以保护敏感和机密数据并尊重个人和企业的权利<br>（5）传达数据的真实性，以确保利益相关者可以信任 NOAA 数据。 |
| 促进数据创新和质量改进，以促进科学发展并支持数据驱动的决策<br><br>通过投资培训、工具、社区和其他机会来扩大与数据相关的关键活动的能力，例如分析和评估、数据管理和隐私保护，来教育、授权并不断提高 NOAA 整个员工的数据素养 | （1）酌情实施与 NOAA 的企业体系结构链接的企业数据体系结构解决方案，以确保数据和信息系统保持一致，以支持 NOAA 的使命、科学和创新<br>（2）支持 NOAA 内部开发的创新数据解决方案，以便机构内外的其他人员可以利用它们<br>（3）创造劳动力发展和培训机会，使 NOAA 的科学家和数据管理员能够充分利用可用的信息和数据科学技术 |

续表

| 目标 | 具体目标 |
|---|---|
| 鼓励定期审查和优化平台以最小化成本，提高性能并增加使用率 | （4）规划新的和不断扩展的 NOAA 计划的数据基础架构需求，这些计划将生成大量数据<br>（5）建立清晰且可操作的准则，以多种开放的、机器可读取的格式生成 NOAA 数据，包括云优化和 AI 文件格式 |
| 吸引利益相关者并利用合作伙伴关系，以最大化 NOAA 数据对国家的价值<br>加强与相关机构合作伙伴、行业、学术界和其他非国家/地区机构的 NOAA 互动<br>建立并维持合作伙伴关系，以促进与商业、学术和其他合作伙伴的创新，以推进该机构的使命，并最大限度地提高经济机会、知识价值和公益性 | （1）建立合作伙伴关系，以有效且广泛地扩展对 NOAA 数据的访问，提供支持更广泛地理解这些数据的专业知识以及所有人有效使用 NOAA 信息产品的能力<br>（2）与 NOAA 的利益相关者合作，以确保 NOAA 不断收到有关 NOAA 数据实践的专家和及时反馈，尤其是与他们在研究和商业领域使用 NOAA 数据有关的反馈<br>（3）为了使 NOAA 数据能够满足利益相关者的需求，必须考虑每个数据集的特征，以最大程度地发挥其价值并优化访问。与数据的价值相关的数据的共同特征包括数据格式、收集频率、质量和数据大小。对于某些应用程序，数据的价值还取决于它们相对于收集时间的可使用性，例如预测天气 |

资料来源：《NOAA Data Strategy——Maximizing the Value of NOAA Data》。

## （三）健康领域，各国开展积极探索"数据二次使用"

健康数据具有巨大价值，推动健康数据的二次利用，不仅能够帮助医生快速了解患者健康状况，提高医疗资源配置效率，也能够推动满足人民对健康领域的多样化需求。然而，对健康数据的开发利用是一个世界性难题，长期以来面临三个方面的问题：一是涉及个人隐私；二是医疗机构信息系统难以互通；三是政府部门多层级管理，协调困难。

目前，世界各国均在探索推动健康数据的运用，但尚未形成成效显著、可参考、可复制的模式（见表 5-12）。

表 5-12　部分国家在健康数据开发方面的举措

| 国家 | 挑战/业务需求 | 关键举措和应用领域 | 当前取得的成效 | 迄今为止的输出 |
|---|---|---|---|---|
| 芬兰 | （1）对于从不同来源收集而来的大量健康和社会医疗数据，进行充分利用<br>（2）探索一种逻辑可行、简单的环境，帮助研究人员、机构合法获取和使用有关健康数据，并依托健康数据实现创新<br>（3）保持公众对政府的信心：政府有能力管理好数据，不仅能产生良好价值，而且可以保护个人隐私 | （1）创建一种允许获取数据的权利，营造相关的制度、基础设施、法律条件<br>（2）主要应用领域：促进临床和公共卫生研究，以及私营部门（制药和生命科学）的研发，推动创新，促进经济增长 | （1）为研发目的的健康数据需求，设置简单、全面的许可程序<br>（2）拥有丰富的知识库和丰富的管理复杂生态系统的经验，并实现可持续合作<br>（3）成立一个机构，能够一站式提供一系列注册许可服务 | 推出八个试运行项目，其经验教训和成果将被整合到新的行动计划中 |
| 法国 | （1）碎片化的医疗系统<br>（2）需要一个安全管理框架，为分析和研究提供合理利用渠道<br>（3）需要建立一个规范平台，促进不同利益相关方的良好互动（收集、产生和使用数据） | （1）成立一个健康数据中心（HDH），管理海量数据，为数据获取、利用提供合理规则<br>（2）健康数据二次利用，为了进行临床试验、提供精确和个性化的医疗服务的研究 | （1）一个在国家、国际水平上的合理的数据利用标准<br>（2）病人和市民可以获取并控制他们的个人数据<br>（3）促进创新和个性化服务 | 有 19 个项目已经实施，包括乳腺癌、健康、健康监测，以及利用帮助疾病预防和医生决策的预测性工具 |
| 葡萄牙 | （1）需要提升国家健康服务系统的智能化、数据驱动能力，为患者提供更好的效率和服务<br>（2）需要为健康数据的安全收集、存储和利用提供一个安全的框架 | （1）出台健康数据管理和二次运用的国家策略<br>（2）自主人工智能研究项目，帮助提升临床决策、为患者提供个性化的临床服务、患者风险管理、最大化利用资源 | （1）建立支持人口健康数据管理的基础设施<br>（2）为降低皮肤癌死亡率提供前瞻性解决方案<br>（3）为最大化急救服务效率提供前瞻性解决方案 | 已经出台了一些激励措施和优先项目，提升人工智能的能力，促进数据管理 |

| 国家 | 挑战/业务需求 | 关键举措和应用领域 | 当前取得的成效 | 迄今为止的输出 |
|---|---|---|---|---|
| 意大利（伦巴第大区） | （1）需要对存储在地区数据系统（健康数据仓库）中的，超过 10 年的健康数据进行整合利用<br>（2）为数据访问和使用提供一种基础的、制度的框架 | 前瞻性的 BDA 模型和健康数据中心<br>（1）患者风险<br>（2）全民风险管理<br>（3）支持疾病预测和临床决定<br>（4）RWE 研究 | （1）建立新的数据驱动的研究方式，并在国家和国际层面进行合作<br>（2）对心血管风险进行精准预测，准确率在 96.22% 至 97.96%<br>（3）为阿尔茨海默病患者临床治疗提供下一步最佳决策支撑 | 支持区域健康服务的激励措施。例如：围绕临床支持、患者全程治疗、风险预防等，提供计划和管理、成本优化、安全性和效率评估等 |

资料来源：The European Data Market Monitoring Tool。

芬兰数字二次使用项目。芬兰卫生和社会福利部门通过推动公共部门、私营部门间合作，促进健康数据的二次使用。芬兰组织国家项目，创建新的生态系统、开展新的立法项目，并为可以进行二次使用卫生数据的机构颁发了许可证书。

法国健康数据中心项目。法国发布《健康法 2022》，提出创建电子保健个人空间，利用数据和人工智能的力量，建立全国性的医疗保健系统。该项目的目标是强化国家健康数据系统，向研究人员、健康护理专家、医疗机构、创业企业、保险等开放使用。

葡萄牙健康数据政策。葡萄牙卫生部发布了战略文件"从大数据到智能数据：使数据为公众健康服务"，提出要利用先进计算和人工智能提高葡萄牙人民的健康水平。

意大利建设健康数据仓库和商业智能能力中心。2019 年 7 月，意大利伦巴第大区将区域采购机构 ARCA 和数字公司 Lombardia Informatica 合并，成立了一家名为 ARIA 的新区域公司。ARIA 的具体目标是提高所有区域卫生数据资产的价值。

参考资料

1. European Commission. the European Data Market Monitoring Tool，2020-06。

2. European Commission. Shaping Europe's Digital Future，2020-02。

3. European Commission. A European Strategy for Data，2020-02。

4. Department for Digital, Culture. National Data Strategy，2020-09。

5. National Oceanic and Atmospheric Administration. NOAA Data Strategy——Maximizing the Value of NOAA Data，2020-07。

6. National Oceanic and Atmospheric Administration. NOAA Cloud Strategy——Maximizing the Value of NOAA Cloud Services，2020-07。

7. National Oceanic and Atmospheric Administration，Evolution of the Big Data Program，2021-02。

8. Statista. Digital Economy Compass 2019，2020-03。

9. Statista. Digital Economy Compass 2020，2021-03。

10. IDC. 世界的数字化——从边缘到核心，2018-11。

11. 中国人民银行. 中国人民银行关于发布金融行业标准加强商业银行应用程序接口安全管理的通知，2020-02。

12. 中国人民大学. 开放银行全球发展报告——银行+金融科技，2020-03。

13. 欧盟委员会. 欧洲数据市场监测报告。

14. Centre for Economics and Business Research, "The Value of Big Data and the Internet of Things to the UK Economy" SAS: 2016:5。

15. 中国人民大学. 开放银行全球发展报告——银行+金融科技。

16. 未央网. https://www.weiyangx.com/363838.html。

17. 英国监管机构 CMA 推出开放银行 App Store. https://www.mpaypass.com.cn/news/202006/13202120.html。

18. Evolution of the Big Data Program. https://www.noaa.gov/organization/information-technology/evolution-of-big-data-program。

# 数字产业发展态势总体向好

王一鹤[1]

**摘　要：**新冠肺炎疫情波及多国，全球经济发展大幅收紧，但数字产业发展逆流而上，产业规模、收益、政策环境不断优化，发展基础进一步夯实；大数据、人工智能等技术的深度应用拓展，产业竞争态势不减，互联网巨头加强布局。前沿技术产业继续保持快速发展。总体而言，数字产业发展态势向好。

**关键词：**数字产业；大数据；人工智能

**Abstract:** COVID-19 has spread to many countries, and the global economic development declined sharply. In spite of this, the development of digital industry is going upstream. The market size, income and policy environment of it have been optimized continuously, and the foundation for development has been further consolidated. The depth application of big data and AI has expanded, and the competitive position of the industry has been decreasing. The Internet giants has strengthened its layout. The frontier technology industry continued to rise rapidly. Generally, the development trend of digital industry is thriving.

---

[1] 王一鹤，国家工业信息安全发展研究中心信息政策所工程师，长期从事数字经济战略、东南亚数字经济、数字乡村等领域研究工作。

**Keywords:** Digital Industry; Big Data; AI

数字产业是发展数字经济的有力抓手，是全球经济发展的重要组成部分。当前，世界正在进入数字产业发展加速期。人工智能、大数据、5G、区块链等数字技术不断取得突破，尽管受新冠肺炎疫情冲击，但全球数字产业发展并未止步。相反，数字技术和产业的创新驱动能力更加凸显。因此，全面把握后疫情时代的科技革命和产业变革先机，深入推动数字产业发展走深向实，加速构建数字经济发展新格局。

## 一、全球经济大幅收缩，产业规模增长放缓

国际货币基金组织研究显示，2020年全球经济增长收缩率为-3.5%（见图 6-1）。发达经济体方面，世界银行指出，2020 年美国经济萎缩 3.6%，欧元区下降 7.4%，日本下降 5.3%。对于新兴市场和发展中经济体，GDP总量收缩 2.6%。在包括中国的情况下，新兴市场和发展中经济体在 2020年收缩 5%。联合国贸易和发展会议发布的《2020 贸易和发展报告》显示，在新冠肺炎疫情仍未得到完全控制的背景下，全球经济面临深度衰退，到2020 年年底，全球产出将减少超过 6 万亿美元。

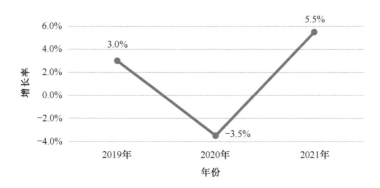

图 6-1　2019—2021 全球 GDP 增长情况

资料来源：IMF、世界银行，国家工业信息安全发展研究中心整理。

　　总体而言，2020 年新冠肺炎疫情重创全球经济。各国封锁措施一度致使经济大面积停摆、失业率飙升，二季度 GDP 跌幅普遍创历史极值；三季度 GDP 略有反弹，四季度经济活动再次收缩，经济"带病上岗"，复苏势头明显减缓。

　　受疫情影响，全球 IT 产业波动明显。Gartner 数据显示，2020 年全球 IT 支出达到 3.5 万亿美元，较 2019 年下降约 7.3%。一方面，疫情导致的收入不确定性正在席卷全球，这一态势可能将会在未来很长一段时间内持续下去，致使企业在 IT 预算方面的削减更为严格。就行业而言，全球航空业 IT 支出缩减约 33.5%，娱乐业下降 34%，即便是医院等关键基础设施部门也出现小幅下降。另一方面，Gartner 指出，新冠疫情已成为业务快速转型的催化剂，预计 2021 年全球 IT 行业支出将增长 6.2%（见表 6-1），总额反弹至 3.9 万亿美元。其中，远程办公设备的持续需求将在企业软件领域产生"强劲反弹"，而考虑远程办公人员和学生在传统课堂之外的需求，设备也将增长 8%。

表 6-1　全球 IT 支出预测　　　　　　　单位：百万美元

| 设备种类 | 2020 年支出 | 2020 年增长率/% | 2021 年预计支出 | 2021 年增长率/% | 2022 年预计支出 | 2022 年增长率/% |
|---|---|---|---|---|---|---|
| 数据中心系统 | 214958 | 0 | 228360 | 6.2 | 236043 | 3.4 |
| 企业软件 | 465023 | -2.4 | 505724 | 8.8 | 557406 | 10.2 |
| 设备 | 653172 | -8.2 | 705423 | 8.0 | 714762 | 1.3 |
| IT 服务 | 1011795 | -2.7 | 1072581 | 6.0 | 1140057 | 6.3 |
| 通信服务 | 1349891 | -1.7 | 1410745 | 4.5 | 1456637 | 3.3 |
| **总体 IT** | **3694867** | **-3.2** | **3922833** | **6.2** | **4104906** | **4.6** |

资料来源：Gartner，2021 年 1 月。

　　从市场供给看，Gartner 预测，2020 年计算机、平板电脑和手机等设备的全球出货量将达到 21.6 亿台，比 2019 年增长 0.9%（见表 6-2）。手机方面，2020 年，全球智能手机销量下降了 10.5%，预计 2021 年将出现反弹。就地区而言，亚太地区、西欧和南美洲的销量预计将在 2020 年至 2021 年呈现出强劲增长。另外，Gartner 指出，5G 手机的快速发展将推动手机更新换代，这将推动全球设备出货量在 2020 年恢复增长。Gartner 预测，2021 年全球 5G 智能手机销量将达到 5.39 亿部，预计占当年智能手机销量的 35%。计算机方面，Gartner 数据显示，2020 年全球个人计算机（PC）出货量达到 2.75 亿台，同比增长 4.8%，创十年来增长率之最。其中，第二季度全球 PC 出货量约 6481 万台，同比增加 2.8%。这得益于年初受损的供应链在第二季度恢复至接近正常水平，且远程办公、在线教育和娱乐需求持续增加。但 IDC 和 Gartner 认为，PC 出货量主要受短期业务需求推动。随着学校和办公场所重新开放，在全球经济衰退的背景下，这一增长将不能持续到 2020 年以后。Gartner 预测，PC 出货量将在 2020 年后呈下降趋势。

表 6-2　2019—2022 年全球设备年度出货量　　　　单位：百万台

| 设备种类 | 年份 | | | |
|---|---|---|---|---|
| | 2019 年 | 2020 年 | 2021 年 | 2022 年 |
| 传统个人计算机（台式机和笔记本） | 188.4 | 178.2 | 169.9 | 161.7 |
| 超移动设备 | 67.3 | 72.5 | 76.8 | 80.0 |
| 传统个人计算机市场 | 255.7 | 250.8 | 246.7 | 241.7 |
| 基础和通用便携设备 | 140.9 | 138.7 | 134.3 | 132.5 |
| 计算设备市场 | 396.6 | 389.5 | 381.3 | 374.2 |
| 移动电话 | 1743.1 | 1776.8 | 1771.2 | 1756.9 |
| 全球设备市场 | 2139.7 | 2166.3 | 2152.2 | 2131.1 |

资料来源：Gartner。

此外，受新冠肺炎疫情影响，全球服务器市场严重低迷，许多服务提供商已加快部署并扩大基础设施建设规模，以适应流媒体和协作应用程序需求。尽管多数企业推迟非必要 IT 购买项目或服务，而远程办公等线上化趋势正驱使企业加大对自身数据中心和基于公共云的服务的投资。IDC 预测，疫情过后，IT 基础设施的弹性及灵活性将成为重要考量因素。IDC 数据显示（见表 6-3），2020 年第三季度全球服务器市场供应商营收同比增长 2.2%，达到 226 亿美元，出货量下降至近 310 万台，同比下降 0.2%。

IDC 研究指出，尽管服务器市场需求强劲，但 2020 年第三季度全球对企业级服务器需求仍有所减弱。就区域而言，中国是全球增长最快的地区，同比增长 14.2%。亚太地区（不包括中国和日本）增长 3.0%，南美洲和北美洲分别增长 1.5% 和 1.8%。从厂商排名看，截至 2020 年第三季度末，戴尔的市场份额为 16.7%，HPE/新华三为 15.9%，浪潮、联想、华为分列第三名至第五名。

表 6-3　2020 年第三季度全球前五名服务器供应商收入、
市场份额和增长率　　　　　　　　　单位：百万美元

| 企业名称 | 2020 年 Q3 收入 | 2020 年 Q3 市场份额 | 2019 年 Q3 收入 | 2020 年 Q3 市场份额 | 增长率 |
|---|---|---|---|---|---|
| 戴尔 | 3757.8 | 16.65% | 3779.1 | 17.12% | −0.6% |
| HPE/新华三 | 3596.9 | 15.94% | 3737.9 | 16.93% | −3.8% |
| 浪潮 | 2114.7 | 9.37% | 1973.3 | 8.94% | 7.2% |
| 联想 | 1326.0 | 5.88% | 1189.8 | 5.39% | 11.4% |
| 华为 | 1098.9 | 4.87% | 916.7 | 4.15% | 19.9% |
| ODM Direct | 6303.3 | 28.03% | 5816.0 | 26.34% | 8.4% |
| 其他 | 4367.9 | 19.36% | 4663.8 | 21.13% | −6.3% |
| 全球市场 | 22565.6 | 100.00% | 22076.6 | 100% | 2.2% |

资料来源：IDC，2020 年 12 月。

## 二、产业基础日趋坚实，应用领域逐渐拓展

近年来，随着经济社会发展需求日益增长，以及大数据、人工智能、区块链等产业基础发展日益坚实，其应用领域也逐渐拓展。2020 年新冠肺炎疫情波及全球，一方面，产业规模、收益，以及政策环境不断优化，发展基础得到进一步夯实；另一方面，大数据、人工智能等技术的应用外延不断扩展，给全球经济、社会发展带来重大变革和深远影响。

大数据方面，据 IDC 测算[1]，2020 年全球大数据相关硬件、软件、

---

[1] IDC，《IDC 全球大数据支出指南》。

服务市场的整体收益将达到 1878.4 亿美元，较 2019 年同比增长 3.1%。在 2020—2024 年间，全球大数据技术与服务相关收益将实现 9.6% 的年均复合增长率（CAGR），预计 2024 年将达到 2877.7 亿美元。在数据量方面，当前全球数据量仍处于快速增长阶段。据 Statista 预测，2020 年全球数据产生量预计达到 47ZB，而到 2035 年，这一数字将达到 2142ZB，全球数据量即将迎来更大规模的爆发。IDC 统计显示，预计到 2025 年，全球数据量将比 2016 年的 16.1ZB 增加近 10 倍，达到 163ZB。

在中国，2020 年国内大数据相关市场的总体收益将达到 104.2 亿美元，较 2019 年同比增长 16%，增幅领跑全球大数据市场；预计 2020—2024 年中国大数据相关技术与服务市场将实现 19% 的年均复合增长率。具体而言，2020 年我国政策环境日臻完善（见表 6-4），大数据产业格局逐渐清晰。2020 年，中共中央、国务院发布《关于构建更加完善的要素市场化配置体制机制的意见》，指出数据成为生产要素；《中华人民共和国数据安全法》草案的出台使数据立法取得里程碑式进展；国家发展和改革委员会发布《关于加快构建全国一体化大数据中心协同创新体系的指导意见》，以优化数据中心建设布局，推动算力、算法、数据、应用资源集约化服务和创新。随着国家大数据综合试验区各项工作的深入推进，贵州、河南、上海、重庆、内蒙古、京津冀、珠三角等地区积极落实国家大数据战略（见表 6-5），在政策制定、产业载体建设、与实体经济融合等方面积极探索，并取得显著成效。

表 6-4　中国大数据政策布局（2020 年）

| 时间 | 发布机构 | 文件名称 |
| --- | --- | --- |
| 2020-02 | 工业和信息化部 | 《工业数据分类分级指南（试行）》 |
| 2020-02 | 中央网络安全和信息化委员会办公室 | 《关于做好个人信息保护利用大数据支撑联防联控工作的通知》 |
| 2020-04 | 工业和信息化部 | 《关于公布支撑疫情防控和复工复产复课大数据产品和解决方案》 |
| 2020-04 | 中共中央、国务院 | 《关于构建更加完善的要素市场配置体制机制的意见》 |
| 2020-05 | 工业和信息化部 | 《关于工业大数据发展的指导意见》 |

续表

| 时间 | 发布机构 | 文件名称 |
|---|---|---|
| 2020-07 | 全国人民代表大会 | 《中华人民共和国数据安全法》（草案） |
| 2020-12 | 国家发展和改革委员会 | 《关于加快构建全国一体化大数据中心协同创新体系的指导意见》 |

资料来源：国家工业信息安全发展研究中心整理。

表 6-5  中国大数据产业布局（2020 年）

| 省（区、直辖市）、区域 | 名称 | 主要内容 |
|---|---|---|
| 贵州省 | 国家大数据（贵州）综合试验区 | 2020 年，贵州深入实施"万企融合"大行动，推动大数据和十大千亿级工业产业、服务业创新发展十大工程深入融合；苹果、华为、腾讯等数据中心正式投用 |
| 河南省 | 国家大数据（河南）综合试验区 | 2020 年河南省的 6 个大数据产业项目入选《工业和信息化部 2020 年大数据产业发展试点示范项目名单》 |
| 上海市 | 国家大数据（上海）综合试验区 | 聚焦开放数据价值等方面创业创新，在复旦大学、上海交通大学等十余所高校成立大数据学院或研究中心，开展关键技术和创新应用研究 |
| 重庆市 | 国家大数据（重庆）综合试验区 | 2020 年重庆建设"智造重镇"和"智慧名城"，部署以大数据智能化为引领的创新驱动战略行动计划，规划 12 个智能产业的发展方向 |
| 内蒙古自治区 | 国家大数据（内蒙古）综合试验区 | 2020 年，内蒙古自治区在 IDC 建设方面，累计完成投资约 110 亿元 |
| 京津冀地区 | 国家大数据（京津冀）综合试验区 | "北京通 2.0"、领导驾驶舱、目录链等大数据创新应用 |
| 珠三角地区 | 国家大数据（珠三角）综合试验区 | 2020 年广东共计建设六个省级大数据产业园 |

资料来源：国家工业信息安全发展研究中心整理。

人工智能方面，全球人工智能产业体系逐渐成形、产业规模持续扩大。从行业规模看，据 IDC 预测，2020 年全球人工智能市场规模为 1565 亿美元，同比增长 12.3%。其中，人工智能服务器市场规模将达到 34.1 亿美元，占比超 50%。算力逐渐成为制约产业人工智能化发展的重要因素。

企业层面，从企业类型看，全球研发生产人工智能产品的企业中，智能机器人企业占比最高，达到39%，智能驾驶、传感器、芯片企业占比分别达到15%、11%和9%，无人机企业占比最低，仅为5%。从企业分布地区看，北美、亚洲、欧洲的人工智能企业占全球98%以上。在中国，随着国内人工智能技术日渐成熟，应用模式、商业模式也逐渐成形，人工智能市场和产业发展将持续向好，2020年中国人工智能市场规模将达到62.7亿美元，2019—2024年的年复合增长率为30.4%，中国成为全球各区域中人工智能的投资发展最快国家。据IDC统计，2020年中国人工智能服务器占全球人工智能服务器市场的三分之一左右。截至2020年6月底，我国人工智能企业超过2600家，已成为全球独角兽企业主要集中地之一。预计2021年，人工智能领域细分化和专业化程度将进一步提升，人工智能广泛商业化应用落地阶段来临，政府和市场对于其具体应用场景特别是与实体经济需求紧密结合的应用将更加关注。

区块链方面，2020年全球企业区块链支出规模达40亿美元，同比2019年增长近一倍。同时，区块链行业在企业IT领域总支出的渗透率约为1%，发展空间巨大。另外，全球各国央行加速推行数字货币，全球约80%国家的央行正在从事数字货币的研究、实验与开发，10%的国家已经进行项目试点。2020年我国央行数字货币已经在深圳、苏州开展三轮供给4000万元的区域内测。国际清算银行（BIS）、国际货币基金组织（IMF）、G7集团等国际组织也迅速开展数字货币联合研究，推动建立国际合作与标准。与此同时，全球区块链监管也取得显著成效。2020年以来，全球各个国家在区块链领域累计出台200余项政策。其中，产业发展、数字货币、金融监管成为备受关注的领域，分别占比33%、20%和17%。在中国，22省市在其政府工作报告中提出区块链产业发展规划。另外，浙江于2020年12月上线全国首个区块链取证App，该应用将区块链、电子签名、电子数据鉴定等技术运用于取证全过程，将在以社交、直播电商等移动端应用的监管执法中发挥重要作用。

# 三、产业竞争态势不减，巨头全面加强部局

2020 年，尽管疫情使传统产业普遍遭受冲击，但数字产业发展逆流而上，产业竞争态势不减，互联网巨头纷纷加强布局。新冠疫情加剧竞争态势，麦肯锡调研显示，在中国，排名前 10% 的头部企业获得了 90% 的总经济利润，在世界其他地区这一比例约为 70%。以全年来看，受疫情影响，经济社会活动加速向线上转移，互联网行业实现逆势增长，带动软件和信息技术服务业整体增长。2020 年，全球排名前 70 名的互联网上市公司总市值增长了 58.9%，增速同样高于过去两年。我国排前 30 名的上市大型互联网企业总市值增长了 63.8%，增速显著高于 2019 年和 2018 年（见表 6-6）。

表 6-6 我国和全球领先互联网企业市值增速对比（2018—2020 年）

| 年份 | 我国 30 大上市互联网企业市值增速 | 全球 70 大上市互联网企业市值增速 |
| --- | --- | --- |
| 2018 年 | −21.5% | −3.4% |
| 2019 年 | 38.2% | 41.1% |
| 2020 年 | 63.8% | 58.9% |

资料来源：国家工业信息安全发展研究中心整理。

区块链方面，2020 年 1 月至 9 月，全球区块链产业投融资金额达 31.6 亿美元。其中，美国、加拿大、中国在区块链企业投融资交易金额和数量方面处于领先地位。就投资热点而言，数字资产、金融业、互联网、平台开发、供应链金融受到资本青睐。就企业数量而言，截至 2020 年第三季度末，全球共有区块链企业 3709 家，且主要分布在中美两国。在中国，随着区块链作为新技术基础设施被纳入"新基建"范围，传统企业、互联网企业等企业也开始入局或深耕区块链产业，我国目前拥有区块链企业 1300 余家，其中约有 104 家传统上市公司涉及区块链业务，约占企业总数的 7.83%，在国家互联网信息办公室发布的《境内区块链信息服务备案

清单》中的 1015 个区块链项目中，约有至少 65 家上市企业开始了区块链相关活动。与此同时，互联网巨头也开始发力区块链产业。2020 年 10 月，腾讯、华为合作成立金融区块链合作联盟，并计划推出区块链平台；10 月，百度正式推出区块链服务"开放网络"；11 月，京东推出区块链电子合同应用；12 月，腾讯推出首款区块链游戏。

人工智能方面，具有数据优势的互联网企业如谷歌、百度等，全面布局人工智能行业；基于应用场景的互联网企业，如脸书、苹果、亚马逊、阿里巴巴、腾讯等，将人工智能与自身业务深度结合（见表 6-7），不断提升产品功能和用户体验；传统科技巨头企业，如 IBM、英特尔、微软、甲骨文等，面向企业级用户搭建智能平台系统。2020 年 12 月，苹果、亚马逊、谷歌和 Zigbee 共同宣布了一个工作组项目——"基于 IP 的家庭互联项目"（Project Connected Home over IP），旨在使每个人都能更便捷地使用智能家居。该项目将制定并推进新的标准，使设备制造商更轻松地构建与智能家居和语音服务兼容的设备，以安全性作为基本设计理念，提升智能家居之间的兼容性。

表 6-7　全球主要科技企业布局人工智能概况

| 企业 | 软件/框架 | 终端 | AI 芯片 |
|---|---|---|---|
| 谷歌 | Google 智能助手 TensorFlow 开源软件库 | 智能音箱 GoogleHome 谷歌眼镜 | 开发 TPU 芯片，已发展至第二代，满足深度学习算力要求 |
| 微软 | Skype 及时翻译 小冰聊天机器人 Cortana 虚拟助手 | HoloLens 眼镜 Surface 智能硬件 | 为下一代 HoloLens 头戴设备研发芯片，开展第三方授权 |
| 脸书 | 脸书开源 AI 工具 PyTorch 开源机器学习库 PyRobot 开源机器人框架 | Portal 家庭视频聊天 | 研发 AI 神经网络芯片，减少对高通等厂商的依赖 |

资料来源：国家工业信息安全发展研究中心整理。

5G 方面，Gartner 预计，2020 年全球对 5G 基础设施的投资大幅飙升。由于新冠肺炎疫情导致远程访问需求的激增，许多关于 5G 的部署已经加快。截至 2020 年年底,全球将有 81 亿美元的资金用于建设 5G 基础设施。同时, 2020 年超过 20% 的无线基础设施支出将用于 5G 建设。市场调研机构 Grand View Research 数据显示, 2020 年到 2027 年, 5G 市场将迎来飞速发展,其间预计将以 106.4% 的复合年增长率(CAGR)增长。据估计,到 2035 年,全球 5G 价值链预计将创造包括网络运营商、核心技术和组件供应商在内的 2200 万个就业岗位。其中,中国(950 万个)、美国(340万)、日本(210 万个)三国 5G 岗位数量居全球前列。从全球看,各国 IT 巨头也在加速布局发展 5G, 2020 年 1 月,韩国最大移动通信运营商 SK 电讯公司宣布,计划于 2020 年上半年首发商用 5G 独立组网(SA)服务,并已成功在韩国釜山实现了独立组网 5G 数据通话试验。2020 年 11 月,瑞典电信设备制造商爱立信(Ericsson)计划在巴西投资约 2.3 亿美元,为其在南美地区的运营增加一条新的 5G 设备生产线。

## 四、前沿技术产业加快发展,各国强化国家科技力量部署

2020 年,受到全球主要大国关注的前沿技术产业继续保持快速发展。联合国贸易与发展会议发布的数据显示,前沿技术已经拥有了 3500 亿美元的市场,预计到 2025 年,这个市场的规模可能会超过 3.2 万亿美元(见图 6-2)。IDC 预测, 2020 年全球人工智能市场规模将达到 1565 亿美元,同比增长 12.3%。同期,我国人工智能产业规模为 3031 亿元(约合 433.4 亿美元),同比增长 15.1%。2020 年全球区块链市场整体支出将达到 42.8 亿美元,五年复合增长率(CAGR)为 57.1%。Gartner 估计, 2020 年全球云计算市场规模将达 2471 亿美元。Statista 估计, 2020 年全球大数据市场的收入规模将达到 560 亿美元。

在战略层面,为满足现代经济社会对科技发展提出的新要求,各主要国家和地区均在持续加强与完善国家顶层科技战略布局与战略科技力量部署,力图打造面向未来的前沿产业发展新优势。2020 年 10 月,美国发布《关键与新兴技术国家战略》,重新定义 20 项关键和新兴技术,提出

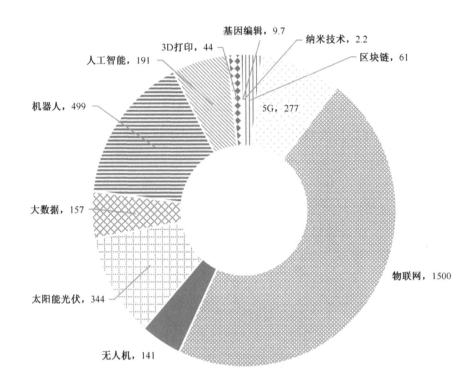

图 6-2　前沿技术产业市场规模预测（2025 年）（单位：十亿美元）

资料来源：联合国贸易与发展会议（UNCTAD），2021 年 2 月。

全力维护美国在量子、人工智能等尖端技术领域的全球领导地位。时任美国总统特朗普签署 2022 财年《政府研发预算优先事项》，强力支持在国家安全、未来工业、能源环境、空天科技等领域的应用研究。2020 年，欧盟相继发布《人工智能白皮书》《塑造欧洲数字未来》《欧洲数据战略》《2021—2027 的年度财务框架》等顶层战略文件，拟投入巨额资金支持人工智能、超级计算、量子通信、区块链等前沿技术产业发展。2020 年 8 月，俄罗斯发布其第一份构成人工智能和机器人技术监管法规基础的文件《2024 年前俄罗斯人工智能和机器人技术领域监管发展构想》，旨在确定俄罗斯监管体系转型的基本方法，以期在尊重公民权利并确保个人、社会和国家安全的同时，在经济各领域开发、应用人工智能和机器人技术。2020 年 1 月，日本政府成立了以东京大学校长五神真为会长、直属于日本总务大臣领导的 6G 技术研究会，开始研究制定涉及 6G 性能目标与政策预算支援的国家综合发展战略。2020 年 12 月，日本发布《科学技术基本计划（草案）》，提出未来科学技术创新要点是发展数字技术、推动研究系统的数字化升级。在中国，对科技创新的重视程度远超以往，党的十九届五中全会建议提出："坚持创新在我国现代化建设全局中的核心地位，把科技自立自强作为国家发展的战略支撑"。

值得注意的是，量子信息技术研究与应用有望成为未来重大技术创新的"动力源"和"助推器"，已成为全球人类科技的共同探索与关注焦点之一。在各国发展规划和项目布局中，量子计算、量子通信和量子测量等重点技术方向已形成普遍共识（见表 6-8）。针对三大领域的不同发展阶段、技术成熟度和应用前景，以分领域和分阶段方式，对前沿研究、应用探索、创业转化产业推动和人才培养等方面进行综合规划布局和长期滚动投入也是各国在量子信息领域布局规划的通行做法。

2020 年 8 月，美国公布《人工智能与量子信息科学研发总结：2020—2021 财年》报告显示，2020 年量子信息科学领域预算申请为 4.35 亿美元，实际执行为 5.79 亿美元，2021 年预算申请额度进一步提升至 699 亿美元，预计总体投资规模将大幅超出预定计划。同期，美国能源部宣布建设下一代量子科学与工程中心（Q-NEXT）、量子优势协同设计中心（COA）、超导量子材料和系统中心（SQMS）、量子系统加速器（QSA）和量子科学中心（QSC）五大联合研究中心。2020 年 9 月，白宫科学技术政策办公室成立国家量子计划咨询委员会（NQIAC）国家技术标准局牵头成立量子经济发展联盟（QED-C），聚集管理部门、研究机构、科技企业、行业巨头和初创企业等相关方，开展量子信息科学研究、应用、产业和标准等方面协调与合作，帮助构建供应链，支持量子产业发展。我国一直高度重视量子信息技术的基础研究、科学实验、示范应用、网络建设和产业培育。2020 年 10 月 16 日，中共中央政治局就量子科技研究和应用前景举行第二十四次集体学习，习近平总书记发表重要讲话，为当前和今后一个时期我国的量子科技发展做出重要战略谋划和系统布局。讲话充分肯定了我国科技工作者在量子科技领域取得的重大创新成果，同时也指出未来发展面临的短板、风险和挑战。

表 6-8　部分国家量子信息领域战略项目规划及投资情况（2020 年）

| 国家 | 战略规划 | 投资金额/亿美元 |
|---|---|---|
| 印度 | 量子技术与量子计算机研发 | 11.14 |
| 以色列 | 未来五年量子技术投资计划 | 0.27 |
| 法国 | 量子技术国家战略（议会议案） | — |
| 美国 | 量子网络基础设施（QNI）法案 | 1 |

资料来源：国家工业信息安全发展研究中心整理。

参考资料

1.　国际货币基金组织.世界经济展望报告，2021-01。

2.　清华互联网产业研究院、区块链服务网络（BSN）、货币研究院.全球区块链产业全景与趋势（2020—2021 年度），2021-02。

3.　联合国贸易与发展会议.2021 年科技创新报告，2021-02。

4.　IDC 调研机构与浪潮公司.2020—2021 中国人工智能计算力发展评估报告，2020-12。

# 产业数字化转型全面提速

赵令锐[1]

**摘　要：**受疫情影响，世界各国均在加快推进产业数字化，持续提升农业、工业、服务业的数字化水平。农业数字化稳步推进，数字技术加速向农业生产领域渗透融合，农村电商成为引领农业数字化转型升级的新亮点。工业数字化进一步深化，数字化转型成为制造业应对疫情的"利器"，智能制造深入推进加速制造业转型升级。服务业数字化升级加快，线上经济、电子商务、金融科技持续繁荣发展，继续保持高速增长态势。

**关键词：**数字化转型；农村电商；智能制造；无接触服务

**Abstract:** Influenced by the COVID-19, countries around the world were speeding up industrial digitization and continuously improving the digitization level of agriculture, industry and service industry. Agriculture digitalization was progressed steadily, digital technology was accelerating its penetration and integration into agricultural production. Rural e-commerce had become a new bright spot, which leading the transformation and upgrading of agriculture digitalization. Industrial digitization had been further deepened, and

---

[1] 赵令锐，国家工业信息安全发展研究中心信息政策所工程师，博士，研究方向数字化转型、数字经济测度、数据产权等。

digital transformation had become a "weapon" for the manufacturing industry to deal with the epidemic. Smart manufacturing had deepened to accelerate the transformation and upgrading of the manufacturing industry. Digital upgrading of the service sector was accelerated, and the online economy, e-commerce, and fintech continued to flourish and grow at a high speed.

**Keywords:** Digital Transformation; Rural e-commerce; Smart Manufacturing; Contactless Service

产业数字化是传统产业利用数字技术、数据等对现有体系进行全方位、全链条、全系统的改造升级，以实现降本增效、提质扩容的过程。2020 年受新冠肺炎疫情影响，政府、企业等各类主体更加清楚地意识到数字化转型的重要性，加快推进数字化转型，产业数字化迎来全面提速发展期。

# 一、农业数字化稳步推进，农村电商成为新亮点

疫情全球蔓延给农业发展带来新的困难和挑战。数字技术发挥优势，不仅助力乡村地区实现精准和高效的疫情防控，而且加快数字化生产方式推广、加速农产品线上销售，促进农业新产业、新业态、新模式的发展，助力农业农村现代化。

## （一）世界各国稳步推进农业数字化发展

世界主要国家持续将数字农业作为战略重点和优先发展方向，稳步推进农业数字化转型。2020 年年初，为帮助研究数字技术在园艺和畜牧育种中的应用并测试其实用性，德国联邦食品及农业部再次启动数字农业试点项目，资助两个以上农业企业在农村地区开展试点，并为此制定了为期三

年资助资金超过 5000 万欧元的预算方案, 推动农业数字化发展。2021 年, 美国政府的 2 万亿美元基建投资计划中, 有 200 亿美元用于建设乡村地区宽带网络, 发展 5G 宽带通信系统。2021 年 2 月, 联合国粮食及农业组织宣布启动项目, 支持粮农组织南美洲和加勒比区域办事处设计和建立 "拉共体—中国—粮农组织数字农业和农村发展中心", 推动数字技术在南美洲和加勒比区域的应用。

我国高度重视数字农业农村建设, 2020 年持续出台促进农业农村数字化转型的支持政策, 以 "农业+数字化" 驱动农业农村现代化的发展。2020 年 5 月, 中央网络安全和信息化委员会办公室等四部门发布《2020 年数字乡村发展工作要点》, 加快推进数字乡村建设。2020 年 7 月, 中央网络安全和信息化委员会办公室、农业农村部等七部门印发《关于开展国家数字乡村试点工作的通知》, 部署开展国家数字乡村试点七方面的工作。2020 年 11 月, 党的十九届五中全会通过的《中共中央关于制定国民经济和社会发展第十四个五年规划和二〇三五年远景目标的建议》提出, 要提高农业质量效益和竞争力, 提升农产品产业链和供应链现代化水平。2021 年 2 月, 《中共中央 国务院关于全面推进乡村振兴加快农业农村现代化的意见》印发, 提出实施数字乡村建设发展工程、发展智慧农业等农业农村数字化发展任务。各地方也在加大数字农业的政策支持力度, 因地制宜地开展农业数字化推进行动。如 2020 年 6 月, 广东省发布《广东数字农业农村发展行动计划 (2020—2025 年)》, 大力发展农业农村数字经济, 打造数字农业硅谷; 2020 年 11 月, 河北省印发《河北省智慧农业示范建设专项行动计划 (2020—2025 年)》, 通过大力实施六项工程, 加速农业产业数字化进程。

## (二) 数字技术加速向农业生产渗透融合

当前, 数字技术与农业生产的融合程度不断深化, 在种植业、养殖业等行业得到推广应用, 在动植物疫病远程诊断、农机精准作业、无人机飞防、精准饲喂等方面取得明显成效，农业生产数字化明显加快。农业农村部数据显示，2020年全国农作物耕种收机械化率达到71%，较上年提升1个百分点，其中小麦耕种收综合机械化率稳定在95%以上，水稻、玉米耕种收综合机械化率分别超过85%、90%，较2019年均提高2个百分点左右。在农业生产数字化的过程中，5G技术同样没有缺席。2020年，广州艾米农场的水稻田实现了5G信号覆盖，率先开启了"5G田"之旅。全国各地采用了最新的"区块链+农业"模式，通过区块链技术，多地的蔬菜、水果基地都实现了在线管理模式，当地农民和企业已经实现了足不出户就能实现农作物长势预测、病虫害管控、产品溯源、田间管理等工作，大大节约了人力和时间成本。

在此过程中，无人机作为重要的新型农业装备之一，受到广泛青睐并迎来快速普及。与人工或者传统机械相比，无人机在农作物的播种（授粉）、洒药、施肥，以及长势和病虫害的监测等方面具有明显优势，其应用能更好地促进传统农业的全面智能升级，提高农业生产效率。2020年3月，重庆首个5G网联植保无人机成功试飞，未来可为农田提供集成无人机植保、遥感大数据、农业大数据为一体的高效飞防服务和精准农业服务，作业面积每天可达300～400亩，是人工作业面积的20倍。在应用层面，中国已经成为全球最大的农业无人机应用国。2020年中国约有1.5亿亩耕地使用了植保无人机和遥感无人机作业，占全国耕地面积的8.3%，超过日本无人机作业面积的100倍。农业农村部数据显示，2021年春耕期间有超过3万台无人机投入使用，"北斗"定位拖拉机及精准作业农机具保有量超过2万台。

数字农业巨大的市场空间吸引众多企业"上山下乡"，越来越多的农资企业在保持自身行业优势的前提下，加速数字化转型，通过"自身研发+协同研发+收购并购"等方式集聚全球数字"黑科技"，打造数字农业服务产业链。比如，富邦股份已形成数字测土、智能配肥、水肥一体、新型肥料、作物估产、在线种植等农事综合服务平台产业闭环，在"耕、种、管、收"上为农民提供便捷综合服务。更多的企业则选择"服务叠加"方式,延长自身产业链和服务链。2020 年 6 月,阿里巴巴与农业农村部达成战略合作,双方将重点推进数字农业等项目建设,打造更多的数字农业基地。2020 年 12 月,京东集团与广东省农业农村厅达成合作,双方协同共建四大平台、五大联盟,借此打造农产品区域公用品牌,推动农业产业集聚发展,完善现代农业基础设施建设,全力助推乡村振兴。2021 年 2 月,华为技术有限公司宣布推出了"华为智慧养猪解决方案",宣布华为机器视觉准备在智慧养猪上发力。

## (三)农村电商引领农业数字化转型升级

数字技术的快速应用,改变了农业从田园到餐桌的价值链环节,带来巨大的经济、社会、环境效益,农村电商更是成为新亮点。通过电商平台,更多接受过教育的青年和妇女能够留在农村或回到农村,促进农村地区成为更吸引人们生活和工作的地方。联合国粮食及农业组织《2020 年农产品市场状况》报告显示,约三分之一的全球农业及粮食出口都是在全球价值链内进行流动,其中数字技术大大促进了全球价值链的发展。数字技术能助力市场更好地运转,也更便于农民对接市场,通过电商线上销售等创新,让农民和消费者实现双赢,通过订单农业和区块链,同样可以帮助农民更好地融入现代和更为复杂的价值链。

农村电商在抗疫时期显"威力",推动农村消费稳步复苏,畅通农产品上行渠道。农产品网上直播更是成了助力农民解困增收的利器,县长等基层干部"直播带货"当地农产品一时之间成为"风尚"。商务部数据显示,2020 年第一季度全国农产品网络零售额达 936.8 亿元,增长 31.0%,其中电商直播超过 400 万场,有 100 多位市长、县长走进直播间为当地产品"代言"。商务部监测大数据显示,2020 年 1—11 月农村网络零售额 1.59 万亿元,同比增长 9.5%,其中农产品网络零售额 3593.5 亿元,增长 30.2%。阿里巴巴《2020 农产品电商报告》显示,新冠肺炎疫情期间,截至 2020 年 4 月 25 日,淘宝、天猫平台累计帮助全国农民售出超过 25 万吨滞销农产品。此外，农村电商的快速发展，使其成为农民销售农副产品、购买生活必需品的好帮手，不少无法及时返工返学的农民工、大学生，利用电商实现了就地就近创业就业。截至 2020 年年底，国家级贫困县网商总数达 306.5 万家，较 2019 年增加 36.6 万家，增长 13.7%。

农村电商在拓展农产品销售渠道、促进产销精准对接的基础上，通过倒逼农业生产供给侧改革、优化产业结构、提升农产品价值等方式推动农业数字化沿着产业链供应链向上下游延伸，加速农业生产流通各环节的数字化进程，促进农业生产提质增效。《2020 全国县域数字农业农村电子商务发展报告》显示，电商企业逐渐向农业生产端渗透，产地直供、订单农业、云养殖等新模式不断涌现，需求侧的数据、信息日益成为供给侧结构性改革的新动能，农业的产业链、供应链、创新链、价值链正在加速重构。阿里巴巴、拼多多、京东等在电商领域集聚优势后，也开始与前端企业、前端技术展开深度合作，把服务触角延伸到农产品的种植、产品质量把控等农事前端，通过"优势叠加"让农产品卖得好、卖得快、卖出好价钱，也让消费者花同样的钱能够买到更优质的农产品。

## 二、工业数字化进一步深化，智能制造助力推进

2020 年，工业数字化遭遇了空前大考。面对全球蔓延的新冠肺炎疫情，各行业均加大数字技术的采用，加快生产经营方式变革，加速推进数字化转型。

### （一）数字化转型成为制造业应对新冠肺炎疫情"利器"

受新冠肺炎疫情影响，制造业几乎停摆，疫情防控要求的空间隔离加剧了企业发展困境，进一步倒逼企业的生产运营方式由线下转向线上线下融合，全方位加速数字化转型。2020 年 3 月，IDC 开展的 CXO 月度调研发现，65% 的企业认为让所有员工认识到了数字化转型的价值是新冠肺炎

疫情带来最大的正面影响,较 2020 年 2 月提高了 8.8 个百分点(见图 7-1 )。
2020 年 4 月,埃森哲的调研结果显示,80% 的企业在新冠肺炎疫情期间部
署了远程办公,63% 的企业迅速加强线上渠道的建设,50% 的企业利用这
段艰难时期组织在线培训,加速员工技能升级。《中国企业数字化转型研
究报告(2020 )》显示,新冠肺炎疫情加速推动企业数字化转型进程,加
快了各类数字化项目的建设和上线速度,98% 的企业采用远程办公,并提
升了数字化转型在企业的战略高度。

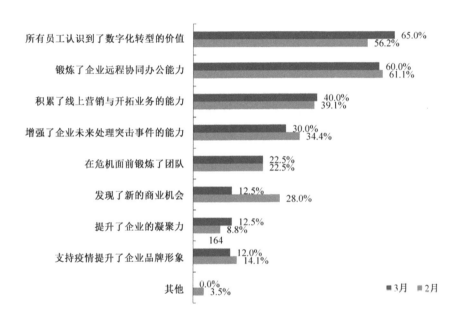

图 7-1　新冠肺炎疫情带来的正面影响

资料来源:IDC,CXO 月度调研,2020 年 3 月。

在新冠肺炎疫情影响下,数字化转型领先的行业能够更快复工复产,
数字化水平高的企业抗"疫"能力明显更强,新冠肺炎疫情期间表现更加
从容。首先,工业企业部署的自动化生产线,可以有效避免在复工复产时
因人员聚集而造成疫情的扩散。其次,依托于强大的柔性生产能力和数字
化基础,工业企业能够在短时间内快速转产口罩等市场所需产品。麦肯锡

调查数据显示，94%的全球企业认为新冠肺炎疫情期间工业 4.0 技术让其受益匪浅，56%的企业认为这些技术是他们应对新冠肺炎疫情的关键。同时，新冠肺炎疫情也给那些未能提前部署工业 4.0 的企业敲响警钟，56%的企业表示由于缺乏数字技术支持，企业未能很好地应对疫情。埃森哲《2020 中国企业数字转型指数研究》发现，领军企业凭借更完备的数字能力积累，应对有方，甚至化危为机，展现出强大的抗压力和恢复力，如 63%的领军企业在三个月以内恢复产能，而这一比例在其他企业中不足一半。《2020 年我国企业数字化转型进程报告》显示，2020 年我国企业数字化转型对企业增加值的贡献份额为 13.31%，其中电子、设备制造两大行业企业数字化转型的贡献份额最高。

数字化转型在新冠肺炎疫情期间功不可没，但新冠肺炎疫情也迫使企业重新评估自身的数字化转型进程，调整其战略重点。《2020 中国企业数字转型指数研究》发现，行业特质不同，各行业间数字化投资意愿出现差异，如传统零售行业，面对新冠肺炎疫情，线上渠道的开拓及消费者的实时洞察已是大势所趋，投入增长预期更为一致，而化工建材行业由于经济下行压力较大，更倾向于减少投资。毕马威《企业重启》报告显示，59%的企业表示新冠肺炎疫情推动了其加快数字化转型的步伐，使企业重点转移到必备技术上，56%的表示云迁移已成为绝对必要。根据麦肯锡调查数据，敏捷性（18.4%）和灵活性（17.2%）的战略优先级甚至超过了降本增效（17.2%），成为首要战略目标，远程办公（51%）、供应链互联互通（50%）和运营透明度（45%）则是工业 4.0 技术重点关注的领域。

## （二）智能制造深入推进加速制造业转型升级

智能制造作为制造业转型升级的主攻方向，在疫情影响下仍然深入推进，在新一代信息技术的赋能下，推动制造业数字化、网络化、智能化转型升级不断加速。德勤与制造业生产力与创新联盟（MAPI）《加快智能制造的步伐：生态系统打法的价值所在》报告显示，疫情全球蔓延并未阻止智能制造的步伐，反而迫使制造企业加速推进各项智能制造举措以提升企业未来竞争力。88%的制造企业表示，与外部合作伙伴、供应商和其他企业合作，是充分实现自身智能制造和数字化目标的重要一环。投资方面，虽然受新冠肺炎疫情影响，企业对智能制造的投资有所变化，但整体上仍在努力保持投资势头。根据《2020 全球制造智能制造科技创新 TOP50》报告，2020 年全球智能制造相关上市企业融资市场活跃，融资总额达326.63 亿美元，未上市企业融资与上年基本持平，融资总额达 126.22 亿美元，七个领域企业上市融资情况较 2019 年皆有所上涨，其中人工智能工业应用领域与工业软件领域融资额涨势最为瞩目。

与智能制造类似，工业 4.0 是欧洲多年来推动工业数字化转型的有力抓手，持续加大力度推进，重塑欧洲本土制造业核心竞争优势。当前，先进技术是欧洲数字化转型进程的核心，这些技术使整个经济发展过程中的产品和服务创新成为可能，促进和支持广大组织和工业部门的现代化发展。2020 年 2 月，德国"工业 4.0"应用平台、法国未来工业联盟和意大利国家"工业 4.0"计划之间的三方合作就推动欧洲制造业数字化提出了新建立书（Position Paper）。建议书涵盖了标准化、法律框架、数字价值创造与人工智能、安全性与信任、研究与转让和技能等方面，以期为欧洲创造一个经济繁荣、环境友好的社会和可持续发展的未来。2021 年 1 月，欧盟委员会研究与创新总局发布《工业 5.0：迈向可持续、以人为本和强大韧性的欧洲工业》政策简报中提出欧洲工业发展的未来愿景：工业 5.0。工业 5.0 是对工业 4.0 的补充和扩展，除强调经济效益外，还包括社会与环境效益，强调各方面的全面提升，使工业继续发挥其促进经济社会繁荣的引擎作用，推动欧洲持续繁荣。

对标工业 4.0，当前我国正处于工业"2.0 补课""3.0 普及""4.0 示范"多重叠加的发展阶段，大力推进智能制造发展，加速制造业转型升级，增强实体经济发展动力。2020 年 7 月，中央全面深化改革委员会第十四次会议审议通过《关于深化新一代信息技术与制造业融合发展的指导意见》，提出"以智能制造为主攻方向"，体现了中共中央、国务院对智能制造的高度重视。工业和信息化部数据显示，我国规模以上工业企业生产设备数字化率达到 49.4%，305 个智能制造试点示范项目覆盖了 92 个重点行业，生产效率平均提高 44.9%。2020 年全国两化融合发展水平指数达56.0，比 2019 年增长 2.8%，两化融合贯标企业突破 2 万家，炼化、印染、家电等领域接近国外先进水平。《中国两化融合发展数据地图（2020）》数据显示，我国整体上处于数字化向网络化过渡阶段，8.6%的制造企业初步具备探索智能制造基础条件。

## （三）我国工业互联网发展驶入快车道

2020 年，在各方共同努力下，我国工业互联网发展驶入快车道，新型基础设施建设取得一系列阶段性、标志性成果，融合应用创新活跃，产业生态不断完善，发展环境持续向好，为工业互联网向更广范围、更深程度、更高水平发展打下了坚实基础，为数字化转型和高质量发展提供了重要支撑。

2020 年确定加大新型基础设施建设后，我国工业互联网加快建设，网络、平台、安全三大体系夯基架梁工作基本完成。网络体系方面，网络设施建设稳步推进，高质量外网延伸至全国 300 多个地市，连接 18 万家工业企业，5G、工业以太网、窄带物联网、边缘计算等新技术新产品加快用于企业内网改造升级。标识解析体系取得阶段性进展，五大国家顶级节点建设完成功能不断增强，截至 2021 年 1 月，93 个二级节点上线运营，覆盖 22 个省份、34 个行业，连接企业超过 9000 家，标识注册量超过 110亿个。平台体系方面，多层次平台体系初步形成，具有一定行业、区域影响力的平台已超过 80 个，广泛应用到 30 多个重点行业，连接工业设备数量达 6000 万台（套），40 万家工业企业实现上云。2020 年工业和信息化部遴选 15 家跨行业跨领域平台，平均接入工业设备达到 140 万台（套），平均工业 App 超过 3500 个，资源集聚、应用服务、可持续发展等核心能力显著提升。安全体系方面，安全保障体系加快构筑，国家、省、企业三级联动的技术监测体系已覆盖 31 个省份，服务机械制造、电子等 14 个行业、11 万家工业企业和 150 个工业互联网平台。安全公共服务深入开展，测试验证、综合防护、攻防演练等公共服务平台加快建设,安全评估评测等公共服务能力全面提升。

三大功能体系建设的持续推进,激发工业互联网的创新应用热度,推动融合应用走深向实,为工业数字化转型提供了重要支撑。应用场景不断拓展,由销售、物流等外部环节向研发、控制、检测等内部环节延伸,覆盖原材料、装备制造等 37 个国民经济重点行业。截至 2020 年 9 月底,全国企业数字化研发设计工具普及率超过 72.1%,关键工序数控化率达到 51.7%。"5G+工业互联网"融合发展加快推进,在建项目超过 1100 个,超过 3.2 万个 5G 基站专门应用于工业互联网,应用范围向生产制造核心环节不断延伸,形成机器视觉检测、精准远程操控、现场辅助装配等一系列创新应用成果。经济社会贡献不断增强,在疫情期间为物资保障、供需对接、资源匹配等方面提供重要支撑,平台企业纷纷发挥自身技术产品优势积极开展行动,成为平台服务的新常态。工业互联网产业联盟数据显示,工业互联网平台企业共推出 300 余款工业 App,助力企业复工复产。

融合应用的不断深入,推动工业互联网生态体系由小变大,逐步形成促进工业互联网发展的产业发展生态。全国各地立足自身优势,积极探索各具特色的工业互联网发展路径,初步形成京津冀、长三角、珠三角、成渝等产业集聚区。工业和信息化部数据显示,2020 年我国工业互联网产业规模达 3 万亿元。产融合作成效显著,已有 160 余家工业互联网企业在 A 股上市,而且非上市投融资活动高度活跃。国家工业信息安全发展研究中心监测数据显示,2020 年国内工业互联网行业非上市投融资事件共 310 起,同比增长 58.2%,其中超三成事件达亿元规模,披露总金额突破 350 亿元,同比增长 38.6%。产教结合加快推进,各地建立 20 余家工业互联网研究机构,行业领军企业积极与高校、科研院所联合建设一批工业互联网平台人才实训基地。《中国工业互联网产业经济发展白皮书(2020)》显示,2020 年我国工业互联网新增就业人数达 131.29 万人,为缓解就业压力、优化就业结构提供支撑。

## 三、服务业数字化升级加快，"无接触服务"爆发

### （一）"无接触服务"促进线上经济快速发展

新冠肺炎疫情导致的大规模停课给传统教育带来极大冲击，推动线下教育快速向线上迁移，在线教育在全球大规模开展。从世界范围来看，相较于分权化教育管理的国家，集权化教育管理体制的国家明显能够及时有效应对，快速推出相应的在线教育，法国和中国是其中的典型代表。法国在疫情期间快速实现在线教育的集中化、中心化、统一化，即基本上是统一平台、统一教学资源、统一注册入口等，使全国师生和学校都相对容易上手，并迅速深入贯彻。中国在"停课不停学"的政策号召下，从中小学到高等教育、职业教育等纷纷将线下课堂搬到线上，"直播+教育"的"云课堂"模式成为新冠肺炎疫情期间"高频刚需"，带动教育学习软件需求的激增。根据 Quest Mobile 的数据，2020 年第一季度移动 App 排行中，教育学习类 App 周复合增长率最高，用户规模一路攀升，如图 7-2 所示。2020 年下半年，由于疫情防控取得积极进展，大中小学基本恢复正常教学，我国在线教育用户规模有所回落。中国互联网络信息中心（CNNIC）数据显示，截至 2020 年 12 月底，我国在线教育用户规模分别为 3.42 亿人，较 2020 年 3 月减少 8125 万人，但仍比疫情之前（2019 年 6 月）增长了 1.09 亿人，占网民整体的 34.6%。

作为"无接触服务"的重要组成部分，在线医疗以其突破地理限制、实现快速响应、降低交叉感染风险等优势，受疫情催化市场需求激增，迎来重要发展机遇。2020 年 3 月，美国国会通过了一项 83 亿美元紧急拨款法案，其中 5 亿美元用于推动远程医疗的普及应用，具体体现在放宽对使用远程医疗联邦医保覆盖的使用限制，比如针对 65 岁及以上老年群体将取消所有限制。2020 年 4 月，在日本东京先后出现两次医疗机构聚集性感染案例之后，日本政府的相关机构放宽了在线医疗的限制，医生可以通

过视频和电话的形式进行出诊，并可以基于在线问诊信息在邮件中开出处方。我国在政府的不断鼓励与布局下，互联网医疗加速应用，服务范围不断拓展，线下线上医疗呈现协同发展趋势，进一步推动我国医疗行业数字化转型。CNNIC 数据显示，截至 2020 年 10 月底，全国已有 900 多家互联网医院，远程医疗协作网覆盖所有地级市，5500 多家二级以上的医院可以提供线上服务；截至 2020 年 12 月底，我国在线医疗用户规模为 2.15 亿人，占网民整体数量的 21.7%，其中 40 岁以上用户占比为 40.4%。

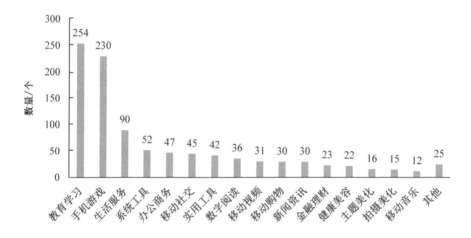

图 7-2　2020 年第一季度周复合增长率排名前 1000 名的 App 所在行业分布

资料来源：Quest Mobile。

同样，迎来爆发式增长的还有远程办公，远程办公成为新常态。远程办公是一种能够最大程度上维持经济活动正常运行的办公方式，不仅是更加安全、便捷，而且能够降低通勤时间、减少环境污染、提高劳动生产率。兰德数据显示，2020 年 5 月以来，美国 25%～35%的员工转向了远程办公。CNNIC 数据显示，截至 2020 年 12 月底，我国远程办公用户规模达3.45 亿人，占网民整体数量的 34.9%。远程办公的兴起，推动相应办公软件迅速增长，用户规模激增。以视频会议为例，从国际到国内，从中央政府到每间办公室，具有视频会议功能的协同办公软件成为在疫情防控条件下复工复产的必备工具，用户量急剧增长。根据 Quest Mobile 的数据显示，2020 年春节假期与假期后对比效率办公类日均用户规模增长近 4000 万人。由于远程办公是企业数字化转型中必然面临办公模式的选择，新冠肺炎疫情只是催化剂，加速了这一过程，新冠肺炎疫情结束后远程办公仍将保持下去。盖洛普调查发现，近 2/3 的美国远程办公人员希望继续远程工作。Gartner 报告表明，即使在新冠疫苗投入使用之后，90%的人力资源领导者计划允许公司员工继续远程工作。

## （二）直播电商、跨境电商等新模式火热兴起

新冠肺炎疫情让全球消费者的购物习惯从线下转移到线上，消费者购物线上化趋势明显，推动电子商务的发展。联合国贸易和发展会议发布的《COVID-19 和电子商务：全球回顾》显示，各地区电子商务的发展势头强劲，新兴经济体的消费者向网上购物的转变最大。根据 eMarketer 数据，尽管全球零售总额下降了 3.0%，但电子商务在 2020 年的表现仍好于疫情大流行前的预期，预计 2020 年全球零售电子商务销售额将达到 4.28 万亿美元，增长 27.6%，较 2019 年增长 7.4 个百分点。根据 Ecommerce Europe 的数据，到 2020 年年底，欧洲电子商务市场将达到 7170 亿欧元，较去年增长 12.7%。我国自 2013 年成为全球最大的网络零售市场以来，电子商务一直保持高速增长。国家统计局数据显示，2020 年我国网上零售额达 11.76 万亿元，较 2019 年增长 10.9%，其中实物商品网上零售额 9.76 万亿元，占社会消费品零售总额的 24.9%。CNNIC 数据显示，截至 2020 年 12 月底，我国网络购物用户规模达 7.82 亿人，较 2020 年 3 月增长 7215 万人，占网民整体数量的 79.1%。

电子商务的高速发展，衍生出更多元化的需求和细分市场，直播电商以其满足线上消费的导购需求表现尤为突出。受新冠肺炎疫情"隔离""交通管制"等措施影响，电商直播瞬间成为新冠肺炎疫情期间打通产销壁垒、拉近生产者和销售者距离的最佳通道，电商直播获得爆发式增长。大量网

红主播、明星、行业管理人员等加入电商直播大军，100 多种线下职业转战直播电商，甚至出现了"直播卖房""直播卖车"等万物可播、人人可播的景象，直播电商成为拉动消费、推动双循环的新引擎。商务部数据显示，2020 年上半年，全国电商直播超 1000 万场，活跃主播超 40 万个，观看人次超 500 亿，上架商品超 2000 万件。在直播的逐步普及下，7 月，人力资源和社会保障部联合国家市场监督管理总局、国家统计局发布九个新职业，包括"直播销售员"，人们熟知的"电商主播"有了正式职业称谓，且已被纳入广州、济南、四川等地区的人才引进政策，直播已经成为受认可的主流职业。毕马威、阿里研究院《迈向万亿市场的直播电商》报告预计，2020 年直播电商整体规模将突破万亿，达到 1.05 万亿元，渗透率将达到 8.6%。

跨境电商作为电子商务新业态，在全球新冠肺炎疫情冲击下呈现逆势增长态势，成为全球电子商务发展新亮点。跨境电商依托于线上交易、非接触交货、交易链条短等优势，再加上政策红利的推动下，全球跨境电商增长迅猛。2020 年 11 月，区域全面经济伙伴协定（RCEP）的签署，包括跨境电商在内的电子商务迎来重大利好，其第十二章详细列出了"电子商务内容"的具体条款，并明确地支持电子商务的跨境经营，使跨境电商进入空前的发展机遇期。2020 年 4 月，国务院常务会议决定再新设 46 个跨境电商综合试验区。截至 2020 年年底，经国务院批准设立的跨境电商综合试验区达 105 个，保税区超百个，跨境电商 B2B 出口监管试点扩至 22 个海关。据海关初步统计，2020 年我国跨境电商进出口 1.69 万亿元人民币，同比增长 31.1%。我国跨境电商的高速增长，一方面是由于国内率先控制住新冠肺炎疫情，国内生产迅速恢复，另一方面以北美为代表的海外新冠肺炎疫情蔓延，防疫物资供应不足，加上消费者的线上消费习惯，海外供给缺口由国内生产满足。

## （三）金融科技推动金融机构加快数字化转型

金融行业是最早开展数字化转型的行业之一，2020 年因新冠肺炎疫情而大幅度提速，积极应用金融科技推进数字化转型。新冠肺炎疫情发生后，为满足疫情防控和客户服务双重需求，金融机构充分应用数字技术手段，从支付结算、信贷供给、投资理财等方面推出"非接触式"数字化服务，金融科技应用激增。SensorTower《2020 年金融科技应用报告》显示，2020年年初，全球金融应用下载量保持强劲增长；第二季度，Google Play 贡献了大部分金融应用下载量增长，同比增长 51%，而 App Store 的金融应用下载量增长 8%。金融科技的火热发展，离不开资本市场的支持，金融科技产融合作活跃。毕马威《2020 下半年金融科技报告》显示，2020 年全球金融科技总体融资额达 1050 亿美元，包括在并购、私募股权投资和风险投资，虽然较 2019 年大幅下滑（−36.4%），但这是有记录以来第三高的投资水平。

新冠肺炎疫情期间，保持社交距离政策的实施，推动非现金支付增长暴增，推动全球加速向无现金世界转变。即使传统上习惯于使用现金的德国，信用卡支付金额在历史上首次超过了现金支付金额。根据德国信用局的数据，目前超过一半的信用卡支付是非接触式的，而在新冠肺炎疫情暴发前，这一比例为 35%。Adjust & Apptopia《2020 年移动金融报告》显示，支付类应用全球会话量平均增长了 49%，增长率最高的是日本，高达 75%，其次为德国（45%）和土耳其（39%），美国（33%）和英国（29%）则紧随其后。我国移动支付交易规模全球领先，网络支付模式多元发展，支付业务合规化进程加速，整个行业运转态势持续向好。CNNIC 数据显示，截至 2020 年 12 月底，我国网络支付用户规模达 8.54 亿人，较 2020 年 3 月增长 8636 万人，占网民整体的 86.4%。中国支付清算协会《2020 年移动支付用户问卷调查报告》显示，近四分之三的用户每天使用移动支付，使用频率较 2019 年上升 4.4 个百分点，单笔支付金额以 100 元以下为主，比 2019 年提高 23.3 个百分点。

与移动支付一样，我国在央行数字货币方面同样处于全球领先位置，对央行数字货币的研究探索已开展多年，取得较大进展。2020 年 8 月，中国人民银行对外公布其数字货币早已准备就绪。此后，中国人民银行数字货币陆续在深圳、苏州、成都等试点城市开展数字人民币红包测试，取得阶段性成果，并将在 2022 年北京冬奥会的多个举办城市率先试行新的数字货币。为追赶我国的发展步伐，欧美等国家和地区也在加速推进数字货币。2020 年 10 月，欧洲中央银行发布首份数字欧元报告，详细阐释了数字欧元的定义和技术方案，为其即将启动的数字货币项目奠定政策基础，称最快将于 2021 年启动该项目。2020 年 10 月，日本中央银行宣布将于 2021 年启动数字货币具体试验，加速推进数字货币的研发和实证。2020 年 1 月，日本银行、欧洲中央银行、英国英格兰银行等六家中央银行和国际清算银行（BIS）成立了央行数字货币共同研究小组，探讨数字货币的优点和问题。作为世界最大经济体并在全球掌握美元货币"重武器"的美国，拜登政府也有意紧跟国际货币新潮流，加快研发数字货币。

**参考资料**

1.　中国互联网络信息中心（CNNIC）. 第 47 次中国互联网络发展状况统计报告，2021-02。

2.　联合国粮农组织. 2020 年农产品市场状况，2020-09。

3.　联合国贸发会议. COVID-19 和电了商务：全球回顾，2021-03。

4.　阿里巴巴. 2020 农产品电商报告，2020-07。

5.　农业农村部信息中心、中国国际电子商务中心研究院. 2020 全国县域数字农业农村电子商务发展报告，2020-04。

6.　Ouest Mobile. 中国移动互联网黑马榜盘点报告，2020-04。

7.　IDC. CXO 调研：新冠肺炎疫情下，IT 和数字化转型价值凸显，2020-03。

8.　清华大学全球产业研究院. 中国企业数字化转型研究报告（2020），2021-01。

9.　埃森哲，国家工业安全发展研究中心. 2020 中国企业数字转型指数研究，2020-09。

 10. 麦肯锡. COVID-19: An inflection point for Industry 4.0，2021-01。

 11. 毕马威. 企业重启，2020-12。

 12. 德勤, 制造业生产力与创新联盟( MAPI ). 加快智能制造的步伐：生态系统打法的价值所在，2020-11。

 13. 亿欧智库. 2020 全球制造智能制造科技创新 TOP50，2020-12。

 14. 国家工业信息安全发展研究中心. 中国两化融合发展数据地图（2020），2020-10。

 15. 国家工业信息安全发展研究中心. 2020 年我国企业数字化进程报告，2021-04。

 16. 中国工业互联网研究院. 中国工业互联网产业经济发展白皮书（2020），2020-08。

 17. 毕马威，阿里研究院. 迈向万亿市场的直播电商，2020-10。

 18. SensorTower. 2020 年金融科技应用报告，2021-02。

 19. 毕马威. 2020 下半年金融科技报告，2021-03。

 20. Adjust & Apptopia. 2020 年移动金融报告，2021-02。

 21. 中国支付清算协会. 2020 年移动支付用户问卷调查报告，2021-01。

# 数字政府发展向纵深推进

殷利梅[1]

**摘　要：** 2020 年，国际组织和智库纷纷加大数字政府评估力度，试图全面反映全球数字政府发展进程。总的来看，全球数字政府建设不断深化，数字平台成为提升政府管理效率和公共服务水平的有力工具。加大数字身份系统的建设和推广成为全球的重要共识，是支撑数字服务优化的关键要素。同时，在新冠肺炎疫情肆虐下，数字政府在疫情防控和复工复产方面也发挥了至关重要的作用，数字政府成为全球长期的战略选择。

**关键词：** 数字政府；评估评价；数字平台；数字身份

**Abstract:** In 2020, international organizations and think tanks have increased their evaluation of digital government, trying to fully reflect the development of global digital government. In general, the construction of global digital government continues to deepen, and digital platforms have become a powerful tool for improving government management efficiency and public service levels. Increasing the construction and promotion of digital identity systems has become an important global consensus and is a key

---

[1] 殷利梅，国家工业信息安全发展研究中心信息政策所数字经济研究室主任，高级工程师，研究方向为数字经济战略、数字政府、数据要素。

factor in supporting the optimization of digital services. At the same time, under the COVID-19 epidemic, digital government has also played a vital role in the prevention and control of the epidemic and the restoration of work and production. Digital government has become a long-term global strategic choice.

**Keywords:** Digital Government; Evaluation; Digital Platform; Digital identity

全球范围内的数字化转型步伐不断加快，各国政府充分认识到，加快政府数字化转型是提升政府效率、改善内部流程、扩大公众参与和创新公共价值的重要选择。数字政府作为政府数字化转型的集中体现，在越来越多的国家从概念走向落地。2020 年，数字政府发展向纵深推进，在平台发展、数字服务优化、数字身份推广方向发力，并在新冠肺炎疫情防控过程中呈现出诸多亮点。

# 一、数字政府发展迎来评估"大年"

2020 年，在原有的联合国电子政务调查报告、日本早稻田大学国际数字政府排名评价报告、欧盟电子政务基准报告的基础上，经济合作与发展组织（OECD）基于数字政府政策框架（DGPF）首次开展数字政府成熟度评估。

## （一）联合国经济和社会事务部发布《2020 联合国电子政务调查报告》

2020 年 7 月，联合国经济和社会事务部发布《2020 联合国电子政务调查报告》（以下简称《报告》），这是自 2001 年起联合国发布的第 11 份报告，报告主题是数字政府助力可持续发展十年行动。《报告》显示，更多国家和城市正在推行数字政府战略，并且采取了一些与以往推行电子政务举措截然不同的方法，如将电子政务作为平台来传送信息，整合线上和线下多渠道提供服务，采用以数据为中心的方法，以及创新使用人工智能和区块链等新技术等。

《报告》显示，全球电子政务发展指数（EGDI）整体上呈现相对平稳的上升态势，数值从 2003 年的 0.40 提升至 2020 年的 0.60。具体从低、中、高、非常高四个组别包含的国家数量来看（见图 8-1），上升趋势更加明显。低组别国家从 2003 年的 55 个减少到 2020 年的 8 个，而高组别国家则从 10 个增加到 57 个。我国表现尤其突出，我国 EGDI 排名升至全球第 45 位，较 2018 年报告提升 20 个位次，达到历史新高。EGDI 数值达到 0.79，首次实现了从"高"组别到"非常高"组别的跃升。

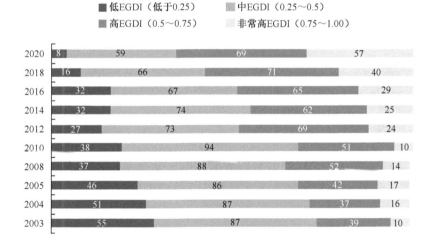

图 8-1 按 EGDI 水平划分的国家分布情况（2003—2020 年）

资料来源：联合国经济和社会事务部网站。

## （二）OECD 发布首份《数字政府指数（DGI）2019 报告》

2020 年 10 月，OECD 发布《数字政府指数（DGI）2019 报告》（以下简称《报告》），DGI 是 OECD 将其数字政府政策框架（DGPF）转化为支持具体政策决策工具的首次尝试，它提供了一套指标体系来衡量OECD 成员国和主要伙伴国家数字政府改革的主要进展。韩国在总体结果中排名第一，综合得分 1.04 分，第二名到第五名依次为英国（0.736 分）、哥伦比亚（0.729 分）、丹麦（0.652 分）和日本（0.645 分）。

早在 2014 年 7 月，OECD 就通过了关于数字政府战略的建议（见表 8-1），用来帮助公共部门采取战略手段使用技术，以期建立更敏捷、响应能力更强、更具弹性的政府。在该建议的基础上，OECD 制定了包括设计数字化、数据驱动的公共部门、政府平台化、默认开放、用户驱动和主动性六个维度的数字政府政策框架，用以衡量数字政府的成熟度。

表 8-1    OECD 关于数字政府战略的建议内容

| 开放和参与 | 治理和协作 | 支持实施的能力 |
|---|---|---|
| （1）开放、透明度和包容性<br>（2）多角色参与决策支撑和服务提供<br>（3）营造一个数据驱动的文化<br>（4）隐私保护和确保安全 | （5）领导力和政治承诺<br>（6）跨部门使用数字技术<br>（7）有效的组织和治理框架来开展协作<br>（8）与其他政府加强国际合作 | （9）开发清晰的业务案例<br>（10）加强机构能力<br>（11）数字技术采购<br>（12）立法和监管框架 |

资料来源：OECD 网站。

《报告》建议，一是政府部门需要采取一致且全面的方法来设计和实施数字化改革。排名靠前的国家有着长期的制度安排和可持续战略支撑，如六个表现最好的国家拥有正式的协调机制，负责跨部门的 ICT 项目，并有来自不同政策领域的机构代表。相反，六个排名垫底的国家有四个缺乏这种协调机制。二是优先考虑发展数据驱动型公共部门的政策支持和能力。将数据政策转化为具体且可持续的行动需要战略远见、正式角色和责任，以在公共部门中实施一以贯之的数据策略。在 OECD 国家中，只有四个在国家层面制定了专门的数据策略，负责领导和协调公共部门数据计划的官员数量（如首席数据官）并不多。三是积极让用户和利益相关者参与数字政府改革。大多数国家在设计和实施数字政府规划时缺乏必要的用户参与，只有 45%的国家有用户参与服务设计的特定机制，27%的国家有用户参与服务提供的特定机制。四是制定政策措施和机制监测数字化转型改革的进展，对此类工具进行投资将有助于各国减少期望与结果之间的差距。

### （三）欧盟发布《电子政务基准报告 2020》

2020 年 9 月，欧盟委员会发布第 17 份电子政务基准报告——《电子政务基准报告 2020：为人民服务的电子政务》。经过多年发展，欧洲电子政务呈现了"良性循环"的特点：由于用户需求高，公共管理部门开发了越来越好的数字服务；因为这些服务可用且易于使用，越来越多的用户在线访问政府服务。

2020 年的电子政务基准报告显示，在过去两年中，欧洲电子政务全面进步，整体表现为 68%，比 2018 年前高了 6 个百分点。根据评估中考虑的以用户为中心、透明度、关键驱动因素、跨界移动性四个顶级基准，所测的 36 个国家中的每个国家都改善了公共服务的数字化交付。但是，改进的规模和整体性能差异很大。欧洲的领先者是马耳他（97%）、爱沙尼亚（92%）、奥地利（87%）和拉脱维亚（87%）。这些国家在所有四个顶级基准中得分最高，紧随其后的是丹麦（84%）、立陶宛（83%）和芬兰（83%）。在进步程度方面，卢森堡，匈牙利和斯洛文尼亚在 2018 年和 2019 年取得了最大的进步，分别上升了 20 个、19 个和 18 个百分点，相应的总分分别为 79%、63%和 72%。

从四个顶级基准来看，以用户为中心方面，专注于最终用户体验的顶级基准已提高到 87%（比 2018 年前高出 4 个百分点）。四分之三的公共服务可以完全在线完成（78%）。子指标中，移动友好度尽管增幅最大，从 2018 年的 62%上升到今天的 76%，但是得分最低。透明度方面，比 2018 年前提高了 7 个百分点，从 59%上升到目前的 66%。关键驱动因素方面，达到 61%，比 2018 年前高出 4 个百分点，显示出很大的改进空间。但是，只有一半（57%）的服务允许用户使用用于在线身份识别的 eID。跨境流动是一个需要改进的领域。跨界移动性方面，最高基准得分在四个最高基准中得分最低为 56%，比 2018 年前高出 7 个百分点。

### （四）日本早稻田大学发布《第 15 届国际数字政府排名评价报告》

2020 年 9 月，日本早稻田大学数字政府研究所联合国际 CIO 学会共同发布《第 15 届国际数字政府排名评价报告》。与往年相同，报告依然通过 10 个指标、35 个子指标对全球 64 个国家和地区数字政府发展情况进行评估。报告结果显示，美国、丹麦、新加坡、英国、爱沙尼亚、澳大利亚、日本、加拿大、韩国、瑞典位列前 10 名。其中，中国在本次排名中位列第 37 名。

报告列举了许多国家优秀的数字政府实践，如挪威拥有充足的基础设施，用于数字政府系统之间的互操作性及部门之间的数据交换。政府给予私营企业扩大 ICT 基础设施的资金支持，并引导应用"绿色 IT"解决方案。澳大利亚大力推行数字身份系统，预计到 2025 年将为所有澳大利亚人提供世界领先的数字服务。新加坡通过专门的部门 GovTech 负责规划和实施数字政府，建设支持新加坡的"智能国家"计划的关键数字平台和基础设施，如国家数字身份（NDI）生态系统，旨在为公民和社区提供便利和安全的在线交易等业务。美国联邦首席信息官（CIO）的目标是改善整个美国政府机构的 IT 实践。政府 CIO 领导数字化转型工作以及实施数字技术、研究和工作流程方法，以改变联邦机构的敏捷性和数字环境。

但是，总体来看，该项排名近年来的影响力日益下降，评估指标体系几乎没有进行调整，且 2019 年的评估还暂停了一次，没有发布相应的评估报告。

## 二、模块化、开源和可互操作的技术平台加快部署

2019 年 6 月，国家工业信息安全发展研究中心发布的首份《数字经济

发展报告（2018—2019》指出，全球数字政府的平台化、组件化工具日益普及。2020年9月，新美国智库发布了《数字政府测绘计划》，再次印证了这一发展趋势。报告认为模块化、开源数字平台的使用可以大大提高公共机构的效率和问责制。报告基于"数字政府堆栈"（digital government stack）的概念架构，对全球国家数字政府平台进行跟踪，总结出建设数字政府平台应遵循的10个原则（见表8-2），提出要建立数字政府需要在创新的体制架构和创新的融资机制保持持续的关注和投资。

报告持续跟踪了59个全球范围内的数字政府平台，其中不乏英国Gov.UK Notify、爱沙尼亚X-Tee（X-Road）、新加坡Data.gov.sg等这样的代表性平台。报告总结了数字政府蓝图应包括基础系统和应用服务，基础系统包括数字身份、数据管理和数字支付，应用服务包括税收、公共福利、资产跟踪、土地所有权、公民参与、采购、公共登记。

表8-2 建设数字政府平台应遵循的10个原则

| 序号 | 原则 | 主要内容 |
|---|---|---|
| 1 | 模块化 | 尽管少数国家/地区建立了令人印象深刻的紧密集成的数字政府堆栈，但是这些只是个别情况。从技术上和政治上来说，创建较小的模块通常更容易且成本更低，这些模块可以根据情况的变化轻松进行重新配置和优化，就像一套乐高积木，模块化平台可以重新组装，以解决最初创建时可能无法预期的需求和机会 |
| 2 | 开源 | 政府所做的大部分工作都是相似的，几乎所有的政府都必须提供公共福利、服务、税收、登记等职责，可以通过技术简化这些职责。政府通过开发和开源提供一流的解决方案，使之迅速适应自己的需要并迅速跨边界扩展，以最小的成本使其他社区受益。同时，开源还可以公民社会参与检查政府系统并指出设计缺陷，以及对隐私和公民权利的威胁 |
| 3 | 伦理设计 | 政府有责任优先考虑本国公民的利益，包括在部署数字政府平台时优先考虑隐私。与政府使用制衡手段来防止滥用权力来执行政策一样，公共部门技术系统也必须防止恶意行为者损害系统用户的利益 |
| 4 | 多方利益相关者共同治理 | 保护公民在数字平台上的利益至关重要，不能由政府独自承担。社区应依靠多方利益相关者对开发和部署新技术进行监督。多方利益相关者团体可以先检查技术系统部署，以检查算法偏差、危险治理模型或其他意外的后果。技术系统的分散控制增加了治理的复杂性，但也提供了潜在滥用的重要防范措施 |

| 序号 | 原则 | 主要内容 |
|---|---|---|
| 5 | 数据的用户所有权 | 个人通常将对个人信息的控制权交给私人公司或政府机构。集中数据模型为那些有权访问私人信息的人创造了监视个人活动，甚至操纵用户行为的机会。各国政府开始利用数字平台，应该帮助公民拥有和控制其个人数据，社会可能需要重新考虑数据所有权和数据保护规则以实现此目标，应将用户置于公共数据架构的中心，赋予个人更多的控制权 |
| 6 | 互操作性 | 政府数字平台正在证明数字解决方案可以带来公共价值传递的革命性变化。如果它们组合为一套完整的系统，这些系统创建了一个大于各部分总和的更大整体，那么数字平台的功能将更加强大。如果政府接受共同的标准和数据可移植性协议，它们可以促进更广泛范围内的提供公共价值的可互操作平台 |
| 7 | 以用户为中心的设计 | 政策制定者应让用户参与公共部门数字平台的设计、测试和评估过程。以用户为中心的设计原则要求从受数字工具影响的社区中汲取专业知识和意见，并让他们参与设计工作，以确保所有小组，特别是边缘化社区，对如何开发工具和部署具有发言权。以人为中心的协作设计流程，能够产生更具包容性的数字工具，减少意外伤害的风险 |
| 8 | 数字公正 | 政府在建立数字平台时，应明确计划满足互联网或数字技术访问受限的人们的需求。数字化转型有可能增加数字边缘化人群的不平等。各国政府应建立 API 培训等公用事业，不仅增加弱势群体获得服务的机会，而且确保所有社区都能从创新中受益 |
| 9 | 恢复能力建设 | 新冠肺炎疫情减缓了全球经济的发展速度，医疗保健系统面临崩溃，公共机构面临重大危机。使用数字服务的优势之一在于它们可以增强弹性，通过提供多种冗余途径来访问公共服务 |
| 10 | 高、低数字能力设计 | 新冠肺炎疫情表明，数字能力不一定遵循传统的发展规律。在美国向 7000 万国民邮寄纸质支票的同时，巴基斯坦、阿根廷和秘鲁的政府正利用数字支付系统资助超过三分之一的人口。模块化、开源的数字公共基础设施可以使新兴市场采用新一代系统，从而使其能够跳跃式发展，赶超拥有先进系统的国家。当联盟和创新者生产数字公共产品时，他们应确保其解决方案能够适应不同背景、不同数字能力水平的工作 |

资料来源：新美国智库网站。

从英国的数字政府平台最新进展来看，政府数字服务小组（GDS）发布的数据显示，截至 2020 年年底，Gov.UK Notify 已为整个英国公共部门的近 1000 个不同组织的 4000 个公共服务团队发送消息；仅在过去的一年中，就向这些服务的用户发送了 16 亿条消息。Gov.UK Pay 在 2020 年已支付 710 万笔付款（是 2019 年的 2.8 倍），这为使用 Pay 的公共部门中的 160 多个组织提供了帮助。Gov.UK PaaS 最近连接了其第 100 个组织，并且来自 40 多个公共机构的 Gov.UK PaaS 正在运行和扩展。Gov.UK Design 刚刚发布了 cookie 页面模式和 cookie 横幅组件，该组件可帮助服务构建自己的横幅用来显示有关 cookie 的信息，以确保用户的同意。

新加坡开发了新加坡政府设计系统（SGDS），以便团队能够创建快速、可访问且移动友好的数字服务，并具有一组符合数字服务标准的通用 UI 组件。随着网络的不断发展，政府必须满足不断变化的用户期望，以提供高质量的数字服务。而且，SGDS 是开源的，在 GitHub 上开发人员可以参与提升新加坡政府的数字服务，共同构建一个值得信赖的、不断发展的生态系统。

## 三、数字身份成为支撑数字服务优化的关键要素

数字身份系统通过收集并验证属性以建立一个人在网络空间的身份，并以凭证（通常是物理 ID 卡、护照或驾照）的形式提供该身份的证明。身份持有人可以使用它来向雇主、金融机构或政府机构证明自己的身份。因此，数字身份是物理标识的数字对应物。数字身份提供必要的凭据，以证明某人是他（她）声称在线的人。随着数字化时代的到来，人们越来越迫切地需要一个数字身份进行在线交互。

2020 年 8 月，麦肯锡发布《政府如何兑现数字身份证的承诺》（以下简称《承诺》），《承诺》显示，数字身份简化个人、政府和企业之间的交互能力，可以带来巨大的好处。

一是个人和政府。数字身份是使公共服务（如与医疗保健、福利支付、证明和执照相关的服务）现代化的关键推动力。通过允许进行远程在线身份验证，它为用户提供了便利，消除了潜在的旅行成本，并最大程度地减

少了等待时间。从政府角度来看，该技术可提高管理效率，减少文书工作，加快处理速度并降低身份欺诈的风险。除公共服务外，数字身份还可支持公民参与，例如通过电子投票。

二是个人和企业。数字身份通过诸如简化的注册和身份验证流程、安全的数字支付及数字高保合同（如通过数字公证服务）等优势为消费者和企业提供支持。该技术对收集大量客户数据的行业（如金融服务）特别有用。它也可以成为简化的"了解您的客户"解决方案的关键推动力。

三是政府和企业。数字身份可以大大简化政府与私营部门之间的关系，包括公司注册、税收、经济支持、许可证和授权。通过启用在线交互，该技术可以节省大量成本。此外，它支持合规性，为诸如年龄和背景调查之类的活动提供了防欺诈的路径。

迄今为止，各国政府已经启动了大约165种数字或部分数字身份方案，但是实际使用效果却差强人意。只有少数几个方案实现了较高的采用率，在更多国家数字身份的使用率通常很低，平均每人每年仅一次或两次。麦肯锡的报告显示，165种方案中只有46种提供了数字公共服务身份验证，包括爱沙尼亚、丹麦和瑞典等少数几个国家已获得几乎普遍采用，但其他国家的用户却相对较少。特别是像欧盟这样的联盟组织，截至eID推出九年后的2019年5月，欧盟已经发行了6300万张新卡，但预计只有40%的eID卡被解锁。在2019年的调查中，只有6%的参与者表示他们至少使用过一次数字功能。日本于2015年10月正式实行个人编号制度以推行数字身份，经过推广后，直到2020年6月，也仅有16.7%的个人接受了这一号码。

数字身份能否推广使用的一个关键决定因素是它的互操作性水平，即数字身份系统与其他系统、数据库、设备和应用程序交换数据的能力。政府的首要任务可以是确保国内的私人和公共服务提供商之间及其他司法管辖区的数字身份系统之间的互操作性。如果无法确保互操作性，那么数字身份方案就失去了发展动力，随着服务提供商构建与其自身需求兼容的身份验证工具，导致碎片化。此外，安全问题也是数字身份推广的重要阻碍之一，2019 年发布的一份报告显示，超过 80%的违规行为可以追溯到某种受损的数字身份。2020 年 7 月，新加坡政府宣布四百万新加坡人将能够在国家数字身份认证（Singapore Personal Access，SingPass）系统中使用人脸认证方式访问政府服务，这引发了人们对隐私安全的担忧。

## 四、数字政府在各国政府疫情防控中发挥重要作用

突如其来的新冠肺炎疫情考验着全球政府在重大危机面前的应对能力和灵活反应能力。加快数字政府建设，在新冠肺炎疫情期间，可以将政府尽可能地调整到零接触、低接触的方式运行，在非流行期间也可以提高政府效率，为公众带来便利。更为重要的是，数字政府建设还有利于疫情防控，各级政府在新冠肺炎疫情期间进行数字化操作，加快数字化转型，可以提升政府内部管理的效率，扩大向公众提供在线服务的范围并提高服务便利性，还包括采用大数据、人工智能、云计算等数字技术手段，在疫情监测分析、病毒溯源、防控救治、资源调配等方面更好发挥支撑作用。

英国国民医疗服务系统（NHS）数据应用的案例值得关注。通过该系统，英国政府得以在新冠肺炎疫情期间获得有关新冠肺炎感染者、医疗资源等完整数据，为抗击新冠肺炎疫情提供了有力支撑。2020 年 3 月 28 日，英国健康和社会保障部在其官方网站发布文章《数据在新冠肺炎疫情中的力量》（*The Power of Data in a Pandemic*），文章从六个方面介绍了数据在抗击疫情中释放的价值。

---

**专栏 8-1：英国国民医疗服务系统（NHS）数据应用案例**

2020 年 3 月 28 日，英国健康和社会保障部在其官方网站发布文章《数据在新冠肺炎疫情中的力量》（*The Power of Data in a Pandemic*），文章从六个方面介绍了数据在抗击疫情中释放的价值。

---

## 一、数据在疫情防控中的价值

在抗击新冠肺炎疫情（COVID-19）这一流行病的斗争中，决策者需要获取准确的实时信息。在需求侧：为了解和预测公众对卫生保健服务的需求，政府需要清楚新冠病毒的传播方式、病毒将如何影响国民保健服务和其他社会服务，以预测下一个集中爆发点。在供应侧：政府需要知道哪些系统可能首先面临压力，如呼吸机器、病床或医护人员资源的实时情况。英国国家医疗服务系统（NHS）的不同部门已经掌握了大量信息，由于这个系统几乎覆盖了每个英国公民，因此政府有潜力获得有关患者及其治疗效果的连贯信息。在过去几周中，NHS系统压力增加，信息需要比正常情况下更快、更广泛地在组织之间共享，收集和使用不同类型信息的需求加大，同时信息来源变得复杂而广泛。如果没有一个单独的机构来收集、分析数据，决策者就无法快速采取行动响应需求；不同组织持有的信息将可能重复并迅速过时，从而导致人们无法准确、完整地理解疫情。

## 二、政府在做什么

为了协调、有效地应对新冠肺炎疫情，英国政府委托英格兰国家医疗服务系统（NHS England）、医疗服务提升与发展中心（NHS Improvement）和国家医疗服务改革小组（NHSX）开发了一个专门的数据平台，为国家组织间的协调响应提供安全、可靠、及时的数据，助力其做出明智、有效的决策，同时保护公民隐私。NHS与NHSX将创建一个数据库，把多个数据源集中到一个单一的、安全的地方——后端或初始存储数据库。这些数据来自国民医疗服务系统、其他社会服务机构以及合作组织，包括NHS数字中心的111在线呼叫数据、来自英国公共卫生局的核酸检测数据等。为了解新冠肺炎疫情快速发展的确切、真实情况，数据将被整合、清洗、调整，为决策提供可靠信息。这些结果将以数据仪表盘（dashboard，数据可视化）的形式呈现，提供当前新冠肺炎疫情蔓延和医疗体系应对能力的实时视图。

### 三、通过整合数据政府可以做什么

国家医疗服务系统与其他合作组织之间加强信息流动可以让决策者更准确地了解新冠肺炎疫情发展和政策落实。指标包括：①当前医院住院情况，包括一般床位和特殊/急救护理床位；②急诊接待病人情况和当前等待时间统计；③新冠病毒感染者住院时长数据。有了这些指标的准确视图，决策者就可以回答公众关于应对新冠肺炎疫情的问题，并探索不同决策的影响。通过数据可视化，决策者将能够：①了解病毒如何在地方一级传播，并确定其对弱势人群的风险；②积极增加新出现热点地区的卫生保健资源；③确保向最需要医疗设施的地方提供关键设备；④根据需求、资源和人员能力，将患者/医疗服务使用者分流到最能为他们提供救助的地方。

### 四、如何找到平衡

在快速行动的同时，建立基本的数据治理秩序和确立开放透明原则仍然是政府所做一切的核心。数据库中的所有数据都是匿名的，受到严格的控制，符合数据保护立法要求，并确保不能重新识别出个人。GDPR确立的原则仍然被遵守，如数据仅用于抗击新冠肺炎疫情，不用于任何其他目的，并且仅收集相关信息。任何访问数据的请求都将通过一个单独的流程进行审核，该流程仅由英格兰国家医疗服务系统和医疗服务提升与发展中心控制。此外，由于数据在幕后运作，因此必须保证透明度和与患者良好的沟通。重要的保护措施应当被患者知晓，如限制数据的使用目的，谁可以使用数据以及数据的使用时间。医疗数据保护小组（National Data Guardian，NDG）为 NHSX 提供了隐私声明草案，该声明将发送给国家医疗服务系统的各个组织，以支持他们告知患者和服务用户疫情期间健康数据的处理和平时相比可能存在的差异。

### 五、谁在努力

那些最先进、最有经验的公司向政府提供了帮助。其中后端数据存储和前端平台的安全是最重要的，技术合作伙伴必须遵守日常工作中严格的信息治理规则：国家医疗服务体系改革小组、英格兰国家医疗服务系统和医疗服务提升与发展中心（NHS England and Improvement）在这个项目中发挥领导作用。微软、Palantir Technologies UK、亚马逊、Faculty、谷歌等合作伙伴的支持将使政府能够更有效地应对危机。政府之所以选择这些组织，主要是基于它们在数据方面的知识，在复杂环境中工作的技能，以及在当前危机时期的交付速度。

### 六、新冠肺炎疫情得到控制后应怎么做

当新冠肺炎疫情得到控制时，政府将关闭为应对新冠肺炎疫情建立的数据库。与上述组织达成的数据处理协议包括：一旦公共卫生紧急情况结束，需要采取哪些步骤来停止处理和销毁数据或将数据返还给英格兰国家医疗服务系统和医疗服务提升与发展中心。在紧急情况结束后，希望政府能够利用从技术合作伙伴那里学到的东西，更好地收集、汇总和分析数据，同时保护公民的隐私。掌握相关数据将使行政系统更具弹性，能够更好地、及时地应对下一次危机——甚至在危机发生之前就做出预测。

在新加坡抗疫工作中，智能国家传感器平台（Smart Nation Sensor Platform，SNSP）起到了关键作用。SNSP 平台是个锚点，公众在新加坡任何地方，都可以随时连接。普及的网络连接、基础设施和共同的技术架构将使公民、企业和政府机构能够利用技术改善智能国家的生活。除了通用的数字平台之外，新加坡在 2020 年疫情期间还推出了 TraceTogether App，以帮助支持和补充目前在新加坡的联系人追踪工作，以减少 COVID-19 的传播。新加坡总理府下属的智能国家办公室（Smart Nation Office）发表声明称，约有 180 万人下载了 TraceTogether 应用程序。韩国首尔市

政府（SMG）利用"市长智能城市平台"（Smart City Platform for Mayor）基于 3200 万条行政大数据和尖端 ICT 技术展开抗疫。在平台上，政府部门能够以信息和通信技术为动力，使决策者全面实时了解城市情况，并与外地工作人员直接沟通，从而有助于做出明智的决策。

新冠肺炎疫情期间，我国数字政府在助力疫情防控和复工复产等方面发挥了至关重要的作用。一方面，"互联网+政务服务"保障政务服务正常办。通过一体化政务服务平台，公众和企业在指尖上就能享受到高效便捷的服务，解决了生产生活中亟待解决的难题，实现了在新冠肺炎疫情期间"数据信息多跑腿、企业群众少出门"。浙江、江西、山东、广东、河北、上海等多个省市出台举措倡导"网上办""掌上办"。我们注意到，浙江组织的新冠肺炎疫情新闻发布会上，数字化元素鲜有缺席，医保、教育、卫生健康、交通、税务等部门多次强调事项可以"网上办""掌上办"，"浙里办"App 成为高频词。江西省发布《关于印发积极应对当前疫情充分依托"赣服通"平台为企业和群众提供优质高效服务的十项举措的通知》，一方面，积极引导广大企业和群众通过计算机、手机 App 办事，努力做到"办事不出门、办事不见面"，最大限度地减少人员聚集，有效防控疫情传播。另一方面，政务服务新模式有力支撑疫情防控和复工复产。在这次疫情防控中，互联网平台企业的作用尤为凸显，政企合作催生政务服务新模式。北京借助微信或支付宝上的"京心相助"小程序精准对接湖北返京人员，支撑返京工作采取有组织、点对点的方式进行，从湖北到北京实现全程闭环管理，无缝对接。最重要的是，湖北返京人员也有了较好的用户体验。发源于杭州，并在全国推广的健康码，融合了包括各级政府部门、互联网企业、电信运营商等诸多主体的数据，是政企等多方数据融合应用的集中体现。当前，健康码已经成为常态化疫情防控形势下各地的"标配"。

参考资料

1. 联合国经济和社会事务部.2020联合国电子政务调查报告,2020-07。

2. 经济合作与发展组织. 数字政府指数（DGI）2019 报告，2020-10。

3. 欧盟委员会. 电子政务基准报告 2020，2020-09。

4. 日本早稻田大学，国际 CIO 学会. 第 15 届国际数字政府排名评价报告，2020-09。

5. 新美国智库. 数字政府测绘计划，2020-09。

6. 麦肯锡. 政府如何兑现数字身份证的承诺，2020-08。

7. 英国健康和社会保障部. 数据在新冠肺炎疫情中的力量. https://healthtech.blog.gov.uk/2020/03/28/the-power-of-data-in-a-pandemic/ ，2020-03。

# 数字贸易成为国际社会关注焦点

方元欣　王梦梓[1]

**摘　要：** 伴随着第四次工业革命的持续演进，全球贸易形态和贸易格局正在发生深刻变革。当前，信息通信技术推动国际贸易变革，形成以数字贸易为核心的第四次全球化浪潮。互联网为代表的信息通信技术极大降低了贸易成本，使得更多的主体尤其是中小微企业甚至个人有机会参与到全球价值链之中。数字贸易以其普惠性质的包容性贸易形态成为促进全球各区域协调发展、共同繁荣的重要途径。我国作为全球贸易大国，拥有超大规模的国内市场，内需潜力巨大、数据资源丰富，新型基础设施建设步伐不断加快，发展数字贸易的巨大潜力亟待释放。

**关键词：** 数字贸易；全球价值链；营商环境

**Abstract:** With the continuous evolution of the fourth industrial revolution, the global trade pattern have been undergoing profound changes. Today, ICT technologies have stimulated the reform of international trade, forming the fourth wave of globalization centered on digital trade. ICT technologies represented by the Internet has greatly reduced

---

[1] 方元欣，国家工业信息安全发展研究中心工程师，研究方向为数字经济战略与政策、数字贸易测度与规则、数据要素；王梦梓，国家工业信息安全发展研究中心工程师，博士，研究方向为数字经济测度、产业数字化、数字经济战略。

trade costs, allowing more entities, especially SME enterprises and even individuals, to have the opportunity to participate in the global value chain. Digital trade has become an important way to promote the coordinated development and common prosperity of all regions around the world with its inclusiveness. As a major global trading economy, China has a super-large domestic market, huge domestic demand potential, abundant data resources, and the pace of new infrastructure construction has been accelerating. The huge potential for the development of digital trade needs to be released urgently.

**Keywords:** Digital Trade; Global Value Chain; Doing Business

# 一、全球数字贸易发展态势及格局分析

在数字经济蓬勃发展态势下，数字技术渗透到各行各业，引发产品和服务贸易的数字化变革，进而对整个贸易体系产生颠覆性影响，从而形成了具有数字烙印的贸易形态——数字贸易。

## （一）数字贸易重构全球价值链

数字贸易将更多服务和产品嵌入全球价值链。全球价值链是现代世界贸易的主要途径，据联合国贸易和发展会议（UNCTAD）估计，有80%的全球贸易通过全球价值链发生。随着数字技术的快速发展，研发、设计、分销、售后服务等环节越来越多地受到数字化影响，从而以数字服务或数字产品的形式嵌入最终商品，这个嵌入的本身就是数字贸易过程，同时，数字贸易推动更多的数字服务和产品嵌入全球价值链。

数字贸易带动更多中小微企业融入全球价值链。数字技术大幅降低跨国贸易成本，推动个性化、定制化、柔性化制造蓬勃发展，越来越多的中小微企业有能力承接来自世界各地的个性化小规模订单。此外，通过分解生产性服务环节，大型企业可以将服务依据不同的特点分包给不同的中小微企业甚至消费者个体，提升中小微企业在全球价值链的参与度。

数字贸易影响全球价值链利益分配。UNCTAD 发布的《2020 年世界投资报告》指出，机器人和智能生产、供应链数字化和 3D 打印是未来影响全球价值链的三个关键技术。随着 5G、人工智能、物联网、机器学习等在制造环节的应用，制造业数字化转型升级不断走深向实，制造业开始从劳动密集型向知识、技术和资本密集型转化，生产制造环节不断向全球价值链高端攀升，传统制造业产业链的附加值从以"研发设计""市场营销"为主，在数字贸易的影响下，逐渐向"制造环节"聚集。

## （二）各国数字贸易增长态势客观

在数字技术的驱动下，全球数字贸易以高速增长的态势，为经济发展注入了新动能。根据 UNCTAD 发布的"可数字化服务贸易"（Trade in Digitally-Deliverable Services）指标，过去十年，全球可数字化服务出口每年增长 7%～8%，2019 年可数字化服务出口额高达 3.2 万亿美元，占服务出口总额的 52.0%。

数据显示，发达经济体出口额为 2.4 万亿美元，占世界市场份额的 76.2%，相比 2005 年下降了 8.1 个百分点。尽管发展中国家正在抢占世界市场份额，但其占比仍只有 24.8%。此外，发达经济体的可数字化服务出口额在整体服务出口总额中占比为 58.4%，而发展中经济体的占比仅为 39.3%。发展中经济体的数字赋能贸易能力仍相对有限。欧洲经济体出口额为 1.7 万亿美元，在各大洲中占比最高，高达 53.3%；亚洲经济体出口额为 7908.5 亿美元，全球占比达 24.8%；非洲经济体数量虽多，占比却仅有 0.93%。值得注意的是，2009 年至 2019 年，亚洲发展中经济体的可数字化服务出口规模增速最高，年增长率达 10.5%。

美国可数字化服务出口额为 5341.9 亿美元，位居全球之首，占世界市场份额的 16.7%，英国和爱尔兰排名第二和第三，分别占 9.6% 和 6.8%。我国可数字化服务出口额为 1435.5 亿美元，排名第八，但同比增长率达 8.6%，相较于美国 3.4% 和英国 1.4% 的增长率，增速相对可观。就进口额而言，美国可数字化服务进口额仍排名第一，达 3108.5 亿美元，同比增长 5.5%，爱尔兰和荷兰次之，分别为 3021.1 亿美元和 1793.9 亿美元。我国排名第七，进口额为 1282.6 亿美元，同比增长 3.4%。

## （三）我国数字贸易竞争力稳步提升

根据国家工业信息安全发展研究中心测算[1]，2019 年我国数字贸易整体规模为 1638.5 亿美元，同比增长 14.9%。其中，出口规模约为 955.0 亿美元，进口规模约为 683.5 亿美元，贸易顺差为 271.5 亿美元，同比增长 17.3%，增长态势明显。整体来看，数字贸易增速高于服务贸易整体增速 15.8 个百分点，占服务贸易整体规模比重上升 3.3 个百分点至 20.9%。可以看出，随着数字贸易在全球贸易格局中的重要性不断提升，我国贸易焦点正加快沿着"货物贸易—服务贸易—数字贸易"路径演进。

一是电信、计算机和信息服务贸易出口竞争力稳步增长。从规模上看，2019 年，我国电信、计算机和信息服务进出口总额约为 807.6 美元，在数字贸易规模中占比最高，为 49.3%。其中，出口 538.6 亿美元，进口 269.0 亿美元，贸易顺差为 269.6 亿美元。从增速上看，随着服务业扩大开放、数字贸易高质量发展等政策红利进一步显现，电信、计算机和信息服务进出口总额与 2018 年的 708.3 亿美元相比，增长了 14.0%。其中，贸易顺差呈不断扩大趋势，与 2018 年的 232.9 亿美元相比，增长了 15.8%，反映出我国电信、计算机、信息技术在国际市场上的竞争力正在稳步提升。

二是个人、文化和娱乐服务贸易发展潜力较高。2019 年，我国已实现

---

[1] 2021 年 3 月对数字贸易测算模型进行完善，并对 2019 年我国数字贸易规模初步核算数进行了修订。

数字化融合的个人、文化和娱乐服务规模约为 26.0 亿美元，同比增长 22.1%，数字贸易规模占比仅为 1.6%。但数字融合程度相较于其他细分领域而言较高约为 57.2%，出口服务数字融合程度仅次于它。未来，我国在数字内容娱乐领域的国际竞争优势将不断显现。以网络游戏为例，网络游戏进入快速发展期。2009 年至 2019 年，我国自主研发的网络游戏海外市场销售收入从 7.5 亿元（1.1 亿美元）迅速增长至 763.4 亿元（111.9 亿美元），增长约 100 倍。国产移动游戏在美国、日本、韩国、英国、德国等国家的流水同比增长率均高于该国家移动游戏市场的增速，出海前景明朗。

三是保险与金融服务贸易仍有待提升。2019 年，我国已实现数字化融合的保险服务贸易规模为 76.1 亿美元，占数字贸易整体规模比重为 4.6%。金融服务贸易规模为 21.0 亿美元，占比为 1.3%。相比其他类别，保险和金融服务规模占比较小。从数字融合程度来看，保险服务的出口、进口数字融合比均将近 50%，但金融服务的出口、进口数字融合比分别为 30.3% 和 36.%，提升空间较大。随着《推进财产保险业务线上化发展的指导意见》《关于进一步扩大金融业对外开放的有关举措》等政策文件的发布实施，保险业、金融业对外开放力度不断加码，将加速推动其跨境贸易的数字化转型。

四是知识产权进出口贸易保持高速增长。2019 年，数字化的知识产权使用费进出口总额为 200.8 亿美元，占数字贸易进出口总额的 12.3%，同比增长 39.0%，在所有数字贸易类别中增速最高。其中，出口额与 2018 年相比增长了 40.0% 以上，侧面体现了我国知识产权能力和水平正在逐步提升。但同时应注意到，当前我国数字交付的知识产权出口额（27.2 亿美元）仍远远低于进口额（173.6 亿美元），反映我国技术创新能力在全球的竞争力相对较弱，"进口替代"产业发展水平有待进一步提升。近年来，全球贸易竞争形势更加激烈，以及我国对外贸易逐步由劳动密集型向高附加值产业转型的愿望不断增强，知识产权竞合成为我国企业"走出去"无法回避的议题。随着《2019 年深入实施国家知识产权战略加快建设知识产权强国推进计划》对"要做好经贸领域的知识产权工作"的工作目标进一步明确，未来我国知识产权贸易将有较大提升空间。

## 二、数字贸易营商环境成为各国关注重点

数字贸易的发展离不开营商环境的提升，当前数字化浪潮交织复杂多变的外部环境，各国对数字贸易营商环境的认识和评价标准还存在较多分歧，并且与各国数字贸易国际规则博弈密切相关。为实现高水平对外开放，构建国内国际双循环相互促进新发展格局，我国依托国家数字服务出口基地建设，政策、资金、平台等各类资源不断聚集，数字贸易营商环境持续优化升级。

### （一）各国对数字贸易营商环境的认识存在诸多分歧

受到国家历史、政治、文化、数字经济发展阶段、国内行业规则等因素的影响，各国对数字贸易营商环境的认识存在较大差异，尤其是在数字贸易税收、数字贸易市场准入、数据监管等领域成为各国矛盾分歧的焦点。

是否征收数字贸易税在国际组织框架下持续热烈讨论。在 WTO 框架下，"电子传输关税"是否"暂时免征"已经持续讨论了 20 年，一般来说，发达经济体由于其数字经济发展程度较高，数字贸易出口额远高于进口额，积极主张免征电子传输关税，欠发达经济体或数字经济发展程度较低的经济体由于担心关税损失或潜在削弱本国产业竞争力风险，则积极主张征收电子传输税。例如，印度和南非的 WTO 提案均表示暂停关税征收为发展中国家造成超过 100 亿美元的潜在关税损失。在 OECD 框架下，2020 年年初，137 个经济体就跨国企业数字服务税展开谈判，欧盟、日本均参与了 OECD 数字服务税谈判。继法国、英国开征数字服务税之后，印度、印度尼西亚等发展中国家也于 2020 年相继发布了本国的数字服务税政策。相比之下，美国是"数字服务税"的坚决反对者，主要通过"301 调查"对这些国家征收数字服务税的行为予以制裁和反击。

各国对数字贸易市场准入的关注点各异。美国、欧盟、日本等发达经济体在市场开放和准入问题上更关注电信和计算机服务的开放承诺，这些国家主张建立一个可预测、有利于数字贸易发展的商业环境。相比之下，阿根廷、哥伦比亚、哥斯达黎加等非发达经济体更关注开放政策的灵活性和包容性，以便其可以自由选择市场开放程度和开放时间表。

数据监管方面的分歧主要表现在"数据本地化存储"和"跨境数据流动"等数据归属权之争。以美国为代表的发达经济体在数据自由流动方面有利可图，积极主张跨境数据自由流动和取消数据本地化存储的限制。印度、俄罗斯等发展中国家出于国家安全的考虑，并且为了保护本国互联网企业发展，大多采取不同程度的数据本地化存储的限制。此外，欧盟利用数据分级分类的概念，坚持数据监管与流动并行，主张数据自由流动和个人隐私保护。通过建立"数字单一市场"保障数据在欧盟境内自由流动，通过《通用数据保护条例》（GDPR）对个人隐私数据的可出境范围、收集方法、使用方法、处理方法等做出详细规定。

## （二）数字贸易营商环境的评估成为国际社会关注焦点

鉴于数字贸易正在重构全球产业链，国际社会对数字贸易的关注逐渐增多，各组织机构相继启动数字贸易营商环境的评估工作，各方提出的数字贸易营商环境评估框架与其参与数字贸易国际规则博弈密切相关。

美国于 2017 年 8 月发布《全球数字贸易：市场机会与外国贸易限制》，将巴西、中国、印度、印度尼西亚、俄罗斯和欧盟列为美国数字贸易的关键市场，并详细分析了这些国家和组织的数字贸易政策措施；欧洲国际政治经济中心于 2018 年 4 月发布《数字贸易限制指数》，报告针对 64 个经济体，基于美国贸易代表办公室搜集到的资料，按"财政限制和市场准入""企业开办限制""数字限制""贸易限制"四大领域共计 100 项指标对各经济体数字贸易营商环境进行多指标评价，结果将中国、俄罗斯、印度、印度尼西亚和越南列为限制性指数最高的经济体；OECD 在 2019 年发布的《衡量数字化转型：未来路线图》中介绍了数字服务贸易限制性指数，从基础设施和连接、电子交易、支付系统、知识产权和数字服务贸易的其他障碍五个政策领域，评价了 44 个经济体数字贸易的监管环境，我国高居数字服务贸易限制性指数榜首。

我国注重从"发展"的角度构建数字贸易营商环境评价指标体系。2020 年 11 月，上海社会科学院在数字经济和数字贸易规则国际学术研讨会上发布《全球数字贸易促进指数分析报告（2020）》（以下简称《报告》），《报告》以为数字贸易发展创造一个良好的综合环境为出发点，从市场准入、基础设施、法律政策环境和商业环境等四个层面进行综合评价，为特定经济体在其所处的经济发展阶段的基础上，提出响应建议，助力政府为企业提供开展数字贸易更优的营商环境。河北大学专家针对"一带一路"沿线国家，从基础载体、海关环境、金融服务、技术支撑、人力资本和法律环境六个方面构建数字贸易营商环境指标体系，并细化至 21 个二级指标，详细评价近年来"一带一路"沿线国家数字贸易营商环境变化情况。

### （三）我国数字贸易营商环境不断优化提升

数字贸易发展的载体和平台规模不断扩大。2020 年 4 月，商务部会同中共中央网络安全和信息化委员会办公室、工业和信息化部按照《关于组织申报国家数字服务出口基地的通知》，经过推荐、评审、答辩、综合评议、公示等程序，认定中关村软件园、天津经济技术开发区、大连高新技术产业园区、上海浦东软件园、中国（南京）软件谷、杭州高新技术产业开发区（滨江）物联网产业园、合肥高新技术产业开发区、厦门软件园、齐鲁软件园、广州天河中央商务区、海南生态软件园、成都天府软件园共 12 个园区为国家数字服务出口基地，主动把握数字经济发展重大机遇，打造我国数字贸易的重要载体和数字服务出口的集聚区，为数字贸易增添新动能。

各地政府助力数字贸易新业态新模式不断壮大。随着各地国家数字服务出口基地授牌,各地同时提出发展数字贸易的配套措施,从金融、政务、法律多个方面扶持服务贸易企业成长壮大。北京市商务局为帮助服务贸易企业应对新冠肺炎疫情,推出企业复工复产的"服务包",对符合条件的服务外包企业提供每个境外分支机构不超过 30 万元的资金支持,对通过自主研发取得的专利技术、注册商标、软件著作权等给予注册费实际支出额不超过 50%的资金支持。上海通过搭建资源对接平台、创新人才培养模式、升级孵化服务平台、培育新兴产业集群等一系列发展举措保障园区数字服务新业态新模式蓬勃发展。浙江发布全国首个数字贸易先行示范区建设方案《浙江省数字贸易先行示范区建设方案》,围绕数字贸易新基建、新业态、新场景、新能级和新体系等"五新"内容细化明确了 23 条建设任务,并提出 108 条政策制度创新清单。

数字贸易市场对外开放向更高水平跃升。2019 年版外资准入负面清单进一步放宽外资准入,在增值电信领域,取消国内多方通信、存储转发、呼叫中心三项业务对外资的限制。准入后阶段,对在中国境内注册的各类企业一视同仁,建立健全外资企业投诉机制。2020 年 1 月 1 日开始实施的《外商投资法》,引入侵权惩罚性赔偿制度,进一步提高知识产权保护水平。同时,在世贸组织、亚太经合组织、二十国集团等国际组织框架下,我国积极参与数据跨境流动、数据本地化存储、数字税、数字知识产权等数字贸易关键议题的研究和规则的制定。

## 三、数字贸易理论演进分析

数字贸易理论最初由数字经济概念衍生而来,从数字技术对经济结构和模式的变革性影响聚焦到数字技术对贸易形态的影响。最初对数字贸易的研究集中于数字技术对贸易结构、贸易形态和贸易格局产生的变革作用,之后逐渐深入,对数字贸易的概念范畴、发展架构、国际规则进行纵深研究。

## （一）数字贸易概念范畴存在争议

作为最早提出数字贸易概念的机构，美国国际贸易委员会（USITC）分别于 2013 年、2014 年、2017 年发布三份研究报告。2013 年 7 月，USITC 在《美国和全球经济中的数字贸易》报告中将数字贸易定义为"通过固定线路或无线数字网络交付的产品和服务"。此定义属"狭义版"范畴，将所有与实体货物相关的商业活动排除在外，即不包括在线订购的货物和有数字对应物的实体货物。例如，以 CD 或 DVD 形式出售的书籍和软件、音乐和电影不在其列。2014 年 8 月，USITC 提出了"广义版"的数字贸易概念，即通过互联网和互联网技术进行订购、生产或交付的产品和服务，将电子商务的概念纳入其中。最终，2017 年 USITC 发布的《全球数字贸易：市场机遇与主要外贸限制》和美国国会研究服务中心（CRS）的《数字贸易和美国贸易政策》仍沿用了 2013 年的"狭义版"定义。

目前，国际和国内社会对数字贸易的内涵和定义仍未达成共识，主要争议在于交易形式、交易性质和交易标的上。国际上，对数字贸易概念的理解存在两种定义：一是"宽口径"定义。经济合作与发展组织（OECD）、世界贸易组织（WTO）、国际货币基金组织（IMF）在其历年更新的《数字贸易测度手册》中指出，数字贸易的定义是"所有通过数字化形式订购和/或交付的贸易"，从交易形式划分，包括数字订购贸易、数字交付贸易、数字中介平台赋能贸易等三个部分。其中数字订购贸易与电子商务概念可互相替代；数字交付贸易指的是服务贸易的数字化转型部分，主要指代通过线上形式交付的贸易内容；数字中介平台赋能贸易指的搜索引擎、社交媒体等互联网平台促成的贸易和平台本身提供的有偿和无偿中介服务。这三个部分贸易有互相重叠、交叉的部分。例如，跨境电商服务同时属于数字订购、数字交付和数字中介平台赋能服务类型。美国国际贸易委员会（USITC）在 2014 年的报告中也对此概念亦有所提及。二是"窄口径"定义。USITC 在 2013 年的报告中将数字贸易界定为"通过数字化交付的服务贸易"，其交易标的以无形的服务和信息为主，不包括在线订购的货物商品和有数字对应物的实体货物，如以实体光盘或其他硬件介质出售的书籍和软件、音乐和电影。最终 USITC 和美国国会研究服务中心（CRS）都采用了"窄口径"定义，为其制定数字贸易政策和参与全球规则谈判提供了理论依据。"宽口径"和"窄口径"定义的区别在于前者涵盖了跨境电子商务，后者则认为数字贸易是服务贸易中的分支，不涵盖跨境电商类的货物贸易。

在国内，商务部、中共中央网络安全和信息化委员会办公室、工业和信息化部在《关于组织申报国家数字服务出口基地的通知》（商办服贸函〔2019〕245 号）中将数字服务定义为"采用数字化技术进行研发、设计、生产，并通过互联网和现代信息技术手段为用户交付的产品和服务"，包括信息技术服务贸易、数字内容服务贸易和通过互联网交付的离岸服务外包三个类别。我国学者贾怀勤教授认为数字贸易包括了信通服务全部贸易和数字技术已融合服务的贸易。其中，数字技术已融合服务指的是数字技术可融合服务中已实现融合的部分，排除了"尚未被数字技术融合的贸易"。测算数字技术已融合服务的贸易数据，可先通过重点企业服务贸易统计监测调查问卷测算融合比。

## （二）数字贸易测度进入探索阶段

当前，研究机构对数字贸易的测度一般分为两类：一类是直接法，即在现存概念框架的基础上，估算出经济体内部或之间的数字贸易额，如美国经济分析局（USBEA）、联合国贸发会议（UNCTAD）对可数字化服务贸易额的测算；另一类是对比法，即通过多维度横向比较，对不同经济体的数字贸易发展水平进行"打分"，如欧洲国际政治经济中心（ECIPE）发布的全球数字贸易限制指数（DTRI）、上海社会科学院 2018 年发布的《全球数字贸易促进指数报告》。

就直接法而言，联合国贸发会议（UNCTAD）对"数字可交付服务贸易"（International trade in digitally-deliverable services）进行测算，即包

括所有可以通过信息通信网络进行交付的服务进出口规模，包括已经实现数字化交付和未来可能实现的服务贸易，其所涵盖的统计分类和数据与《国际货币基金组织国际收支和国际投资头寸手册》（第六版，BPM6，2009年）相对应，包括已经数字化和未来可能数字化的服务贸易部分。我国学者贾怀勤教授提出数字已融合服务和数字可融合服务，分别对应UNCTAD 的信通技实际赋能服务和信通技潜在赋能服务，并将两者比值称为"融合比"。其中，数字技术已融合服务（Digital technology-integrated services）指的是数字技术可融合服务（Digital technology-integratable services）中已实现融合的部分，排除了"尚未被数字技术融合的服务贸易"。数字贸易包括了信息通信服务全部贸易和数字技术已融合服务的贸易。

在此理论基础上，国家工业信息安全发展研究中心积极探索，首次测算出我国数字贸易规模。通过数字贸易分为六项数字技术可融合领域，即电信、计算机和信息服务、个人、文化和娱乐服务、保险服务、金融服务、知识产权，并利用"中国两化融合平台"数据库，并对六个领域的"进口数字融合比"和"出口融合比"进行测算，最终估算出我国的数字贸易规模。

**参考资料**

1. 贾怀勤. 数字贸易的概念、营商环境评估与规则，国际贸易，2019-09-28。

2. 王智新."一带一路"沿线国家数字贸易营商环境的统计测度，统计与决策，2020-09-29。

3. 岳云嵩，霍鹏. WTO 电子商务谈判与数字贸易规则博弈，国际商务研究，2020-11。

4. 易贰. 数字贸易视域下 WTO 改革的趋势研判，对外经贸实务，2021-02。

5. 夏杰长. 数字贸易与全球价值链，团结，2021（01）：24-26。

6.  http://www.sh.chinanews.com.cn/jinrong/2020-11-13/82564.shtml。

7.  Handbook on Measuring Digital Trade,Version1. http://www.oecd.org/sdd/its/Handbook-on-Measuring-Digital-Trade-Version-1.pdf。

8.  Digital Trade in the U.S. and Global Economies, Part 2. https://www.usitc.gov/publications/332/pub4485.pdf。

9.  Global Digital Trade 1: Market Opportunities and Key Foreign Trade Restrictions.https://www.usitc.gov/publications/332/pub4716.pdf.Digital Trade and U.S. Trade Policy. https://fas.org/sgp/crs/misc/R44565.pdf。

# Ⅲ 国家和地区篇

**National and Regional Articles**

B.10

# 中国数字经济持续释放新动能

路广通[1]

**摘　要：** 我国数字经济增速在全球各主要经济体中居于领先地位，数字经济核心产业的增长在综合经济增长中的贡献日益显著。电子信息制造业、软件和信息技术服务业等保持快速发展，人工智能、区块链、量子计算等领域跻身国际前列，互联网和相关服务业逆势增长。产业数字化转型稳步推进，工业互联网产业规模大幅增长，餐饮、娱乐、教育、零售等服务业加速向线上转移。中国—东盟数字经济合作取得突破性进展，数字产品和服务贸易显著增长，我国在数字国际标准制定中的话语权有所提升。数字经济发展环境日益优化，数字减贫成效显著，新型基础设施建设持续加速，政府数字化转型得到国际认可，数字经济监管体系逐渐完善。

---

[1] 路广通，国家工业信息安全发展研究中心工程师，研究方向为平台经济、数字税、数字经济国际合作等。

**关键词：** 平台经济；新基建；数字贸易；数字减贫

Abstract: The growth rate of Chinese digital economy is leading among the
major economies in the world, and the growth of the core industries
of digital economy has been making increasingly significant
contributions to the growth of overall economy. The electronic
information manufacturing industry, software and information
technology service industries maintain rapid development. Artificial
intelligence, blockchain, quantum computing and other fields have
advanced at the forefront of the world. The Internet and related
service industries is increasing against the downturn trend, the
digital transformation of traditional industries is advancing steadily,
the industry scale of the industrial Internet has grown substantially,
and service industries including catering, entertainment, education,
and retail are accelerating their online transformation. China-
ASEAN cooperation on digital economy has made breakthrough,
trade in digital product and service has risen significantly, and the
right to speak in the formulation of digital international standards
has increased. The environment for the development of the digital
economy is making more progress, digital poverty elimination has
achieved remarkable results, the construction of new forms of
infrastructure continues to accelerate, the digital transformation of
government has been accredited internationally, and the regulation
system of digital economy is gradually being refined.

Keywords: Platform Economics; New Infrastructure; Digital Trade; Digital
Poverty Elimination

2020 年，我国数字经济水平继续稳居世界前列，数字产业、产业数字化均取得显著成绩。数字经济对外合作在商品和服务贸易、区域经济合作、新技术标准等方面取得积极进展。数字经济发展环境日益优化，发展前景十分广阔。

## 一、数字经济实现增速领跑

数字经济是全球未来的发展方向，作为新兴业态，表现出了强劲的创新活力和增长潜力。2020 年，我国数字经济发展实现了"增速领跑"。一方面，数字经济在我国综合经济各领域中成绩最为显著，亮点最为突出，日益成为经济高质量发展的重要引擎。中国社会科学院发布的《中国数字经济规模测算与"十四五"展望研究报告》显示，我国数字经济年均增长 16.6%，比同期 GDP 增速高 7.5 个百分点。另据中国信息通信研究院的数据显示，有统计以来我国数字经济对 GDP 增长的贡献率始终保持在 50%以上。另一方面，我国在全球数字经济发展浪潮中占据突出位置，数字经济增长显著高于其他各主要经济体。上海社会科学院发布的《全球数字经济竞争力发展报告（2020）》显示，我国数字经济竞争力位居全球第三，仅次于美国、新加坡，且与美国的差距呈逐年缩小态势。在各项分指标中，我国在数字产业上的得分位居全球首位，且领先优势逐年扩大，具体情况见表 10-1。

表 10-1　2020 年全球数字经济国家竞争力评价结果与排名情况

| 排名 | 国家 | 数字产业 | 数字创新 | 数字设施 | 数字治理 | 总得分 |
|------|------|----------|----------|----------|----------|--------|
| 1 | 美国 | 46.76 | 80.18 | 69.89 | 86.54 | 70.84 |
| 2 | 新加坡 | 27.55 | 82.18 | 50.53 | 67.43 | 56.92 |
| 3 | 中国 | 65.31 | 51.52 | 46.07 | 49.65 | 53.14 |
| 4 | 韩国 | 12.85 | 68.48 | 46.33 | 65.40 | 48.27 |
| 5 | 英国 | 20.32 | 65.37 | 33.42 | 72.80 | 47.98 |
| 6 | 日本 | 12.66 | 73.45 | 39.09 | 63.40 | 47.15 |
| 7 | 芬兰 | 3.07 | 85.54 | 33.51 | 63.77 | 46.47 |
| 8 | 瑞典 | 9.32 | 69.71 | 38.18 | 62.82 | 45.01 |

在新冠肺炎疫情的影响下，经济社会活动加速向线上转移，数字经济作为经济高质量发展新引擎的作用日益凸显，各项指标均取得显著突破。在技术领域，2020 年我国研发经费投入总量达 24426 亿元，总量位居全球第二，比上年增长 10.3%，占 GDP 比重达 2.4%，为历史最高占比，全社会对研发投入的重视程度空前。在消费领域，2020 年我国实物商品网上零售额达 97590 亿元，比 2019 年增长 14.8%。实物商品网上零售额占社会消费品零售总额的比重为 24.9%，比 2019 年大幅提高 4 个百分点，约有四分之一的消费品零售是通过网上渠道实现的，有效支撑了内需增长。在投资领域，2020 年我国成为全球外商直接投资（FDI）的最大引进国，投资活跃程度在全球位居前列。另据国家统计局发布的《2020 年国民经济和社会发展统计公报》，2020 年我国高技术产业投资增速比全部投资高7.9 个百分点，以数字经济为代表的高技术产业日益成为投资者关注的焦点。在创新型企业方面，青岛市政府和中国人民大学中国民营企业研究中心发布的《数字经济先锋：全球独角兽企业 500 强报告（2020）》显示，我国企业在全球独角兽企业中的占比和估值高居第一，共有 217 家企业入选，总估值为 9376.9 亿美元。相比之下，美国有 192 家企业入选，总估值为 8050.7 亿美元。

## 二、数字产业整体实现逆势增长

2020 年，我国电子信息制造业、软件和信息技术服务业等均保持了快速增长，人工智能、区块链、量子计算等前沿技术取得一系列突破。在疫情的影响下，经济社会活动加速向线上转移，驱动互联网企业逆势增长。

### （一）传统信息产业保持快速增长

新冠肺炎疫情对综合经济带来了较大的负面影响，但以电子信息制造业、软件和信息技术服务业等为代表的传统信息产业在 2020 年保持了快速增长，以集成电路为代表的一些细分领域"化危为机"，出口交货值显著增长。

一是电子信息制造业发展质量显著提升。从整体规模上看，我国规模以上电子信息制造业在保持较快增长的同时，增速有所放缓。2020年，我国规模以上电子信息制造业增加值同比增长7.7%，增速比上年回落1.6个百分点。从发展质量上看，电子信息制造业开始迈入高质量发展阶段，利润总额显著增长。如图10-1所示，2020年，我国规模以上电子信息制造业出口交货值同比增长6.4%，增速比2019年提高4.7个百分点，有效承接了海外需求；实现营业收入同比增长8.3%，增速同比提高3.8个百分点；利润总额同比增长17.2%，增速同比提高14.1个百分点。主要产品上，电子元件、集成电路、微型计算机和笔记本电脑产量均实现了20%以上的增长。

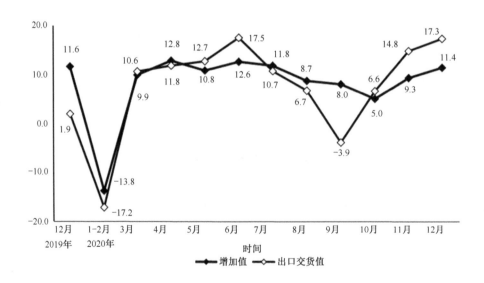

图 10-1　2020年电子信息制造业增加值和出口交货值分月增速

二是软件和信息技术服务业平稳发展。2020年，全国软件和信息技术服务业规模以上企业超4万家，累计完成软件业务收入81616亿元，同比增长13.3%。同期，软件和信息技术服务业实现利润总额10676亿元，同比增长 7.8%。软件业务收入、利润均保持较快增长。但同时，软件出口形势低迷，全国软件和信息技术服务业实现出口 478.7 亿美元，同比下降 2.4%。具体领域中，软件产品收入实现较快增长，软件产品实现收入 22758 亿元，同比增长 10.1%，占全行业比重为 27.9%。信息技术服务加快云化发展，信息技术服务实现收入 48868 亿元，同比增长 15.2%，增速高出全行业平均 1.9 个百分点，占全行业收入比重为 61.1%。其中，电子商务平台技术服务收入 9095 亿元，同比增长 10.5%。

三是电信业务实现逆势增长。如图 10-2 所示，2020 年我国电信业务收入增幅自 2018 年以来首次上涨，电信业务累计完成收入 1.36 万亿元，比 2019 年增长 3.6%，增速同比提高 2.9 个百分点。按照上年价格计算的电信业务总量 1.5 万亿元，同比增长 20.6%。受疫情影响，线上活动异常活跃，2020 年移动互联网接入流量消费达 1656 亿吉比，同比增长 35.7%。

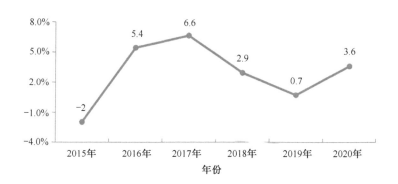

图 10-2　2015—2020 年电信业务收入增长情况

## （二）前沿技术产业取得关键突破

2020 年，我国从政府到企业，对技术创新的重视程度日益提升。全年研发经费投入比上年增长 10.3%，占 GDP 比重达 2.4%，全国授予专利 363.9 万件，同比增长 40.4%。2020 年世界知识产权组织报告显示，2020 年我国继续位列全球创新指数排名第 14 名，是前 30 名中唯一的中等收入经济体。对技术创新持续投入有效支撑了我国前沿技术产业快速发展，人工智能、区块链、量子计算等领域均取得显著突破，但与美国相比，仍有较大差距。

一是我国成为仅次于美国的全球第二大人工智能创新中心。2020 年，我国人工智能产业规模达到 3031 亿元，同比增长 15.1%。总体而言，我国正在成为仅次于美国的全球第二大人工智能创新中心，但与美国的差距仍不容小觑。《中国新一代人工智能发展报告 2020》（以下简称《报告》）显示，我国在全球近 5 年的前 100 篇人工智能方向高被引论文中产出 21 篇，居第二位。《报告》显示，过去十年中国人工智能领域专利申请量占全球总量的 74.7%，是美国的 8.2 倍。同时，中国在 AI 高层次学者国家分布中占 9.8%，虽居全球第二，但与美国的 62.2% 相比差距仍然较大。此外，在 CBInsights 发布的"2020 全球 AI 百强创业公司榜单"中，我国有 6 家企业上榜，与美国的 65 家相去甚远。

二是区块链技术发展热度持续提升。2019 年 10 月，中共中央政治局就区块链技术进行集体学习，各界对区块链技术的热情显著提升。进入 2020 年以来，我国企业积极探索将区块链技术与金融、支付、商业贸易、企业服务、数字资产和交通运输等行业相结合，涌现出大量优秀的案例成果。《中国区块链专利数据解读（2020）》显示，2020 年我国新增区块链专利近 8200 件，占全球总数的 79.4%，发展热度远超其他各国。历史数据显示，截至 2020 年 12 月底，我国累计申请区块链专利 3.01 万件，占全球总数的 58%。

三是量子计算实现里程碑式进展。2020 年 10 月，中共中央政治局就量子科技研究和应用前景举行第二十四次集体学习。习近平总书记强调，要充分认识推动量子科技发展的重要性和紧迫性，加强量子科技发展战略谋划和系统布局，把握大趋势，下好先手棋。2020 年 12 月，我国量子计算机原型系统"九章"成功研制，其处理特定问题的速度比目前最快的超级计算机快一百万亿倍，打破了谷歌等企业的"量子霸权"，使我国实现了量子计算优越性。

## （三）互联网和相关服务业显著增长

如图 10-3 所示，2020 年我国规模以上互联网和相关服务业企业完成业务收入 12838 亿元，同比增长 12.5%。同期，行业利润同比增长 13.2%，互联网企业投入研发费用同比增长 6%。

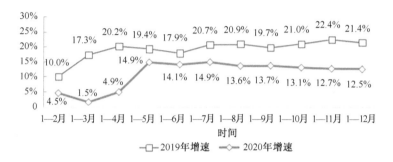

**图 10-3　2019—2020 年分月互联网业务收入增长情况**

以上各项数据的增幅均较 2019 年有所回落，但在市值、用户数量、交易额等方面，2020 年互联网行业实现显著增长。国家工业信息安全发展研究中心统计数据显示，2020 年全年，我国排名前 30 名的上市大型互联网企业总市值增长了 63.8%，增速远高于 2019 年的 38.2% 和 2018 年的 −21.5%，是近年来增长速度最快的一年。2020 年我国综合经济增速远远低于过去两年，但互联网企业市值却实现逆势增长，这体现出疫情影响下，以传统服务业为代表的线下业务向线上加速转移的趋势。此外，伴随着线下娱乐活动的受阻，线上的游戏、直播、短视频等业务一度迎来利好，电商直播、在线教育、智慧医疗等新兴业态日渐兴起。

从全球情况来看，截至 2021 年 1 月底，全球前 70 大上市互联网企业中美国企业共有 41 家，占 70 家企业总市值的 75.41%；中国企业共有 16 家，占总市值的 18.08%；其他国家企业共 13 家，仅占总市值的 6.51%。在这 70 家企业中，2020 年中国企业市值增速达 67.65%，高于美国企业的 56.54% 和其他国家企业的 62.99%，这是我国企业近三年来市值增速首次超过美国，体现出我国疫情控制较好所带来的独特优势。

表 10-2　全球上市大型互联网企业近三年市值增速比较 [1]

| 国家 | 2018 年市值增速 | 2019 年市值增速 | 2020 年市值增速 |
|---|---|---|---|
| 美国 | 2.44% | 40.25% | 56.54% |
| 中国 | −22.80% | 38.95% | 67.65% |
| 其他国家 | −7.38% | 54.57% | 62.99% |
| 全球平均 | −3.28% | 39.48% | 58.73% |

## 三、产业数字化持续推进

从农业、工业到服务业，我国传统产业数字化转型的步伐并未放缓，国家统计局的数据显示，2020 年高技术制造业和高技术服务业增加值增长率远高于同期制造业和服务业整体增长率。尤其是受新冠肺炎疫情影响，餐饮、娱乐、教育、零售等服务业向线上转移的趋势十分明显。

### （一）农业数字化稳步推进

我国稳步推进农业数字化转型，推动 5G、物联网、大数据、人工智能等数字技术在农业发展中的应用，围绕智慧农业、智慧农机准备等开展关键技术攻关和创新应用研究。农业农村生产经营、管理服务数字化改造进一步加快，体力劳动逐渐被智能化机器设备取代，数字化生产力显著提升，推动农业高质量发展。农村电商在刺激农村消费、推动农业升级、助力精准扶贫、促进农村发展中的作用日益凸显，成为助力乡村振兴新动能、新载体，2020 年全国农村网络零售额达 1.79 万亿元，同比增长 8.9%。

---

[1] 对于 2020 年上市的企业，其 2020 年市值增速统计起止时间为上市首日和 2020 年 12 月 10 日，其他企业起止时间为 2020 年 1 月 1 日和 12 月 10 日，2019 年、2018 年其未上市，不做统计。2019 年上市、2018 年上市的企业采取类似方式处理。

## （二）制造业数字化转型持续深入

智能制造深入推进，制造业数字化、网络化、智能化转型升级不断加速，降本提质增效显著。我国规模以上工业企业生产设备数字化率、关键工序数控化率和数字化研发设计工具普及率分别达到 49.4%、51.7%和73%，305 个智能制造试点示范项目覆盖了 92 个重点行业，生产效率平均提高 44.9%。2020 年全国工业机器人产量达 23.71 万台，同比增长 19.1%。工业互联网网络、平台、安全三大核心体系全方位突破，产业规模达 3 万亿元，具有一定区域和行业影响力的平台超过 70 个，连接工业设备的数量达到 4000 万套，工业 App 突破 35 万个。国家统计局发布的《2020 年国民经济和社会发展统计公报》显示，2020 年全年我国规模以上高技术制造业增加值同比增长 7.1%，增速比全部规模以上工业高 4.3 个百分点。

## （三）服务业加速向线上转移

受新冠肺炎疫情影响，餐饮、娱乐、教育、金融、零售等第三产业加速向线上转移。2020 年，全国网上零售额达到 11.76 万亿元，同比增长10.9%，其中，实物商品网上零售额 9.76 万亿元，同比增长 14.8%，占社会消费品零售总额比重接近四分之一，成为内需增长的重要支撑。电商直播、在线教育、远程办公等新模式新业态迎来爆发式增长，2020 年电商平台累计直播场次超 2400 万场，在线教育销售额同比增长超过 140%，在线医疗患者咨询人次同比增长 73.4%。国家统计局的数据显示，2020 年全年，规模以上高技术服务业企业营业收入增速比全部规模以上服务业企业高 9.0 个百分点。2020 年 1—11 月，规模以上科技服务业和战略性新兴服务业营业收入增速分别为 11%和 8.6%。国家工业信息安全发展研究中心数据显示，2020 年，我国前 30 大上市互联网企业中，从事互联网与传统服务相融合（O2O）业务的企业市值增速高达 102.7%，远高于其他行业。

## 四、数字经济对外合作多点突破

2020 年，我国数字商品和服务贸易持续增长，尤其是集成电路等电子信息制造业、短视频等数字娱乐产品出口增长较快，跨境电子商务出口额更是大幅提升。同期，中国—东盟数字经济合作年顺利开展，数字经济合作支撑中国—东盟双边贸易显著增长。此外，我国在区块链、5G 等技术标准上的话语权进一步提升。

### （一）数字商品和服务贸易持续增长

一是数字产品在货物贸易中的占比显著提升。国家统计局的数据显示，2020 年货物进出口总额中，高新技术产品所占金额达到 100852 亿元，占比达 31.36%，增速达 6.8%，比货物进出口总额的增速高 3.9 个百分点。其中，集成电路表现突出，年度出口量为 2598 亿个，同比增长 18.8%，出口金额为 8056 亿元，同比增长 15%；年度进口量为 5435 亿个，同比增长 22.1%，进口金额为 24207 亿元，同比增长 14.8%。二是跨境电商增长态势喜人。海关总署的数据显示，2020 年我国跨境电商进出口总额达 1.69 万亿元，同比增长 31.1%。其中，出口总值 1.12 万亿元，增长 40.1%；进口总值 0.57 万亿元，增长 16.5%。三是数字服务出口前景广阔。Sensor Tower 数据显示，2020 上半年，海外 App Store 和 Google Play 收入排名前 20 款的中国短视频/直播应用产品总收入达到 3.2 亿美元，同比增长 85%。Tiktok、BIGO Live 等中国 App 在南美、东南亚等市场大受欢迎。此外，2020 年我国自主研发游戏海外销售收入达 154.5 亿元，同比增长 33.25%，把握住了全球日益增长的线上娱乐需求。

### （二）顺利开展中国—东盟数字经济合作年

2019 年 7 月，中国—东盟外长会议将 2020 年确定为中国—东盟数字经济合作年，双方同意拓展在电子商务、科技创新、5G 网络、智慧城市等领域的合作。2020 年 6 月，中国—东盟数字经济合作年顺利开幕。2020 年 11 月，第 23 次中国—东盟领导人会议发表了《中国—东盟关于建立数字经济合作伙伴关系的倡议》，提出深化数字技术在新冠肺炎疫情防控中的应用，加强数字基础设施合作，支持数字素养、创业创新和产业数字化转型，推动智慧城市创新发展，深化网络空间合作，推进网络安全务实合作等诸多倡议。同月，《区域全面经济伙伴关系协定》（RCEP）正式签署。至此，中国—东盟数字经济伙伴关系已经初步确立，未来发展空间十分广阔。

数字经济合作为中国东盟双边贸易做出了重要贡献，2020 年，东盟首次成为中国第一大贸易伙伴，双边贸易同比增长 7%。2020 年上半年，中国自东盟进口集成电路同比增长 23.8%，占自东盟进口总值达到 24.2%，对东盟出口集成电路增长 29.1%，占对东盟出口总值的 7.8%，集成电路进出口贸易拉动中国与东盟贸易增长 3.2%。

## （三）在新技术标准制定中贡献中国智慧

主导相关领域的国际标准制定是各国在各行业最高话语权的有力体现，将极大影响技术和产品的国际贸易和国际影响力。2020 年，我国相关企业、研究所积极在国际电信联盟（ITU）等国际标准组织下参与新兴技术的国际标准制定。在区块链方面，2020 年 6 月，ITU 正式冻结了分布式账本系统需求、分布式账本技术平台的评测准则和分布式账本技术的参考框架 3 项标准，我国专家作为三项标准的起草人，在制定工作中发挥了重要作用，进一步提升了我国在区块链领域的国际影响力。在 5G 方面，2020 年 7 月，ITU 确定 3GPP 系标准为唯一被 ITU 认可的 5G 标准。我国在 3GPP 中拥有 124 个成员，成员数量众多，且三大运营商在 3GPP R16 标准化中起到了主力军作用，在 5G 领域的话语权与日俱增。

## 五、数字经济发展环境日益优化

2020 年，我国数字经济发展环境日益优化。数字经济在脱贫攻坚中发挥了重要作用，新型基础设施建设取得突破性进展，政府数字化转型成效显著，数字经济领域政策法规日益完善。但与此同时，也要看到，我国数字经济健康发展仍面临挑战。

### （一）助力脱贫攻坚推动社会包容

2020 年是全面建成小康社会的收官之年，也是脱贫攻坚决战决胜之年，面对着突如其来新冠肺炎疫情，全社会以坚定的信心迎接挑战，完成了全面建成小康社会和脱贫攻坚的历史使命。在这一进程中，数字经济发挥了重要的作用，网络扶贫成为中国打赢脱贫攻坚战的重要组成部分，数字减贫成效显著。到 2020 年年底，贫困地区网络覆盖目标超额完成，贫困村通光纤比例由实施电信普遍服务之前的不到 70%提高到现在的 98%；电子商务进农村实现对 832 个贫困县全覆盖，全国农村网络零售额由 2015 年的 3530 亿元增长到 2020 年的 1.79 万亿元，规模扩大 5.1 倍；全国中小学（含教学点）互联网接入率从 2015 年的 85%上升到 2020 年年底的 100%，未联网学校实现动态清零，全远程医疗实现国家级贫困县县级亿元全覆盖，全国行政村基础金融服务覆盖率达 99.2%，网络扶贫信息服务体系基本建立。

### （二）新型基础设施建设提质增效

2020 年 3 月，中共中央政治局常务委员会召开会议，强调要加快 5G 网络、数据中心等新型基础设施建设进度，这是继 2018 年中央经济工作会议、2019 年两会政府工作报告、2020 年 2 月 21 日中央政治局会议之后，再次强调新型基础设施建设的重要性，"新基建"成为社会广泛关注的热点。随后，国家发展和改革委员会首次明确了新型基础设施的范围，具体包括信息基础设施、融合基础设施和创新基础设施。2020 年 4 月的国务院常务会议又进一步强调加快推进信息网络等新型基础设施建设。截至 2020 年年底，我国已建成全球规模最大的光纤、4G 和 5G 网络，疫情期间互联网流量增长了 50%以上，宽带网络支撑能力仍保持稳健。已开通 5G 基站 71.8 万个，约占全球的 70%，实现所有地级以上城市 5G 网络全覆盖，5G 终端连接数超过 2 亿个。IPv6 活跃用户数超过 4 亿个，已申请 IPv6 地址资源总量 54305 块。截至 2020 年 6 月底，我国已有 940 款/系列设备拿到 IPv6ReadyLogo，位居全球第一。

此外，我国卫星通信网络建设取得突破。我国自主发展、独立运行的北斗三号全球卫星导航系统开通，全球范围定位精度优于 10 米，相关产品已出口 120 余个国家和地区。全球首颗 6G 试验卫星发射成功，首颗低轨宽带通信技术试验卫星完成多种工况下的全部功能与性能测试，为我国卫星互联网建设奠定良好基础。

## （三）政府数字化转型取得重大进展

一是政府数字化服务水平不断优化。政府服务事项从"线上跑"转向"网上办"，各地区将政务服务平台建设作为区域发展"软环境"的重要标杆，优化办事流程，创新服务方式，简化办理程序，"只进一扇门""最多跑一次""不见面审批"等改革措施大量涌现。二是政务信息资源开发利用深入推进。我国政务信息整合共享工作基本实现"网络通、数据通"，已经建成全国一体化数据共享交换平台，地区和部门积极探索开展数据资源开发利用，公共信息资源开放有效展开。三是电子政务排名再创新高。十九届四中、五中全会为我国数字政府发展指明了方向，我国数字政府推进力度不断加大，取得显著成效。《2020 年联合国电子政务调查报告》显示，我国电子政务发展指数（EGDI）排名升至全球第 45 位，较 2018 年提升了 20 个位次，达到历史新高。EGDI 数值达到 0.79，首次实现了从"高"组别到"非常高"组别的跃升。

## （四）数字经济监管体系逐渐完善

2020 年，我国数字监管体系逐渐健全。实施《优化营商环境条例》，放宽市场准入，提升政务服务和监管能力；公布《个人信息保护法（草案）》和《数据安全法（草案）》，对个人信息处理、跨境提供、权利主体、处理者义务、责任部门等做出规定；发布《关于平台经济领域的反垄断指南》，加强对大型互联网平台企业的反垄断监管；印发《国家新一代人工智能标准体系建设指南》，就人工智能伦理标准提出专门的研究方向。

然而，也要看到，数字经济作为新兴业态，其所带来的机遇和挑战都是前所未有的。相对于数字经济的飞速发展，数字监管体系建设仍具有一定的滞后性，现有监管框架尚不能完全适应数字化变革的需要，为数字经济包容发展带来了隐患。在 2020 年，主要表现为以下几点：一是大型互联网平台与中小商家争利，新冠肺炎疫情期间线下商家对在线平台依赖度显著提升，平台借机进一步向中小商家提升费率，当前反垄断监管更多关注线上平台相互竞争问题，对这一现象关注较少；二是技术伦理有待加强，随着数字化进程的加速，由算法来分派商品、信息和服务的模式日益普及，其所带来的大数据杀熟、信息茧房等问题仍需加强应对；三是新兴业态的劳动者权益保障问题，数字经济改变了旧有的劳资关系，网约车司机、外卖骑手、快递员等新兴职业快速兴起，其劳动保障始终面临挑战，此外，程序员群体的"996"问题也仍旧悬而未决；四是发展不平衡、不充分问题，区域上，我国东部、中部、西部数字经济发展水平差异较大，或将对产业、税收带来全方位影响，年龄上，随着健康码等疫情防控措施的普及，老年群体面临的数字能力鸿沟问题愈加凸显。

2020 年，我国对数字经济监管的重视程度远超以往，对大型互联网平台的监管力度显著加强，相关监管理念和成果已在 G20 数字经济部长会议等多个场合予以宣传，在国际上得到一定认可。面向未来，相信以上这些问题将陆续得到解决。但数字经济的发展形势日新月异，需要政策制定者长期保持警惕，不断应对新的挑战和问题，促进我国数字经济包容、健康发展。

参考资料

1. 国家统计局.2020 年国民经济和社会发展统计公报，2021-02。

2. 路广通.2019 年我国大型互联网企业发展报告，工业和信息化蓝皮书：2019—2020 数字经济发展报告，电子工业出版社，2020-07。

3. 青岛市政府，人民大学中国民营企业研究中心.数字经济先锋：全球独角兽企业 500 强报告（2020），2020-12。

4. 清华大学人工智能研究院，清华大学—中国工程院知识智能联合研究中心.人工智能发展报告 2020，2021-01。

5. 新一代人工智能发展研究中心.中国新一代人工智能发展报告 2020，2020-10。

6. 上海社会科学院.全球数字经济竞争力发展报告（2020），2021-01。

7. 王一鹤等.东盟数字经济发展情况报告，工信安全智库，2020-02。

8. 中国信息通信研究院.全球人工智能战略与政策观察（2020），2020-12。

9. 中国信息通信研究院.中国数字经济发展白皮书（2020 年），2020-07。

10. 信息技术与创新基金会.中国在国际数字经济中的竞争力，2020-11。

11. 零壹智库.中国区块链专利解读（2020），2021-02。

12. 中国互联网络信息中心.第 46 次中国互联网络发展状况统计报告，2020-09。

13. 中国互联网协会.中国互联网发展报告（2020），2020-07。

14. 中国社会科学院.中国数字经济规模测算与十四五展望研究报告，2020-09。

# B.11
# 新旧政府交替下美国维护数字霸权决心不减

方元欣[1]

**摘　要：** 2020 年，美国仍将维护数字经济领域的领先地位和竞争优势作为
重点政策方向与优先事项。在国内，美国政府更加重视人工智能、
量子信息科学等关键核心技术领域的研发投入和政策引导，同时
在人工智能伦理道德、大型互联网企业反垄断、隐私保护等方面
启动政策实践。在国际上，拜登就任总统后在参与多边和区域经
济网络上姿态将更加积极，重返多边主义和重建盟友关系意愿更
加强烈，与中国竞争基本发展思路和方向仍将加以延续，但在战
略战术上将更具理性和可预料性。

**关键词：** 美国；数字经济；数字贸易；战略博弈

**Abstract:** In 2020, the United States had continued its efforts in maintaining
its leading position and competitive advantage in the digital
economy，which serves as a key policy direction and priority. At
home, the U.S. government had paid more attention to R&D
investment and policy guidance in key core technologies, including
artificial intelligence and quantum information science. At the same
time, it has initiated policy practices in artificial intelligence ethics,

---

[1] 方元欣，国家工业信息安全发展研究中心工程师，研究方向为数字经济战略与政策、数字贸
易测度与规则、数据要素。

anti-monopoly of large Internet companies, and privacy protection. Abroad, U.S. President Joe Biden, since taking office, is more active in participating in multilateral and regional economic networks, and more willing to return to multilateralism and rebuild alliance relations. The basic ideas and directions for competing with China will continue, but his strategy and tactics are believed to be rational and predictable.

**Abstract:** The United States; Digital Economy; Trade; Strategic Game

2020 年，在疫情形势严峻与新旧政府过渡的双重影响下，美国数字经济机遇与挑战并存。尽管数字产业与数字技术创新处于领先地位，但是数字鸿沟问题凸显，数字治理难题引发担忧。从政府目前主张来看，未来美国的数字经济基本发展思路和方向仍加以延续，但在战略战术上将更具理性和可预料性。对内，在上届政府发布的发展战略与政策规划基础上，优化调整各项政策举措，破解数字治理难题，并加强盟友合作，重返多边主义，重构数字经济规则。

## 一、数字经济发展整体态势

近两年，美国数字经济发展整体呈现稳定增长态势，对就业增长起到正向拉动作用。2020 年疫情期间，美国数字产业发展与数字技术创新仍保持优势地位，在人工智能、云计算、量子信息科学等先进技术领域领先全球。但是，数字鸿沟问题仍引发担忧。

### （一）数字经济整体保持稳定增长

2020 年 8 月，美国商务部经济分析局（The U.S Bureau of Economic

Analysis, USBEA）发布的数据显示，2018 年美国数字经济规模（增加值）达到 1.85 万亿美元，占当年国内生产总值（约为 20.49 万亿美元）的 9.0%。与传统行业相比，数字经济增加值规模仅次于房地产及租赁、政府支出和制造业，略高于金融和保险业、专业和科技服务产业等。

从 2006 年至 2018 年，与整体经济相比，数字经济保持相对强劲增长态势，数字经济实际增加值年均增长率为 6.8%，为整体经济年增长率的四倍。数字经济对整体经济的贡献率从 2005 年的 7.3%增长至 2018 年的 9.0%。分领域来看，数字服务包括云服务（3.7%）和所有其他定价数字服务（47.5%）占数字经济附加值的一半以上，电子商务包括 B2B 电子商务（16.8%）和 B2C 电子商务（8.3%），占数字经济的总量超过四分之一，而软件和硬件产业增加值占比分别为 13.4%和 10.1%。从 2006 年到 2018 年，B2C 电子商务平均增长最快，实际附加值年均增长 12.7%。B2B 电子商务增长最慢，年均增长率为 3.9%。此外，数字经济成为就业增长的重要动力。数字经济行业为美国提供了 880 万个工作岗位，同比增长了 72.6%，占美国就业总人数的 5.7%。从事数字经济相关行业的员工平均年薪为 10.6 万美元，约为全国平均水平的 1.5 倍。

## （二）互联网科技巨头成为大赢家

尽管新冠肺炎疫情使全球面临前所未有的经济衰退，亚马逊、谷歌、脸书等美国互联网科技巨头在 2020 年仍属于大赢家。据华尔街见闻报道，标普 500 指数前五大市值公司——微软、苹果、亚马逊、谷歌母公司 Alphabet 和脸书的市值总和已经占标普 500 总市值的 22%，突破历史峰值。2020 年市值增幅最大的是苹果公司，其股价上涨了 81%，市值涨幅近 1 万亿美元。得益于消费者和云计算业务的增长，亚马逊的市值涨幅为 7100 亿美元。此外，微软市值增长了 4800 亿美元，Alphabet 增长了 2680 亿美元，脸书增长了 1930 亿美元。

此外，美国互联网科技巨头在数字技术创新上仍保有相对优势。根据世界知识产权组织（WIPO）数据显示，在国际专利申请数量上，美国自

1978 年起占据榜首 40 年，尽管 2019 年的申请数为 57840 件，退居第二位，但在专利质量上仍处于全球领先地位，有效专利全球占比最高，约为 310 万件。2020 年，IBM 以 9130 项专利继续稳居专利排行榜第一名，尤其在人工智能、云计算、量子计算和安全等计算机科学领域获得的专利数量位居全球之首。微软、苹果和英特尔等其他互联网巨头跻身前十。

### （三）数字鸿沟问题引发各方担忧

疫情期间，美国数字鸿沟问题进一步凸显。2020 年 5 月，美国联邦通信委员会（FCC）发布的年度宽带部署报告显示，有 93.7% 的美国人在其所在地区拥有宽带访问权限，仍有将近 2130 万的美国人没有高速互联网。皮尤研究中心（Pew Research Center）的数据显示，美国家庭年收入低于 3 万美元的成年人中，仍有 29% 的人没有智能手机，44% 的人没有家庭宽带，46% 的人也没有"传统"计算机。此外，有学龄儿童的低收入家庭中有 35% 没有家庭宽带网络连接。但在 2021 年 1 月发布的报告中，FCC 表示"美国在弥合数字鸿沟方面已经取得了重大进展"，城市和农村地区 25/3Mbps 固定宽带服务的接入率差距已近减半，从 2016 年年底的 30% 降至 2019 年年底的 16%。报告称，无法使用 25/3Mbps 宽带服务的美国人总数不足 1450 万人，同比下降超过 20%。

## 二、数字经济发展政策更有针对性

2020 年，美国处于新旧政府过渡期内，在数字经济政策方向上呈现"承上启下、稳定优化"的特点，不仅继续将维持关键核心技术实力与竞争优势作为政策核心与优先事项，而且开始着手数字治理难题的破解。

### （一）维护关键核心技术领导地位

美国政府高度重视关键核心技术对国家未来经济发展的重要战略意

义。2020 年，美国政府进一步加大力度，强化措施，通过提高财政支出、成立专门职能部门、加强产学研合作等方式巩固美国在关键核心技术领域的领导地位。

一是加大财政支持力度。在美国联邦政府 2021 财年预算中，联邦研究与开发方面的投资为 1422 亿美元，比 2020 财年预算增加 6%，其研发优先方向包括人工智能、量子信息科学、先进制造、生物技术和 5G 技术等关键技术领域。其中人工智能和量子信息科学预算分别约为 15 亿美元和 7 亿美元。此外，2020 年 8 月，美国白宫科学技术政策办公室、国家科学基金会和能源部宣布将投入超过 10 亿美元在全国建立七个人工智能研究所和 5 个量子信息科学研究所，以推动这两项关键新兴技术的研究和劳动力开发。其中研究涉及的领域十分广泛。人工智能领域包括气候建模、机器学习、合成制造、精准农业、人机交互等，量子信息科学课题包括量子网络、量子传感与计量、超导量子材料等。

二是设立专门职能部门。2020 年 9 月，美国白宫科学技术政策办公室和能源部公布国家量子计划咨询委员会（NQIAC）成员名单。该委员会是根据《2018 年国家量子计划法案》和总统行政令成立的，旨在保持美国在量子信息科学领域的领导地位。委员会主席由白宫科技政策办公室的量子信息科学助理主任、国家量子协调办公室主任 Charles Tahan 和斯坦福大学研究院院长 Kathryn Ann Moler 担任。成员由来自国家实验室、行业、学术界的 21 人组成。参与的科技公司包括英特尔、谷歌、IBM、美光、洛克希德·马丁和微软，大学有哈佛大学、麻省理工学院、摩根州立大学等。2021 年 1 月，白宫科学技术政策办公室再次宣布成立国家人工智能倡议办公室（以下简称"办公室"），负责监督和实施美国国家人工智能战略，并协调和加强联邦政府各机构、私营部门、学术界和其他利益相关者在人工智能研究和政策制定方面的合作，办公室由白宫首席技术官 Michael Kratsios 和副首席技术官 Lynne Parker 领导，前者表示该办公室将成为"整个美国创新生态系统中国家人工智能研究和政策的中心枢纽"。

三是加强产学研合作。在关键核心技术研究规划上，美国以"自上而

下"的方式，即由政府主导，由产学研界强力配合推进技术研发。2020 年
2 月，白宫国家量子协调办公室发布《量子网络战略愿景》（*A Strategic
Vision for America's Quantum Networks*）报告，提出汇聚联邦机构、学术
界和产业界的科研力量，促进量子互联网发展。战略愿景明确了量子网络
发展的 5 年和 20 年目标：未来 5 年内，美国企业和实验室将展示基础科
学和关键技术，包括量子网络从量子互连、量子中继器、量子存储器、高
通量量子信道和洲际天基纠缠分布研究。同时明晰其潜在影响和改进的应
用，推动商业、科学、卫生和国家安全方面得以改进。未来 20 年内，量
子互联网链路将利用网络化量子设备实现经典技术无法实现的新功能，同
时促进对纠缠作用的理解。

　　拜登领导的新一届政府上台后，不仅在维护美国先进技术领域的领导
地位的目标上与特朗普领导的政府不谋而合，继续延续《关键与新兴技术
国家战略》《维护美国人工智能领导力的行政命令》《国家量子倡议方案》
等顶层战略规划，更在其政策基础上进行优化改革，强化政府、学术界和
商界之间的"三角联盟"实现技术突破，以保证其在全球范围内的先进技
术领导力。竞选期间，拜登团队多次主张提高基础研发领域的资金投入，
并在其竞选计划——"美国制造"计划（The Biden Plan to Ensure the Future
is "Made in All of America" by All of America's Workers）中表示"未来将
在研发和突破性技术上进行新的 3000 亿美元投资，涵盖电动汽车技术、
轻质材料、5G、人工智能等领域，以在高价值的制造业和技术领域释放高
质量就业机会"。

## （二）加快推进各领域数字化转型

　　近年来，美国政商界在推动产业数字化转型方面给予了强有力的支持，
对增强社会各领域的数字化和智能化水平起到积极作用。制造业方面，
2020 年，由 AT&T、思科、通用电气、IBM 和英特尔等美国互联网行业巨
头联合创立的美国工业互联网联盟（IIC）连续发布《工业数字化转型》《工

业互联网分布式账本》《实施方面：工业互联网和区块链》等多份白皮书。其中，《工业数字化转型白皮书》描述了云计算/边缘计算、超链接、数据安全、人工智能、数字孪生、分布式账本、人机接口、增材制造、数据安全、物联网等十余个支持数字化转型的关键技术及应用场景，认为物联网技术是数字化转型的基石，而"快速、开放和高效"的创新型流程是数字化转型的关键。

政府方面，2019 年 12 月，美国白宫行政管理和预算办公室（OMB）、科学技术政策办公室（OSTP）、商务部和小型企业管理局联合发布《联邦数据战略与 2020 年行动计划》（*Federal Data Strategy 2020 Action Plan*）。该行动计划以 2020 年为起始，描述了美国联邦政府未来十年的数据愿景，联邦数据战略确立了政府范围内的框架原则。伦理方面，应符合基本道德规范，评估联邦数据应用实践对公众的影响，确保服务于公共利益；采取合理的数据安全措施，保护个人隐私，确保适当访问和使用数据；促进透明度，阐明联邦数据应用的目的和用途，建立公众信任。使用层面，保证数据的完整性、互操作性、真实性及数据存储的安全性等；充分使用现有数据并预期未来用途，注重塑造数据间的互操作性；加强及时响应能力，改进数据收集、分析和传播方式。文化层面，政府机构应投资数据能力培训，促进与数据有关的学习氛围，确保学习的持续性和协作性；培养数据领导者、分配职责，审核数据实践，建立问责制。

## （三）着手破解数字治理核心难题

当前，美国面临着人工智能技术监管、大型互联网企业垄断、数据安全与隐私保护等诸多数字治理挑战。尽管特朗普政府与拜登政府在众多议题上存在意见分歧，但在突破数字治理瓶颈的政策举措上仍保持一定延续性。

一是完善人工智能监管政策。2020 年 1 月，美国白宫发布《人工智能应用监管指南备忘录（草案）》（*Guidance for Regulation of Artificial*

*Intelligence Applications*），提出了 10 项人工智能监管原则：（1）公众对人工智能的信任；（2）公众参与规则的制定；（3）科学的完整性和信息质量；（4）风险评估和管理；（5）收益和成本；（6）灵活性；（7）公平与非歧视；（8）公开和透明；（9）安全与保障；（10）机构间协调。但是，美国智库布鲁金斯学会批评该指南过于强调"监管不应妨碍人工智能的创新和部署"，而缺乏对人工智能可能产生的广泛危害的阐述。但考虑到拜登政府面临的诸多其他紧迫问题，修订该指导方针很可能不会成为其优先事项，消除人工智能的负面影响仍无法纳入议题。2020 年 11 月，美国管理和预算办公室（OMB）向联邦机构发布了有关何时以及如何规范人工智能对私营部门使用的最终指南，指南要求联邦机构在 2021 年 5 月 17 日之前提供合规计划，要求计划涵盖机构在人工智能应用上的职权、有关人工智能使用的信息收集、阻碍人工智能创新的监管壁垒以及计划采取的监管行动等事项。

二是加快反垄断行动进程。在经过长达 15 个月的反垄断调查之后，美国国会司法委员会反垄断小组委员会于 2020 年 10 月发布了针对苹果、谷歌、亚马逊、脸书四大科技巨头的反垄断报告。报告详细描述了这些科技巨头如何滥用市场主导地位，并在关键业务领域行使其"垄断权"。报告建议对这些企业进行拆分，并对施行数十年的反垄断法进行最全面性改革。拜登同样释放出积极推进反垄断行动的信号。2020 年 12 月，美国联邦政府与 48 个州和地区对脸书提起反垄断诉讼，指控该公司存在垄断行为，并主张将 WhatsApp 和 Instagram 从脸书中分离。这是联邦政府对于互联网科技巨头实施反垄断的首个"里程碑式"举措，也预示了拜登政府未来的监管政策走向。据彭博社报道，拜登政府正在招纳反垄断运动先锋。2021 年 3 月，拜登政府任命哥伦比亚大学法学教授 Timothy Wu 加入国民经济委员会，担任技术和竞争政策特别助理。目前计划由专门研究反托拉斯法的哥伦比亚大学法学院教授 Lina Khan 担任联邦贸易委员会成员，联邦贸易委员会是执行反托拉斯法权力最大的机构之一。此外，拜登政府与包括 Sarah Miller 在内的多位反垄断人士进行密切合作。2020 年 2 月，

Sarah Miller 带领启动美国经济自由项目（American Economic Liberties Project），并发布多份报告为拜登政府的反垄断行动提供指导。该项目敦促美国司法部继续对谷歌采取反垄断行动，将诉讼范围从搜索领域扩大到地图、旅游、应用商店等。

三是推进隐私保护立法实践。尽管目前美国仍没有一部适用于数据隐私的综合性联邦法律，但各州已开始着手制定数百项数据隐私和数据安全法律。目前，有 25 位美国州检察长负责监管数据隐私法律，规范了从居民那里收集、存储、保护、处置和使用的个人数据，尤其是有关数据泄露通知和社会安全号码的安全性。2021 年 3 月，美国华盛顿州众议员 Suzan DelBene 提出《信息隐私和数据透明法案》（Information Privacy and Data Transparency Act），试图将州隐私法律和提案引入数据隐私的国家标准。2020 年 4 月，美国联邦法院正式批准脸书与联邦贸易委员会（FTC）达成的 50 亿美元罚款协议，标志 FTC 始于 2018 年的剑桥数据泄露案调查的结束。脸书除了需支付创纪录的 50 亿美元罚金，还被要求采取一系列严格的新的数据隐私措施：一方面是在脸书董事会内部建立一个新的隐私委员会，完全由独立董事组成；另一方面是与第三方独立评估师合作，后者将定期直接向隐私委员会报告其隐私计划的遵守情况。2020 年 2 月，美国联邦法官正式批准脸书侵犯用户隐私案的和解协议，同意这家社交网络巨头通过支付 6.5 亿美元解决集体诉讼纠纷。此前，脸书被控告在没有事先通知或征得用户同意的情况下收集和存储个人用户的面部数字扫描信息，违反了伊利诺伊州《生物识别信息隐私法》（Illinois Biometric Information Privacy Act），共有约 160 万名脸书用户提交索赔申请。根据和解令，提交索赔申请的每人将获得至少 345 美元的赔偿。

## 三、数字"合纵连横"趋势更加显著

特朗普执政时期，美国单边遏制、逆全球化思想严重。拜登就任总统后在参与多边和区域经济网络上的态度将更加积极，重返多边主义和重建盟友关系意愿更加强烈，与中国竞争基本发展思路和方向仍加以延续，但在战略战术上将更具理性和可预料性。

## （一）打造数字时代"马歇尔计划"

2020 年 3 月，特朗普签署《2020 年 5G 安全保障法》（*Secure 5G and Beyond Act of 2020*），提出在符合美国国家安全和战略利益的情况下，协助盟国、战略合作伙伴和其他国家，最大限度地保障美国 5G 和未来几代无线通信系统及基础设施的安全。同月，美国白宫发布《国家 5G 安全战略》（*National Strategy to Secure 5G of the United States*），正式制定了美国保障国内外 5G 通信基础设施安全的框架。该战略阐述了美国与盟友及合作伙伴携手合作，在全球范围内领导安全可靠的 5G 通信基础设施的开发、部署和管理的愿景。该战略重点强调"推动全球负责任地开发和部署 5G 基础设施"。

2020 年 4 月，美国国际开发署（USAID）对外发布《数字战略 2020—2024》（以下简称《战略》），提出未来五年加强对亚洲、非洲和南美洲国家的数字基础设施建设，打通新兴市场国家的数字生态圈，打造"数字盟友圈"。《战略》提出在未来五年完成 30 项使命，帮助受援国解决至少一个数字生态系统不足之处；50 个受援国践行美国提出的数字发展原则；在 75 个新资助的项目中"利用数字技术取得重大发展成果"；帮助受援国实现 30%的互联网普遍接入和可负担性能力增长；对受援国数字经济私营部门增加 20%的投资。为当地 60%的数字创新企业提供金融支持。《战略》将数字经济竞争延伸至国际援助领域，是其推行数字地缘政治战略的深化和延续。

## （二）重构数字时代规则与格局

2021 年 3 月，美国贸易代表办公室（USTR）向国会提交了拜登的《2021年贸易政策议程》，提出美国将重新参与并成为包括世界贸易组织（WTO）

在内的国际组织领导者，对 WTO 的实质性规则和程序进行必要的改革，以应对全球贸易体系面临的挑战，包括日益加剧的不平等，数字化转型及小企业的障碍贸易。此外，USTR 宣布其对美国十个贸易伙伴采取或正在考虑的数字服务税（DST）的 301 节调查的下一步措施。2021 年 1 月，美国贸易代表办公室发现，奥地利、印度、意大利、西班牙、土耳其和英国采用的 DST 受《美国法典》第 301 条的约束，因为它们歧视美国数字公司，不符合国际税收原则并给美国带来负担。美国贸易代表办公室正在就可能采取的贸易行动进行公众通知和评论程序，以保留程序选择权，该工作应在法定的一年期限内完成，以完成调查。

未来，拜登政府或将与盟国和其他贸易伙伴合作，建立高标准的全球数字经济规则。未来拜登政府有望从技术合作、规则制定、标准对接三个着力点入手。技术合作方面，在先进设备、半导体、计算机软件等领域与盟友和战略伙伴建立技术联盟，并共同开发人工智能、量子计算和 6G 等突破性技术。规则制定方面，重启双多边对话与规则机制，包括重启与欧盟隐私盾协议谈判、推进跨大西洋贸易与投资伙伴关系协定（TTIP）谈判、重新加入《全面与进步跨太平洋伙伴关系协定》（CPTPP）或在亚太地区构建更大的数字盟友圈等。标准对接方面，对外输出数据安全和战略技术等领域的规范和标准。例如，在国际电信联盟（ITU）、第三代合作伙伴计划等领域加强与盟国合作，提高技术规范和标准的兼容性与互可操作性。

## （三）与华战略博弈更趋复杂化

2020 年，美国激进的"鹰派"竞争思维持续强化，将中国视为战略竞争对手成为美国政界的"政治正确"。拜登政府上台后，阻碍中国数字技术与数字经济发展仍是其政策主旋律。

2020 年 7 月，特朗普政府执政时期，美国多名共和党参议员推出《针对中国加强贸易、区域同盟、技术、经济和地缘政治倡议法案》（*Strengthening Trade, Regional Alliances, Technology, and Economic and*

*Geopolitical Initiatives Concerning China Act*）（以下简称《法案》），作为指导中美竞争的全面战略文件。《法案》提出美国与其盟国和合作伙伴制定和维护人工智能，电信和量子计算等新兴技术和网络安全方面的标准和使用，以应对与中国日益激烈的技术竞争。2021 年 1 月，美国权威智库信息技术与创新基金会（ITIF）发布《美国的全球数字经济大战略》报告，提出为保持美国在全球科技领域的领导地位，美国政府必须制定一项全面的宏大战略来指导美国的 IT 和数字政策，战略首要目标应是限制中国在 IT 和数字领域的全球主导地位。

拜登就任总统后对华竞争意识并未削弱。相反地，拜登政府在遏制中国战略上更加深入和精准。早在 2020 年 4 月，拜登在竞选文章《拯救后特朗普时代的美国外交政策》（*Rescuing American Foreign Policy After Trump*）中就表示，美国将采取强硬措施，阻止中国在主导未来技术和产业方面占据上风。拜登的智囊团——沙利文、坎贝尔和拉特纳等人也曾多次表示，美国需要联合盟友一起制定科技、贸易和知识产权规则与标准。一方面，数字技术标准与规则围堵将成为拜登团队对中国开展战略性竞争的重要武器。未来美国将继续在人工智能、5G、量子计算等前沿技术领域强势争夺标准制定权，并反对中国制定自主标准体系，以维持其标准霸权。另一方面，联合盟友打造数字贸易新规则体系，掌握议题设置主导权，在跨境数据流动、源代码保护等方面形成规则联盟，与我国展开更激烈的规则博弈。

2021 年 4 月，美国参议院提出了《2021 年战略竞争法案》（*Strategic Competition Act of 2021*）（以下简称《法案》），再次重申采取与华"战略竞争"政策，以保护和促进美国"重要利益和价值观"的紧迫性和必要性。《法案》包括增强未来竞争力、巩固盟友及伙伴关系、强化价值塑造、加强经济管制及确保战略安全等五个方面。在数字技术方面，《法案》强调"美国必须牵头国际标准制定机构，为重要的数字启用技术设定治理规范和规则"和"研究建立与数字技术和服务相关的互惠联盟的外交谈判机会"。在数字贸易方面，《法案》指出美国需要"达成数字贸易协议的谈判"，加快与欧盟、日本、五眼联盟国家等就有关数字商品的双边和诸边协议进行谈判"。这是美国民主党和共和党首次就对中国政策达成共识，也预示着未来中美在数字领域的战略博弈将更趋激烈、复杂和多变。

参考资料

1. U.S. Bureau of Economic Analysis. U.S. Bureau of Economic Analysis (BEA). New Digital Economy Estimates，2020-08。

2. V.Federal Communications Commission. Fourteenth Broadband Deployment Report，2021-01。

3. 世界产权组织（WIPO）. 2020 年全球创新指数报告，2020-12。

4. Information Technology and Innovation Foundation. A U.S. Grand Strategy for the Global Digital Economy，2021-01。

5. Industrial Internet Consortium. Digital Transformation in Industry White Paper，2020-07。

6. https://longbridgeapp.com/news/12371420。

7. https://www.theguardian.com/world/2020/mar/21/coronavirus-us-digital-divide-online-resources。

8. http://paper.cnii.com.cn/article/rmydb_15726_295195.html。

9. https://www.bloomberg.com/news/articles/2021-03-09/biden-flashes-warning-to-big-tech-as-antitrust-team-takes-shape。

# 欧盟继续成为全球数字经济监管高地

路广通[1]

**摘　要：** 欧盟数字经济发展基础十分优越，数字技术研发实力、数字基础设施建设水平、数字市场规模、数字政府发展水平等均位居全球前列。然而，欧洲缺少全球领先的科技巨头，且其内部存在区域发展不平衡的现象。在新冠肺炎疫情的背景下，欧盟将数字基础设施互联互通、人工智能、数据治理、新工业革命作为发展重点，寄希望于借助数字化实现经济复苏。数字平台监管方面，欧盟持续推进反垄断和数字税监管，并提出了《数字市场法案》和《数字服务法案》。欧盟希望实现战略自主，成为中美之外的全球数字化"第三极"。美欧、中欧关系表现出此消彼长、一升一降的态势，欧洲内部关系则是机遇与挑战并存。

**关键词：** 平台监管；数字新政；战略自主；数据治理；人工智能

**Abstract:** The development foundation of EU's digital economy is magnificent. Its research and development capacity on digital technology, construction of digital infrastructure, digital market scale, and development level of digital government has advanced at the forefront of the world. However, Europe lacks some technology

---

[1] 路广通，国家工业信息安全发展研究中心工程师，研究方向为平台经济、数字税、数字经济国际合作等。

giants leading the world, and there is a phenomenon of imbalance in regional development. Under the COVID-19 pandemic, the EU is giving priority to digital infrastructure connectivity, artificial intelligence, data governance, and new industrial revolution, hoping to achieve economic recovery through digitalization. For the regulation on digital platform, the EU keeps promoting the regulation of antitrust and digital tax and has proposed *The Digital Market Act* and *The Digital Services Act*. The EU wants to achieve strategic autonomy and become the "third pole" of global digitalization besides China and the US. The US-EU relation and Sino-EU relation shows a trend of inverse proportion, while there are both opportunities and challenges within the internal relations of Europe.

**Keywords:** Platform Regulation; Digital Deal; Strategic Autonomy; Data Governance; Artificial Intelligence

2020 年，欧盟延续了对人工智能、数据治理两大领域的重点关切，继续探索数字平台监管规则，同时提升了对数字基础设施和产业数字化转型的重视程度。其总体目标是实现战略自主，在此背景下，美欧关系、中欧关系表现为一升一降。

## 一、2020 年欧盟数字经济总体发展情况

总体来看，欧盟数字经济发展水平保持全球领先，尤其是数字基础设施优势十分雄厚。但在数字企业方面，欧洲缺乏与其实力相匹配的全球科技巨头。另外，欧盟内部数字经济发展水平尚不平衡，南北部数字化进程差异巨大，东西部不平衡现象也较为明显。

## （一）总体实力全球领先

无论从数字经济总量、数字技术研发实力、数字基础设施建设、数字市场规模、数字政府建设水平哪一方面来看，欧盟都处于全球领先的位置。中国信息通信研究院的数据显示，欧盟成员国数字经济总量与中国大致相当，虽然与美国相比落后较大，但超过了英国、日本、韩国、印度等其他几大数字经济强国之和。We are social 和 Hootsuite 的数据显示，欧洲地区互联网用户数量高达 7.1 亿人，大致相当于南美洲、北美洲之和，在数字市场规模上仅次于中国和印度。欧洲互联网普及率高达 84%，在全球各个地区中高居首位，数字基础设施发展水平全球领先。《2020 年联合国电子政务调查报告》显示，欧洲地区电子政务发展水平遥遥领先，欧洲是唯一一个所有国家全部位于"非常高"或"高"组别的地区，且绝大部分国家进入了"非常高"组别。

## （二）数字企业发展水平相对滞后

然而，与总体实力不相适应的是，欧盟数字企业的发展水平长期滞后。国家工业信息安全发展研究中心统计数据显示，截至 2021 年 1 月底，全球前 70 大上市互联网企业中欧盟企业仅有 5 家，远远落后于美国的 41 家和中国的 15 家，仅占 70 家企业总市值的 2.25%。在"2020 全球独角兽500 强"榜单中，欧洲地区上榜企业数量仅为 41 家，远少于中国的 217 家和美国的 192 家。而在这 41 家企业中，有 20 家是来自英国、瑞士等非欧盟国家，欧盟国家的企业仅占一半，数据与印度大致相当。

由于没有全球领先的科技巨头存在，欧盟在全球数字经济中扮演的角色是消费者而非数字产品和服务的主要提供者。在工业化时代，欧洲国家通过广阔的殖民地建立起了以自己为首的国际贸易体系。殖民地为欧洲提供资源和原料，欧洲进行加工生产，再销往殖民地，获取利益。但在数字经济时代，这一过程正发生着剧烈的反转。数据成为关键的生产要素和

"21 世纪的石油"，通过科技巨头的算法加工，形成越来越精细的数字服务。由于缺少大型互联网企业，欧洲逐渐沦为美国科技巨头的数据原产地和数字服务市场，其地位类似于境外科技巨头的"数字殖民地"。

由于身处这样的尴尬境地，欧盟对科技巨头监管的重视程度不断提升，建立起了独树一帜的数字经济监管框架，并且其规则表现出一定的外部性，逐渐被其他经济体吸收借鉴，使欧盟在全球数字经济治理上的话语权不断提升。

## （三）南北部发展水平差异较大

虽然总体水平居于世界前列，但欧盟内部仍旧存在数字经济发展水平不平衡的现象。欧盟每年发布的数字经济与社会指数（Digital Economy and Society Index，DESI）是衡量该组织各成员国数字经济发展水平的权威指标，该指数通过连接性（connectivity）、人力资源（human capital）、互联网使用（use of internet）、数字技术集成（integration of digital technology）、数字化公共服务（digital public services）5 项二级指标来衡量一国的经济和社会数字化水平。在 2020 年的 DESI 指数将 27 个欧盟成员国及英国、挪威两个欧盟伙伴国家纳入统计，如表 12-1 所示，芬兰、瑞典、挪威、丹麦、荷兰等五个国家得分最高，该 5 国平均得分高达 69.66 分，相比之下，欧盟国家平均得分仅为 52.6 分，北欧地区继续成为欧盟数字化程度最高的区域。塞浦路斯、意大利、罗马尼亚、希腊、保加利亚等 5 个国家得分最低，平均得分仅为 40.26 分，该 5 国全部为南欧国家。得分倒数第 6 至 9 名的是波兰、斯洛伐克、匈牙利、克罗地亚等 4 个东欧国家，平均得分为 46.33 分。总体上看，北欧数字化程度远高于南欧，西欧数字化程度显著高于东欧。德国、法国、英国、意大利、西班牙等欧洲五大经济体的平均得分为 53.96 分，略高于欧盟国家总体平均分。其中，已经完成脱欧的英国得分最高，为 60.4 分。

表 12-1　2020 年欧盟国家 [1] 数字经济与社会指数（DESI）得分情况　单位：分

| 国家 | 连接性 | 人力资源 | 互联网使用 | 数字技术集成 | 数字化公共服务 | DESI 总分 |
|---|---|---|---|---|---|---|
| 芬兰 | 14.80 | 19.60 | 11.45 | 13.40 | 13.05 | 72.30 |
| 瑞典 | 16.10 | 17.93 | 11.40 | 12.42 | 11.90 | 69.70 |
| 挪威 | 16.45 | 16.48 | 12.09 | 11.80 | 12.74 | 69.50 |
| 丹麦 | 16.45 | 15.33 | 11.28 | 13.02 | 13.07 | 69.10 |
| 荷兰 | 15.08 | 16.05 | 11.28 | 13.14 | 12.15 | 67.70 |
| 马耳他 | 14.68 | 15.45 | 9.89 | 10.98 | 11.72 | 62.70 |
| 爱尔兰 | 11.43 | 14.10 | 9.32 | 14.86 | 12.09 | 61.80 |
| 爱沙尼亚 | 12.98 | 16.68 | 9.81 | 8.22 | 13.40 | 61.10 |
| 英国 | 12.20 | 15.75 | 11.00 | 10.84 | 10.62 | 60.40 |
| 比利时 | 13.00 | 12.60 | 9.18 | 13.18 | 10.76 | 58.70 |
| 卢森堡 | 15.83 | 14.55 | 8.84 | 7.64 | 11.06 | 57.90 |
| 西班牙 | 15.20 | 11.90 | 9.12 | 8.24 | 13.10 | 57.50 |
| 德国 | 14.85 | 14.10 | 9.24 | 7.90 | 9.96 | 56.10 |
| 奥地利 | 11.80 | 14.18 | 8.10 | 8.12 | 12.12 | 54.30 |
| 立陶宛 | 12.23 | 10.95 | 8.60 | 9.90 | 12.21 | 53.90 |
| 欧盟平均 | 12.53 | 12.33 | 8.70 | 8.28 | 10.80 | 52.60 |
| 法国 | 12.45 | 11.85 | 7.97 | 8.40 | 11.51 | 52.20 |
| 斯洛文尼亚 | 12.55 | 12.08 | 7.76 | 8.18 | 10.62 | 51.20 |
| 捷克 | 11.23 | 12.15 | 8.12 | 9.92 | 9.36 | 50.80 |
| 拉脱维亚 | 15.45 | 8.75 | 8.10 | 5.66 | 12.77 | 50.70 |
| 葡萄牙 | 13.48 | 9.45 | 7.22 | 8.18 | 11.27 | 49.60 |
| 克罗地亚 | 10.30 | 12.30 | 8.33 | 8.30 | 8.37 | 47.60 |
| 匈牙利 | 14.95 | 10.45 | 8.39 | 5.06 | 8.67 | 47.50 |
| 斯洛伐克 | 11.88 | 10.45 | 8.01 | 6.52 | 8.34 | 45.20 |
| 波兰 | 12.83 | 9.33 | 7.44 | 5.24 | 10.11 | 45.00 |
| 塞浦路斯 | 9.63 | 8.95 | 8.18 | 6.90 | 10.35 | 44.00 |
| 意大利 | 12.50 | 8.13 | 6.68 | 6.24 | 10.13 | 43.60 |
| 罗马尼亚 | 14.05 | 8.30 | 5.39 | 4.98 | 7.26 | 40.00 |
| 希腊 | 8.35 | 8.70 | 6.92 | 5.64 | 7.73 | 37.30 |
| 保加利亚 | 9.63 | 8.48 | 5.49 | 3.58 | 9.27 | 36.40 |

资料来源：欧盟数字经济与社会指数，国家工业信息安全发展研究中心整理。

---

[1] 除欧盟国家外，2020 年 DESI 指数还将挪威、英国纳入统计。

## 二、新冠肺炎疫情下的数字经济发展重点

数字经济是新一届欧盟委员会设置的"2019—2024 年六大优先事项"之一，排名仅次于气候领域的"欧洲绿色新政"。欧盟委员会迫切希望令欧洲早日适应数字时代，进而引领数字时代，令数字技术的红利惠及全欧洲。在新冠肺炎疫情大流行的背景下，数字经济更承载着引领欧洲经济复苏的使命，欧盟及各主要成员国对其寄予厚望。

### （一）互联互通

互联互通（Connectivity）是欧盟委员会"数字新政"的行动之一。2020年 3 月，欧盟及法国、意大利、德国、西班牙数字经济部长曾联合向 G20 数字经济任务组提交倡议，建议建立有韧性和可靠的信息通信基础设施。欧盟认为，新冠肺炎大流行期间信息基础设施的扩容升级至关重要，宽带和卫星技术对于远程办公、远程学习是不可或缺的。2020 年 9 月，欧盟委员会采纳了一项建议，呼吁成员国加大高容量信息基础设施的投资，包括光纤和 5G。该建议的目的是让成员国开发一个最佳实践工具箱，以降低部署电子通信网络的成本，并有效地接入 5G 无线电频谱。此外，2021 年 3 月欧盟委员会发布的《2030 数字指南：数字十年的欧洲之路》（*2030 Digital Compass: the European way for the Digital Decade*）也提出，到 2030 年，所有欧盟家庭实现千兆位网连接，所有人口密集地区覆盖 5G。

### （二）人工智能

人工智能是欧盟数字经济发展重点，欧盟委员会和欧盟各主要成员国近年来就此工作动作频频。2020 年 2 月，欧盟委员会发布了《人工智能白皮书》，该文件旨在提升欧洲在人工智能领域的创新能力，推动可信赖人工智能的发展，谋求全球领导地位。提出了利用人工智能实现"数字单一

市场"的愿景，希望通过"政策监管"和"增加资金投入"两种措施促进人工智能发展并解决其带来的风险。增加资金投入方面，文件提出在未来十年中，每年吸引 200 亿欧元的投资，以提高欧盟在人工智能领域的竞争力，同时保护欧盟公民免受人工智能带来的风险挑战。

政策监管方面，文件提出构建"卓越生态系统"和创建"信任生态系统"，使人工智能在欧洲可靠并安全发展，并设定了未来五年在数字化转型聚焦的三个目标，即研发以人为本的技术、打造公平且具有竞争力的经济环境、建设开放、民主和可持续发展的社会。对被判定为"高风险"的人工智能应用，需要遵守严格的强制性要求，包括训练数据、数据记录、信息提供与透明度、安全与准确无误、人类监督和干预等。新框架采取长臂管辖思路，并涵盖事前、事中、事后等各个环节。

### （三）数据战略

数据是近年来欧盟数字经济治理的重要着力点，欧盟一方面通过《通用数据保护条例》（GDPR）等法规积极提高个人数据保护标准，避免境外科技巨头过度攫取欧洲公民数据，另一方面积极构建欧洲数字单一市场，促进欧盟境内数据自由流动，并与日本等发展阶段相近的经济体达成数据流动双边协议。

2020 年 2 月，欧盟委员会发布《欧洲数据战略》（*European Strategy for Data*）。该战略分析了欧洲当前面临的八大问题，分别是数据可用性不足、市场竞争失灵、数据互操作性和质量较差、数据治理问题、数据基础设施和技术不够自主、个人数据权利问题、数据技能及素养短缺、网络安全问题。提出了以四大支柱为核心的行动方案，一是建立数据访问和使用的跨部门治理框架；二是加强欧洲托管、处理和使用数据的能力，促进数字基础设施建设；三是加强个人处理自我数据的能力，加大对技术和中小企业的投资；四是面向战略性部门及公共利益领域建立欧洲公共数据空间。最终，这一战略的目标是使欧盟成为世界上最具吸引力、最安全、最具活力的数据敏捷型经济体，并在未来的全球数据经济中占据领先地位。

2020 年 11 月，欧盟委员会又公布了《欧洲数据治理条例（数据治理法）》（*Regulation on European data governance, Data Governance Act*），促进各部门和欧盟成员国间的数据共享，提高数据可用性，克服数据再利用的技术障碍。该条例还将支持在战略领域建立和发展欧洲共同的数据空间，打通公共部门和私营企业间的数据流通，具体包括健康、环境、能源、农业、流动性、金融、制造业、公共管理等领域。

### （四）新工业革命

如何将欧洲在工业时代的领先优势转化为数字时代的发展基础，是欧盟数字经济发展的一大课题。2020 年 3 月，欧盟委员会发布了《欧洲新工业战略》（*A New Industrial Strategy for Europe*），涵盖一系列支持欧洲工业的举措，旨在帮助欧洲工业向生态环保和数字化转型，并提高其竞争力和战略自主性。该战略将绿色可持续发展和数字化转型的概念嵌入欧洲工业的核心，是欧盟绿色新政与数字新政在工业领域的体现。战略提出了三大愿景和三大策略，三大愿景分别是到 2050 年实现气候中和、保持欧洲工业的全球竞争力及公平竞争环境、塑造欧洲数字未来；三大策略分别是欧洲工业转型的基础性策略、强化欧洲工业和战略主权、合作伙伴关系治理，围绕三大策略提议了多项行动计划。

## 三、数字平台监管动态和亮点

如前文所述，由于本土市场主要被境外企业占据，数字平台监管成为欧盟在数字经济领域关注的核心问题。2020 年，新上任的欧盟委员会在数字平台监管方面动作频频，除持续推进针对科技巨头的反垄断调查和数字税改革以外，还于 2020 年 12 月提出了颇具开创性的《数字服务法案》和《数字内容法案》，令人耳目一新。

### （一）持续推进反垄断监管和数字税改革

在任期为 2014—2019 年的前任欧盟委员会中，涉及数字经济的职位有三个，分别是负责数字单一市场的欧盟委员会执行副主席，负责反垄断的竞争委员，数字经济与社会委员。这反映出前任欧盟委员会在数字经济领域的三大倾向，一是建立数字单一市场，二是促进数字平台公平竞争，三是数字经济与社会包容发展。在 2019 年 12 月就职的现任欧盟委员会中，以上三个职位合而为一，由原竞争委员维斯塔格（Margrethe Vestager）统一管理数字经济相关事宜，并将其升级为执行副主席。这体现出，数字平台公平竞争问题已经超过数字单一市场和数字经济与社会包容发展，成为现任欧盟委员会在数字经济领域关注的核心问题。其中，反垄断监管和数字税改革是力度最强、收效最直接、争议最大的手段。

反垄断监管是欧盟在科技企业监管中屡试不爽的重要工具，既可以保护欧洲中小企业免受美国科技巨头的盘剥，又可以通过巨额罚款来为欧盟创收，可谓一举多得。现任欧盟委员会副主席维斯塔格担任竞争委员期间，欧盟曾在两年内先后三次对谷歌开出共计 83 亿欧元的反垄断罚单。2020年，升任欧盟委员会副主席的维斯塔格将反垄断监管的对象进一步扩大。2020 年 3 月，欧盟委员会确认对脸书发起的 Libra 币进行初步反垄断调查，该项目于次月公布了白皮书 2.0 版本，避免挑战国家的货币主权。2020 年 6 月，欧盟反垄断机构对苹果正式发起两项调查，评估苹果支付（Apple Pay）及应用商店（App Store）是否违反欧盟竞争法。2020 年 11 月，欧盟正式起诉亚马逊破坏零售市场竞争，认定其违反欧盟反垄断法规，在线上平台销售中获得了不公平的竞争优势。至此，美国前 5 大科技巨头中，仅有微软一家公司尚未面临欧盟的反垄断监管[1]。

数字税是欧盟截获美国科技巨头在欧利润的重要手段，一度成为美欧贸易摩擦的关键线索。2018 年欧盟委员会提出了两项数字税提案，原计划

---

[1] 微软早在 2004 年就因垄断问题遭欧盟罚款，十余年来，该公司已就市场竞争问题与监管机构达成平衡，故而在欧盟本轮的反垄断监管中逃过一劫。

在欧盟内部推行统一的数字税改革，但在美国和部分成员国的反对下始终未能通过。2019—2020 年，大量欧盟成员国开始在国内提出"单边数字税"，其中以法国最为激进。法国原计划自 2019 年 1 月起开始征收数字税，但美国以关税制裁相威胁，迫使法国将数字税开始征收时间推迟至 2020 年 12 月。但大量欧洲国家仍旧响应欧盟委员会的号召，公布了单边数字税法案，其针对的对象大多为美国企业。2020 年 1 月，奥地利开始征收数字税，征税对象为全球年收入 7.5 亿欧元、在奥地利年收入超过 2500 万欧的数字企业，税率为 5%。2020 年 1 月，意大利开始征收税率为 3% 的数字税，对象为全球年收入 7.5 亿欧元、在意年收入超过 550 万欧元的数字企业。3 月，西班牙公布了将自 2021 年 1 月起生效的数字税法案。2020 年 6 月，比利时、斯洛文尼亚两国也纷纷公布数字税法案。其他欧洲国家中，波兰、捷克、匈牙利、拉脱维亚、挪威、斯洛伐克、希腊也对数字税摩拳擦掌。面向未来，欧盟委员会通过的 2021 年工作方案提出，欧盟将继续致力于就公平税制达成国际协议，但如果无法实现，欧盟委员会将在 2021 年上半年推出欧洲数字税政策。

## （二）《数字市场法案》侧重解决平台与经营者竞争问题

《数字市场法案》（以下简称《法案》）侧重解决数字平台的不公平竞争问题，其针对的目标是"守门人"公司。针对的业务包括网络中介服务、搜索引擎、社交媒体、视频网站、操作系统、云计算业务和广告业务。该《法案》规定，"守门人"公司不能在平台上偏袒自己的服务。例如，谷歌的搜索结果、亚马逊的首页推广和苹果的应用商店中，不能使自有产品凌驾于竞品之上。另外，《法案》还专门提出，平台企业不得通过在平台上采集竞争对手的数据的方式，与这些对手竞争。此外，"守门人"公司有义务与竞争对手和监管机构分享某些数据。如果有收购计划，也有义务通知监管机构。由此，监管机构可以有效防止这些平台通过并购竞争对手的方式来遏制竞争。

欧盟对"守门人"给出了明确标准，即过去三年全球营业额不低于 65 亿欧元，在欧洲的月活跃用户数量超过 4500 万人次，过去一年市值超过 650 亿欧元的企业。欧盟提出，这些企业具有举足轻重的行业地位，经营着作为用户重要入口的核心平台服务。欧盟并未公布"守门人"企业的具体名单，但以肯定式列举的方式特别提到了苹果、亚马逊、Booking 的不公平合约、数据使用和过高佣金问题。

根据以上标准，国家工业信息安全发展研究中心整理了全球当前确定将会被认定为"守门人"的企业和未来短期内可能被认定为"守门人"的企业清单，详见表 12-2 和表 12-3。

表 12-2　当前确定将会被认定为"守门人"的企业 [1]

| 序号 | 企业 | 所属国家 | 当前市值/亿美元 | 年营业收入/亿美元 |
|---|---|---|---|---|
| 1 | 苹果 | 美国 | 20704.79 | 2745.15 |
| 2 | 微软 | 美国 | 16013.13 | 1471.14 |
| 3 | 亚马逊 | 美国 | 15575.36 | 3479.45 |
| 4 | 谷歌 | 美国 | 12046.59 | 1717.04 |
| 5 | 脸书 | 美国 | 7915.98 | 789.75 |
| 6 | PayPal | 美国 | 2469.93 | 202.99 |
| 7 | 奈飞 | 美国 | 2180.7 | 238.19 |
| 8 | 甲骨文 | 美国 | 1796.18 | 392.17 |
| 9 | Uber | 美国 | 948.73 | 129.82 |
| 10 | Booking | 美国 | 862.97 | 88.97 |

表 12-3　未来短期内有可能会被认定为"守门人"的企业 [2]

| 序号 | 企业 | 所属国家 | 当前市值/亿美元 | 年营业收入/亿美元 |
|---|---|---|---|---|
| 1 | 阿里巴巴 | 中国 | 7221.01 | 858.40 |
| 2 | 腾讯 | 中国 | 7147.83 | 666.89 |
| 3 | Adobe | 美国 | 2320.59 | 124.36 |
| 4 | Salesforce | 美国 | 2018.22 | 202.86 |

[1] 当前市值统计时间为 2020 年 12 月 10 日，年营业收入为企业最新更新的过去一年营业收入。

[2] 字节跳动为独角兽企业，故其市值和年营业收入数据暂缺。

| 序号 | 企业 | 所属国家 | 当前市值/亿美元 | 年营业收入/亿美元 |
|------|------|----------|------------------|-------------------|
| 5 | SAP | 德国 | 1516.64 | 326.8 |
| 6 | Shopify | 加拿大 | 1283.15 | 20.8 |
| 7 | Zoom Video | 美国 | 1102.16 | 19.57 |
| 8 | ServiceNow | 美国 | 1030.11 | 42.21 |
| 9 | Intuit | 美国 | 956.85 | 78.37 |
| 10 | Square | 美国 | 933.62 | 76.52 |
| 11 | 小米 | 中国 | 895.19 | 339.83 |
| 12 | MercadoLibre | 阿根廷 | 764.84 | 28.08 |
| 13 | Snap | 美国 | 732.33 | 21.56 |
| 14 | 字节跳动 | 中国 | — | — |

统计显示，共有 10 家企业确定将被认定为"守门人"企业，全部为美国企业。另有 14 家企业在未来短期内有可能被认定为"守门人"企业，其中美国企业占 7 家，中国企业有 4 家。根据《数字市场法案》所确定的标准，欧洲最大的互联网企业 Spotify 和 Amadeus 被明确排除在"守门人"公司之外，这体现出欧盟《数字市场法案》"护短"的倾向。

### （三）《数字服务法案》侧重解决平台对线上服务的责任

《数字服务法案》主要针对在欧洲拥有超过 4500 万名用户的数字服务平台。该法案规定，社交媒体有审查和限制非法内容传播的义务，如未履行将被视作违规。非法内容包括恐怖主义宣传、儿童性虐待材料、使用人工智能操纵选举、散布有害公共健康的言论、虚假信息和仇恨言论等。此外，电子商务平台有打击非法商品的义务，需要具有"可追溯性"，帮助识别非法商品的卖家。

《数字服务法案》还提出了新的"透明度规则"，要求企业披露更多关于其服务的信息。例如，要求数字平台公布其在线广告商的详细信息，并显示其算法用于建议和排名信息的参数，由独立审计师监督这一行为的合规性。这一规则也被称为"算法公开"，对于社交媒体、搜索引擎当前的算法推荐和"竞价排名"模式可能带来重大打击,搜索引擎惯于将出价较高的网页排在搜索结果的前列,社交媒体则往往采用"大数据杀熟""信息茧房"等推荐规则,《数字服务法案》通过后,这些算法规则将面临全面的审查和公开。

《数字服务法案》和《数字市场法案》都将对违规行为处以巨额罚款。违反《数字市场法案》的公司将被处以最高达全球收入 10%的罚款,违反《数字服务法案》的公司将被处以最高达其全球收入 6%的罚款。两法案将"收入"而不是"利润"作为罚款基准,这极大提升了罚款力度,并可以有效应对跨国科技企业采取的利润转移措施。《数字市场法案》还规定,五年内被罚款三次的大型科技公司将被贴上"重犯"的标签,欧盟有权采取行动将其拆分,或禁止其进入欧盟市场。由此,《数字市场法案》提出的"守门人"规则将对欧洲的反垄断法起到补充作用,加强对大型数字平台垄断的审查。此外,两法案还将确立针对少数大型科技企业的"事前监管"规则,这将使其可以与《通用数据保护条例》(GDPR)等欧盟现有规则发挥合力,共同提升数字市场监管力度。

## 四、战略自主与全球数字化"第三极"

欧盟是融入全球经贸程度最深、对多边主义最为坚定的主要经济体之一,其数字经济发展与全球数字化进程深深绑定。探究欧盟数字经济,必须秉持全球视角,把握欧盟在全球的战略方向和动向。2020 年,在新冠肺炎大流行、全球贸易局势紧张、英国正式完成脱欧的背景下,欧盟高调提出战略自主,其目标是成为中美之外的全球数字化"第三极"。在这样的背景下,美欧关系、中欧关系体现为此消彼长、一升一降,而欧洲内部关系则是机遇与挑战并存。

### (一)美欧关系触底回升

美国特朗普总统任职期间,美欧关系持续恶化。如前所述,欧盟多次对美国企业发起反垄断调查或诉讼，并积极推进针对美国企业的数字税改革。此外，2020 年 6 月欧洲法院裁定用于跨大西洋数据传输的美欧"隐私盾"协议无效，美欧跨境数据传输成本显著提升，爱尔兰监管部门据此要求脸书停止将欧洲用户数据传输至美国。2020 年 7 月，欧盟《关于提高在线平台的公平性和透明度规则》（*Rules to Improve Fairness and Transparency of Online Platforms*）正式生效，要求在线平台标准条款更加透明，更易于获取，并促进平台与平台上商家之间的公平竞争。2020 年 12 月，欧盟委员会又提出了前述的《数字市场法案》和《数字服务法案》，美国科技企业在欧的合规成本持续提升。

美国方面，对欧盟提出的数字税改革屡次施以关税制裁。2019 年 12 月，美国以"法国数字税歧视美国企业"为由，提出要对价值 24 亿美元的法国进口商品征收最高 100%的关税，并于次月与法国达成协议，将法国数字税和美对法惩罚性关税起征时间同步推迟至 2020 年年底。2020 年 6 月一次性宣布对欧盟、意大利、西班牙、英国、奥地利、捷克、巴西、印度、印度尼西亚、土耳其 10 个贸易伙伴正在提议或已经实施的数字税发起"301"调查。2020 年 7 月，美国退出了 OECD 全球数字税谈判，并再次宣布将向从法国进口的化妆品、手提包等价值 13 亿美元的商品加征25%关税，但将起征时间推迟至 2021 年 1 月。

然而，随着拜登当选美国总统，美欧关系触底反弹。拜登自称为"坚定的大西洋主义者"，力图修复美欧关系，其团队在《2020 年民主党政策纲领》中提出，欧洲是与中国竞争的天然伙伴，美国应与欧盟加强在技术方面的协调和共同标准制定，建立共同的优先事项、战略和工具。上任以来，拜登积极与欧盟在气候变暖、疫情防控等领域陆续开展合作，并就数字企业监管展开对话。2021 年 3 月，拜登甚至受邀参加了欧盟峰会，美欧关系回暖的态势可见一斑。

## （二）中欧关系由进转忧

2020 年中欧关系整体向好，数字经济领域成为亮点，但存在一定波动。

如前所述，探究欧盟的对外关系需要秉持全球视角，对于欧盟而言，不能与中美两方同时交恶，也很难同时与中美两方交好。因此，中欧关系与中美关系呈现出此起彼伏、一升一降的态势。作为欧盟的主要盟友，美国多次劝说欧盟弃用华为等中国厂商的 5G 设备。就此，欧盟于 2020 年 1 月发布了《5G 安全工具箱》，以及关于 5G 安全的非约束性指南。但大体上仍将这一问题交由成员国自主选择，各国对此立场存在波动，但尚属在中美之间摇摆。

随着美欧贸易关系的持续趋紧，中国把握机遇，与欧盟加强高层战略对话。2020 年 6 月，李克强总理与欧洲理事会主席米歇尔、欧盟委员会主席冯德莱恩共同主持中欧领导人会晤，沟通《中欧全面投资协定》谈判有关进展。2020 年 9 月，习近平主席同欧盟轮值主席国德国总理默克尔、欧洲理事会主席米歇尔、欧盟委员会主席冯德莱恩举行视频会晤，中欧双方正式签署《中欧地理标志协定》。同时，中欧领导人决定建立"中欧数字领域高层对话"，打造中欧数字伙伴关系。2020 年 11 月，习近平主席再次与默克尔通话，重申有关共识。2020 年 12 月，《中欧全面投资协定》正式签署。

正当各界对"中欧数字领域高层对话"和《中欧全面投资协定》寄予厚望之时，中欧关系却出现较大波动。伴随着美欧关系的回暖，欧盟采取了更强硬的对华立场，近 30 年来首次对中国发起制裁。2021 年 3 月，欧洲议会更是决定取消《中欧全面投资协定》审议会议。该协议谈判历时多年，但中欧双边关系出现波折，数字伙伴关系建设步入低谷，是不争的事实。

### （三）欧洲内部机遇与挑战并存

对欧盟而言，除美欧关系、中欧关系以外，最重要的国际关系即是欧洲内部关系。其中，首当其冲的是英欧关系。2020 年 1 月，欧盟正式批准了英国脱欧。2020 年全年，英欧在新冠肺炎疫情的挑战下开展了多轮激烈谈判，最终于 2020 年 12 月就包括贸易在内的一系列合作关系达成协议。英国脱欧的不利后果在新冠肺炎大流行期间就开始显现，英欧双方就人员流动、疫苗出口等问题龃龉不断，部分欧盟成员国在得不到欧盟支持的情况下，一度曾提出效仿英国施行脱欧。

然而，新冠疫情和英国脱欧对于欧盟重建内部关系还带来了一定的机遇。新冠疫情大流行迫使欧洲各国携手应对，任何欧盟成员国都难以独善其身。这种状况令仅以微弱优势上台的本届欧盟委员会得以加强自身的权力，削弱成员国（尤其是小国）的话语权。2020 年 7 月通过的 7500 亿欧元欧洲抗疫复苏基金就是实例，这是欧盟史上最大经济刺激政策，法德两国成功克服荷兰、奥地利、瑞典、丹麦、芬兰等国的反对，实现了"欧洲一致行动"。如果没有新冠疫情，或英国尚未脱欧，欧盟内部很难做到这样的步调一致。

在数字经济领域，欧洲内部协调体现出一些亮点。一方面，欧盟出台《数字服务法案》的用意之一即是化解欧洲社会内部矛盾。欧洲政客认为，对于欧盟近年来面对的英国脱欧、难民危机、恐怖袭击、民粹主义等一系列问题，网络平台上的虚假信息传播都起到重要影响。正是因为许多夸张而没有根据的虚假宣传，民粹主义政党才得以在欧洲抬头。为此，必须通过《数字服务法案》一类的规则，严厉打击线上虚假信息和有害信息。另一方面，欧盟与脱欧的英国在数字技术研发领域仍保持着密切合作。如前文所述，欧洲地区的独角兽企业中，英国企业占了近一半。欧洲数字技术研发实力最强的科研院所中，英国也占到相当比重。为保持数字技术领域的领先优势，英欧双方都有保持密切合作的必要。为此，2021 年正式启动的"地平线欧洲"（HorizonEruope）项目中，英国科学家、研究机构和企业仍然获准参与。

**参考资料**

1. 路广通. 解析数字税：美欧博弈的新战场. 信息通信技术与政策，2020-01。

2. 青岛市政府，中国人民大学中国民营企业研究中心. 数字经济先锋：全球独角兽企业 500 强报告（2020），2020-12。

3. 联合国经济和社会理事会. 2020 年联合国电子政务调查报告，2020-07。

4. 欧盟委员会. 2020 年数字经济与社会指数报告，2020-06。

5. 上海社会科学院. 全球数字经济竞争力发展报告（2020），2021-01。

6. We Are Social & Hootsuite. 2020 数字报告，2020-02。

# B.13
# 新冠肺炎疫情加速日本数字经济发展

郑磊[1]

**摘　要：** 新冠肺炎疫情的突然暴发，凸显了日本社会的短板，但同时也为日本政府发展数字政府、加快推进社会 5.0 提供了发力点，特别是在电子政务领域、无现金社会的构建、数字社会底座和对外推广上，由于常态化防疫需要，取得了比较显著的成效。日本一直高度重视人工智能发展，计划成立中央层的数字厅推进以人工智能为代表的新一代信息技术发展。日本传统部门也通过各种措施，持续发力人工智能领域，强调人工智能技术应当在不同场景下得到更加细化的应用。在政府的推动下，日本企业也不断深耕人工智能领域。此外，日本还不断强化同国际社会的合作力度，利用多双边机制总体向国际社会输出日本 ICT 领域发展的理念、技术标准、规制措施等，旨在在国际规则制定上谋得更多主动权。

**关键词：** 日本；数字经济；社会 5.0；人工智能；新冠肺炎疫情

**Abstract：** The sudden outbreak of COVID-19 epidemic highlights the shortcomings of Japanese society, but at the same time，it also provides a starting point for the Japanese government to develop digital government and accelerate the promotion of Social 5.0,

---

[1] 郑磊，国家工业信息安全发展研究中心信息政策所数字经济研究室副主任，工程师，研究领域为数据治理、数字乡村等。

especially in the field of e-government, the construction of a cashless society, and the digital society. On the base and external promotion, due to the need for normalized epidemic prevention, more significant results have been achieved. Japan has always attached great importance to the development of artificial intelligence, and plans to establish a central digital hall to better promote the better development of a new generation of information technology represented by artificial intelligence. Japanese traditional departments have also adopted various measures to continue to make efforts in the field of artificial intelligence, emphasizing that artificial intelligence technology should be more refined in different scenarios. Under the promotion of the government, Japanese companies have also continued to deepen the field of artificial intelligence. In addition, Japan has continuously strengthened its cooperation with the international community, using multilateral and bilateral mechanisms to generally export Japan's ICT development concepts, technical standards, and regulatory measures to the international community, aiming to gain more initiative in the formulation of international rules.

**Keywords:** Japanese; Digital Economic; Society 5.0; Artificial Intelligent; COVID-19

为缓解已进入"超老龄社会"所面临的老年人口多、新生儿童大幅减少的危机,日本提出了"社会5.0(Society 5.0)"设想,即"超智能社会",以数据代替资本,用人工智能、机器人和物联网等技术推动经济增长,并缩小贫富差距。经过多年的发展,日本"社会5.0"具备了一定的基础,但"社会 5.0"的创建基础在于网络和信息社会，这对于日本国民来说并非易事，这需要他们改变对网络的基本认知态度。本次突如其来的新冠肺炎疫情，虽然对日本经济产生了较大冲击，但也对推进数字经济发展提供了强大助力。

# 一、日本为应对新冠肺炎疫情主动加速"社会 5.0"

新冠肺炎疫情的暴发为日本经济发展带来了危机，日本政府为充分应对防疫所需，通过不同手段加快了其对新科技的审查，使得"社会 5.0"发展迎来了一个加速期。根据《日本经济新闻》的采访，不少日本企业表示，本次疫情对日本经济造成巨大损失，但危中有机，疫情的暴发也给传统工业社会带来了挑战，疫情中人们更加重视家庭生活，更关注自身发展、生活和生产方式，这样的转变恰恰是日本提出的"社会 5.0"愿景所希望达到的。疫情的暴发改变了人们的认知，也是借助新冠肺炎疫情，日本政府一面加紧出台措施对冲新冠肺炎疫情带来的负面影响，不断利用新冠肺炎疫情来重新强化其经济体制，使得"社会 5.0"更加贴近现实生活。

## （一）推进电子政务改革进程

2020 年 4 月，东京都先后出现两次医疗机构聚集性感染案例，日本政府的相关机构不得不对在线治疗的规制限制进行了松绑，使得医生可以通过视频和电话的形式进行初诊，并且可以基于在线问诊的信息用邮件开处方。此外，2016 年正式投入使用"个人番号"（My number）制度，是日本政府推动政务电子化的代表项目。"个人番号"卡内含有个人信息，持卡人可在线报税、申请儿童补贴等。从制度设计的初衷来看，日本政府借此希望能通过实施个人番号制度来普及日本数字个人身份识别，并用于社会保障、税收等方面。但由于长期以来日本民众对于个人信息持高度敏感的态度，在日本政府推广了三年的情况下，截至 2020 年 6 月底，其普及率也仅为 16.7%。新冠肺炎疫情发生以来，为缓解疫情造成的经济冲击，日本政府以防破产、保就业、刺激内需为目的设立多种救助、补贴项目。其中，如何将人均 10 万日元现金补贴送到人们手里，成为日本上下关注的焦点。日本政府探索将个人番号与驾照相关联，以优化数字身份，通过发放补助金附带有附加条件的方式，对持有个人番号的国民优先发放，并简化其申报程序，较为顺利地对该制度进行了推广。

## （二）加速推进无现金社会建设

在日本"社会 5.0"的构想中，日本提出到 2025 年，无现金支付比例占全部交易量的比例达到 40%。但由于日本人在平常生活中更倾向于使用现金或信用卡支付，使得日本无现金社会的建立速度非常缓慢。与中国支付宝、微信独大的情况不同，日本拥有众多无现金结算平台，但它们尚未使现金的使用量大减。无现金支付目前除 JR 东日本的西瓜卡（Suica）等 IC 交通卡外，还有"LINE Pay"等手机支付，数量众多，甚至也有金融机构自行推出了数字货币"J-Coin Pay"等。新冠肺炎疫情的暴发使无接触支付成为热门词汇，日本政府也着力把握机会，通过积极宣传和引导，推进普通人开始加速使用无现金支付的方式。根据日本相关机构的统计，日本无现金支付方式使用率同比增加 60%。此外，日本相关机构还通过建立通用数字支付基础设施的方式，加快日本进入无现金支付社会，具体表现为包括三菱日联金融集团在内的日本三大银行成立了一个研究小组，研究小组将探讨能否打造可让上述服务相互兼容的基础设施，从而提高便利度并扩大用户范围，还将讨论利用"区块链"数字技术加强安全性的措施。研究小组力争为使央行和政府加快引进数字货币而造势。可以说，新冠肺炎疫情的暴发一举推进了日本无现金社会的建设进度。

## （三）强化了社会 5.0 基础底座

为缓解新冠肺炎疫情对日本经济带来的巨大冲击，日本政府也出台了一系列财政刺激方案，其中就包括增加了 53 万亿日元（折合 5000 亿美元）的全国光纤网络追加投资。此外，由于疫情减少了人与人面对面的时间，使线上时间显著增加，不少企业为防疫选择远程办公、弹性工作制、无纸化办公流程等措施，显著地降低了社会通勤时间，并且使得企业在雇佣上可以采取更为灵活的方式，从而进一步提升了工作效率。远程办公、线上娱乐的带动，也使得日本地方经济的发展迎来一个良好的时机，经济增长的动力不光局限于大城市，一些偏远地区或中小城市得益于远程教育、远程医疗、线上零售及物流系统的重新优化，地方经济也找到新的增长空间，并且女性的就业待遇也随之得到一定改善。

### （四）给予日本向国际社会推广"社会 5.0"机会

随着全球抗疫进入常态化阶段，日本通过不断强化其"社会 5.0"战略，并面向全球积极发声，力求寻得全球共识。日本经济团体联合会（经团联）认为，"社会 5.0"与联合国可持续目标（SDGs）具有异曲同工之处，通过"社会 5.0"与环境、社会和公司治理（ESG）相关投资可实现联合国可持续发展目标。根据日本政府养老投资基金（GPIF）发布的报告提出，"社会 5.0"可创造出 250 万亿日元（约合 2.3 万亿美元）的经济增长空间。新冠肺炎疫情的暴发凸显了全球化所导致的社会差距已经过大的现实，日本在反思之余也更加注重 ESG 投资，并积极打造日本"社会 5.0"成为 SDGs 的样板工程，为全球贡献出日本经验。

## 二、进一步押宝人工智能发展

日本政府和企业高度重视人工智能发展，并将物联网、人工智能和机器人作为第四次产业革命的核心，为此日本从统筹机制、部委工作、出台项目及官民合作上推出了一系列措施，旨在提升日本人工智能核心竞争力。

## （一）拟成立日本数字厅统筹数字经济发展事宜

近年来，日本一直在推进行政机制改革，试图打破原有的垂直体系，建立一套更加适应数字经济时代下更为灵活的行政体制。2020 年 9 月，日本首相菅义伟宣告将成立日本数字厅，并把日本数字厅打造成为能够打破日本政府内部纵向分割的核心部门，旨在全面推进日本数字政府的建立，推进行政 IT 化及全方位的数字化转型。据悉，日本数字厅将于 2021 年 9 月正式挂牌成立，拟定建设成为包含工程师在内的 500 人的行政机构。日本数字厅是直属于日本首相管理的数字化转型的横向机构，也是日本重新找回 IT 优势的期望所在。数字厅作为首相直属机构，给日本数字经济发展提供了绝佳的空间，将对日本推动人工智能等数字产业及产业数字化转型起到很大的促进作用。

## （二）各部委分别推进人工智能发展

人工智能的作用引起了人们极大兴趣，日本政府从教育改革、研究与开发、社会实施等方面出发，综合制定了日本人工智能战略。基于本战略，有关部委将与相关机构合作，以一种综合方式促进战略实现。本战略将以人工智能推进的中心机构（产业技术综合研究所、理化学研究所、情报通信研究机构）为主，并协同大学、国家研究机构等组成"人工智能研究开发网络"。该网络已经于 2019 年 12 月成立，旨在促进与人工智能相关的基础和综合研究与开发，并发展研究基础设施。根据该战略，日本政府相关部委之间有着明确分工，主要分工如下：总务省（MIAC）与国家信息和通信技术研究所（NICT）加强合作，推动研究和开发基于大数据处理的人工智能技术以及从中学习的人工智能技术。NICT 主要从事研究和开发工作，例如大数据分析技术和多语言语音翻译技术。文部科学省（MEXT）设立了人工智能、大数据、物联网、网络安全整合项目（AIP），并在理化学研究所（RIKEN）设立了创新智能整合中心（AIP Center），主要推进①阐明深度学习的原理和通用机器学习的基础技术的构建；②人工智能等基础技术，以进一步发展日本在其中具有优势的领域，解决日本社会问题；③研究随着人工智能技术的发展而产生的伦理、法律和社会问题（ELSI）。日本科学技术厅（JST）大力支持人工智能领域年轻研究者的独立思考，并对所提出的具有创新性的课题进行支援。经济产业省（METI）打造了先进人工智能的开发和实际应用以及基础研究进展的良性循环（生态系统）。日本人工智能研究中心（AIRC）在研究和开发 AI 基本功能方面取得了许多成就，并构建并发布了软件模块，这些软件模块已在易于使用的程序中实现，以提高生产力、健康、医疗和护理水平。

## （三）出台更多人工智能项目

2020 年 2 月，日本国立新能源及产业技术综合开发机构（NEDO）发布了一个被称为"人机共进人工智能系统基础技术开发"的研发项目招标公告。该项目旨在加快人工智能技术进一步在社会进行相关的应用。其主要体现在交通、金融、医疗和护理、制造、教育等对经济社会影响较大的领域，将一些可以不依靠人类就能做出决策的判断交由人工智能实现，通过开发更加先进的人工智能系统，将人类和人工智能进行合理分工，使得人类从人工智能上获得的灵感能够以人工智能的方式更加精细化运作，促进人类和人工智能之间的共同进步，开发出在任何领域人工智能都能更好渗透到现实空间里的相关计划，该项目拟定在 2020 年至 2024 年内实施。例如，采用人工智能提高植物工厂价值链效率的系统研发，采用人工智能对工厂生产以及消费大数据进行解析，预测蔬菜等植物的产量和需求量，迅速而准确地对供需契合度进行判断，为生产及消费一线提供供需信息反馈，实现减少 20% 以上浪费的目标；进行智慧农作物食物链研发，采用人工智能技术对农作物生产及消费大数据进行解析，开发能够进行需求预测、智能订货、建立智能虚拟市场的技术，使食品供应链整体实现最优化，扩大市场规模，创造新产业；开展物联网及人工智能支持型健康和照护服务系统开发与社会实装研发，开发利用物联网终端收集服务提供商及用户身心状态与行为信息，采用人工智能解析系统，实施社会实践，提高服务水平和服务效率；预计该系统的应用，可使照护服务的间接业务效率提高10%，使日本国内健康服务调查中占比70%的不能维持日常健康行动自理的人群行动自理改善率达到20%；构建安全可靠的三次元出行信息平台，采用人工智能技术开发建设从室内到公共道路无缝连接的三次元信息平台、高精度传感装置，研发人、物、可移动设备的最佳空间移动支持技术，构建智能社会基础设施和智能移动服务生态系统。

### （四）日本企业积极响应政府号召

在政府的号召下，日本企业纷纷强化布局人工智能领域。2020年4月，为了大力发展AI，索尼（SONY）在内部AI研发机构的基础上设立子公司Sony AI，全面提升AI方面的能力。主要集中在三个方面：感知、数据分析、机电一体化/视音频输出。索尼还在日本扛起AI伦理的大旗，宣称最早在2021年春季根据《索尼集团AI伦理纲领》对集团所有AI产品进行伦理审查，并根据审查结果判断是否需要整改或停止开发。2020年6月，微软日本（Micsoft Japan）成立Rinna株式会社，专门运营小冰业务。小冰业务（Rinna）在日本最初作为女高中生聊天机器人于2015年8月在日本社交软件LINE出道，自动回答问题，包括文字聊天和语音通话。小冰业务凭借完全日本风的女高中生背影，迅速在学生中传播开来，一时人气爆棚。后来小冰在多个应用场景中通过问答、作词、唱歌、跳舞等方式，全面展现其AI技能。根据2020年8月数据，小冰登录用户约有830万人，成为日本的一款"国民级AI"。作为独立公司运营之后，小冰将在市场推广、游戏、汽车、护理等领域提供AI服务。同月，国际超级计算大会（ISC）发布的Green500榜单中，Preferred Networks（简称PFN）公司开发的用于深度学习的超算MN-3位列榜首，PFN是日本少有的AI独角兽企业，并与多家公司建立起长期的合作伙伴关系，包括丰田、发那科、NTT等日本巨头，也从这些公司获得了重磅投资。特别是在机器人领域，推出了基于丰田的生活支援机器人平台 HSR（Human Support Robot）和深度学习技术进行开发的"全自动整理机器人"，用于自动整理房间。

## 三、积极推进国际合作

日本巧妙利用国际多双边机制，积极向海外推进符合本国利益的相关举措，特别是在 ICT 领域，日本拥有一定技术优势，日本政府立足于扩大本国优势，在环境创造和规则引导上重点布局。

### （一）促进 ICT 领域向海外扩张

在日本经济和金融管理与改革的基本政策（基本政策）和基础设施系统出口战略中设定了"到 2020 年基础设施系统订单约 30 万亿日元"的目标。在通信、邮政、防灾、医疗等领域在海外充分推进成熟的模型应用，在网络空间安全、广播系统等也在海外积极布局基础设施，并且通过海外通信、邮政等支援机构（JICT），推进海外人才培养、运维等一系列措施促进日本先进的 ICT 技术和基础设施向海外进一步拓展。此外，为抵消日本在全球范围内影响力日渐衰弱的负面作用，为实现联合国制定的可持续发展目标做出更多贡献，应对新冠肺炎疫情的蔓延，日本总务省于 2020 年 4 月制定了《总务省对外扩张行动计划 2020》，其中规定了具体行动计划。在此计划中，日本提出促进可持续发展目标（SDGs）、增强全球竞争力、促进基于信任的跨境数据自由流动（DFFT）、实现自由和开放的印度太平洋（FOIP）、政策支援总动员、海外拓展等战略目标。为了实现以上六个目标，日本政府目前正不断与相关外交政策进行整合，如数字化国际战略，旨在支撑实现可靠和自由的数据流动。通过发展公私理事会和海外扩展数据库，为具有技术能力和创业公司的发展提供"与公共和私营部门合作进行海外扩张"的环境，从而创造相关机会。

## （二）为ICT海外扩张创造环境

日本政府正通过积极参与制定国际网络空间规则、促进与网络安全有关的国际合作、在经济合作协定（EPA）和自由贸易协定框架内促进信通技术领域的贸易自由化，以及积极参与国际标准化制定等活动，为在海外部署信息和通信技术创造环境，为促进信息流通提供便利条件。一方面，积极回应关于网络空间国际规则的讨论，在一些民主运动中，互联网和社交媒体扮演着重要的角色。因此，新兴国家和发展中国家正在加强对互联网的管制和政府管理，但许多西方国家在领导人和部长的倡议下，都表达了信息自由流通和互联网开放等基本原则，自2011年以来，已经举行了各种与互联网有关的国际会议，网络空间国际规则已成为争论焦点。日本政府从2012年至今，在制定国际网络空间规则方面，都最大限度地提倡信息的自由流通，并将此作为创新的源泉，作为经济增长的引擎。另一方面，强化网络安全双边对话，主要举措是不断加强同相关国家举行双边网络对话。2019年6月，日本和欧盟举行了第四次"日欧网络对话"；2020年7月在日法之间举行了第五次"日法网络对话"；10月举行的"第七次日美网络对话"，广泛讨论了日美在网络方面的合作，包括对形势的看法、两国的努力、国际领域的合作以及能力建设等核心议题；11月在日俄之间举行了第三次"日俄网络会谈"；2020年1月在日乌之间举行了"第二次网络对话"；2020年1月，举行了"第五次日英网络"会谈。

## （三）利用多边框架谈判促使国际规则形成

日本政府积极在七国集团、二十国集团、亚太经合组织、亚太经社会、东盟、国际电信联盟、联合国、世贸组织和经合组织等多边框架内进行政策协商，并积极领导信通技术领域的国际合作工作，包括促进信息自由流通、实现安全可靠的网络空间、发展高质量的信通技术基础设施及为实现联合国可持续发展目标做出贡献。在G20方面，2016年9月G20峰会（中国）首次通过数字经济独立成果文件之后，2017年4月，G20第一次数字经济部长会议（德国峰会）举行，其结果进而转交给 2018 年的 G20 数字经济部长会议（阿根廷峰会）。在 2019 年 6 月 8 日至 9 日，日本总务省、外务省、经济产业省于茨城举行了"G20 贸易和数字技术博览会"，提出了促进可持续发展目标，促进基于信任的数据自由流动，以人为本的人工智能等有关数字经济的新共识，并且 G20 首次就基于"以人为本"人工智能原则达成一致，并在 G20 大阪峰会领导人级别也达成了相关协议。此外，关于可信任的数据自由流动的内容在 G20 大阪峰会上也达成共识文件，与会多方共同签署相关文件，并提出"大阪轨道"倡议。在亚太经济合作组织（APEC）方面，APEC 关于电信领域的讨论集中在电信与信息工作组（TEL）和电信与信息产业部长级会议（TELMIN）上。到目前为止，电信和信息工作组仍在推行 2015 年 3 月在马来西亚吉隆坡举行的第十届 TELMIN（TELMIN10）上批准的"2016—2020 年 TEL 战略行动计划"。

日本一直强化通过 ICT 促进创新、改善宽带基础设施、部署物联网、促进信息的自由流动等，日本政府将继续在每年两次举办的 TEL 会议上，推广与电子政务有关的项目并在宣传日本 ICT 政策。日本通过向亚太电信社区（APT）积极捐款，支持了诸如接受培训生和交流 ICT 领域的 ICT 工程师/研究人员等活动，不断巩固了日本在该领域具有宽带和无线通信等优势。如在 2020 年支持在日本实施五次培训课程（来自 23 个国家/地区的 50 多人参加了该课程），两个国际联合研究项目和三个试点项目。在东南亚国家联盟（东盟）方面，作为东盟的对话国家之一，日本正在利用日本—东盟信息和通信大臣会议等机会，提出建议和交换意见，以加强日本与东盟的合作，以及达成相互协议的讲习班等。该提案正在利用日本—东盟信息和通信技术（ICT）基金等实施，该基金由日本出资设立。在 2019 年 7 月，举办了以智慧城市为主题的研讨会，分享了日本在 ICT 领域与智慧城市相关的举措的知识和经验，并介绍了日本的先例。特别是在网络安全领域，日本正在加强与东盟之间的合作，并侧重于人力资源开发。在相关机构的支持下，东盟国家的政府机构和关键基础设施公司的网络安全人员都进行了实用的网络防御演习。

**参考资料**

1. 刘平，刘亮. 日本新一轮人工智能发展战略——人才、研发及社会实装应用，现代日本经济，2020（6）。

2. Mckinsey&Company. Japan Digital Agenda, 2030, 2021-02。

# 东盟数字经济发展呈现上升态势

王一鹤[1]

**摘　要：** 2020 年新冠肺炎疫情波及全球，在实体经济发展受阻的情况下，东盟数字经济持续发展。一方面，疫情推动电商、餐饮外卖、快递等数字经济细分领域快速发展，也促使各东盟国家更加注重发展数字经济，出台多项政策营造良好政策环境。另一方面，东盟数字基础设施建设水平不断提升，5G、区块链等前沿数字技术加速发展。同时，电子商务、数字金融、网约车等东盟数字经济优势领域依然保持良好发展态势。总体来看，东盟数字经济发展呈上升态势。

**关键词：** 东盟；东南亚；数字经济；数字金融

**Abstract:** In 2020, COVID-19 spread throughout the world, and ASEAN's digital economy keeps growing despite the obstruction of real economy. On the one hand, the epidemic has promoted the rapid development of e-commerce, food-delivery, express delivery and other digital economy segments，which pushed ASEAN countries pay more attention to the development of digital economy. Those countries have issued a number of policies to create a good policy

---

[1] 王一鹤，国家工业信息安全发展研究中心信息政策所工程师，长期从事数字经济战略、东南亚数字经济、数字乡村等领域研究工作。

environment. On the other hand, the level of digital infrastructure construction in ASEAN is constantly improving, and the development of 5G, blockchain and other cutting-edge digital technologies is accelerating as well. Meanwhile, e-commerce, digital finance, online car hailing and other advantageous areas of ASEAN's digital economy still maintain a good development trend. Overall, the development of ASEAN's digital economy is on the rise.

**Keywords:**　ASEAN; Southeast Asia; Digital Economy; Digital Finance

# 一、疫情为东盟数字经济发展提供新机遇

## （一）新冠肺炎疫情加速东盟数字经济发展

2020 年，受新冠肺炎疫情冲击，东盟实体经济受损严重，但也直接推动了其数字经济的发展。IDC 数据显示，新冠肺炎疫情期间，东南亚互联网用户人均每日上网时间达 4.7 小时。以流媒体、在线旅游、电子商务、出行与食物外送为代表的数字经济成交总额达到 1000 亿美元。2020 年外卖与快递的成交总额达到了 60 亿美元，超过了运输业的成交总额，预期未来将会继续增长。从国家角度看，缅甸政府数据显示，新冠肺炎疫情期间，缅甸网民使用的网络流量增加了 60%左右。同时，缅甸政府为了加大疫情防控力度，在仰光实行管控期间，推广使用二维码作为人员进出凭证，以更精准的方式监管人员进出。政府对数字化服务的需求迅速增长，使得提升信息基础设施水平成为经济发展的重要目标。印度尼西亚中央统计局（BPS）数据显示，2020 年，印尼信息和通信行业呈增长态势，两个季度的增长率高达两位数。其中，第二季度为 10.83%，第三季度为 10.61%。在马来西亚，大批民众、学生受制于限制令而无法出门，只能在家通过网络、智能电子设备延续正常的工作与学习，这促进了马来西亚电商领域快

速发展，让政府和民众看到了发展数字经济的必要性和重要性。

## （二）政策利好助力东盟数字经济加快发展

2020 年疫情期间，多个东盟国家政府出台政策，积极助推数字经济发展。缅甸新冠肺炎疫情防控中心委员会制定并出台了疫情经济救济计划，重点关注数字经济发展，鼓励国内电子支付和电子商务发展。缅甸当局还在经济救济计划中明确规定，国家向困难家庭发放补贴将通过 Wave Pay 等实施。柬埔寨出台《柬埔寨信息通信技术总体规划（2020 年）》旨在改善信息通信技术产业和人力资源开发、互联网连接、网络安全和政府电子服务，并在 2016 年通过电信和信息通信技术政策，概述了扩大信息通信技术基础设施和发展信息通信技术能力的政策措施和相关目标。越南政府批准了《2021 年至 2025 年阶段国家电子商务发展总体方案》（以下简称《方案》），《方案》提出，到 2025 年要实现 55% 的越南人口参加在线购买，人均年度购买金额达 600 美元。企业—消费者电子商务模式的电子商务收入每年增长 25%，达到 350 亿美元，并提出相应解决方案。预计未来几年电商对支付行业的拉动作用将进一步显现。菲律宾审议并支持多种旨在促进数字经济的相关法案，包括《电子政务法案》《国家数字职业法案》《国家数字转换政策》等。菲律宾贸工部表示支持与电子商务有关的各种法案，尤其是《互联网交易法》（或称《众议院法案 6122》），旨在通过该法案建立买卖双方之间的信任、更强的网络消费者保护、更安全的数字支付环境，以促进该国电子商务的发展。印度尼西亚总统佐科发布命令，要求加快国内数字化转型，印度尼西亚通信和信息部制定了一批战略，包括公平分配基础设施、制定数字化转换路线图、建设国家数据中心、储备数字化人才、制定必要的计划和法规。这些战略将提高公共服务质量，优化数字生态系统，并有助于提高印度尼西亚劳动力的数字能力。

## 二、数字基础设施建设水平不断提升

### （一）多国加快部署数据中心等新型基础设施

根据洛桑国际管理发展学院（IMD）发布的 2020 年世界数字竞争力排名，东盟各国政府投入大量资金推动升级其电信基础设施，其中，马来西亚（2.33 亿美元）、泰国（3.43 亿美元）和越南（8.2 亿美元）。2021年，马来西亚将在建设人工智能产业园的基础上建立超大规模数据中心，其最终容量规模将扩大到 100MW，将促进马来西亚人工智能产业的发展，带动公共服务设施的建设，培养本地专业人才及引进国内外大型投资，创造就业机会，带动马来西亚经济增长。越南信息和通信部将 2020 年定为"数字化转型年"，宣布将优先对基础设施、网络安全和培训领域进行数字化投资。在数据中心方面，越南最大的数据中心于 2020 年 5 月初开始在胡志明市高科技园区开始建设。在结算基础设施建设方面，NAPAS 将采取措施加快结算基础设施的建设，包括将磁条银行卡转换为芯片卡或将零售交易自动清算系统（ACH）投入运行。

### （二）全球资本积极参与东盟数字基础设施建设

IDC 数据显示，东南亚云计算市场增速全球领先，预计到 2025 年，东南亚的云计算市场规模将达到 403.2 亿美元。在马来西亚，NTT，Vertiv，AIMS 数据中心，G3 Global 和 PCCW 等知名厂商对当地新数据中心开发和新项目的需求不断增长。韩国三星公司将在越南投资 2.2 亿美元，在其首都河内建设东南亚规模最大的研发中心，这是三星电子集团研发建造的海外首座办公大楼，也是越南外资企业建设的最大研发中心。三星希望通过打造现代化研发中心来提升越南工程师在新产品研发及人工智能、物联网、大数据、5G 等领域的研究能力，为越南迎接第四次工业革命创造条件。截至目前，三星集团在越南投资规模已超过 170 亿美元。在印度尼西亚，亚马逊计划进行为期十年且高达 14 万亿印尼盾（约 9.51 亿美元）的投资，用于向印度尼西亚市场推出云计算服务和电子商务服务。另外，亚马逊将投资 28.5 亿美元，于 2021 年年底至 2022 年年初在印度尼西亚西爪哇省建立三个数据中心，以推动印度尼西亚初创生态系统的增长。腾讯云旗下国产金融级分布式数据库 TDSQL 在印度尼西亚 Bank Neo Commerce 银行新核心系统完成搭建并正式投入使用，推动后者实现分布式数字化转型。

## 三、5G 和区块链等前沿数字技术加快发展

### （一）5G 技术全面加速推广应用

2020 年 1 月，马来西亚政府批准 500 万令吉（约 120.9 万美元）用于 5G 生态系统开发奖励，鼓励更多 5G 应用试点项目，包括智能信号灯、智能停车、远程诊断、医疗旅游、远程医疗咨询、智能农业和车辆追踪等应用。同时，马来西亚预计在第三季度启动 5G 商业部署，到 2021 年年末，其民众可以分阶段享有 5G 科技服务。届时，马来西亚将成为区域内第一个率先建立 5G 生态系统，提供即时网络及公共服务的国家。越南积极部署 5G 网络，截至 2020 年 3 月底，其各大城市已做好 5G 商用准备。2020 年 6 月，新加坡电信正式获得了新加坡信息通信媒体发展管理局（IMDA）颁发的 5G 牌照，于 2020 年 9 月首次推出了其 5G 非独立网络（NSA），并计划联合其他电信公司从 2021 年 1 月开始部署全国独立的 5G 网络，预计在 2022 年底前覆盖新加坡至少一半的地区，并在 2025 年年底前扩大到全国覆盖。2020 年 7 月，菲律宾最大的国营电信公司 PLDT 旗下的 Smart 推出 5G 移动服务。2020 年 9 月，泰国宣布加快推广 5G 网络服务的商业应用，三家电信运营商完成了 5G 商用测试工作。2020 年 12 月，越南电信集团宣布启动 5G 商业试验，成为越南首家向客户提供 5G 服务

的网络运营商。印度尼西亚通信和信息部宣布，将在 2021 年加速 5G 的实施，并在印度尼西亚五所大学启动实施 5G 的试点项目，旨在维持和促进国民经济的改善，并建立一个有能力的数字生态系统。

## （二）区块链平台得到广泛应用

泰国完成了一个基于区块链平台的数字债券发行项目，该项目总额为两亿泰铢（约 650 万美元），由泰国政府公共债务管理办公室负责，通过泰国国有银行泰京银行的区块链平台向大众投资者发行。新加坡国家研究基金会（NRF）、新加坡企业发展局（ESG）和新加坡媒体发展管理局（IMDA）正在合作进行总额为 1200 万新元（约 900 万美元）的集体投资，以扩展新加坡的区块链研究，同时邀请近 75 家公司在未来三年内在贸易、物流和供应链等领域开展 17 个区块链相关项目。菲律宾联合银行（UnionBank）与渣打银行（Standard Chartered Bank）合作在区块链平台上完成了价值 90 亿菲律宾比索（约 1.87 亿美元）的零售债券代币化的可行性概念验证（PoC），为散户投资者提供直接获取债券的平台。马来西亚股票交易所（Bursa Malaysia Bhd）和新加坡金融科技解决方案提供商 Hashstacs Pte Ltd 合作探索通过区块链概念验证（PoC）发行债券，旨在探索和利用区块链技术和资产标记化带来的机遇，促债券市场的发展。

# 四、电子商务、数字金融、网约车持续增长

## （一）电商企业多措并举保持快速发展

2020 年，Lazada、Shopee 等电商平台同阿里巴巴开展合作，吸引了大量中国卖家，推动跨境电子商务快速发展。泰国电子商务协会调查显示，2020 年 JD Central、Shopee、Lazada 等大型电商平台将积极拓展收入来源，以弥补平台前期大量投资。目前，主要运营商已开始向在其平台上经营高端购物中心的网上商家收取佣金，并寻求其他收入来源。电商平台还同泰

国银行业开展合作，银行利用电商平台大数据向卖家融资并尝试采用人工智能进行贷款的风险管理。亚马逊、Lazada、Qoo10 和 Shopee 共四家电商企业参与中小企业电商促进计划，帮助中小零售企业开拓线上销售市场。此次促进计划由新加坡贸易和工业部下的新加坡企业发展局（Enterprise Singapore）出台，将帮助中小企业发布产品，并免费提供产品策划、市场营销、数据分析、电商业务培训等服务。对于出口海外市场的中小企业，将得到 CombineSell、SELLinALL、Synagie 和 Vinculum 四家电商平台的帮助，该局也出台了相应的多渠道电子商务平台计划。iPrice 研究数据显示，东南亚所有国家/地区的在线购物平台网站总体访问量均同比增长。其中，新加坡的增长率最高，与 2019 年相比增长了 35%，其次是菲律宾（21%）、越南（19%）、马来西亚（17%）、泰国（15%）和印度尼西亚（6%）。

## （二）数字金融领域加速发展

疫情期间数字金融发展迅速，数字支付、投资等都出现了较快增长。手机银行应用也得到了普及，其中越南 2020 年的月度用户增长率达到 73%。东南亚的现金使用率也随着电子支付的发展开始下滑，预计到 2025 年，现金使用率将不足 50%。在缅甸，2020 年 1 月至 9 月，移动金融服务业领跑企业 Wave Money 的在线汇款量达到 60 亿美元，超出 2019 年全年水平。用户方面，2020 年 9 月用户数量较 1 月增长 162%。截至 2020 年 11 月底，Wave Money 在缅甸 90% 的乡镇拥有超过 6 万个代理网点"Wave Shop"，用户数已达 2100 万。牛津商业集团公布数据显示，2020 年以来缅甸数字支付业务增长 7.1%，网络金融用户增长 20%。越南政府将力图实现法律框架与支付业务有效衔接，计划推行使用电子钱包或将不再要求绑定银行账户等新举措，以释放无银行账户的潜在用户群。泰国中央银行宣布计划建立一个依赖中央银行数字货币的支付系统原型，用于商业支付系统，希望借此降低交易费用，提高交易速度。越南政府各部门大力拓宽数字支付适用范围，工贸部出台鼓励商品及服务零售商开展网上支付业务的机制及政策；财政部就行政组织、事业组织的财政机制提供具体引导；卫生部指导与引导各医院开展无现金收费业务；交通运输部出台鼓励发展缴纳通行费、购买车票等为一体的多用途、多功能卡的政策。马来西亚通信和多媒体部（KKMM）与马来西亚数字经济公司（MDEC）合作，将向马来西亚民众提供1.38亿美元的免费互联网服务，并额外投入9200万美元，增加网络覆盖范围和能力，以保持和提升电信网络的稳定性和高质量，助力电子商务、电子支付等新兴数字经济行业的发展。2020年12月，马来西亚国家银行（Bank Negara Malaysia，BNM）发布《数字银行许可框架政策文件》，旨在通过合理规范数字银行发展，推动金融创新技术应用，改善马来西亚个人和企业财务状况，扩大普惠金融覆盖面，促进社会经济可持续增长。

### （三）网约车领域竞争趋势增强

2020年2月，越南网约车市场又增加了ZuumViet和Unicar两个新成员。这两家网约车企业开始大规模招聘司机，推出新服务，与Grab、GoViet、Be等网约车竞争，越南网约车市场实现跨越式发展。预计2025年该市场经济规模可达40亿美元。2020年，印度尼西亚公司Go-jek在越南上市，其他几家较小的公司和初创公司进入了这个领域，包括Aber、FastGo、VATO、MyGo和Be Group JSC。2020年，越南网约车行业的收入将超过20亿美元。2020年8月，欧洲网约车平台Bolt进军泰国，首次亮相由Grab和Gojek两大巨头主导的东南亚网约车市场。Bolt为实现突围，采取了"司机无佣金，乘客可享受比同行业低20%的最低价"的补贴政策。目前，Bolt在泰国首都曼谷约有2000名司机，共获得资金达4.1亿美元，投资方包括奔驰母公司戴姆勒和滴滴出行，其估值已达20亿美元。2020年9月，为了应对与Grab日益激烈的竞争，Gojek在泰国推出一款包含食品配送、网约车、收发快递和电子钱包等多种功能的超级应用平台Get，新平台成为泰国与越南用户通用的统一平台，旨在用全新外观与升级后的多项功能为用户提供更好的体验和更高的安全性，同时扩大泰国市场。

参考资料

1. 田原. 中国—东盟数字经济合作前景可期. 经济日报，2020-06-24（008）。

2. 卢子建. 主动作为 助力数字经济大合作大发展. 科技日报，2020-06-16（002）。

3. 谷歌，贝恩，淡马锡. 2019 东南亚数字经济报告，2019-01。

4. 谷歌，贝恩，淡马锡. 2020 东南亚数字经济报告，2020-12。

5. iPrice Group，SimilarWeb，AppsFlyer. 2020 年电子商务年终报告地图，2021-03。

6. 谷歌，淡马锡，贝恩. e-Conomy SEA 2019 报告。

# Ⅳ 专 题 篇

**Thematic Articles**

B.15

# 2020 年新冠肺炎疫情对数字经济的
# 影响及趋势研判

高晓雨　牛玮璐　王一鹤　路广通　李潇[1]

**摘　要：** 2020 年，突如其来的新冠肺炎疫情给全球经济社会发展带来巨大
冲击，数字经济以其线上化的优势，展现出极强的发展韧性，对
促进全球和我国经济稳定，保障人民生产生活发挥了重要作用，
也迎来新的发展机遇。未来，以云计算为代表的数字基础设施建
设需求将持续高涨，软件和信息技术服务业增速加快，电子信息

---

[1] 高晓雨，国家工业信息安全发展研究中心信息政策所副所长，高级工程师，专注于数字经济
政策研究；牛玮璐，国家工业信息安全发展研究中心信息政策所工程师，研究方向为数字经
济、数字贸易、数字经济国际规则等；王一鹤，国家工业信息安全发展研究中心信息政策所
工程师，研究方向为数字经济国际合作、数字技能等；路广通，国家工业信息安全发展研究
中心信息政策所工程师，研究方向为数字经济、平台经济、数字经济国际合作、数字税等；
李潇，国家工业信息安全发展研究中心信息政策所工程师，研究方向方向为数字经济战略、
数字化转型、数据要素等。

制造业恐存在供应链断裂失衡风险，我国数字化转型解决方案供应商迎来出海新机遇，线上线下融合消费双向提速，推动我国和全球数字经济实现更高质量发展。

**关键词：** 新冠肺炎疫情；数字经济；数字基础设施；互联网企业；产业数字化

**Abstract:** The COVID-19 pandemic brings social and economic crises to the world. The digital economy has been showing strong resilience during the pandemic with the characteristics of online, playing an important role in enabling a full economic recovery and guaranteeing production and daily lives. In the future, the demand of digital infrastructure including cloud computing will continue to rise; electronic manufacturing industry may exist the risk of supply chain broken; solution provider of digitalization will get new opportunities of in overseas market; the integration of online and offline has been speeding up. The digital economy in China and all over the world will achieve higher-quality development.

**Keywords：** COVID-19; Digital Economy; Digital Infrastructure; Internet Enterprises; Digitalization

2020 年，新冠肺炎疫情让生产、生活受阻，数字经济以其突破时空边界和产业局限的特征，改变了传统资源配置方式，从数字基础设施、数字产业化、产业数字化等方面实现促消费、稳增长、保民生，成为经济发展新动能。

# 一、数字基础设施建设按下"快进键"

全年来看，自新冠肺炎疫情暴发以来，随着人们生产生活方式向线上转移，对宽带通信服务的需求猛增。世界经济论坛的数据显示，新冠肺炎疫情期间全球互联网使用率增长了70%，社交App使用率增长了300%，视频流服务增长了近20倍。2020年，沙特G20数字经济任务组会议期间开展的"在新冠肺炎疫情期间支持业务模式数字化转型的政策选项研究"显示，加强数字基础设施建设成为G20成员制定新冠肺炎疫情期间数字经济政策的首要关注点。例如，加拿大、沙特阿拉伯、南非、土耳其和美国等国家将更多的频谱用于电信服务。澳大利亚实施财政减免计划，助力互联网供应商服务当地居民和中小微企业客户。以我国和新加坡为代表的国家不断加大对宽带网络投资的力度。2020年2月，工业和信息化部发布《关于做好宽带网络建设维护助力企业复工复产有关工作的通知》，要求网络运营商升级和扩展网络容量，加强对网络运行的监控，并提供及时的安装和维护服务等。从实施效果来看，尽管与2019年年底相比，新冠肺炎疫情期间我国的互联网流量增长了50%以上，但电信网络仍保持稳定和强劲。

长期来看，以云计算为代表的数字基础设施建设需求将持续高涨。2020年疫情带来的远程办公、在线学习等需求激增，大幅拉动了云计算的需求增长，同时也带动了服务器、存储和网络基础设施等云计算基础设施的发展。IDC数据显示，2020年全球云计算基础设施的投资估计达到695亿美元，在全球IT基础设施投资额中的比重为54.2%。新冠肺炎疫情期间，企业通过应用云服务降本增效的意愿不断增强，有调查表明，95%的企业通过云计算降低企业IT成本，超过40%的企业通过云计算提升IT运行效率。加之各国政府通过制定国家战略和行动计划鼓励云计算行业发展，预计云计算基础设施未来还将继续保持稳定增速。

## 二、数字产业化整体逆势增长

新冠肺炎疫情期间，在传统产业普遍受挫的情况下，数字产业展现出强大的生命力，带动经济总体向好发展。

### （一）软件和信息技术服务业增速提升，互联网企业与线上经营者争夺利益

全年来看，我国软件和信息技术服务业规模以上企业超4万家，累计完成软件业务收入8.16万亿元，同比增长13.3%。受新冠肺炎疫情影响，经济社会活动加速向线上转移，互联网行业实现逆势增长，带动软件和信息技术服务业整体增长。如表15-1所示，2020年，我国排名前30名的上市大型互联网企业总市值增长了63.8%，增速显著高于2019年和2018年。同期，全球排名前70名的互联网上市公司总市值增长了58.9%，增速同样高于过去两年。

表 15-1 近三年我国和全球领先互联网企业市值增速对比

| 时间 | 我国前30名大上市互联网企业市值增速 | 全球前70名大上市互联网企业市值增速 |
| --- | --- | --- |
| 2018 年 | −21.5% | −3.4% |
| 2019 年 | 38.2% | 41.1% |
| 2020 年 | 63.8% | 58.9% |

资料来源：国家工业信息安全发展研究中心整理。

在整体向好的背景下，全球不同国家、不同行业互联网企业受新冠肺炎疫情影响程度不同。分国家看，由于新冠肺炎疫情得到有效控制，我国企业在2020年市场业绩表现最好，市值增速近三年来首次超过美国，增速全球领先。分行业看，根据对电子商务、网络内容、传统服务与互联网融合（O2O）、其他四大行业2020年市场业绩的统计，O2O行业企业2020年市值增速高达102.67%，显著高于其他行业，如表15-2所示。在新冠肺炎

疫情影响下，餐饮、教育、医疗、酒店、零售、住房、金融、汽车等传统的线下服务正在加速向线上转移。

表 15-2　2020 年我国前 30 大上市大型互联网企业四大行业市场业绩对比

| 行业 | 总市值占比 | 年内市值增长率 | 总营业收入/亿元 | 总营收占比 |
|------|-----------|---------------|----------------|-----------|
| 电子商务 | 40.65% | 54.3% | 2443.44 | 56.5% |
| 网络内容 | 34.78% | 53.65% | 977.52 | 22.6% |
| 传统服务与互联网融合（O2O） | 16.25% | 102.67% | 361.86 | 8.37% |
| 其他 | 8.31% | 64.83% | 542 | 12.53% |

资料来源：国家工业信息安全发展研究中心整理。

与此同时，软件和信息技术服务业逆势上涨的趋势加重了互联网平台企业与平台上经营者争利的态势。近年来，电子商务渠道在我国社会消费品零售总额中的比重持续提升，但增幅不超过 3.4 个百分点。而在疫情影响下，2020 年实物商品网上零售额占社会消费品零售总额的比重为 29.99%，比 2019 年提高 9.2 个百分点，如表 15-3 所示，网络渠道逐渐成为各路商家售卖商品的主战场。这导致平台上经营者（网店卖家和品牌商）对互联网平台依赖度显著提升，互联网平台获得更高的"议价权"，得以向经营者加收"技术服务费"（佣金），平台上中小商家和生产制造厂商的利润正在向大型互联网平台快速转移。在增长最快的 O2O 行业，重庆、四川、河北、云南等多地的餐饮协会曾先后公开呼吁美团、饿了么等平台降低佣金费率，平台与经营者间的矛盾开始公开化。

表 15-3　近五年我国网上零售额及其占社会消费品零售总额比重

| 时间 | 网上零售额/亿元 | 占社会消费品零售总额比重 | 增长的百分点/个 |
|------|----------------|------------------------|----------------|
| 2016 年 | 51556 | 12.6% | 1.8 |
| 2017 年 | 71751 | 15% | 2.4 |
| 2018 年 | 90065 | 18.4% | 3.4 |
| 2019 年 | 106324 | 20.7% | 2.3 |
| 2020 年 | 117601 | 24.9% | 4.29 |

资料来源：国家工业信息安全发展研究中心整理。

## （二）电子信息制造业产业链波动明显，供应链断裂失衡风险加大

从 2020 年全年来看，全球电子信息制造业产业链波动明显。我国电子信息制造业在全球产业链中的作用举足轻重，在前期抗疫阶段，我国正值春节，企业复工复产困难，使电子信息制造业全球产业链紧绷，不少跨国公司生产线受到较大影响。Gartner 数据显示，2020 年上半年，全球智能手机出货量同比下降超过 20%。2020 年下半年，随着部分国家复工复产和供应链调整，全球电子信息制造业下滑趋势明显减弱。2020 第三季度全球智能手机出货量同比下滑 5.7%，降幅比上年收窄。

我国电子信息制造业呈现平稳发展态势。在疫情防控常态化形势下，我国电子信息制造业整体发展态势稳中有升。如图 15-1 所示，2020 年 1 至 11 月，规模以上电子信息制造业实现营业收入同比增长 7.8 个百分点，利润总额同比增长 15.7%，较 2019 年同期的 4.1%增加了 10.6 个百分点；规模以上电子信息制造业增加值同比增长 7.2%；2020 年 11 月，增加值同比回落 0.4 个百分点，但环比上升了 4.3 个百分点；2020 年 1 至 11 月，规模以上电子信息制造业出口交货值同比增长 5.4%，增速同比加快 3.8 个百分点；2020 年 11 月，规模以上电子信息制造业出口交货值同比增长 14.8%，增速同比回升 16.3 个百分点，整体发展较为平稳，略有提升趋势。

长期来看，我国电子信息制造业产供需受阻恐带来供应链断裂及失衡风险。电子信息制造领域行业分工较细、供应链复杂，企业生产运作的敏捷制造和零库存特征越发明显。疫情期间交通管制带来的物流效率下降，上游原材料及元器件供应商产能恢复受限，对企业生产效率影响较大。比亚迪微电子、中芯（绍兴）等部分晶圆制造产线面临运输车辆出入境、防护物资紧缺、供应链交付周期延长等问题。此外，新冠肺炎疫情加速蔓延和逆全球化逆流呈现叠加态势，以美欧为代表的发达国家开始调整产业链价值链发展模式和导向，全球产业链供应链"更短、更本地化、更分散化"趋势将进一步加强，全球产业链分工体系面临"去中国化"风险。如欧盟

"工业 5.0"愿景提出，要增强欧洲工业发展韧性，保障关键供应链安全。未来，欧洲会将其产业链供应链中的关键环节放在欧洲本地，减少对包括我国在内其他国家的依赖。

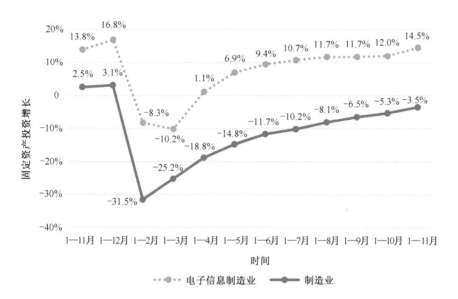

图 15-1　2020 年 1—11 月我国电子信息制造业固定资产投资增长情况

资料来源：工业和信息化部。

## 三、产业数字化转型步伐加快

新冠肺炎疫情期间，数字化水平高的企业抗"疫"能力明显更强，数字化转型领先的行业能够更快复工复产。经过此次疫情，传统产业比以往任何时候都更加清晰地意识到数字化转型迫在眉睫、刻不容缓。

### （一）产业数字化转型短期放缓长期提速，我国迎来窗口机遇期

从 2020 年全年来看，全球数字化转型短期放缓，为我国工业企业提供"弯道超车"机会。一直以来，欧盟、美国等经济体利用"工业 4.0"技

术推进数字化转型步伐世界领先。而受新冠肺炎疫情影响，大量企业原定数字化转型计划受阻。根据麦肯锡对全球 400 多家企业调研显示，2020 年成功实现"工业 4.0"规模化的企业仅占 26%，低于前三年水平。与此相对应的是，新冠肺炎疫情发生以来，我国数字化转型步伐加快。2020 年第二季度中国云基础设施服务支出达到 43 亿美元，同比增长 70%。这为我国推进转型发展提供了新的机会，若因势利导，支持传统企业加快转型，将有助于转危为机，进一步提升我国工业转型升级水平。

从长期来看，全球数字化转型进一步加快，为我国解决方案供应商带来出海机遇。新冠肺炎疫情再次证明了数字化转型的价值，进一步增强了企业数字化转型意愿。受访企业中，94%的认为新冠肺炎疫情期间"工业 4.0"技术让企业受益匪浅，65%的受访企业认为数字技术的前景比 2019 年更加乐观。而大多企业面临"不会转"问题，需要成熟的解决方案、转型经验。面对这一趋势，我国企业在应对新冠肺炎疫情中已经涌现出一系列好经验、好做法，具有重要推广意义，且部分数字化转型解决方案供应商针对疫情期间市场需求，以免费方式推出转型产品，市场占有率大幅提升。若加以引导宣传，有助于推动我国数字化转型服务走出国门，拓展国际市场。

## （二）新模式新业态迎来爆发式增长，线上线下融合消费双向提速

2020 年,新冠肺炎疫情造成诸多产业链中断,以电商直播、在线教育、远程办公为代表的互联网新模式新业态以其线上化、无接触、互动性的优势将中断的产业链接续起来，在促消费、稳增长、保民生等方面发挥了重要作用，也迎来爆发式增长。Wyzowl《2020 视频营销报告》调研数据显示，2020 年，全球 85%的企业将视频作为营销工具，92%的营销人员认为视频是营销策略中的重要组成部分。在我国，2020 年，重点监测电商平台累计直播场次超 2400 万场，在线教育销售额同比增长超过 140%，在线患者咨询人次同比增长 73.4%。

从长期看，经过疫情期间对用户数字化消费习惯的培养，加快了用户生活方式的线上化转移，将带动诸多服务业数字化变革，在线办公、在线教育、远程医疗、"零接触"金融等诸多线上新模式将成为商家与消费者互动的新平台和新阵地。未来，线下经济将继续蓬勃发展，但新型线上消费场景和商业模式便利化、多样化的优势已深入人心，将成为服务业等传统产业渠道拓展、模式创新和销量增加的有效补充，成为服务产业链的关键一环，逐步实现线上线下一体化和常态化。

## 四、对策建议

《中共中央关于制定国民经济和社会发展第十四个五年规划和二〇三五年远景目标的建议》指出要"发展数字经济，推进数字产业化和产业数字化，推动数字经济和实体经济深度融合，打造具有国际竞争力的数字产业集群"。为推进制造强国、质量强国、网络强国、数字中国建设，加快发展现代产业体系，推动经济体系优化升级，我们建议：

### （一）加强对新冠肺炎疫情影响的跟踪研究

建立政产学研多方联动的储备研究、动态预警与快速响应机制，鼓励就新冠肺炎对数字经济各行业各领域产生的影响出台专题报告，服务于政府决策和产业发展。持续跟踪网信领域100家全球智库数字经济领域有关成果，深入了解各国权威机构就新冠肺炎疫情对数字经济影响的趋势研判。排查驻华国外智库风险隐患，推动国内智库"走出去"，在海外设立驻外情报机构，加强在国际组织中选派我方人员。

### （二）加快数字基础设施建设

加快推动5G网络部署，促进光纤宽带网络的优化升级，鼓励以物联网、工业互联网、卫星互联网为代表的通信网络基础设施建设。把握数字技术快速迭代特点，积极推进以人工智能、云计算、区块链等为代表的新技术基础设施，加快推广"上云、赋智、用链"等新技术应用。加快全国一体化大数据中心建设，前瞻布局以数据中心、智能计算中心为代表的算力基础设施。

## （三）构建完善数字产业生态体系

充分调动和发挥地方积极性，加强在集成电路、工业软件等关键领域布局，鼓励创新链主体提高创新要素投入比例。聚焦产业链供应链短板，持续推进关键技术产品研发和产业化。面向云计算、人工智能、物联网、大数据等我国尚未取得全面领先地位，但具备一定技术储备和优势的新兴技术领域，布局我国开源生态体系主导架构。加强关键标准制修订，鼓励国家、行业标准与团体标准协同发展。在平台监管方面，注重将"防止资本无序扩张"与"鼓励企业海外扩张""核心技术自主创新"相结合，引导企业减少内部市场恶性竞争，发力技术创新和海外市场。

## （四）加快推动产业数字化转型

研究出台中小微企业数字化转型路线图，选取中小微企业需求大、共性强的场景，形成解决方案工具包，出台针对性帮扶措施，形成良好转型氛围，推动企业将数字化转型服务"用起来"。协同推进两化融合管理体系贯标和制造业"双创"等各方面工作，引导企业深化 5G、AI 等新技术的创新应用。进一步培育壮大在线教育、互联网医疗服务、在线文娱等各类消费新业态新模式，推广电子合同、电子文件等无纸化办公方式。加快传统线下业态数字化改造和转型升级，发展个性化定制、柔性化生产，推动线上线下消费高效融合、大中小企业协同联动、上下游全链条一体发展。

## （五）深化数字经济国际合作

深化数字经济双边、区域合作，积极推动中欧、中英等相关协定签署，充分利用二十国集团、亚太经合组织等多边机制，积极参与数字领域国际规则和标准制定。发挥《区域全面经济伙伴关系协定》（RCEP）作用，推动中日韩、中国—东盟数字经济合作，营造多元化、稳定化的数字供应链。建立数字企业"走出去"公共服务和培训机构，提升企业"走出去"服务水平。通过海外商会提高对企业的服务质量与覆盖范围，维护广大中国企业的海外投资利益。

**参考资料**

1. IDC. 全球云 IT 基础架构跟踪报告，2020-04。

2. 工业和信息化部.2020 年软件和信息技术服务业统计公报,2021-01。

3. 路广通. 2020 年我国大型互联网企业发展态势研究. 国家工业信息安全发展研究中心. 2020-12。

4. 工业和信息化部.2020 年电子信息制造业运行情况，2021-01。

5. 麦肯锡. 后疫情时代的工业 4.0 进程：拐点已现，2021-01。

6. Wyzowl. 2020 视频营销报告，2020-09。

# 面向"十四五"时期的"数字基建"：
# 概念框架、发展现状与推进举措

殷利梅　李宏宽　李端[1]

**摘　要：** 2020 年以来，"新基建"成为社会广泛关注的热点。新型基础设施的"新"字主要体现在数字化上，其核心就是数字基础设施。本文介绍了数字基础设施的概念和分层架构，梳理了 5G 网络、数据中心、工业互联网等代表性数字基础设施的现状，分析了面临的问题挑战，并提出了相应的对策建议。

**关键词：** 数字基础设施；5G 网络；数据中心；工业互联网

**Abstract:** Since 2020, "new infrastructure" has become a hot spot of widespread concern in society. The word "new" in new infrastructure is mainly embodied in digitization, and its core is digital infrastructure. This article introduces the concept and layered architecture of digital infrastructure, sorts out the status quo of representative digital infrastructures such as 5G networks, data centers, and industrial

---

[1] 殷利梅，国家工业信息安全发展研究中心信息政策所数字经济研究室主任、高级工程师，研究方向为数字经济战略、数字政府、数据要素；李宏宽，国家工业信息安全发展研究中心信息政策所技术产业研究室工程师，博士，研究方向为信息技术产业发展战略、产业生态、协同创新等；李端，国家工业信息安全发展研究中心信息政策所工程师，研究方向为数字基础设施、网络安全、数据安全。

Internet, analyzes the problems and challenges facing them, and puts forward corresponding countermeasures and suggestions.

**Keywords:** Digital Infrastructure; 5G Network; Data Center; Industrial Internet

## 一、引言

2020 年以来，新型基础设施建设（简称"新基建"）成为中央及地方发力的重点领域。2020 年 3 月 4 日，中共中央政治局常务委员会召开会议，强调要加快 5G 网络、数据中心等新型基础设施建设进度，这是继 2018 年中央经济工作会议、2019 年两会政府工作报告、2020 年 2 月 21 日中央政治局会议之后，国家再次强调"新基建"的重要性。随后，国家发展和改革委员会首次明确了新型基础设施的范围，具体包括信息基础设施、融合基础设施和创新基础设施。2020 年 4 月 28 日的国务院常务会议又进一步强调加快推进信息网络等新型基础设施建设。党的十九届五中全会也提出，"系统布局新型基础设施，加快第五代移动通信、工业互联网、大数据中心等建设"，为"十四五"时期的"新基建"指明了发展方向。从中央层面的政策布局不难发现，"新基建"的"新"字主要体现在数字化上，其核心是数字基础设施建设（简称"数字基建"）。随着数字经济时代加速到来，如何认识数字基础设施的概念框架，把握发展现状和面临问题，进一步明确"十四五"时期的建设路径并制定合理政策，成为亟待研究和解决的问题。

## 二、"数字基建"的概念框架

数字基础设施通常与信息基础设施二者混用，在凸显数据作为重要战略资源、核心生产要素的当下，数字基础设施出现的频率更高、使用更普遍。数字基础设施还没有明确的边界范围，一般通过列举的方式呈现。基于对各方提及的不同数字技术领域的共性归纳，本文认为，数字基础设施是指提供数据感知、采集、存储、传输、计算、应用等支撑能力的新一代数字化基础设施，数据如同血液流动在"数字基建"的每一个部分。

具体来看，数字基础设施主要由与数据相关的基础软硬件构成，包括网络通信层、存储计算层、融合应用层三层（见图 16-1）。网络通信层承担数据的感知、采集与传输，是信息空间里的"高速公路"，是数字基础设施的"感官"和"神经"系统，具体包括 4G、5G 等移动网络、光纤宽带、IPv6、卫星互联网等。存储计算层支撑海量数据的存储和计算，是数字基础设施的"大脑"，具体包括数据中心、云计算平台、人工智能算法等。融合应用层是管理数字基础设施和创造应用价值的"灵魂"，一类是支撑数字技术应用和产业数字化转型的通用软硬件基础设施，如工业互联网、物联网，通用操作系统等基础软件，以及行业应用软件、安全软件等。还有一类是对铁路、电网等传统基础设施的数字化改造和升级，如智能交通基础设施、智慧能源基础设施等。

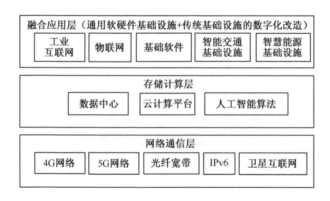

图 16-1　数字基础设施的三层架构

## 三、我国几种代表性"数字基建"发展现状

针对"数字基建"，各地纷纷制定了一批利好政策，启动了一批重大项目。通过对 31 个省份的调查，2020 年有 26 个省份出台了"数字基建"

相关的政策文件，占比为 83.9%，其中，北京、上海、重庆、浙江、山东、云南、四川、福建、广东等地明确提出了推进"新基建"的三年行动计划或实施方案，部分政策文件还安排了具体项目。据不完全统计，全国目前有超过 5000 个"新基建"项目，总投资金额超过 4 万亿元，"数字基建"是其中的重要内容。如河北省 2020 年、2021 年两年 5G 网络、数据中心、工业互联网、人工智能等新型基础设施拟开工和在建项目约 140 项，总投资达 1744 亿元。湖南省发布《湖南省"数字新基建"100 个标志性项目名单（2020 年）》，涉及 5G、大数据、人工智能、工业互联网，总投资 563.78 亿元。每类"数字基建"都有其自身发展规律、发展阶段和特点，中央及地方多次提及的 5G 网络、数据中心、工业互联网非常具有代表性。

## （一）5G 网络加速布局

基站建设方面，2020 年全年新增 5G 基站约 58 万个，累计建成 5G 基站 71.8 万个。截至 2020 年年底，5G 终端连接数超过 2 亿个，我国已建成全球最大的 5G 网络。

融合应用方面，"5G+工业互联网"支撑经济高质量发展。全国"5G+工业互联网"建设项目超过 1100 个，涌现出了机器视觉检测、精准远程操控、现场辅助装备、智能理货物流、无人巡检安防等一系列应用成果。高清、4K/8K、AR/VR 等新业务借 5G 东风迎来蓬勃发展期。这些新业务需要更高的速率、更低的延时，以及更灵活的业务部署能力。华为在 2019年 8 月发布的《5G 时代十大应用场景白皮书》中认为，VR/AR 技术是 5G技术相关度最高，市场潜力最大的应用场景。新冠肺炎疫情期间，5G 优势在武汉火神山医院的建设中得以彰显，数千万"云监工"共同见证 5G应用逐步落地。此外，医疗、教育、旅游等诸多领域纷纷尝试开展 5G 应用。

投融资方面，国务院国有资产监督管理委员会统计数据显示，通信企业加快 5G 网络共建共享和商业应用转化，2020 年全年完成固定资产投资 3730.7 亿元，同比增长 9.9%。作为最重要的"数字基建"之一，5G 投资巨大，需要提供新的融资机制，才能达到"为有源头活水来"。当前，政府和企业层面成立了许多 5G 产业基金（见表 16-1），为推进 5G 发展奠定了坚实基础。

表 16-1　部分 5G 产业基金设立情况

| 序号 | 基金名称 | 基金目标规模/亿元 |
|------|---------|------------------|
| 1 | 国家集成电路产业投资基金二期 | 2000 |
| 2 | 中国移动 5G 联合创新产业基金 | 300 |
| 3 | 湖南 5G 物联网产业基金 | 150 |
| 4 | 中国电信智慧互联产业基金 | 100 |
| 5 | 中国联通 5G 应用创新基金 | 100 |
| 6 | 北京 5G 产业基金 | 50 |
| 7 | 中国信科 5G 产业投资基金 | 50 |
| 8 | 杭州 5G 产业基金 | 20 |
| 9 | 新兴产业发展投资基金 | 10 |

资料来源：国家工业信息安全发展研究中心整理。

## （二）数据中心积极扩容

我国数据中心市场一直保持稳速增长，近三年市场规模增速在 30% 左右，2019 年中国数据中心市场规模超过 1000 亿元人民币。在产业良好的发展形势和政策红利的激励下，2020 年以来，全国各地政府及相关企业均纷纷开启数据中心投资建设陡增模式（见表 16-2）。如重庆于 2020 年 4 月集中开工了 22 个"新基建"项目，其中数据中心项目 5 个，仅腾讯西部云计算数据中心二期、中国华录重庆数据湖产业园、重庆移动—亚德（重庆西永）高等级数据中心 3 个项目投资总额就达 60 亿元。此外，电信运营商、信息技术企业和互联网企业等竞相增加布局，2020 年 3 月，中国电信粤港澳大湾区数据中心项目在广州从化签约动工，总投资 68.9 亿元，全部投产后可提供约 4.5 万个高功率机架；华为张掖云计算大数据中心二期项目开工；中国移动（西藏拉萨）数据中心一期项目奠基，投用后可提供 6600 个机柜。

表 16-2  2020 年以来部分数据中心投资建设情况

| 序号 | 开工时间 | 数据中心名称 | 投资金额/亿元 | 建设方（所在地） |
|---|---|---|---|---|
| 1 | 2020-03 | 开普勒大数据中心二期 | 13 | 中国电信（佛山） |
| 2 | | 五沙（宽原）大数据中心 | 16 | |
| 3 | 2020-04 | 腾讯西部云计算数据中心二期 | 60 | 重庆 |
| 4 | | 中国华录重庆数据湖产业园 | | |
| 5 | | 重庆移动—亚德（重庆西永）高等级数据中心 | | |
| 6 | 2020-03 | 粤港澳大湾区数据中心 | 68.9 | 中国电信（广州） |
| 7 | 2020-03 | 张掖云计算大数据中心二期 | — | 华为（张掖） |
| 8 | 2020-03 | 中国移动（西藏拉萨）数据中心一期 | — | 中国移动（拉萨） |
| 9 | 2020-03 | 华云信创云数据中心 | — | 华为（合肥） |

资料来源：国家工业信息安全发展研究中心整理。

## （三）工业互联网持续发力

建设进展方面，标识解析体系初具规模。全国标识注册总量已突破 100 亿，上线二级节点 85 个，涵盖 33 个行业、22 个省份，接入企业节点数量突破 9400 家。平台连接能力持续增强。具备一定行业区域影响力的平台超过 70 家，重点平台平均工业设备连接数突破 69 万台（套），工业 App 数量达 2124 个。安全保障能力显著提升，构建了多部门协同、各负其责、企业主体、政府监管的安全管理体系，国家、省、企业三级联动安全监测体系进一步完善，服务 9 万多家工业企业、135 个平台。

投融资方面，一方面，政府财政投入持续加大。国家大力推动工业互联网建设，逐年扩大财政投入，积极探索政府引导基金，各地产业基金也在不断涌现。2018 年国家财政投入工业互联网创新发展工程 30 亿元，2019 年达 60 多亿元。另一方面，社会融资比重不断上升。根据国家工业信息安全发展研究中心跟踪监测，2020 年国内工业互联网行业非上市融资事件共 310 起，同比增长 58.2%，其中超三成事件达亿元规模，披露总金额突破 350 亿元，同比增长 38.6%。云天励飞、京东工业品、汇川控制等企业先后完成超 2 亿元规模的大额融资。

## 四、面临的问题挑战

"数字基建"的内涵丰富、范围广泛，但是总体来看，还面临着一些亟待解决的共性问题。

### （一）数据管理能力亟待提升

数字基础设施承载着海量数据的流动与应用，数据管理能力的高低也影响着数字基础设施的部署开发和利用。当前，数据作为新的生产要素还处于发展的初级阶段，在管理模式、组织机制、开发利用等方面还存在着很多亟待解决的问题。一是数据治理顶层设计不完善。客观上存在"政出多门、多头指挥"的情况，多头规划、多头管理、职能交叉重复等问题依然存在，既不利于政府监管工作开展，也不利于产业发展。二是政府数据共享开放机制不健全。许多政府部门没有真正建立起互联网和大数据思维，数据采集、存储、使用，乃至系统建设等标准不统一，造成数据割裂，不同数据源之间缺乏共享机制及统一的存储、应用标准，增加了多方数据汇聚共享开放利用的难度。三是数据产业支撑能力有待改善。企业数据管理能力不足，数据产权不明确，管理职责混乱，管理和使用流程不清晰，造成数据维护错误、数据重复、数据不一致等情况时有发生。第三方数据交易体系尚不健全，价值评估、定价标准、数据质量、信用机制有待完善，影响了数据要素的交易和流通。

### （二）投融资模式仍需进一步探索

与传统基建相比，"数字基建"更多要靠市场的力量，吸引社会资本投入，但是当前数字基础设施的投融资还处于起步阶段，投融资资金有限，投融资主体不明确，尚未形成成熟的投融资模式。一方面，政府部门对"数字基建"的投资还存在一定的盲目性和不确定性。有专家指出，各省发布的投资计划内容大部分还是传统基建，"新基建"体量从广义角度最大占10%左右。如此推算，作为"新基建"的重要组成部分的"数字基建"占比更少。加之，"数字基建"常常同"传统基建"混为一谈，政府主导建设的多，社会资本引入的少，出现了一哄而上和重复建设，政府过量投资带来了债务居高不下、金融风险和宏观经济波动。另一方面，民间资本大多处于观望状态。当前，以5G、工业互联网等为代表的"数字基建"发展潜力巨大，但是市场前景不明确，产业生态不完善，很多民间资本都处于观望状态。加之政府还未形成适应"数字基建"发展的行业规则、设施标准、产业规划布局等，民间投资的积极性还未充分调动起来。

## （三）开源生态技术基础和运营能力有待补强

"数字基建"的技术迭代周期不断缩短，创新需求元素不断丰富，全球竞争日趋激烈，而开源模式凭借其强大的资源集聚和协同交互能力，以及特殊的非直接交易运营模式，已成为推进我国"数字基建"高质量、高效率、高安全性发展的重要支撑。当前我国"数字基建"开源生态在技术基础和生态运营层面仍面临一定短板。一方面，开源生态的建设缺乏关键核心技术的支撑。我国正在建立或筹划建立的自主开源基金会缺乏类似于Linux Kernel（Linux 基金会）、HTTPD web（Apache 基金会）、Nova 和Swift（OpenStack 基金会）等原创性的高价值技术基础。另一方面，生态运作模式的设计和创新较为薄弱。Google 通过公开 Android Open Source Platform（AOSP）建立安卓操作系统的开源生态，但利用系统内嵌套的非开源 Google Mobile Service（GMS）移动套件和 Open Handset Alliance（OHA）标准对生态进行垄断和限制。Red Hat 通过免费版的 Linux 系统快速占领市场并形成生态优势，同时推出在功能和性能等方面更强的付费版 Linux系统，借助免费版构筑的生态环境，在高性能、高标准的企业级市场形成垄断优势。我国在系统性生态运营模式的创新上还鲜有典型的成功案例。

## 五、推进"数字基建"的对策建议

应切实做好统筹谋划，抓住核心关键，坚持"拓长板、补短板"并举，围绕 5G 网络、基础软件、数据中心、云计算平台、工业互联网等重点领域，精准发力、以长补短、齐头并进，培育壮大数字经济新动能。

### （一）总体考虑

一是拓长板，加快推进 5G 部署应用。充分发挥电信运营商的主体作用，加大资金支持力度，加快 5G 基站建设，提升网络覆盖率。拓展 5G 应用场景，深化面向个人消费者和行业用户的深度应用，尽快形成引领性示范性应用。

二是补短板，着力发展软件产业。坚持应用牵引、市场主导，用市场化方式解决软硬技术适配性低等问题。深化融合应用，推进各行业各领域知识和技术的软件化，强化软件定义在工业互联网、大数据、人工智能等领域的推广。鼓励大型企业提升对开源生态建设贡献度，积极拓展我国企业与国际组织、标准机构和跨国企业之间的多层次开源合作。

三是聚资源，科学规划建设数据中心。加强超大型数据中心的统筹规划和建设，将规模小、效率低、资源耗费大的数据中心向大型数据中心迁移。优化数据中心运营管理，以智能运维技术代替人工运维，提升数据中心管理效率。打造节能环保的绿色数据中心。

四是搭平台，提升云计算服务能力。加快云计算技术创新发展，加强云数据库、大数据分析、人工智能平台等系统开发。加强云服务商和行业企业供需对接，深入推动中小企业上云，促进大型企业、政府和金融机构等更多信息系统向云平台迁移。

五是促转型，全面布局工业互联网。改造升级工业互联网内外网络，增强完善工业互联网标识体系。推动工业互联网平台建设及推广，加快工业数据集成应用。加快健全安全保障体系。

## （二）关键举措

### 1. 强化数据管理能力，激发数据要素潜力

一是完善数据治理政策法规体系。加强数据确权、数据流通、分类分级等数据治理关键问题的基础研究，加快推进涉及数据保护、个人数据隐私等相关方面的立法进程，完善我国数据法律法规和政策体系。二是推进政府数据共享和开放。加快推进国家数据共享交换平台建设，完善跨机构、跨领域数据融合应用机制，打通部门间数据壁垒，助力实现政府数据开放共享和高效管理，实现数据规范共享和高效应用。三是探索数据要素管理创新。编制重点行业、重点领域数据管理能力图谱和实施指南，开展企业数据管理能力成熟度评估，有效提升企业数据管理能力。

### 2. 创新投资建设模式，充分发挥市场主体作用

一方面，坚持以市场投入为主，支持多元主体参与建设，鼓励金融机构创新产品强化服务。通过更加丰富的市场手段吸引更多民间资本参与投资和运营，积极运用专项债、专项基金、PPP 等模式，探索产权质押等多样化融资模式，发挥现有的创投引导资金、产业基金等作用，鼓励创业投资基金、私募基金等社会资本支持。另一方面，政府制定行业规则、设施标准、产业规划布局，通过分类管理，引导和支持市场有序运行。深化"放管服"改革，放开市场准入，对各类资本一视同仁，调动民间投资积极性。

### 3. 深化开放合作，建立良好的开源生态环境

一方面，鼓励大型企业提升对开源生态建设贡献度。引导和支持有条件的行业领军企业，贡献标杆项目资源，联手打造具有国际影响力的"数字基建"自主开源生态。鼓励国内软件上下游企业提升对国内开源社区贡献度，在重点项目研发孵化、代码托管、开发框架等领域形成自主开源社区。另一方面，积极拓展我国企业与国际组织、标准机构和跨国企业之间

的多层次开源合作。积极融入国际开源社区，学习借鉴国际开源基金会、代码托管平台的运作模式，吸收引进最新开源生态治理成果。加强国际交流合作，对接国际化标准机构，不断完善国际标准体系和治理结构，逐步提升我国标准工作的国际话语权。

# 六、结束语

短期内"数字基建"是对冲疫情、拉动投资、提振经济的紧急之举，长期看更关乎经济转型、社会发展和国家繁荣。"十四五"时期，要科学把握新发展阶段，坚决贯彻新发展理念，服务构建新发展格局，加快发展"数字基建"，培育壮大数字经济新引擎，提高政府治理现代化水平，实现经济社会高质量发展。

**参考资料**

1. 中国国际经济交流中心、中国信息通信研究院. 2020 中国 5G 经济报告，2019-12。

2. 普华永道. 实现 5G 盈利之道——电信运营商如何在即将到来的通信技术变革中实现盈利，2019-04。

3. 国家工业信息安全发展研究中心. 2020—2021 年我国工业互联网产融合作发展报告，2021-01。

# 数据要素价值评估方法研究

方元欣[1]

**摘　要：** 随着数字技术手段的日益成熟，数据应用场景的边界不断拓展，数据的变现能力逐渐增强，数据要素对经济社会发展的乘数效应日益凸显。基于市场和非市场角度，分析数据要素的经济价值和社会价值，探究数据要素价值的影响因素，并对现有的数据要素价值评估方法进行前瞻性分析，为今后我国建立数据价值评估框架和健全数据要素市场体系提供发展思路和政策建议。

**关键词：** 数据要素；数据资产；数据价值；数据安全

**Abstract:** With the increasing maturity of digital technology, the boundaries of data application scenarios continue to expand, the ability to monetize data is gradually enhanced, and the multiplier effect of data elements on economic and social development is increasingly prominent. Based on market and non-market perspectives, this article analyzes the economic and social values of data elements, explores the influencing factors of data elements, and conducts a forward- looking analysis of existing data element value assessment methods to establish a data value assessment framework

---

[1] 方元欣，国家工业信息安全发展研究中心工程师，研究方向为数字经济战略与政策、数字贸易测度与规则、数据要素价值。

for China in the future, and improve the data element market system to provide development ideas and policy recommendations.

**Keywords:** Data Elements; Data Assets; Data Value; Data Security

2020 年 4 月，中共中央、国务院发布《关于构建更加完善的要素市场化配置体制机制的意见》（以下简称《意见》），首次将数据纳入生产要素范围，与土地、劳动力、资本、技术等传统要素并驾齐驱。《意见》明确"加快培育数据要素市场，推进政府数据开放共享，提升社会数据资源价值"。这是对数据要素价值的充分认可，也是推动数据成为我国经济高质量发展新动能的重要引领。随着数据的基础性战略资源地位的日益凸显，加快进行数据要素价值评估有利于帮助我国用好数据新生产要素和算力新生产力，全面释放数据要素红利，将数据资源优势转化为经济增长发展优势，推动我国经济迎来更广阔的蓝海。

# 一、数据要素价值的影响因素

作为人口大国与数字经济强国，我国拥有显著的数据资源优势。2018年，我国数据规模为 7.6ZB，约占全球的 23.0%，预计到 2025 年增长至48.6ZB，约占全球规模的 27.8%，成为全球最大的数据圈。基于市场角度，数据要素加快各个产业的数字化转型，推动新模式、新业态走向成熟，为经济增长注入创新与发展活力。基于非市场角度，数据要素成为政府管理和社会治理模式创新的重要驱动力，对提升政府公信力、增进人民福祉、促进社会发展等发挥了重要作用。

## （一）数据的市场价值体现

当前，数据要素的市场潜力正在释放，全球数据市场价值呈现高速增长态势。2019 年，全球大数据市场总体价值约 490 亿美元，2025 年将增长至 900 亿美元，整体实现翻一番。数据要素的市场价值主要通过以下三种方式变现。

一是数据驱动型企业的内部优化。对于企业自身而言，数据驱动型模式的优势在于提高其自主性调节能力和商业生产力。对数据的分析和应用服务于企业内部的经营决策、业务流程和生产效率，帮助企业提高盈利能力和/或降低运营成本。以制造业为例，制造业企业间通过共享生产设备数据，可延长机器的正常运行时间，解决产品质量、能源损耗等问题，以达到优化企业资产的目的。此外，企业通过数据技术实时跟踪产品及零部件的供应链，可以及时调整生产计划，降低库存水平，应对突发事故。

二是数据业务的外部商业化。相对于数据对企业内部的自我优化，数据要素的外部作用主要体现在数据业务模式的拓展。通过打破信息壁垒，数据帮助第三方企业根据市场环境变化采取更加合理的商业行为和策略，进而优化市场供求结构。例如，大型电子商务企业基于其庞大的用户基数，建立了消费者统一的身份识别体系，通过收集分析用户数据，了解用户的消费需求、品牌认知、品牌忠诚度等特征，建立消费者用户画像图册，以此为品牌商提供数字营销策略，并在其渠道矩阵上实现精准广告投放。

三是数据交易的产业化发展。2013 年，英国数据档案馆（UK Data Archive）提出"数据生命周期"（Data Life Cycle）概念，即数据价值的开发和利用过程，包含数据的创建、处理、分析、保存、访问、复用六个循环往复的环节。由于数据供给方和需求方难以匹配成功，数据资源无法得到有效配置，数据生命周期的运转往往不通畅。在此背景下，大数据交易产业应运而生，大数据交易平台成为数据供给方和需求方进行数据资源交易的重要载体。据贵阳大数据交易所预测，2020 年我国大数据交易市场规模将达到 545 亿元，是 2015 年市场规模的 16 倍。

现存的数据交易平台主要分为三种类型：一是数据经纪商模式。数据经纪商的平台业务不仅包括数据收集，还囊括了数据处理、数据加工、数据分析等个性化增值服务。例如，美国数据服务商 ID Analytics 通过收集和处理个人信用数据，为政府和商业机构提供以身份认证、交易欺诈检测和认证为目的的数据分析服务。二是众包数据服务商模式。数据服务商凭借其数字技术能力，基于众包模式为用户提供数据标注、制作、采集服务。例如，数据堂、百度数据众包平台等服务商利用其数据处理技术和人才优势，从智能安防、智能驾驶、智能家居等多种复杂场景采集和提取数据，为人工智能企业提供数据采集和标注服务。三是第三方数据平台模式。数据平台主要扮演中介的角色，以提供数据交易服务和健全数据交易标准为主要业务。数据提供方和数据购买方经数据平台的审核认证，进行数据定价和买卖。例如，贵阳大数据交易所接入 225 家数据源，为买卖双方提供脱敏脱密、安全认证的数据交易场所，以及数据确权、定价、结算、交付、安全保障、资产管理等配套服务。

## （二）数据的社会价值体现

2019 年，OECD 提出"政府数据价值周期"（Government Data Value Cycle）模型，为数据的公共价值奠定了理论基础。该模型提出了政府数据的四个阶段：一是数据的收集和生成；二是数据的存储、保护和处理；三是数据的共享、策划和发布；四是数据的使用和重复使用。这四个阶段并非按照线性方向进行，而是通过反馈循环和更新迭代进行的。根据"政府数据价值周期"模型，在最后两个阶段，即在数据的共享、策划、发布、使用与重复使用的过程中，数据的社会价值得以充分释放。"数据驱动的公共部门"（Data-Driven Public Sector，DDPS）是最具代表性的例证。如图 17-1 所示，数据的开放共享和循环使用对于提高政府决策能力、治理水平和服务效率起到关键作用。

一是公共部门对数据的使用能帮助其从经验决策走向科学决策，提高决策的精准性、科学性和预见性。例如，2017 年美国政府将地理信息和犯罪数据相结合分析，帮助警方进行风险地形建模，有效配置警力资源，从而促使新泽西州纽瓦克市的枪支暴力事件下降 35%，亚利桑那州格伦代尔市的犯罪率下降 40%。

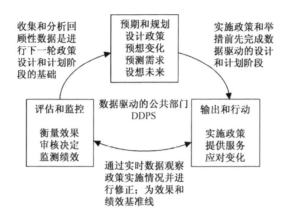

图 17-1 "数据驱动的公共部门"（DDPS）流程图

来源：OECD。

二是公共部门通过数据不断提升行政管理、社会治理效能，使政策措施能落到实处，执行到位，并削减不必要的开支。例如，我国通过构建大数据扶贫系统和服务平台，准确界定符合救助标准的贫困人口数量、分布地区等信息，对扶贫范围内的对象进行准确的需求评估，从而保证扶贫措施能够精准到户。

三是政府数据的开放共享能有效改善居民的生产方式和生活水平，为社会发展带来间接的经济效益。欧盟数据门户预测，截至 2020 年年底，欧盟 28 个成员国的私营部门将因政府数据开放而增加近 10 万个工作岗位。交通数据的实时共享每年能帮助居民节省 6.29 亿小时的道路等待时间，减少 5.5%的道路交通死亡人数和 16%的能源消耗。

## （三）数据要素价值的影响因素

数据要素价值能否得到有效开发和利用主要取决于三个因素。一是数据的基本特征，即数据的容量（volume）、时效性（velocity）、多样性（variety）、价值密度（value）、真实性（veracity）五个维度，这五个维度决定了数据资源能否有效发挥作用。其中，数据的价值密度和真实性是

281

数据业务增值的重要因素，决定了数据使用者能否及时准确地进行决策分析，而数据的容量和多样性则是对数据价值变现的考验。在数字经济时代的背景下，数据规模急剧增长，数据结构复杂多样。能否从庞大和杂乱的数据"洪流"中提取有效信息，是影响数据质量的关键。

二是数据的经济属性，即数据是否作为一种公共产品存在。公共产品的特点包括非竞争性和非排他性。前者指对某一产品的消费不会影响他人对其消费，后者指对某一产品的使用不会排斥他人对其使用。作为一种生产要素，数据具有部分非竞争性，绝大部分数据可以被重复使用，且不影响其容量和质量。这意味着数据可以供多个主体重复使用，数据要素新增的产出或收益不随数据的使用次数而递减，其边际成本非常低。但数据是否具有非排他性的关键在于其所有权问题。如果数据属于私有资产，数据所有者有权阻止他人访问和使用其数据库，则数据具有排他性。由于目前数据的所有权、使用权等尚未得到法律充分认同和明确界定，这将对数据资源的市场交易和广泛利用产生影响。

三是外部技术环境。作为一种"原材料"，数据要素资源只有得到有效处理和提纯，才能产生经济价值，成为用于生产商品和服务所需要的中间产品，即数据资产。这意味着从数据资源转换成数据资产需要外部技术环境的支持，即数字技术手段的成熟度、数字技术的使用能力、数字技能的人才数量等外部因素。尽管数据对经济增长和社会转型的重要意义受到普遍认可，但数据自身的无形性、虚拟化特征及数据对各个领域的渗透作用增加了数据要素价值评估研究的难度。目前，数据要素价值的评估方法仍在初步探索阶段，主要从市场和非市场两个角度出发，分别衡量数据要素的市场价值和社会效益。

## 二、基于市场角度的数据要素价值评估方法

对数据要素的市场价值进行评估的前提是假定数据是一项资产，通过借鉴实物资产评估通用的方法进行价值衡量。在此理论基础上，本文按照

市场法、收益法和成本法三种通用形式对已有的价值评估方法进行归纳分类和可行性分析。

### （一）市场法

市场法主要指代数据资产在交易市场上的价格或数据密集型企业的市场溢价。一方面，通过直接观察某一类数据集的市场定价来估算特定数据资产的价值。Wayman 和 Hunerlach 等学者认为这种方法具有"自上而下"的特点，具体而言，先假定数据的价值建立在其量的大小、内容、性质、可用性、成熟度、唯一性和质量等多项内在要素的基础上，再通过观察到的市场定价来"向下"推出数据各要素的价值，进而估算同等可比数据资产的价值。例如，2018 年美国制药巨头 GSK 为研发新药和治疗方法，花费 3 亿美元从加利福尼亚一家 DNA 测试公司购买了对 500 万人基因组数据库的独家访问权，由此可估算个人遗传数据的市场价值为 60 美元。该方法的优势在于数据直接来源于市场交易，具有一定的可靠性和市场敏锐性；局限性在于，由于数据交易的合法性有待商榷，数据交易市场存在复杂性和不透明性，直接观察特定数据资产买卖价格存在困难。

另一方面，通过股票市场估值来间接衡量数据的价值。研究发现，同一行业内数据驱动型企业的市场估值往往高于其他企业的估值，其市场溢价应被视为数据资产的价值。例如，2011 年脸书上市时的资产价值仅为 66 亿美元，但其市值超过 1000 亿美元。在不考虑其他因素的前提下，脸书隐形的"数据资产"，即 8.45 亿人次的月活跃用户量的市场价值超过 900 亿美元。2012 年，脸书宣布以 10 亿美元收购 Instagram。收购时后者拥有的活跃用户数量超过 4000 万人，注册用户数突破 1 亿人。2016 年，微软以 262 亿美元收购资产价值仅为 30 亿美元的职场社交平台领英，后者拥有 4 亿条用户职场信息，市场溢价为 232 亿美元。该方法的局限性在于较难确定市场在评估这类数据密集型企业时是否同时考虑其他重要因素，如企业自身的数据分析能力和其他技术条件。

## （二）收益法

收益法主要指计算价值链上因数据资产产生的增量现金流，即收入增量、成本降量或两者兼而有之。以电子商务平台为例，作为一个循环链，数据价值链包括三个主体和四个价值创造/变现环节：消费者为平台贡献了消费数据和用户信息；平台以其庞大的数据库和数据分析能力为第三方卖家提供更加准确的需求预测、咨询和管理服务、数据定制服务；第三方卖家为平台贡献了佣金、广告收入和其他数据定制服务收入；平台为消费者提供更加物美价廉的商品和更优质的服务（见图17-2）。在数据价值链上，衡量数据价值最直接的方法是观察第三个环节，即平台通过变现用户流量而获得的佣金、广告收入、其他定制化数据服务收入。具体而言，平台通过收集、处理、分析用户数据，为第三方商家提供用户画像精准营销服务和其他服务，从而赚取相关费用。例如，2020年第一季度，脸书营收达到177.37亿美元，其中广告收入为174.4亿美元，占比高达98.3%。该方法的局限性在于无法捕捉到数据价值链上其他三个环节数据创造的价值，如平台利用数据对搜索引擎算法做出改进，进而提升的用户体验。

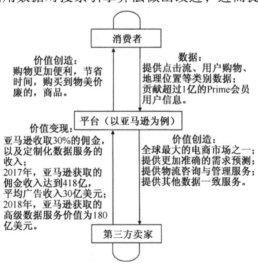

图 17-2　电子商务平台数据价值链——以亚马逊为例

来源：Research Institute of Economy，Trade and Industry。

### （三）成本法

成本法指的是衡量数据价值创造所需要的成本，即将数据对经济贡献的价值纳入国民经济核算体系中。Coyle 等人认为，绝大多数数据的价值体现在其他商品和服务的产出中，而传统国民经济统计方法只能捕捉到处理数据的成本，且主要是人工成本，而非生成数据的成本。因此，其建议扩大传统统计范畴，将企业对有用数据的创造视为对数据资产的投资，并将创造有用数据的成本视为数据资产的价值，该方法的局限性在于数据的价值可能远超过生成数据的成本。德勤、阿里研究院则提出了另一种思路，将数据的价值视为重置成本和贬值因素的差值（数据的价值 = 重置成本 -贬值因素）。对于企业内部生成的数据，重置成本指的是收集、存储、处理数据所需的人力和设备成本（如本地储存硬件的维护成本或云储存服务器的租用成本），以及数据服务业务所需的研发和人力成本（如雇佣数据分析师的成本），而贬值因素指的是由于数据的时效性或准确性减弱引发的贬值。该方法的局限性在于生成数据资产的成本难以切割，如搜索网站可用于收集数据，但对网站的维护成本能否纳入对生成数据的投资还有待商榷。

## 三、基于非市场角度的估值

作为一种新型生产要素，数据对经济社会发展的重要性日益凸显。然而，数据本身的特殊性和复杂性决定了数据价值评估所面临的巨大挑战，单从市场角度很难捕捉到数据对社会产生的无形效益和影响。为此，Coyle 等人提出了条件价值法（Contingent Valuation Methods）来评估数据对社会的溢出效应，具体方法是采用问卷调查形式直接考察受访者在假设性市场里的经济行为，以得到消费者/用户支付意愿来对数据价值进行计量的一种方法。

以 2017 年伦敦交通局开放数据价值的调查研究为例，该研究通过对乘客、伦敦经济、伦敦交通局三个目标对象展开问卷调查来估算开放数据产生的社会价值。对乘客而言，伦敦交通局大数据开放平台的实时交通信息和路线规划服务帮助乘客每年节约 7000 万～9000 万英镑的出行时间成本，并为此前订阅了收费短信提醒的乘客省去了 200 万英镑的订阅费用。对伦敦经济而言，许多伦敦企业因使用了交通局开放的数据而增加了收入，预计每年对整个供应链和经济社会产生 1200 万～1500 万英镑的增值，并为社会贡献了近 730 个工作岗位。对伦敦交通局而言，其大数据开放平台允许市场开发新的交通应用程序和服务，其 App 上目前拥有 1.3 万多名注册开发人员，交通局不必投入开发新的应用程序，可以省去大量潜在成本。此类方法能有效估算单一数据资源产生的社会效益，但形成系统性、多领域的数据要素社会价值统计体系仍有一定的操作难度。

另一个重要实践是通过调查消费者/用户为个人隐私保护的支付和接受意愿来衡量个人数据价值。Winegar 和 Sunstein 在对近 2500 名美国用户的调查中发现，一般消费者每月愿意支付 5 美元用于维护数据隐私，但要求 80 美元才能允许访问个人数据，支付意愿和接受意愿存在较大差距。现实中的实例包括：2017 年，美国保险公司 Anthem 因泄露近 8000 万客户的个人数据而遭客户起诉，最终同意为每位客户支付 235 美元的赔偿金；2019 年，脸书用户指控平台通过照片标记工具，未经许可收集用户照片上的人脸信息，最终双方达成和解，脸书共赔偿 5.5 亿美元，平均每位诉讼的用户能获得 150～300 美元不等的赔偿。此外，各地法律规定的差异也会影响用户对数据赔偿的接受意愿。例如，加利福尼亚州的《消费者隐私法案》规定企业侵犯用户隐私应赔偿不高于 750 美元/人，而伊利诺伊州的《生物特征信息隐私法》规定的赔偿金额为 1000～5000 美元/人，赔偿金额规定的不同将影响用户的接受意愿，进而影响个人数据价值判断的准确度。

## 四、发展建议

当前，我国数据要素市场发展仍处于起步阶段，推进数据要素市场体系建设对充分激发数据要素活力具有重要意义，也是我国将数据资源优势转化为经济增长发展优势的迫切需要，对此提出以下四点建议。

一是建立数据价值评估体系。数据自身具有无形化、可再生、易流通等特殊属性，加上数据应用场景的多样性，数据资产的价值评估存在复杂性。目前，仍未形成成熟的数据要素价值评估方法和框架，现有评估方法亦存在诸多局限性。应尽快建立数据要素价值评估基本框架，根据数据的行业、类别、属性等建立多层次的数据要素价值评估体系，为数据交易定价规则的制定提供基准，从而提高数据要素参与价值创造的效率，为数据要素市场发展营造公平合理的环境。

二是健全数据产权制度体系。加快健全数据产权制度体系是推进数据要素市场配置的重要基础。目前，数据产权归属问题尚未明晰，数据的所有权、支配权、使用权、收益权等仍存在法律空白。应加快个人数据产权的界定，明确数据主体权属的分配，规范数据主体的市场行为，保护相关数据权利主体的合法利益，为数据资源在市场上的交易流通奠定法律基础。

三是加强规范数据交易产业。尽管国内数据交易产业蓬勃发展，数据资产交易行为日益增多，但大数据交易产业亟待国家层面的规范引导。应探索建立全方位、多层次的法律监管体系，根据数据分级、分类确定数据交易的边界，健全对数据资源交易流通的合规审查，为大数据交易产业发展形成健康、有序的生态圈。

四是构建数据要素治理体系。构建数据要素治理体系是数据安全和价值的重要保障，也是影响数据产业后续发展潜力的关键因素。应加快构建数据要素治理体系，规范对数据的使用行为，落实个人信息保护与数据安全责任，加大侵犯公民隐私的惩罚力度，加强数据安全意识，从而有效地维护公民个人权益和国家利益。

**参考资料**

1. David Reinsel, Lianfeng Wu, John F Gantz, et al. The China datasphere: primed to be the largest datasphere by 2025, 2019。

2. Arne Holst. Forecast revenue big data market worldwide 2011-2027. Statista, 2020。

3. World Economic Forum. The global risks report 2020, 2020。

4. UK Data Archive. Data life cycle & data management planning, 2013。

5. 赵栋祥，陈烨，张斌. 数据集市及其在交易中的价值. 图书情报工作，2017，61（13）：5-12。

6. 贵阳大数据交易所. 中国大数据交易产业白皮书，2016。

7. The Organisation for Economic Co-operation and Development. The application of data in the public sector to generate public value, 2019。

8. Apolitical. US police use data to focus on places, not people, and cut crime by up to 40%, 2017。

9. European Data Portal. The benefits and value of open data, 2020。

10. Chris Wayman, Natasha Hunerlach. Realising the value of health care data: a framework for the future, 2019。

11. PricewaterhouseCoopers. Putting a price on data, 2019。

12. Diane Coyle, Stephanie Diepeveen, Julia Wdowin, et al. The value of data: policy implications, 2020。

13. 德勤中国，阿里研究院. 数据资产化之路数据资产的估值与行业实践，2019。

14. Winegar Angela G, Sunstein Cass R. How much is data privacy worth? a preliminary investigation. Journal of Consumer Policy, 2019, 42(2): 425-440。

# 2020年我国数字贸易发展报告

方元欣　王梦梓[1]

**摘　要：** 在数字技术的驱动下，数字贸易蓬勃兴起，成为国际贸易发展的新趋势，为全球经济活动运行注入了新动能。联合国贸易和发展会议（UNCTAD）数据显示，过去十年间，可通过数字形式交付的服务出口额年均增长率约为7%～8%，全球范围内超过一半的服务贸易实现了数字化。

**关键词：** 数字贸易；数字化转型

**Abstract:** Driven by digital technology, digital trade has flourished and has become a new trend in the development of international trade, injecting new momentum into the operation of global economic activities. According to the United Nations Conference on Trade and Development (UNCTAD), in the past decade, the average annual growth rate of service exports that can be delivered in digital form is about 7%～8%, and more than half of the global service trade has been digitized.

**Keywords:** Digital Trade; Digital Transformation

[1] 方元欣，国家工业信息安全发展研究中心工程师，博士，研究方向为数字经济战略与政策、数字贸易测度与规则、数据要素；王梦梓，国家工业信息安全发展研究中心工程师，博士，研究方向为数字经济测度、产业数字化、数字经济战略。

## 一、数字贸易的概念和发展框架

2019 年 11 月 19 日，中共中央、国务院发布《关于推进贸易高质量发展的指导意见》，提出加快数字贸易发展。积极参与全球数字经济和数字贸易规则制定，推动建立各方普遍接受的国际规则。衡量数字贸易规模，对于我国把握总体宏观形势、制定相关政策法规、参与全球规则和市场竞争具有重大意义。目前，国际和国内社会对数字贸易的内涵和定义仍未达成共识，主要争议在于交易形式、交易性质和交易标的上。

### （一）数字贸易的内涵定义

当前国际对数字贸易概念存在两种较为权威的说法：一是"宽口径"定义，即"所有通过数字化形式订购和/或交付的贸易"都可称为数字贸易，将数字贸易划分为数字订购贸易（电子商务）、数字交付服务（数字服务贸易）、数字中介平台赋能贸易等三个部分。目前，以 OECD、WTO、IMF 为首的国际组织暂时秉持这一观点。此外，美国国际贸易委员会（USITC）在 2014 年的报告中也对此有所提及。二是"窄口径"定义，即数字贸易指的是"通过数字化交付的服务贸易"，其交易标的以无形的服务和信息为主，不包括在线订购的货物和有数字对应物的实体货物。最终 USITC 和美国国会研究服务中心（CRS）都采用了"窄口径"定义，为其参与全球数字贸易规则制定和市场竞争奠定了理论基础。"宽口径"和"窄口径"定义的区别在于前者涵盖了跨境电子商务，后者则认为数字贸易是服务贸易中的一部分，不涵盖跨境电商类的货物贸易。

在国内，商务部、中共中央网络安全和信息化委员会办公室、工业和信息化部在《关于组织申报国家数字服务出口基地的通知》（商办服贸函〔2019〕245 号）中将数字服务定义为"采用数字化技术进行研发、设计、生产，并通过互联网和现代信息技术手段为用户交付的产品和服务"，包括信息技术服务贸易、数字内容服务贸易和通过互联网交付的离岸服务外包三个类别。我国学者贾怀勤教授认为数字贸易包括了信通服务全部贸易和数字技术已融合服务的贸易。其中，数字技术已融合服务（Digital Technology-Integrated Services）指的是数字技术可融合服务（Digital Technology-Integratable Services）中已实现融合的部分，排除了"尚未被数字技术融合的贸易"。测算数字技术已融合服务的贸易数据，可先通过重点企业服务贸易统计监测调查问卷测算融合比。

我们主张采用数字贸易的"窄口径"定义，主要基于以下考虑：一方面，当前全球范围内的数字贸易大国，尤以美国为主，对"窄口径"定义已形成一套规则诉求和谈判体系。使用"窄口径"定义与国际标准统计口径接轨，能帮助我国更准确地研判国际形势和发掘本国优势，从而更积极地参与国际规则制定和全球市场竞争。另一方面，我国电子商务相关的理论研究、测度体系和政策方针已步入成熟期，但服务贸易相关的研究仍处于起步阶段。将"窄口径"的数字贸易概念与电子商务概念并行独立发展，使前者侧重于服务贸易，后者聚焦于货物贸易，可形成相辅相成的作用。数字贸易概念框架如图18-1所示。

**图18-1　数字贸易概念框架**

资料来源：国家工业信息安全发展研究中心。

综上所述，我们认为数字贸易是以数字技术为内在驱动力，以信息通信网络为主要交付形式，以服务和数据为主要标的的跨境交易活动。具体而言，从交易性质来看，数字贸易包括通过数字化形式交付的服务贸易和数字中介平台赋能的贸易。其中，数字中介平台赋能贸易指的是为买卖双方提供交易平台和中介服务的贸易活动，如滴滴、美团等在线平台为商家和用户提供数据服务的行为。从交易标的来看，数字贸易的主要标的是服务、信息和数据。部分信息和数据可通过非货币形式来呈现，如百度、搜狗等搜索引擎为用户提供的免费搜索服务。需要注意的是，只有通过数字化交付形式进行的服务贸易属于数字贸易，通过光盘等磁盘介质交互客户的贸易行为不在数字贸易范畴内。

## （二）数字贸易的发展特点

作为一种新型贸易形态，数字贸易是新一代信息通信技术与全球产业链、价值链深度融合的产物。其发展特点可归纳为三点。

一是服务贸易的可数字化。随着移动通信的快速发展和无线网络的全面覆盖，瞬时达、零成本的数据传输模式大大提高了服务的可数字化和可贸易性，服务可以更多地突破"境外消费""商业存在"和"自然人移动"等传统模式，以电子可下载格式进行远程跨境交付。这不仅推动了全球范围内信息通信类、商业金融类、咨询管理类等生产性服务外包规模增加，而且加快了电子图书、数字音乐、网络游戏等数字内容服务的传播速度。

二是服务类型的更多样化。数字技术应用发展创新了服务的形式、内容和类型。一方面，以社交媒体、搜索引擎为主要代表的数字中介平台快速成长，成为数字内容服务创新创造的重要载体和传播渠道。移动社交、短视频、网络直播、手机游戏等新型数字内容涌现，迎来高速发展机遇。另一方面，基于大数据、云计算、物联网、人工智能等新一代信息通信技术发展起来的服务应用日益活跃。线上办公、远程教育、远程医疗等新兴模式快速崛起，推动了数字服务行业的提质升级。

三是交易角色的趋于多元化。互联网技术的成熟打破了时空限制，将全球资源纳入互联虚拟空间中，使更多群体能参与进来，大众智慧得以有效凝聚。一方面，数字技术的出现颠覆了传统的用工方式和生产模式，使个体得以突破地理位置和准入门槛的限制，更多地参与到生产和交易活动中。众包、众创等互联网协作式平台，充分发挥长尾协同效应，对闲散化、碎片化的劳动力进行合理配置和充分利用，为个体进入全球价值链分工体系提供了更多机遇。另一方面，数字贸易模糊了供给侧和需求侧的界限，C2M（顾客对工厂）、UGC（用户生成内容）、PGC（专业生产内容）等模式的出现使消费者可以同时扮演生产者和供给者的角色。例如，C2M颠覆了传统零售思维，通过反向定制服务使消费者直接参与到产品的研发设计，从而实现由用户需求直接驱动生产制造。UGC使得互联网用户能同时扮演数字内容的接受者、创作者和传播者三重角色，以社交互动、视频分享、知识传递、社区交流等形式，积极参与虚拟空间的精神文明和数字文化生态建设。

### （三）数字贸易的发展框架

数字贸易发展对传统贸易形态和贸易格局的颠覆，对现有的发展理念和政策实践提出适应性要求。从市场环境、制度环境、人文环境三个角度切入，对于适应数字贸易发展规律，夯实数字贸易发展根基，激发数字贸易发展潜力具有重要意义。**从市场环境来看**，数字贸易是新一代信息通信技术革新背景下产生的新型贸易活动，其本质是产品和服务以数字化、智能化形式在各市场主体间的高效流动。因此，激励数字技术创新和共享，破除数据和信息流动障碍，加强各市场主体间的联系，能帮助增强数字产业竞争力，提升数字贸易运行效率和经济效益。**从制度和政策环境来看**，数字贸易是传统贸易在网络空间的延伸和拓展，对网络空间治理能力和监管能力都提出更高的要求。目前数据和信息的存储、流动、处理、应用等多个环节争议性较大，国内外相关法律法规标准各异，数字贸易合规难度和合规成本上升，成为数字贸易发展的主要障碍。因此，完善国内政策和制度建设，协调国际数字贸易规则，有助于营造良好有序的数字贸易发展环境。**从人文环境来看，**数字贸易领域的日益延伸，正逐步影响公众生活方式和社会组织形式。提高公民的数字素养和数字技能，让更多人分享数字红利是发挥数字贸易普惠性、包容性作用的重要途径，有助于改变收入分配不均，促使地区协调发展。

在把握三个大方向的前提下，数字贸易发展框架内容可以概括为**"一个基础，一个要素，两个保障"**（见图 18-2）。

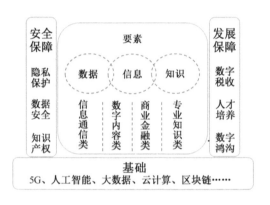

**图 18-2 数字贸易发展框架**

资料来源：国家工业信息安全发展研究中心。

"一个基础"指的是信息通信技术应用的连接、联结和协同。数字技术的创新和应用是数字贸易发展的内在驱动力。5G、人工智能、大数据、云计算、区块链等新一代信息通信技术的发展不仅对贸易标的、贸易对象和贸易方式产生重大影响，而且推动了跨境贸易效率的快速提高、国际分工的深化变革及产品和服务的价值跃迁。支持数字技术创新和应用是参与全球数字贸易竞争的核心手段。

"一个要素"指的是数据、信息、知识的跨境流动和共享。按照传统经济学理论，经济全球化是资本、劳动、技术三大生产要素在全球范围内自由流动与合理配置的过程。数字贸易的发展突破了这一理论框架，使数据作为新的关键生产要素，通过提高数字服务的交付效率，降低企业间的贸易成本，迸发出更多商业模式的创新，迸发出巨大的经济价值。根据布鲁金斯学会数据显示，自 2009 至 2018 年，数据跨境流动对全球经济增长贡献了约 10.1%，预计 2025 年数据跨境流动对全球经济增长的价值贡献超过11 万亿美元。推动数据、信息、知识的有序跨境流动和共享是融入全球数字价值链的重要前提。

"两个保障"指的是安全保障和发展保障。一是安全保障，即对个人隐私、数据安全、知识产权的保护。随着数字技术和数字平台的迅猛发展，数据采集的广度和深度不断加大，信息盗用滥用、数据泄露、知识产权侵权事件频发，严重阻碍数字贸易的安全性和可持续性。个人隐私保护成为维护公众切身利益和促进数字贸易健康发展的迫切需要。数据安全保护成为保障网络安全和国家安全，推动数字贸易有序发展的必要前提。知识产权保护是维护数字企业竞争力、激发贸易主体创新活力的重要基础。二是发展保障，即对数字税收、人才培养、数字鸿沟的重视。数字贸易的发展要求传统的税费制度、教育制度、社会保障体系进行整体性、适应性改革。征收数字税对于实现税务公平，推动数字企业良性竞争具有关键意义。创新机制和人才培育为数字贸易可持续发展提供强有力的智力支持。弥合数字鸿沟对于释放数字红利，增进人类福祉具有深远意义。

## 二、我国数字贸易整体发展情况

2019 年，我国数字贸易规模和增速可观，贸易顺差创出新高，占整体服务贸易的比重也在日益上升，但未来仍有较大的数字化转型空间。

### （一）数字贸易整体规模增长态势可观

当前，我国数字贸易正步入高速发展新阶段。如图 18-3 所示，2019 年，我国数字贸易整体规模为 1638.5 亿美元，同比增长 14.9%。其中，出口规模约为 955.0 亿美元，进口规模约为 683.5 亿美元，贸易顺差为 271.5 亿美元，同比增长 17.3%，增长态势明显。

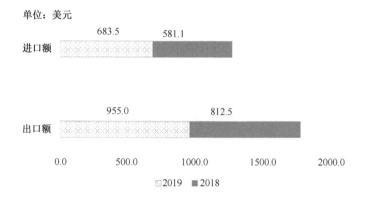

**图 18-3　2018—2019 年我国数字贸易进出口规模**

资料来源：国家工业信息安全发展研究中心测算。

## （二）数字贸易对服务贸易贡献率攀升

数字贸易成为带动服务贸易增长的重要动力。2019 年，我国服务贸易整体规模为 7850.0 亿美元，数字贸易所占比重为 20.9%（见图 18-4），比 2019 年同比增长 3.3 个百分点。在服务贸易规模负增长（-1.4%）的形势下，数字贸易仍逆势增长，增速比服务贸易规模高 15.3 个百分点。可以看出，随着数字贸易在全球贸易格局的重要性不断提升，我国贸易焦点正加快按照"货物贸易—服务贸易—数字贸易"路径演进。

**图 18-4　我国数字贸易规模占服务贸易规模比重**

资料来源：国家工业信息安全发展研究中心测算。

## （三）服务贸易的数字化潜力增长乐观

目前，国际上对各国数字贸易规模仍未有准确的测算结果。本文采用了联合国贸易和发展会议（UNCTAD）发布的"可数字化服务贸易规模"指标，意在与其他经济体横向对比，了解我国在全球范围内的数字贸易发展潜力。"可数字化服务贸易"指的是具有数字化交付潜力的服务贸易，包括已经数字化和未来可能数字化的服务贸易部分。

如图 18-5 所示，2019 年，我国可数字化服务规模约为 1.9 万亿元（2718.1 亿美元），规模排名全球第七。同比增长率为 6.1%，仅次于爱尔兰和印度。可以看出，我国服务贸易的数字化潜力增长的态势较为平稳乐观，但与美国、英国等欧美经济体相比，仍有较大增长空间。

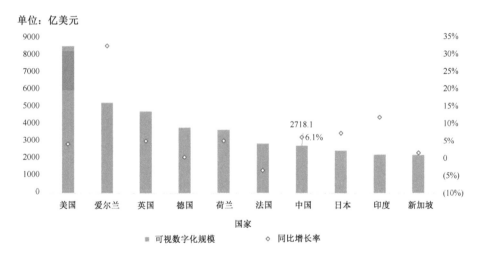

图 18-5　各经济体可数字化服务贸易规模

资料来源：国家工业信息安全发展研究中心测算。

# 三、数字贸易各细分领域发展现状

整体来看，我国数字贸易各细分领域呈现规模逐年扩大、贸易逆差不断收紧、新模式新业态不断涌现的良好发展势头。按照交易内容可划分为信息通信类、内容娱乐类、保险与金融类、专业知识类。

## （一）信息通信类数字贸易规模排名第一

从规模上看，2019 年，我国电信、计算机和信息服务进出口总额约为807.6 亿美元，在数字贸易规模中占比最高，为 49.3%。其中，出口额 538.6亿美元，进口额 269.0 亿美元，贸易顺差为 269.6 亿美元。从增速上看，随着服务业扩大开放、数字贸易高质量发展等政策红利进一步显现，电信、计算机和信息服务进出口总额实现较大增长，与 2018 年的 708.3 亿美元相比，增长了 14.0%。其中，贸易顺差呈不断扩大趋势，与 2018 年的 232.9亿美元相比，增长了 15.8%，反映出我国电信、计算机、信息技术在国际市场上的竞争力正在稳步提升。

## （二）内容娱乐类数字贸易扩张态势明显

2019 年，我国已实现数字化融合的文化和娱乐服务规模约为 26.0 亿美元，同比增长 22.1%，数字贸易规模占比仅为 1.6%。但数字融合程度相较于其他细分领域而言较高，同仅次于其中出口服务数字融合比约为57.2%，在未完全实现数字融合的贸易类别中比例最高。未来，我国在数字内容娱乐领域的国际竞争优势将不断显现。近年来，我国在数字内容娱乐的多个细分领域已经具备了较强的国际竞争优势。社交媒体加速拓展海外市场。2019 年，微信（Wechat）、QQ 和 Qzone 等社交媒体的活跃用户量在全球社交媒体中排名前八。抖音海外版 TikTok 全球总下载量超过 20亿次，拥有 8 亿名活跃用户，覆盖 150 个国家和地区，成为全球下载量最高的移动应用。网络游戏进入快速发展期。2009 年至 2019 年间，我国自主研发网络游戏海外市场销售收入从 7.5 亿元（1.1 亿美元）迅速增长至763.4 亿元（111.9 亿美元），增长约 100 倍。国产移动游戏在海外市场已形成优势，在美国、日本、韩国、英国、德国等国家的流水同比增长率均高于该国家移动游戏市场的增速，出海前景明朗。网络文学出海前景乐观。

根据《2018中国网络文学发展报告》，截至2018年年底，中国面向海外输出的网络文学作品数量达到11168部，占比不到1%。但是，随着我国文学对外传播力度的加强、人工智能翻译系统的发展以及阅读媒介的更新迭代，我国网络文学出海前景乐观。2018年，阅文集团等网络文学企业已加速海外布局，逐渐打开东南亚、欧美网络文学市场。

### （三）保险与金融类数字贸易发展潜力巨大

2019年，我国已实现数字化融合的保险服务贸易规模为76.1亿美元，占数字贸易整体规模比重为4.6%。金融服务贸易规模为21.0亿美元，占比为1.3%。相比其他类别，保险和金融服务规模和占比较小。从数字融合程度来看，保险服务的出口、进口数字融合比均将近50%，但金融服务的出口、进口数字融合比分别为30.3%、36%，提升空间较大。随着《推进财产保险业务线上化发展的指导意见》《关于进一步扩大金融业对外开放的有关举措》等政策文件的发布实施，保险业、金融业对外开放力度不断加码，将加速推动其跨境贸易的数字化转型。

### （四）专业知识类数字贸易仍有增长空间

2019年，数字化的知识产权使用费进出口总额为200.8亿美元，占数字贸易进出口总额的12.3%，同比增长39.0%，在所有数字贸易类别中增速最高。其中，出口额与2018年相比增长了40.0%以上，侧面体现了我国对知识产权能力和水平正在逐步提升。但同时应注意到，当前我国数字交付的知识产权出口额（27.2亿美元）仍远远低于进口额（173.6亿美元），反映我国技术创新能力在全球的竞争力相对较弱，"进口替代"产业发展有待进一步加强。近年来，全球贸易竞争形势更加激烈，以及我国对外贸易逐步由劳动密集型向高附加值产业转型的愿望不断增强，知识产权竞合成为我国企业"走出去"无法回避的议题。随着《2019年深入实施国家知识产权战略加快建设知识产权强国推进计划》对"要做好经贸领域的知识产权工作"的工作目标进一步明确，未来我国知识产权贸易将有较大提升空间。各经济体可数字化服务贸易规模如图 18-6 所示。

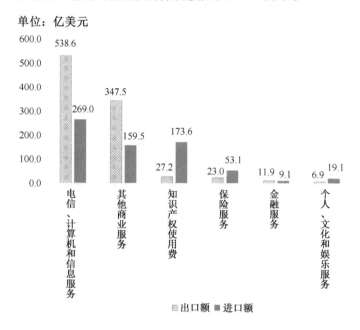

**图 18-6　各经济体可数字化服务贸易规模**

资料来源：国家工业信息安全发展研究中心测算。

## 四、对策建议

为推动我国数字贸易高质量发展，提高我国数字贸易国际竞争力，应进一步明确发展定位和发展方向，提出适合我国国情的数字贸易发展战略和工作举措，积极营造有利于数字贸易发展的治理环境，抓紧形成数字贸易的中国方案。

一是制定数字贸易发展战略规划。在数字经济时代，政府主导的数字经济发展战略和竞争政策将成为发展常态。我国应尽快明确数字贸易在经济发展中的战略定位、战略目标、发展路径，制定相关政策法规，出台保障措施。一方面，关注数字贸易发展重点行业（领域）、扩大数字贸易市场对外开放、参与数字贸易国际治理、推进数字领域自主创新、促进数字贸易区域协调发展等问题。另一方面，从健全数字贸易发展法律法规、强化数字贸易管理机制、优化贸易环境、鼓励扶持创新、完善指标和测算体系、保护知识产权、培育行业协会等方面出台措施。

二是优化数字贸易产业结构。当前我国数字产业处于快速发展阶段，进一步优化数字产业结构对提高数字贸易国际竞争力、促进经济发展具有重要意义。首先是加快发展数字贸易核心产业，尤其是以互联网产业为代表的信息技术产业等。然后是要加强宏观政策引导，激发市场主体活力，发挥市场主导作用，根据消费侧变化助推供给侧结构性改革，提高数字企业竞争力。最后是依托国内庞大市场和机制体制优势，大力发展数字经济，构建健全的数字化生态，为数字产业发展营造良好发展环境。

三是加快服务贸易数字化转型。进一步完善促进数字技术与产业的融合渗透机制，重点培育一批信息技术外包和服务贸易融合发展的示范企业。首先是依托数字技术大力发展众包、云外包、平台分包等服务模式，在新业态新模式方面积极探索、寻求突破。然后是积极扩大信息技术服务出口，增强数字教育、数字医疗、数字金融等数字内容服务的出口能力。最后是促进服务外包与制造业融合发展，大力发展研发、工业设计、咨询、检验检测、维护维修、技术服务、商务服务、供应链管理、品牌营销等生产性服务外包，增强对企业自主创新、品牌塑造、价值链升级和境外投资等支持。

四是营造良好的数字治理环境。首先是加快搭建数字治理体系，针对隐私保护、数据安全、数据确权、数字税收、数据法治等，强化组织与制度创新。其次是积极参与数字贸易国际合作，推动双边、多边、区域等层面数字贸易规则协调，提出符合我国利益诉求的方案，积极参与或主导数字贸易规则的谈判和制定。再次是加强数字人才培养。增强企业、科研院所、高校之间的交流合作，推动产学研协同发展，形成系统完善的人才培养体系，带动数字贸易向更高水平发展。最后是弥合数字鸿沟，扩大数字基建覆盖范围，加强数字素养培育，优化数字资源公共品供给，使社会各群体能共建共享数字贸易成果。

**参考资料**

1. OECD, WTO and IMF. Handbook on Measuring Digital Trade, Version1.OECD Publication, 2020。

2. James S, et al. Digital Trade in the U.S. and Global Economies, Part 1. USITC Publication, 2013。

3. James S, et al. Digital Trade in the U.S. and Global Economies, Part 2.USITC Publication. 2013。

4. 伽马数据. 2019 中国游戏产业年度报告. http://games.sina.com.cn/y/n/2019-12-18/ihnzahi8381944.shtml，2019-12。

5. 贾怀勤. 建议开展数字贸易尝试性测度. https://baijiahao.baidu.com/s?id=1593379968614014048&wfr=spider&for=pc, 2018-02。

6. 贾怀勤，刘楠. 数字贸易及其测度研究的回顾与建议——基于国内外文献资料的综述，经济统计学，2018（01）：270-275。

# 抢抓"十四五"优化数字营商环境重要机遇期
# 提升我国数字经济全球竞争力

殷利梅　王梦梓[1]

**摘　要：** 我国数字经济持续保持快速发展，亟待加快完善数字营商环境。十九届五中全会对加快转变政府职能做出重要部署，提出"持续优化市场化法治化国际化营商环境。实施涉企经营许可事项清单管理，加强事中事后监管，对新产业新业态实行包容审慎监管"。尽管近年来我国数字营商环境建设取得长足进步，但是还主要集中在传统营商环境的数字化转型方面，当前亟须优化与数字经济市场主体创新发展相适应的新型营商环境，进一步巩固和提升我国数字经济全球竞争力。

**关键词：** 数字营商环境；数字化转型；数字经济市场主体

**Abstract:** Chinese digital economy continues to maintain rapid development, and it is urgent to accelerate the improvement of the digital business environment. The Fifth Plenary Session of the 19th Central Committee made important arrangements for accelerating the transformation of government functions, and proposed "Continue

---

[1] 殷利梅，国家工业信息安全发展研究中心信息政策所数字经济研究室主任、高级工程师，研究方向为数字经济战略、数字政府、数据要素；王梦梓，国家工业信息安全发展研究中心工程师，博士，研究方向为数字经济测度、产业数字化、数字经济战略。

to optimize the business environment, implement the management of the list of business license, strengthen the supervision, implement inclusive and prudential supervision on new industries and new formats". Chinese digital business environment construction has made great progress, but it is still mainly focused on the digital transformation of the traditional business environment. It is urgently needed to optimize and innovate and develop digital economy market entities. Further consolidates and enhances the global competition of Chinese digital economy.

**Keywords:** Doing Digital Business; Digital Transformation; Digital Economy Market Players

习近平总书记在亚太经合组织第二十七次领导人非正式会议上指出，倡导优化数字营商环境，激发市场主体活力，释放数字经济潜力，为亚太经济复苏注入新动力。我国已将"营商环境"作为推动经济发展的发力点，传统营商环境明显改善，优化提升数字营商环境将成为未来我国整体营商环境向更高水平跃升的关键。

# 一、我国数字营商环境发展现状

## （一）我国数字营商环境建设取得长足进步

一方面，利用数字技术改造提升传统营商环境取得显著成效。数字政府建设稳步推进，国家政务服务平台陆续接入地方部门 360 多万项政务服务事项和 1000 多项高频热点办事服务，推出了长三角、京津冀等区域一体化政务服务。特别是新冠肺炎疫情以来，平台陆续推出"小微企业和个体工商户服务专栏"和复工复产、就业服务等 15 个服务专题，成为"保企业""稳就业"的重要服务渠道。地方层面,北京市实现不动产登记、房屋交易及税收征管领域"一网通办"服务。深圳市上线企业"秒批"系统,通过与多个政府部门数据进行实时校验、多维度比对,将企业设立审批时限由一天大幅压缩至几十秒内,实现企业营业执照"秒批"。

另一方面,适应数字经济市场主体创新发展需要的新型营商环境日益完善。平台经济发展逐渐规范,《关于促进平台经济规范健康发展的指导意见》《电子商务法》《关于平台经济领域的反垄断指南(征求意见稿)》等政策文件相继发布,全面加强和改进平台经济领域反垄断监管,维护市场公平竞争,维护消费者利益和社会公共利益。数据安全保护能力明显提升,2019年以来,通过开展App违法违规手机使用个人信息专项治理行动,评估近600款App,向其中问题严重的200余款App运营者告知评估结果。开展电信和互联网行业提升网络数据安全保护能力专项行动,面向全部基础电信企业、50家重点互联网企业及200款主流App开展数据安全检查。数字知识产权保护力度加强,"剑网2019"专项行动删除侵权盗版链接110万条,收缴侵权盗版制品1075万件,网络版权秩序逐步规范。

## (二)存在的问题

尽管我国数字营商环境不断优化、潜力巨大,但也面临一些问题与挑战,主要表现在:

一是数字市场准入体系有待优化。我国数字经济市场准入存在手续烦琐、行业壁垒高、地方保护主义、企业合规成本高等问题。在数字服务准入门槛设置方面,网络零售、网约车、在线外卖、互联网医疗等领域企业开展网上经营的经营资质要求烦琐,各地通常按照传统业态设置数字经济新业态的市场准入审批手续,但是数字经济具有与传统商品经济完全不同的发展规律和基本特征,传统营商环境并不能涵盖数字业务开展所面临的特有挑战,数字经济需要独特的营商环境。另外,属地化管理、多头监管等问题突出,与数字经济跨行业融合、跨地域经营、快速迭代等特点不相适应,还有较大改革空间。

二是政府在线服务能力尚存提升空间。惠企服务获得感不强，以供给侧为导向建设的政务服务载体或渠道还停留在"物理聚合"阶段，真正以用户为中心的业务流程梳理和变革不到位，未能提供整体式政务服务，导致服务应用碎片化、场景碎片化。当前的政务服务模式仍以被动满足用户需求为主，如何变为主动满足需求，实现"免申即享"，例如推动身份信息、电子营业执照与银行信息等其他信息的融合，在涉企服务中扩大"秒批""秒办""免证办"或"即来即办"的覆盖范围，仍是需要不断努力的方向。

三是数据要素市场配置有待完善。市场主体数据管理能力普遍较弱，企业和组织内部相关安全保障体系不健全，政务数据、公共数据等高价值数据尚未形成开放共享和开发利用的统一机制，数据价值有待进一步挖掘。大数据在安全感知、监测、预警、防护、响应等方面的技术和手段有待加强，国内百余家大数据重点企业中，具备数据安全技术实施能力并采取有效保障措施的企业比例不足10%。针对数据全生命周期各环节的制度法规与标准规范缺失，不利于进一步激发数据要素市场活力。

四是数字营商环境国际话语权不足。由于治网理念不同、意识形态对立，以及对中国快速发展的警惕，美欧国家以"有色眼镜"看待中国，观点扭曲。经合组织 2018 年全球主要国家"数字服务贸易限制性指数"（DSTRI）排名及欧洲国际政治经济中心发布的数字贸易限制指数（DTRI）中，中国均高居榜首。塔夫茨大学对 42 个国家数字营商环境便利度进行排名，中国排在倒数第四。这些排名与中国目前数字经济产能居于世界第二的事实严重不相匹配，在美欧国家掌握数字营商环境领域相关评价标准与话语权的背景下，评价结果未能做到中立、客观，严重影响我国作为全球主要投资目的地的国际形象。

## 二、数字营商环境面临的形势

在当前国际社会争夺数字转型发展红利日趋激烈的形势下，优化提升数字营商环境是按照党中央、国务院要求，准确识变、科学应变、主动求变，在危机中育先机、于变局中开新局的重要机遇。

从国际看，改善数字营商环境成为全球各国数字时代把握先机的"必选项"。全球智库正在密集开展对数字营商环境的前瞻布局研究，越来越多的国际组织将数字营商环境指标纳入国别营商环境评价体系，呼吁开启国别营商环境评价的新指标体系。2017年联合国贸发会议率先进行定义，从数字初创企业和数字平台两个维度认识"数字营商"。同年，世界银行启动数字营商指标项目，具体包括网络连接度、数据隐私和安全、物流、支付和数字市场监管5类指标。2018年世界银行对21个国家进行试评价，计划2020年对全球100个国家开展评价。2019年世界经济论坛转发塔夫茨大学学者构建的数字营商环境便利指数，具体包括2019年世界银行营商环境报告、数字基础、数字可访问性、电子商务平台、数字媒体平台、共享经济平台、在线自由职业者平台7类指标。我国已将"营商环境"作为推动经济发展的发力点，传统营商环境明显改善，在世界银行的营商环境排名大幅提升至第31位，连续两年列入全球优化营商环境幅度最大的十大经济体。优化提升数字营商环境将成为未来我国整体营商环境向更高水平跃升的关键。

从国内看，我国数字经济蓬勃发展亟须与之适配的数字营商环境。总体上看，2015—2019年，我国数字经济增加值规模迅速扩大，由2.6万亿元扩张到35.8万亿元，占GDP比重稳步提升，由14.2%上升至36.2%。一是数字产业化基础更加坚实，逐步从消费互联向工业互联迁移。网络能力全球领先，全国4G用户占移动电话比例逾80%，远高于49.5%的全球平均水平；创新能力持续增强，移动通信技术实现从2G空白、3G跟跑、4G并跑，到5G引领的重大突破，工业互联成为5G应用的主战场。产业发展量质齐升，2019年我国工业互联网产业经济规模达到2.1万亿元，赋能、赋值、赋智作用日益凸显。二是以工业互联网为驱动的产业数字化转型提速，成为实体经济高质量发展的重要保障。数字化新模式蓬勃发展，网络零售规模居全球第一。工业数字化稳步推进，具有一定影响力的工业互联网平台超过 70 家，工业设备连接数超过 4000 万台（套），平均服务工业企业 40 万家。新动能不断释放，产业数字化占数字经济比重近 80%，成为我国数字经济发展主引擎。三是数字贸易步入高速发展阶段，成为带动服务贸易增长的重要动力。2019 年我国数字贸易整体规模达到 1.4 万亿元，同比增长 19.0%，是整体服务贸易增长率的 7 倍。自贸区扩容步伐加快，自贸区推出频率从"隔年"到"逐年"，目前我国自贸区总数扩大到 21 家，片区数量达到 70 个，覆盖 49 个城市，2020 年发布的北京、浙江自贸区方案均将发展数字经济摆到突出位置。

## 三、下一步对策建议

为进一步优化提升我国数字营商环境，有效推动"后疫情时代"我国对外开放向更高水平迈进，加快构建数字经济国内国际"双循环双促进"的新发展格局，进一步巩固和提升我国数字经济全球竞争力，相关对策和建议如下。

一是加强数字营商环境顶层设计。将优化提升数字营商环境纳入"十四五"时期数字经济发展专项规划，努力构建与我国发展特点相适应的政策框架。以贯彻落实《新时期促进集成电路产业和软件产业高质量发展的若干政策》为契机，引导融资和金融租赁更好服务数字经济，形成惠及更多数字市场主体的配套政策。落实《国务院关于加强和规范事中事后监管的指导意见》，研究制定数字经济领域事中事后监管实施方案。加快培育数据要素市场，以工业数据交换共享为试点，基础研究和市场探索同步推进，加快形成完整的数据要素市场体系。

二是提升数字基础设施支撑能力。充分发挥数字基础设施的支撑作用，提高网络的可达性和可负担性。加快新型基础设施建设，务实推进 5G 网络规模化部署，推广升级千兆级光纤网络覆盖，加快部署卫星互联网，消除信号盲区。打造布局合理、绿色集约的数据中心体系，加快推进工业互联网络、标识解析、平台、安全等体系建设，着力打造万物互联、智能高效的网络基础设施,支持中小企业"上云用数赋智"。推进网络提速降费,着重降低中小企业用网成本。

三是提升数字营商规范性便利性。深化"放管服"改革,有序放宽市场准入,激发新业态市场主体活力,为数字经济高质量发展提供"源头活水"。拓宽数字服务准入门槛,规范准入要求。加强互联网企业反垄断和反不正当竞争监管,保护个人数据,维护数字经济市场各主体,特别是消费者的合法权益。提升行政审批效率,简化流程,减少中小企业线上经营的办证数量和难度。完善科技金融体系,丰富风险投资、私募投资、上市融资、并购重组等融资渠道,为处于不同阶段的数字企业提供全方位金融服务。对涉及经济社会稳定、个人隐私安全、不良内容等要坚守底线,从严管理。

四是提升数字经济全产业链竞争力。发挥政府宏观调控能力,高效配置生产要素,做好产业链上下游衔接,在补链扩链强链中挖掘自身的深层吸引力,增强产业协同性、凝聚力,推动关联企业形成共生、互生再生的整体关系。依托数字平台建设,实现传统产业链上下游研发、生产、服务、商务、物流、投融资等资源和能力数字化、网络化在线汇聚,提高全要素生产率,提升全产业链整体运行效率。跟踪数字贸易规则发展方向,构建数字产品投资相关国内配套制度,优化数字贸易发展环境,试点城市先行先试数字贸易规则,增强我国供应链在全球供应链中的"黏着力"。

五是加强数字营商环境相关问题研究。建立国内外数字营商环境动态跟踪机制,加强数字营商环境相关问题研究,委托开展数字营商环境支撑工作课题。对标国际高标准高水平,在结合我国数字经济发展特色的基础上,加快构建于我有利的数字营商环境评价体系。落实"一带一路"合作倡议,发挥中国—东盟数字经济合作、"金砖国家"、中俄、中泰、中欧等合作机制优势,加强数字经济国际交流合作,积极参与和引导国际数字营商环境相关规则制定,探索在二十国集团、亚太经合组织、世界银行等国际多边组织提出数字营商环境中国方案。

## 参考资料

1.  贾怀勤. 数字贸易的概念、营商环境评估与规则, 服务贸易, 2019（9）。

2.  高太山, 马骏, 马源. 数字经济营商环境: 市场准入改革, 国务院发展研究中心企业研究所, 2020-07-23。

3.  Bhaskar Chakravorti and Ravi Shankar Chaturvedi. Ranking 42 Countries by Ease of Doing Digital Business, The Fletcher School at Tufts University, 2019-09。

4.  Internatioanl Trade Commission of the United States. Digital Trade 1: Market Opportunities and Key Foreign Trade Restriction, 2017-08。

5.  OECD. Measuring the Digital Transformation: A Roadmap for the Future, OECD Publishing, 2019。

# 2020年我国大型互联网企业发展态势研究

路广通[1]

**摘　要：** 我国大型互联网企业总体分为三个梯队，分属电子商务、网络内容、传统服务与互联网相融合、其他等四大行业。其中电子商务行业总市值和总营收最高，传统服务与互联网相融合行业企业增长最快。2020年，大部分行业企业市值增速较2019年和2018年更快，受新冠肺炎疫情负面影响较弱。从全球竞争态势来看，美国企业在全球50大上市互联网企业总市值中约占四分之三，我国企业约占五分之一。美国企业在全球大型互联网企业中占据"头部优势"，我国企业2020年市值增速全球领跑，东南亚市场正在成为我国互联网企业出海重镇。

**关键词：** 互联网；平台经济；O2O企业；东南亚市场

**Abstract:** Overall, the large Internet companies of our country are divided into three tiers, these companies are distributed in four major industries: e-commerce, online content, O2O, and others. Among these industries, the total market value and total revenue of e-commerce industry are the highest; the market value growth rate of O2O companies has been leading for two consecutive years. In 2020, the

---

[1] 路广通，国家工业信息安全发展研究中心工程师，研究方向为平台经济、数字税、数字经济国际合作等。

market value of most industry companies grows faster than in 2019 and 2018, which is less negatively affected by the COVID-19 pandemic. From the perspective of global competition's situation, American companies account for about three-quarters of the total market value of the top 50 listed Internet companies in the world, and Chinese companies account for about one-fifth. The advantages of American companies mainly performs as "head advantage" and the market value growth rate of Chinese companies in 2020 takes the lead in the world. The Southeast Asian market is becoming a major overseas market for Chinese Internet companies.

**Keywords:** Platform Economics; Internet; O2O companies; Southeast Asian Market

# 一、2020 年我国大型互联网企业发展情况

本报告选取了 40 家国内领先的大型互联网企业，从发展阶段、市值变化、细分行业、投资关系、城市分布等多个角度对其进行分析和比较。

## （一）我国大型互联网企业总体分为三个梯队，第二梯队企业市值增长率最高

本报告选取市值排名前 30 名、当前市值[1]超过 75 亿美元的互联网上市企业，以及估值排名前 10 名、当前估值超过 90 亿美元的互联网领域独角兽企业[2]，统称为"我国大型互联网企业"。其中，30 家上市企业的总

---

[1] 当前市值的统计时间为 2020 年 12 月 10 日，下同。

[2] 独角兽企业，一般指成立时间在 10 年以内，估值超过 10 亿美元，且未上市的大型初创企业，是衡量经济创新活力、评估未上市企业价值的重要概念，但其估值往往不能和上市企业市值直接比较。

市值达到 26121.81 亿美元，详见表 20-1，10 家独角兽企业的总估值约为 4615.97 亿美元，详见表 20-2。这些企业基本代表了我国互联网行业的领先水平，依据其总体实力，大体可以将他们归入三个梯队。

表 20-1　我国上市互联网企业市值 30 强 [1]

| 序号 | 企业 | 总部 | 成立时间 | 当前市值 | 年营业收入/亿美元 |
|---|---|---|---|---|---|
| 1 | 阿里巴巴 | 杭州 | 1999 年 | 7221.01 | 858.40 |
| 2 | 腾讯 | 深圳 | 1998 年 | 7147.83 | 666.89 |
| 3 | 美团 | 北京 | 2010 年 | 2178.11 | 154.28 |
| 4 | 拼多多 | 上海 | 2015 年 | 1809.69 | 64.22 |
| 5 | 京东 | 北京 | 1998 年 | 1296.93 | 1016.37 |
| 6 | 小米 | 北京 | 2010 年 | 895.19 | 339.83 |
| 7 | 贝壳 | 西安 | 2018 年 | 792.14 | 91.32 |
| 8 | 网易 | 杭州 | 1997 年 | 611.93 | 102.26 |
| 9 | 百度 | 北京 | 2000 年 | 517.04 | 155.2 |
| 10 | 好未来 | 北京 | 2003 年 | 406.75 | 37.01 |
| 11 | 东方财富 | 上海 | 2005 年 | 351.62 | 10.32 |
| 12 | 腾讯音乐 | 深圳 | 2016 年 | 316.72 | 41.28 |
| 13 | 哔哩哔哩 | 上海 | 2009 年 | 239.72 | 14.93 |
| 14 | 金山办公 | 北京 | 2011 年 | 236.18 | 2.97 |
| 15 | 用友网络 | 北京 | 1995 年 | 222.9 | 11.77 |
| 16 | 携程 | 上海 | 1999 年 | 201.41 | 31.85 |
| 17 | 芒果超媒 | 长沙 | 2005 年 | 183.57 | 20.12 |
| 18 | 360 | 北京 | 2005 年 | 173.14 | 16.48 |
| 19 | 唯品会 | 广州 | 2008 年 | 168.65 | 140.09 |
| 20 | 爱奇艺 | 北京 | 2010 年 | 158.17 | 43.68 |
| 21 | 科大讯飞 | 合肥 | 1999 年 | 127.56 | 15.75 |
| 22 | 苏宁易购 | 南京 | 1996 年 | 123.42 | 364.36 |
| 23 | 汽车之家 | 北京 | 2005 年 | 116.15 | 12.49 |

[1] 年营收为过去一年总营业收入。企业中，58 同城于 2020 年 9 月退市，其"当前市值"数据是退市当日的市值，其余企业则为 2020 年 12 月 10 日市值。本文的表格中，第一梯队企业往往用深灰色背景标识，第二梯队企业用浅灰色背景标识，第三梯队企业则不标识，下同。

续表

| 序号 | 企业 | 总部 | 成立时间 | 当前市值 | 年营业收入/亿美元 |
|------|------|------|----------|----------|-------------------|
| 24 | 同花顺 | 杭州 | 2001 年 | 114.2 | 3.27 |
| 25 | 微博 | 北京 | 2009 年 | 92.44 | 16.47 |
| 26 | 三七互娱 | 广州 | 1995 年 | 91.75 | 21.9 |
| 27 | 世纪华通 | 绍兴 | 2005 年 | 87.87 | 22.72 |
| 28 | 58 同城 | 北京 | 2005 年 | 83.74 | 21.32 |
| 29 | 完美世界 | 北京 | 2004 年 | 79.98 | 15.06 |
| 30 | 阅文集团 | 上海 | 2013 年 | 76 | 12.21 |

表 20-2　我国互联网领域 10 大独角兽企业 [1]

| 序号 | 企业 | 总部 | 成立时间 | 估值/亿美元 |
|------|------|------|----------|-------------|
| 1 | 蚂蚁金服 | 杭州 | 2014 年 | 1531 |
| 2 | 字节跳动 | 北京 | 2012 年 | 857.36 |
| 3 | 滴滴出行 | 北京 | 2012 年 | 566.47 |
| 4 | 陆金所 | 上海 | 2011 年 | 413.37 |
| 5 | 快手 | 北京 | 2011 年 | 298.55 |
| 6 | 菜鸟网络 | 杭州 | 2013 年 | 290.89 |
| 7 | 微众银行 | 深圳 | 2014 年 | 229.65 |
| 8 | 京东数科 | 北京 | 2013 年 | 199.03 |
| 9 | 京东物流 | 北京 | 2017 年 | 137.79 |
| 10 | 车好多 | 北京 | 2015 年 | 91.86 |

一是由阿里巴巴、腾讯组成的第一梯队，他们的市值超过 7000 亿美元，远远领先于其他企业，位居全球互联网企业市值排名前 10 名 [2]。这两家企业的年营业收入在 600 亿美元以上，是许多其他互联网企业的主要投资者，其直接经营或投资经营的业务几乎涉及互联网相关的全部领域。他们主要产品的用户数量达到或接近 10 亿级，并且围绕自身的核心产品构筑起了完备的生态体系，为自身生态体系内的其他企业提供资金、流量、

---

[1] 估值统计时间为 2020 年 8 月。

[2] 具体排名见后文，下同。

人才等多种资源。

二是由市值或估值超过 500 亿美元的上市企业和独角兽企业组成的第二梯队。这一梯队包括了 10 家企业，其中 7 家为上市企业，均位居全球上市互联网企业市值排名的前 40 名。他们的年营业收入在 60 亿美元以上，往往能够在自己的主营业务上确立领先优势，并成功将业务拓展到周边领域。如美团在餐饮外卖之外拓展了酒店、旅游和出行服务，京东在电商业务之外建立了独立的金融和物流服务，字节跳动同时经营着新闻资讯和短视频业务。

三是由市值超过 75 亿美元的上市企业和估值超过 90 亿美元的独角兽企业组成的第三梯队。这些企业的年营业收入大多低于 50 亿美元，其中许多企业都接受了第一、第二梯队企业的投资，他们在自身的核心领域拥有竞争力很强的"超级产品"，如携程、快手、爱奇艺、新浪微博等，但较少涉足主营业务以外的领域。

如图 20-1、图 20-2 所示，第一梯队企业仅有两家，占 30 家上市企业总市值的 55.01%，集中了我国上市大型互联网企业市值的半壁江山。第二梯队企业共 10 家，其中 7 家为上市企业，占 30 家上市企业总市值的 31.01%。第三梯队企业共 28 家，其中 21 家为上市企业，占 30 家上市企业总市值的 13.98%。如表 20-3 所示，三个梯队企业中，第一、第三梯队企业总市值在过去一年的增长率均为 40% 左右，第二梯队企业总市值的年增长率则高达 145.21%，在过去一年中增长最快。

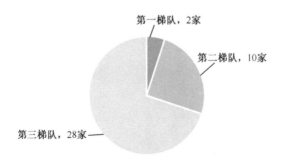

图 20-1  我国大型互联网企业各梯队数量分布

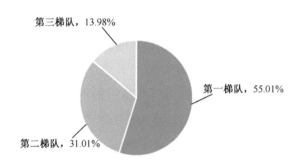

图 20-2    上市大型互联网企业各梯队市值分布

表 20-3    我国大型互联网企业三个梯队比较分析 [1]

| 梯队 | 企业数量/家 | 总市值/亿美元 | 总市值占比 | 年内市值增长率 |
|---|---|---|---|---|
| 第一梯队 | 2 | 14368.84 | 55.01% | 39.27% |
| 第二梯队 | 10 | 8101.03 | 31.01% | 145.21% |
| 第三梯队 | 28 | 3651.94 | 13.98% | 40.52% |

## （二）我国大型互联网企业分属四大行业，互联网与传统服务业融合成为热点

根据主营业务的不同，可以将上述 40 家我国大型互联网企业分入四大行业，四大行业主要的商业逻辑各不相同。一是电子商务行业，包括阿里巴巴、拼多多、京东、唯品会、苏宁易购 5 家上榜企业，详见表 20-4。这些企业涵盖前述三个梯队，均为上市企业，其收入主要来自线上交易，可分为自营电商的营业收入和电商平台上第三方经营者缴纳的技术服务费。对于这些企业而言，关键指标是"电子商务交易额"（GMV），这将直接决定其业绩的高低。

---

[1] 企业数量指标包括独角兽企业和上市企业，其余指标则只包括上市企业，特此注明。年内市值增长率计算起止时间为 2020 年 1 月 1 日至 2020 年 12 月 10 日。

表 20-4 电子商务行业我国大型互联网企业

| 企业 | 当前市值/亿美元 | 年内市值增长率 | 年营业收入/亿美元 |
|---|---|---|---|
| 阿里巴巴 | 7221.01 | 26.46% | 858.40 |
| 拼多多 | 1809.69 | 311.61% | 64.22 |
| 京东 | 1296.93 | 151.77% | 1016.37 |
| 唯品会 | 168.65 | 77.51% | 140.09 |
| 苏宁易购 | 123.42 | −8.52% | 364.36 |

二是网络内容行业，包括腾讯、网易、字节跳动等 13 家上榜企业。他们主要从事网络游戏、网络视频、网络媒体、短视频、网络音乐等内容产业，详见表 20-5。这些企业涵盖前述三个梯队，包括上市企业和独角兽企业，其收入主要来自广告收入和用户订阅，对于这些企业而言，关键指标是"流量"（用户使用时长）。他们通过视频、音乐、资讯等网络内容吸引用户，借此掌握流量，发送广告，并获取用户订阅收入。

表 20-5 网络内容行业我国大型互联网企业 [1]

| 企业 | 当前市值/估值/亿美元 | 主营业务 |
|---|---|---|
| 腾讯 | 7147.83 | 社交、游戏、视频 |
| 网易 | 611.93 | 游戏、音乐、资讯 |
| 腾讯音乐 | 316.72 | 音乐 |
| 哔哩哔哩 | 239.72 | 视频 |
| 芒果超媒 | 183.57 | 视频 |
| 爱奇艺 | 158.17 | 视频 |
| 微博 | 92.44 | 社交媒体 |
| 三七互娱 | 91.75 | 游戏 |
| 世纪华通 | 87.87 | 游戏 |
| 完美世界 | 79.98 | 游戏 |
| 阅文集团 | 76 | 网络文学 |
| 字节跳动 | 857.36 | 短视频、资讯 |
| 快手 | 298.55 | 短视频 |

---

[1] 字节跳动、快手两家独角兽企业使用估值指标，其余上市企业使用市值指标，二者不能直接比较。下同。

三是互联网与传统服务业相融合，包括美团、携程、滴滴、58 同城等 16 家上榜企业，共有 8 家上市企业和 8 家独角兽企业。他们将餐饮、酒店、出行、教育、住房、金融、汽车、物流等传统服务业与互联网相结合，与实体经济联系较为紧密，有时也被称作"O2O"[1] 企业，见表 20-6。其中，从事金融行业的企业数量最多，共有 6 家。这些企业的收入主要来自直接或间接提供传统服务，对于他们而言，关键指标是"市场占有率"，只要在外卖、酒店、打车等传统服务行业细分市场占据足够的份额，企业就可以向上游的服务提供者和下游的消费者收费，获取收入。

表 20-6　我国从事互联网与传统服务业相结合的大型互联网企业

| 企业 | 当前市值/估值/亿美元 | 主营业务 |
|---|---|---|
| 美团 | 2178.11 | 餐饮、外卖、酒店、旅游、出行 |
| 贝壳 | 792.14 | 房屋租售 |
| 好未来 | 406.75 | 在线教育 |
| 东方财富 | 351.62 | 金融 |
| 携程 | 201.41 | 酒店、旅游 |
| 汽车之家 | 116.15 | 汽车交易 |
| 同花顺 | 114.2 | 金融 |
| 58 同城 | 83.74 | 本地生活服务 |
| 蚂蚁金服 | 1531 | 金融 |
| 滴滴出行 | 566.47 | 出行 |
| 陆金所 | 413.37 | 金融 |
| 菜鸟网络 | 290.55 | 物流 |
| 微众银行 | 229.65 | 金融 |
| 京东数科 | 199.03 | 金融 |
| 京东物流 | 137.79 | 物流 |
| 车好多 | 91.86 | 汽车交易 |

四是其他行业，包括小米、百度、360 等 6 家上榜企业，见表 20-7。这些企业均为上市企业，企业主要从事的业务包括物联网、搜索引擎、办

---

[1] O2O 即 Online to offline，指线上与线下相结合。

公软件、企业服务、网络安全、智能软硬件等。

表 20-7　其他行业我国大型互联网企业

| 企业 | 当前市值/估值/亿美元 | 企业 | 当前市值/估值/亿美元 |
| --- | --- | --- | --- |
| 小米 | 895.19 | 用友网络 | 222.9 |
| 百度 | 517.04 | 360 | 173.14 |
| 金山办公 | 236.18 | 科大讯飞 | 127.56 |

如表 20-8 所示，从事互联网与传统服务业相融合的企业数量最多，且其平均成立时间最晚，是近年来的创业热点。

表 20-8　我国大型互联网企业四大行业总体情况对比

| 行业 | 企业数量/家 | 平均成立时间 |
| --- | --- | --- |
| 电子商务 | 5 | 2003 年 |
| 网络内容 | 13 | 2006 年 |
| 传统服务 | 16 | 2010 年 |
| 其他 | 6 | 2003 年 |

如表 20-9 所示，从市场业绩上看，电子商务、网络内容、其他行业等三个行业上市大型互联网企业 2020 年市值增长率均在 53%～65%，与 30 家上市大型互联网企业总市值增长率（61.05%）差距较小，而从事传统服务业与互联网相结合的企业 2020 年市值增长率高达 102.67%，远高于另外三个行业，成为 2020 年增长最快的领域。这与新冠肺炎疫情影响下，传统服务业向线上加速转移的趋势密不可分。与此同时，如图 20-3 和

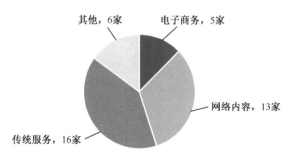

图 20-3　我国大型互联网四个行业四个行业数量分布

图 20-4 所示，电子商务行业只有 5 家企业，企业数量最少，却占到 30 家上市大型互联网企业总营业收入的 56.5%，其总市值占比也是四大行业中最高的，体现出电子商务行业强劲的经营能力。

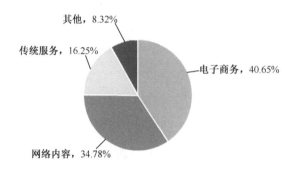

其他，8.32%
传统服务，16.25%
电子商务，40.65%
网络内容，34.78%

**图 20-4　上市大型互联网企业市值分布**

**表 20-9　2020 年我国上市大型互联网企业四大行业市场业绩对比**

| 行业 | 总市值/亿美元 | 总市值占比 | 年内市值增长率 | 总营业收入/亿美元 | 总营收占比 |
|------|------|------|------|------|------|
| 电子商务 | 10619.7 | 40.65% | 54.3% | 2443.44 | 56.5% |
| 网络内容 | 9085.98 | 34.78% | 53.65% | 977.52 | 22.6% |
| 传统服务 | 4244.12 | 16.25% | 102.67% | 361.86 | 8.37% |
| 其他 | 2172.01 | 8.32% | 64.83% | 542 | 12.53% |

## （三）上市企业市值增速显著高于过去两年，互联网受疫情负面影响相对较小

如表 20-10 所示，与过去两年相比，2020 年我国上市大型互联网企业市值增速有所提升，有 13 家企业 2020 年市值增速比 2019 年和 2018 年都要高，另有 13 家企业 2020 年市值增速高于 2019 年或 2018 年中的一年。

表 20-10　近三年我国上市大型互联网企业市值增速[1]

| 企业 | 2020 年内市值增速 | 2019 年市值增速 | 2018 年市值增速 |
| --- | --- | --- | --- |
| 阿里巴巴 | 26.46% | 61.4% | −19.17% |
| 腾讯 | 55.15% | 20.7% | −22.65% |
| 美团 | 186.59% | 146.9% | −39.47% |
| 拼多多 | 311.61% | 75.9% | −15.49% |
| 京东 | 151.77% | 41.9% | −38.53% |
| 小米 | 168.26% | −14.7% | −18.63% |
| 贝壳 | 87.65% | — | — |
| 网易 | 54.53% | 30.3% | −33.51% |
| 百度 | 18.28% | −19.5% | −33.10% |
| 好未来 | 42.59% | 88.58% | 3.10% |
| 东方财富 | 131.62% | 66.60% | 7.20% |
| 腾讯音乐 | 60.82% | −8.77% | −5.71% |
| 哔哩哔哩 | 292.34% | 34.34% | 45.30% |
| 金山办公 | 118.06% | 30.23% | — |
| 用友网络 | 118.68% | 71.25% | 25.60% |
| 携程 | 1.32% | 32.85% | −33.89% |
| 芒果超媒 | 105.75% | 67.11% | 191.43% |
| 360 | −24.04% | 13.54% | 618.54% |
| 唯品会 | 77.51% | 161.88% | −47.54% |
| 爱奇艺 | 2.13% | 43.64% | 2.03% |
| 科大讯飞 | 17.38% | 44.64% | −40.23% |
| 苏宁易购 | −8.52% | 0.97% | −23.69% |
| 汽车之家 | 22.07% | 3.02% | 23.87% |
| 同花顺 | 35.82% | 181.02% | −27.24% |
| 微博 | −11.87% | −20.16% | −42.60% |

---

[1] 除贝壳、58 同城外，其余企业 2020 年内市值增速统计起止时间为 2020 年 1 月 1 日至 12 月 10 日，贝壳于 2020 年 8 月上市，统计起点为上市首日，58 同城于 2020 年 9 月退市，统计终点为退市当日。2019 年及 2018 年市值增速统计起止时间为 1 月 1 日至 12 月 31 日，金山办公统计起点为 2019 年上市首日，美团、拼多多、小米、腾讯音乐、哔哩哔哩、爱奇艺统计起点为 2018 年上市首日。

| 企业 | 2020 年内市值增速 | 2019 年市值增速 | 2018 年市值增速 |
|------|-----------------|---------------|---------------|
| 三七互娱 | 12.52% | 178.96% | −56.72% |
| 世纪华通 | −9.96% | 38.92% | 31.53% |
| 58 同城 | −13.55% | 20.55% | −23.45% |
| 完美世界 | 79.88% | −10.85% | −50.97% |

如表 20-11 所示，对比过去三年上述我国上市大型互联网企业总体市值增长率，2020 年 30 家上市企业总市值增长率高达 61.05%，远高于 2019 年的 38.16% 和 2018 年的 −21.5%，且市值上涨企业数量占总数的比重也最高。在新冠肺炎疫情影响下，2020 年我国国内生产总值（GDP）及其他综合经济指标的增速远逊于 2018 年和 2019 年，但互联网行业实现逆势上涨，其受疫情的负面影响相对较弱，反而迎来一定利好。

表 20-11　近三年我国上市大型互联网企业市值变化情况 [1]

| 年份 | 总市值增长率 | 市值上涨企业数量占总数的比重 |
|------|-----------|------------------------|
| 2018 年 | −21.5% | 28.57% |
| 2019 年 | 38.16% | 82.76% |
| 2020 年 | **61.05%** | 83.33% |

从分行业数据上看，前述四大行业 2020 年市值增速大多比 2018 年和 2019 年更快，电子商务行业 2020 年市值增速比 2019 年略低。另外，传统服务与互联网相融合行业连续两年市值增速领跑，服务业向线上转型的趋势十分强劲。

表 20-12　近三年我国四大行业互联网企业市值变化情况 [2]

| 行业 | 2018 年市值增速 | 2019 年市值增速 | 2020 年市值增速 |
|------|---------------|---------------|---------------|
| 电子商务 | −21.55% | 60.06% | 54.3% |
| 网络内容 | −22.54% | 21.38% | 53.65% |

---

[1] 数据统计起止时间同表 20-10。本表中，2019 年仅统计了 29 家企业，不包括 2020 年上市的贝壳。2018 年仅统计了 28 家企业，不包括 2019 年上市的金山办公。

[2] 对于 2018 年和 2019 年上市企业，当年市值增速统计起止时间是上市首日至 12 月 31 日。

| 行业 | 2018年市值增速 | 2019年市值增速 | 2020年市值增速 |
|------|------|------|------|
| 传统服务 | −23.99% | 85.26% | 102.67% |
| 其他行业 | −15% | −2.56% | 64.83% |
| 整体平均值 | −21.5% | 38.16% | 61.05% |

## （四）我国互联网企业可归入五大投资阵营，腾讯系企业市值占比和增量最高

按照不同的投资阵营，我国大型互联网企业大致可以归入阿里系、腾讯系、百度系、小米系、其他五大阵营。阿里系共包括6家上榜企业，详见表20-13。其中4家为上市企业，3家为独角兽企业，涵盖前述四大行业中的3个（除其他行业），具体业务包括电子商务、企业服务、网络视频、社交媒体、金融服务、物流等。

表20-13 阿里系大型互联网企业[1]

| 企业 | 当前市值/估值/亿美元 | 年营业收入/亿美元 | 主营业务 |
|------|------|------|------|
| 阿里巴巴 | 7221.01 | 858.40 | 电子商务、企业服务 |
| 芒果超媒 | 183.57 | 20.12 | 视频 |
| 苏宁易购 | 123.42 | 364.36 | 电子商务 |
| 微博 | 92.44 | 16.47 | 社交媒体 |
| 蚂蚁金服 | 1531 | — | 金融 |
| 菜鸟网络 | 290.89 | — | 物流 |

腾讯系共包括17家上榜企业，详见表20-14。其中11家为上市企业，6家为独角兽企业，涵盖前述四大行业中的3个（除了其他行业），具体业务包括社交、游戏、网络视频、外卖、餐饮、酒店、旅游、出行、电子商务、房屋租售、网络音乐、网络文学、短视频、金融、物流、汽车交易等。

---

[1] 独角兽企业缺乏营业收入数据，下同。

表 20-14　腾讯系大型互联网企业

| 企业 | 当前市值/估值/亿美元 | 年营业收入/亿美元 | 主营业务 |
| --- | --- | --- | --- |
| 腾讯 | 7147.83 | 666.89 | 社交、游戏、视频 |
| 美团 | 2178.11 | 154.28 | 外卖、餐饮、酒店、旅游、出行 |
| 拼多多 | 1809.69 | 64.22 | 电子商务 |
| 京东 | 1296.93 | 1016.37 | 电子商务 |
| 贝壳 | 792.14 | 91.32 | 房屋租售 |
| 腾讯音乐 | 316.72 | 41.28 | 网络音乐 |
| 哔哩哔哩 | 239.72 | 14.93 | 视频 |
| 唯品会 | 168.65 | 140.09 | 电子商务 |
| 世纪华通 | 87.87 | 22.72 | 游戏 |
| 58 同城 | 83.74 | 21.32 | 本地生活服务 |
| 阅文集团 | 76 | 12.21 | 网络文学 |
| 滴滴出行 | 566.47 | — | 出行 |
| 快手 | 298.55 | | 短视频 |
| 微众银行 | 229.65 | — | 金融 |
| 京东数科 | 199.03 | | 金融 |
| 京东物流 | 137.79 | | 物流 |
| 车好多 | 91.86 | | 汽车交易 |

　　阿里系和腾讯系企业占我国大型互联网企业总市值的大多数，但该两个阵营均未出现前述"四大行业"中的"其他行业"的企业，"其他行业"中领先的小米、百度分别组成了新的投资阵营。百度系共包括 3 家上榜企业，见表 20-15。这些企业均为上市企业，涵盖的业务包括搜索引擎、人工智能、地图、酒店、旅游、视频等。

表 20-15　百度系大型互联网企业

| 企业 | 当前市值/估值/亿美元 | 年营业收入/亿美元 | 主营业务 |
| --- | --- | --- | --- |
| 百度 | 517.04 | 155.2 | 搜索引擎、人工智能、地图 |
| 携程 | 201.41 | 31.85 | 酒店、旅游 |
| 爱奇艺 | 158.17 | 43.68 | 视频 |

　　小米系包括 2 家上榜企业，均为上市企业，详见表 20-16。雷军是该

两家企业共同的股东和实际控制人，且该两家企业均未接受上述阿里、腾讯、百度等企业的战略投资，其主营业务为物联网、智能硬件和办公软件。

表 20-16　小米系大型互联网企业

| 企业 | 当前市值/估值/亿美元 | 年营业收入/亿美元 | 主营业务 |
| --- | --- | --- | --- |
| 小米 | 895.19 | 339.83 | 物联网、智能硬件 |
| 金山办公 | 236.18 | 2.97 | 办公软件 |

此外，还有 12 家上榜企业不属于上述 4 个投资阵营，被归入"其他"类，其中包括网易和字节跳动两家第二梯队企业，以及 10 家第三梯队企业，各投资阵营总体分布如图 20-5 和图 20-6 所示。

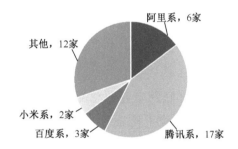

图 20-5　大型互联网企业五大投资阵营数量分布

图 20-6　上市大型互联网五大阵营市值分布

从表 20-17 中可以看出，腾讯系企业数量和市值占比均是所有投资阵营中最高的，在 30 家上市大型互联网企业中的市值占比过半，且其 2020 年市值增速高达 93.59%，远远高于阿里系、百度系和其他企业。阿里系是仅此于腾讯系的第二大投资阵营，阿里系与腾讯系共占 30 家上市大型互联网企业总市值的 84.35%。小米系企业 2020 年市值增速高达 155.96%，但其总市值占比仅为 4.33%，增量小于腾讯系企业。

表 20-17  我国大型互联网企业投资阵营分析 [1]

|  | 企业数量/家 | 总市值/亿美元 | 总市值占比 | 年内市值增速 |
|---|---|---|---|---|
| 阿里系 | 6 | 7620.44 | 29.17% | 26.19% |
| 腾讯系 | 17 | 14197.4 | 54.35% | 93.59% |
| 百度系 | 3 | 876.62 | 3.36% | 10.85% |
| 小米系 | 2 | 1131.37 | 4.33% | 155.96% |
| 其他 | 12 | 2295.98 | 8.79% | 42.24% |

### （五）北上杭深是大型互联网企业主要聚集地，不同城市在不同行业占据优势

统计显示，我国大型互联网企业的总部主要设在北京、上海、杭州、深圳四大城市。北京共有 19 家上榜企业，包括 13 家上市企业和 6 家独角兽企业，详见表 20-18。这些企业中，有 6 家是第二梯队企业，13 家第三梯队企业，前述"四大行业"都有涉及。

表 20-18  北京大型互联网企业基本情况

| 企业 | 当前市值/估值/亿美元 | 年营业收入/亿美元 | 主营业务 |
|---|---|---|---|
| 美团 | 2178.11 | 154.28 | 餐饮、外卖、酒店、旅游、出行 |
| 京东 | 1296.93 | 1016.37 | 电子商务 |
| 小米 | 895.19 | 339.83 | 物联网、智能硬件 |
| 百度 | 517.04 | 155.2 | 搜索引擎、人工智能、地图 |
| 好未来 | 406.75 | 37.01 | 在线教育 |
| 金山办公 | 236.18 | 2.97 | 办公软件 |
| 用友网络 | 222.9 | 11.77 | 企业服务 |

---

[1] 企业数量一栏包括上市企业和独角兽企业，总数为 40 家。总市值、总市值占比、年内市值增速三项指标仅统计上市企业，共 30 家。

| 企业 | 当前市值/估值/亿美元 | 年营业收入/亿美元 | 主营业务 |
|---|---|---|---|
| 360 | 173.14 | 16.48 | 网络安全 |
| 爱奇艺 | 158.17 | 43.68 | 视频 |
| 汽车之家 | 116.15 | 12.49 | 汽车交易 |
| 微博 | 92.44 | 16.47 | 社交媒体 |
| 58同城 | 83.74 | 21.32 | 本地生活服务 |
| 完美世界 | 79.98 | 15.06 | 游戏 |
| 字节跳动 | 857.36 | — | 短视频、资讯 |
| 滴滴出行 | 566.47 | — | 出行 |
| 快手 | 298.55 | — | 短视频 |
| 京东数科 | 199.03 | — | 金融 |
| 京东物流 | 137.79 | — | 物流 |
| 车好多 | 91.86 | — | 汽车交易 |

如表20-19所示，北京大型互联网企业在"其他"行业所占比重最高，我国"其他"行业互联网企业的绝大多数和主要份额位于北京。在互联网与传统服务业相融合的企业中，北京企业占据半壁江山，数量达到50%，市值占该行业比重达65.61%。

表20-19　北京大型互联网企业行业分布情况 [1]

| 行业 | 企业数量/家 | 数量占该行业比重 | 总市值/亿美元 | 市值占该行业比重 |
|---|---|---|---|---|
| 电子商务 | 1 | 20% | 1296.93 | 12.21% |
| 网络内容 | 5 | 38.46% | 330.59 | 3.64% |
| 传统服务 | 8 | 50% | 2784.75 | 65.61% |
| 其他 | 5 | 83.33% | 2044.45 | 94.13% |

如表20-20所示，上海共有6家企业上榜，包括5家上市企业和1家独角兽企业。其中拼多多为第二梯队企业，其他企业为第三梯队企业。

---

[1] 企业数量指标包括上市企业和独角兽企业，市值指标则只包括上市企业，特此注明，下同。

表 20-20　上海大型互联网企业基本情况

| 企业 | 当前市值/估值/亿美元 | 年营业收入/亿美元 | 主营业务 |
| --- | --- | --- | --- |
| 拼多多 | 1809.69 | 64.22 | 电子商务 |
| 东方财富 | 351.62 | 10.32 | 金融 |
| 哔哩哔哩 | 239.72 | 14.93 | 视频 |
| 携程 | 201.41 | 31.85 | 酒店、文旅 |
| 阅文集团 | 76 | 12.21 | 网络文学 |
| 陆金所 | 413.37 | — | 金融 |

如表 20-21 所示，上海大型互联网企业在电子商务领域所占比重最高，达到该行业企业数量的 20%和总市值的 17.04%，其次是从事互联网与传统服务业相融合的企业。

表 20-21　上海大型互联网企业行业分布情况

| 行业 | 企业数量/家 | 数量占该行业比重 | 总市值/亿美元 | 市值占该行业比重 |
| --- | --- | --- | --- | --- |
| 电子商务 | 1 | 20% | 1809.69 | 17.04% |
| 网络内容 | 2 | 15.38% | 315.72 | 3.47% |
| 传统服务 | 3 | 18.75% | 553.03 | 13.03% |
| 其他 | — | — | — | — |

如表 20-22 所示，杭州共有 5 家企业上榜，包括 3 家上市企业和 2 家独角兽企业。其中，阿里巴巴为第一梯队企业，网易、蚂蚁金服为第二梯队企业，其他企业为第三梯队企业，涉及前述四大行业中的 3 个。

表 20-22　杭州大型互联网企业基本情况

| 企业 | 当前市值/估值/亿美元 | 年营业收入/亿美元 | 主营业务 |
| --- | --- | --- | --- |
| 阿里巴巴 | 7221.01 | 858.40 | 电子商务、企业服务 |
| 网易 | 611.93 | 102.26 | 游戏、音乐、资讯 |
| 同花顺 | 114.2 | 3.27 | 金融 |
| 蚂蚁金服 | 1531 | — | 金融 |
| 菜鸟网络 | 290.89 | — | 物流 |

如表 20-23 所示，杭州企业在电子商务行业所占的市值比重高达 68%，在电子商务行业占据先发优势。杭州互联网与传统服务相融合行业的 3 家企业主要从事与电子商务相关的金融、物流服务，受电子商务行业带动较为明显。

表 20-23　杭州大型互联网企业行业分布情况

| 行业 | 企业数量/家 | 数量占该行业比重 | 总市值/亿美元 | 市值占该行业比重 |
|------|-----------|---------------|-------------|---------------|
| 电子商务 | 1 | 20% | 7221.01 | 68% |
| 网络内容 | 1 | 7.69% | 611.93 | 6.73% |
| 传统服务 | 3 | 18.75% | 114.2 | 2.69% |
| 其他 | 0 | 0 | 0 | 0 |

如表 20-24 所示，深圳共有 3 家企业上榜，包括 2 家上市企业和 1 家独角兽企业，全部为腾讯及其相关企业，涉及前述四大行业中的 2 个。

表 20-24　深圳大型互联网企业基本情况

| 企业 | 当前市值/估值/亿美元 | 年营业收入/亿美元 | 主营业务 |
|------|-------------------|----------------|---------|
| 腾讯 | 7147.83 | 666.89 | 社交、游戏、视频 |
| 腾讯音乐 | 316.72 | 41.28 | 音乐 |
| 微众银行 | 229.65 | — | 金融 |

如表 20-25 所示，深圳在网络内容行业所占的市值比重高达 82.15%，是我国网络内容行业的一方重镇。

表 20-25　深圳大型互联网企业行业分布情况 [1]

| 行业 | 企业数量/家 | 数量占该行业比重 | 总市值/亿美元 | 市值占该行业比重 |
|------|-----------|---------------|-------------|---------------|
| 网络内容 | 2 | 15.38% | 7464.55 | 82.15% |
| 传统服务 | 1 | 6.25% | — | — |
| 其他 | — | — | — | — |

---

[1] 深圳从事传统服务的上榜企业是微众银行，为独角兽企业，故未统计其市值占比。

如表 20-26 所示，其他城市共有 7 家企业上榜，分别分布在 6 个城市，包括 1 家第二梯队企业和 6 家第三梯队企业，均为上市企业，前述四大行业都有涉及。

表 20-26　其他城市大型互联网企业基本情况

| 企业 | 所在城市 | 当前市值/亿美元 | 年营业收入/亿美元 | 主营业务 |
| --- | --- | --- | --- | --- |
| 贝壳 | 西安 | 792.14 | 91.32 | 房屋租售 |
| 芒果超媒 | 长沙 | 183.57 | 20.12 | 视频 |
| 唯品会 | 广州 | 168.65 | 140.09 | 电子商务 |
| 科大讯飞 | 合肥 | 127.56 | 15.75 | 智能软硬件 |
| 苏宁易购 | 南京 | 123.42 | 364.36 | 电子商务 |
| 三七互娱 | 广州 | 91.75 | 21.9 | 游戏 |
| 世纪华通 | 绍兴 | 87.87 | 22.72 | 游戏 |

如图 20-7 和图 20-8 所示，北上杭深四大城市共占我国上市大型互联网企业总市值的 93.97%，是大型互联网企业主要聚集地。其中，北京上榜企业数量最多，达 19 家，接近全部 40 家企业的一半。杭州、深圳企业的总市值最高，共占 30 家上市企业总市值的 58.99%。如表 20-27 所示，上海企业 2020 年市值增速最快，高达 199.73%，北京企业 2020 年市值增速达 95.48%，仅次于上海。前述四大行业中，北京、杭州、深圳分别占据一定优势。

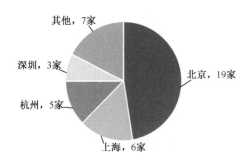

图 20-7　大型互联网企业所在城市数量分布

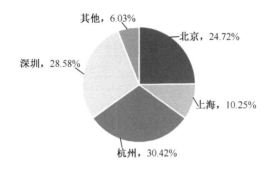

图 20-8　上市大型互联网企业所在城市市值分布

表 20-27　各城市大型互联网企业情况对比 [1]

| 城市 | 企业数量/家 | 总市值/亿美元 | 总市值占比 | 年内市值增速 | 优势行业 |
|------|------|------|------|------|------|
| 北京 | 19 | 6456.72 | 24.72% | 95.48% | 传统服务、其他 |
| 上海 | 6 | 2678.44 | 10.25% | 199.73% | — |
| 杭州 | 5 | 7947.14 | 30.42% | 28.38% | 电子商务 |
| 深圳 | 3 | 7464.55 | 28.58% | 55.38% | 网络内容 |
| 其他 | 7 | 1574.96 | 6.03% | 53.05% | — |

## 二、我国大型互联网企业全球竞争态势分析 [2]

本报告统计了全球前 50 家上市大型互联网企业的市场数据，比较了各国企业的总体情况和近三年来增长情况，分析了中美互联网行业各自的特点，并重点介绍我国企业主要发力的东南亚市场。

### （一）我国企业在全球市值占比略高于综合 GDP 占比

本报告统计了全球市值排名前 50、市值超过 280 亿美元的上市互联网企业，其国别、市值、年营业收入情况如表 20-28 所示。

---

[1] 企业数量指标统计了独角兽企业和上市企业，其他指标仅包括上市企业。

[2] 本节中，"我国企业"是指全球 50 大上市互联网企业中的 12 家中国企业，而不是上一节中的 40 家我国大型互联网企业，特此注明。

表 20-28　全球上市大型互联网企业基本情况 [1]

| 序号 | 企业 | 国家 | 当前市值/亿美元 | 年营业收入/亿美元 |
|------|------|------|----------------|-------------------|
| 1 | 苹果 | 美国 | 20704.79 | 2745.15 |
| 2 | 微软 | 美国 | 16013.13 | 1471.14 |
| 3 | 亚马逊 | 美国 | 15575.36 | 3479.45 |
| 4 | 谷歌 | 美国 | 12046.59 | 1717.04 |
| 5 | 脸书 | 美国 | 7915.98 | 789.75 |
| 6 | 阿里巴巴 | 中国 | 7221.01 | 858.40 |
| 7 | 腾讯 | 中国 | 7147.83 | 666.89 |
| 8 | PayPal | 美国 | 2469.93 | 202.99 |
| 9 | Adobe | 美国 | 2320.59 | 124.36 |
| 10 | 奈飞 | 美国 | 2180.7 | 238.19 |
| 11 | 美团 | 中国 | 2178.11 | 154.28 |
| 12 | Salesforce | 美国 | 2018.22 | 202.86 |
| 13 | 拼多多 | 中国 | 1809.69 | 64.22 |
| 14 | 甲骨文 | 美国 | 1796.18 | 392.17 |
| 15 | SAP | 德国 | 1516.64 | 326.8 |
| 16 | 京东 | 中国 | 1296.93 | 1016.37 |
| 17 | Shopify | 加拿大 | 1283.15 | 20.8 |
| 18 | Zoom Video | 美国 | 1102.16 | 19.57 |
| 19 | ServiceNow | 美国 | 1030.11 | 42.21 |
| 20 | Intuit | 美国 | 956.85 | 78.37 |
| 21 | Uber | 美国 | 948.73 | 129.82 |
| 22 | Sea | 新加坡 | 938.9 | 25.38 |
| 23 | Square | 美国 | 933.62 | 76.52 |
| 24 | 小米 | 中国 | 895.19 | 339.83 |
| 25 | Booking | 美国 | 862.97 | 88.97 |
| 26 | 贝壳 | 中国 | 792.14 | 91.32 |
| 27 | MercadoLibre | 阿根廷 | 764.84 | 28.08 |
| 28 | Snap | 美国 | 732.33 | 21.56 |

---

[1] 当前市值统计时间为 2020 年 12 月 10 日，市值和营业收入数据单位为亿美元，下同。中国企业用深灰色背景标示，其他国家企业用浅灰色背景标示，美国企业未做背景标示。

| 序号 | 企业 | 国家 | 当前市值/亿美元 | 年营业收入/亿美元 |
|---|---|---|---|---|
| 29 | Recruit | 日本 | 680.95 | 221.97 |
| 30 | 网易 | 中国 | 639.65 | 102.26 |
| 31 | 动视暴雪 | 美国 | 638.23 | 76.6 |
| 32 | Spotify | 瑞典 | 612.79 | 88.83 |
| 33 | VMware | 美国 | 592.56 | 115.46 |
| 34 | Atlassian | 澳大利亚 | 553.14 | 17.1 |
| 35 | Workday | 美国 | 526.75 | 41.63 |
| 36 | 百度 | 中国 | 517.04 | 155.2 |
| 37 | Twilio | 美国 | 471.81 | 15.45 |
| 38 | NAVER Corp | 韩国 | 432.44 | 49.86 |
| 39 | Pinterest | 美国 | 423.19 | 13.87 |
| 40 | 好未来 | 中国 | 406.75 | 37.01 |
| 41 | 艺电 | 美国 | 386.3 | 55.9 |
| 42 | Match Group | 美国 | 381.74 | 49.93 |
| 43 | 推特 | 美国 | 375.64 | 34.35 |
| 44 | CrowdStrike | 美国 | 367.67 | 7.62 |
| 45 | 东方财富 | 中国 | 351.62 | 10.32 |
| 46 | Amadeus | 西班牙 | 342.27 | 62.4 |
| 47 | Ebay | 美国 | 341.22 | 118.03 |
| 48 | 腾讯音乐 | 中国 | 316.72 | 41.28 |
| 49 | 雅虎日本（Z） | 日本 | 289.34 | 97.41 |
| 50 | Ansys | 美国 | 287.33 | 15.44 |

　　如图 20-9 和 20-10 所示，50 家全球大型互联网企业总市值达 125387.82 亿美元。其中，美国企业共有 28 家，企业数量占 56%，但其总市值和总营收分别占全球的 75.29% 和 73.42%，大约占据全球市值的四分之三，是全球市场的最主要玩家。中国企业共有 12 家，企业数量占全球的 24%，总市值和总营收分别占全球的 18.08% 和 21.01%，发展水平仅次于美国，约占全球市值的五分之一，这一比例比中国综合 GDP 在全球的比重 [1] 略

---

[1] 据 2019 年数据，为 16.36%。

高。中国企业在基本占据国内市场的基础上，已经初步涉足国际市场。其他国家企业共 10 家，共占全球企业数量的 20%，但总市值和总营收仅占全球的 5.91% 和 5.57%，与中美相比综合竞争力较弱。10 家企业中，有 4 家企业位于日本、韩国、新加坡等亚洲发达国家，有 3 家企业位于德国、瑞典、西班牙等欧洲发达国家。美国、中国、其他国家企业的数量、市值、营收占比综合统计在表 20-29 中。

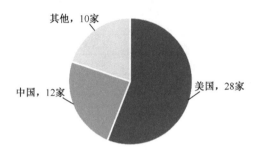

图 20-9　全球上市大型互联网企业数量分布

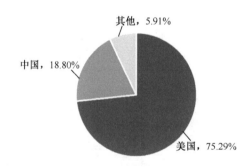

图 20-10　全球上市大型互联网企业市值分布

表 20-29　全球 50 家上市大型互联网企业国别比较

| 国别 | 企业数量/家 | 总市值/亿美元 | 总市值占比 | 总营业收入/亿美元 | 总营业收入占比 |
|---|---|---|---|---|---|
| 美国 | 28 | 94400.68 | 75.29% | 12364.4 | 73.42% |
| 中国 | 12 | 23572.68 | 18.80% | 3537.38 | 21.01% |
| 其他 | 10 | 7414.46 | 5.91% | 938.63 | 5.57% |

## （二）全球大型互联网企业市值高度集中在 7 大巨头

全球 50 家上市大型互联网企业可分为 3 个梯队，第一梯队包括苹果、微软、亚马逊、谷歌、脸书、阿里巴巴、腾讯 7 家市值超过 7000 亿美元的企业。第一梯队企业数量虽然仅占全球 50 家企业的 14%，其市值却达到 50 家企业总市值的 69.09%，是全球互联网行业生态的主要构建者。第二梯队包括 PayPal、美团、Booking 等 18 家市值在 800 亿美元和 2500 亿美元之间的企业，这些企业能够在单个细分领域占据全球市场，或在多个细分领域占据区域市场，他们的市值占全球 50 家企业总市值的 21.17%，是全球互联网不容忽视的重要力量。第三梯队包括推特、Ebay、百度等市值在 250 亿美元和 800 亿美元之间的 25 家企业，他们往往能在单个细分领域占据区域市场，或竞争全球市场，其数量占到全球 50 家企业的 50%，但总市值仅占 9.74%，影响力相对较弱。表 20-30、图 20-11、图 20-12 中体现了三个梯队的综合比较情况。

表 20-30　全球上市大型互联网企业三个梯队情况对比

| 梯队 | 企业数量/家 | 数量占比 | 总市值/亿美元 | 总市值占比 |
| --- | --- | --- | --- | --- |
| 第一梯队 | 7 | 14% | 86624.69 | 69.09% |
| 第二梯队 | 18 | 36% | 26538.67 | 21.17% |
| 第三梯队 | 25 | 50% | 12224.46 | 9.74% |

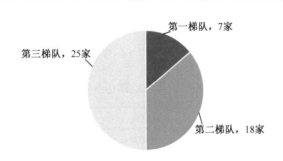

图 20-11　全球大型互联网企业各梯队数量分布

335

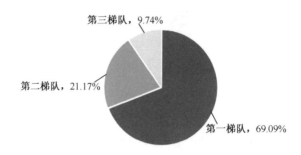

图 20-12　全球上市大型互联网企业各梯队市值分布

## （三）美国在全球大型互联网企业中占据"头部优势"

在上述三个梯队企业中，美国均占据领先地位，但其优势依次递减。如表20-31所示，第一梯队有5家美国企业，占第一梯队总市值的83.41%。中国企业有2家，占第一梯队总市值的16.59%，其他国家企业无一上榜。

表 20-31　全球上市大型互联网企业第一梯队国别比较

| 国家 | 企业数量/家 | 数量占比 | 总市值/亿美元 | 总市值占比 |
|---|---|---|---|---|
| 美国 | 5 | 71.43% | 72255.85 | 83.41% |
| 中国 | 2 | 28.57% | 14368.84 | 16.59% |
| 其他 | — | — | — | — |

如表 20-32 所示，第二梯队中，美国企业共有 11 家，占第二梯队总市值的 62.63%，中国企业共有 4 家，占第二梯队总市值的 23.29%，其他国家企业有 3 家，占第二梯队总市值的 14.09%。

表 20-32　全球上市大型互联网企业第二梯队国别比较

| 国家 | 企业数量/家 | 数量占比 | 总市值/亿美元 | 总市值占比 |
|---|---|---|---|---|
| 美国 | 11 | 61.11% | 16620.06 | 62.63% |
| 中国 | 4 | 22.22% | 6179.92 | 23.29% |
| 其他 | 3 | 16.67% | 3738.69 | 14.09% |

如表 20-33 所示，第三梯队中，美国企业有 12 家，占第三梯队总市值的 45.19%，中国企业有 6 家，占第三梯队总市值的 24.74%，其他国家企业有 7 家，占第三梯队总市值的 30.07%。

表 20-33　全球上市大型互联网企业第二梯队国别比较

| 国家 | 企业数量/家 | 数量占比 | 总市值/亿美元 | 总市值占比 |
| --- | --- | --- | --- | --- |
| 美国 | 12 | 48% | 5524.77 | 45.19% |
| 中国 | 6 | 24% | 3023.92 | 24.74% |
| 其他 | 7 | 28% | 3675.77 | 30.07% |

综合以上数据，美国企业在三个梯队中的市值占比分别为 83.41%、62.63% 和 45.19%，其优势依次递减，主要表现为"头部优势"。中国企业在三个梯队中的市值占比相对稳定，维持在 20% 上下。其他国家企业则全部集中在二三梯队。

## （四）我国企业总市值增长率近三年来首次超越美国

如表 20-34 所示，在 2018 年和 2019 年，我国企业的市值增速低于美国、其他国家和全球平均水平，在全球的相对竞争力一度有所减弱，我国互联网行业在 2018 年和 2019 年两年承受了一定的下行压力。但在 2020 年，我国上榜企业市值增速达到 65.17%，比美国企业高 15.18 个百分点，同时也高于其他国家企业增速和全球平均增速。这是我国上市大型互联网企业市值增速在近三年来首次超过美国企业，体现出我国新冠肺炎疫情控制情况较好所带来的独特优势。另外，从全球整体情况上看，2018 至 2020 年，互联网行业市值增速呈现递增态势。即便在新冠肺炎疫情形势较为严峻的美国，2020 年大型互联网企业市值增速仍远高于 2018 年和 2019 年，全球互联网行业受新冠肺炎疫情的打击远比实体经济更小，反而迎来一定利好。

表 20-34　全球上市大型互联网企业近三年市值增速比较 [1]

| 国家 | 2018 年市值增速 | 2019 年市值增速 | 2020 年市值增速 |
|------|------|------|------|
| 美国 | 2.44% | 40.25% | 49.99% |
| 中国 | −22.80% | 38.95% | 65.17% |
| 其他国家 | −7.38% | 54.57% | 60.73% |
| 全球平均 | −3.28% | 39.48% | 53.27% |

## （五）我国企业的区域分布相对平均且成立时间更晚

如表 20-35 所示，从总部所在地上看，美国企业高度集中于硅谷所在的加利福尼亚州。28 家上榜的美国企业中，有 23 家将总部设在加利福尼亚州，数量占美国企业总数的 82.14%，总市值占美国企业总数的 63.55%。与加利福尼亚州同位于西海岸的华盛顿州是美国第二大企业集中地，涵盖了微软、亚马逊等 2 家顶尖企业，市值占美国企业总数的 32.76%。综合来看，西海岸 2 州共占美国上榜企业总市值的 98.41%，其他 48 个州共占美国上榜企业总市值的 1.59%。这在一定程度上加剧了美国中部地区的"产业空心化"问题，影响到了美国的政治"极化"倾向和区域矛盾。美国商务部的数据显示，2019 年加利福尼亚州的 GDP 高达 3.14 万亿美元，高于印度、法国、英国 [2]，位列"全球第五大经济体"。与此同时，美国中部"铁锈带"各州则面临严峻的失业问题，尚未能从 2008 年金融危机中真正复苏，其消费能力、数据资源、税收利益、人才供给正在加速向互联网行业所集中的西海岸和金融业所集中的东海岸转移。

---

[1] 对于 2020 年上市的企业，其 2020 年市值增速统计起止时间为上市首日和 2020 年 12 月 10 日，其他企业起止时间为 2020 年 1 月 1 日和 12 月 10 日，2019 年、2018 年其未上市，不做统计。2019 年上市、2018 年上市的企业采取类似方式处理。

[2] 该 3 个国家 2019 年 GDP 分别为 2.85 万亿美元、2.83 万亿美元和 2.71 万亿美元。自 2017 年起，该三个国家 GDP 总量始终低于加利福尼亚州。

表 20-35　美国上榜企业总部分布表

| 主要地区 | 上榜企业数量/家 | 数量占美国总数 | 市值占美国总数 |
|---|---|---|---|
| 加利福尼亚州 | 23 | 82.14% | 64.91% |
| 华盛顿州 | 2 | 7.14% | 33.46% |
| 其他 48 个州 | 3 | 10.72% | 1.62% |

相比之下，上榜的 12 家中国企业的总部主要分布在北京、浙江、广东、上海等四个省市，具体如表 20-36 所示。企业最多的北京市仅占中国企业总数的 41.67%，市值占比最高的浙江省仅占中国企业总市值的 30.61%。与美国的"单点开花"不同，中国互联网领域出现了多个创新中心，区域分布相对更为平均，可能引发的区域矛盾比美国要小，但仍需要警惕。

表 20-36　中国上榜企业总部分布表

| 主要地区 | 上榜企业数量/家 | 数量占中国总数 | 市值占中国总数 |
|---|---|---|---|
| 北京 | 5 | 41.67% | 22.48% |
| 浙江 | 2 | 16.67% | 33.27% |
| 广东 | 2 | 16.67% | 31.7% |
| 上海 | 2 | 16.67% | 9.18% |
| 其他 | 1 | 8.32% | 3.36% |

如表 20-37 所示，从成立时间上看，美国企业、其他国家企业和全球 50 家企业的平均成立时间都在 20 世纪末，中国 12 家上榜企业的平均成立时间则是 2007 年，比其他国家企业更年轻，更具有后发优势，更适应移动互联网时代的交互方式，创新活力值得期待。

表 20-37　全球上市大型互联网企业平均成立时间表

| 国别 | 美国 | 中国 | 其他国家 |
|---|---|---|---|
| 平均成立时间 | 1997 年 | 2007 年 | 1996 年 |
| 全球平均成立时间 | 1999 年 | | |

## （六）东南亚市场正在成为我国互联网企业出海重镇

在 2019 年及以前，印度市场和东南亚市场都是中国互联网企业拓展海外业务的主战场。如表 20-38 所示，2019 年中国 8 大互联网巨头 [1] 共开展了 65 次海外投资，主要集中在印度、美国、欧洲、东盟。其中，投资欧美主要针对的对象是人工智能、智慧医疗等领域的技术企业，其目的在于获取技术专利。而投资印度、东南亚则主要针对应用型企业，其目的在于进入当地市场。

表 20-38　2019 年中国 8 大互联网企业海外投资主要目的地

| 国家或地区 | 印度 | 美国 | 欧洲 | 东盟 | 其他 |
|---|---|---|---|---|---|
| 数量 | 24 | 10 | 12 | 10 | 9 |
| 占比 | 36.92% | 15.38% | 18.46% | 15.38% | 13.85% |

2020 年是"中国—东盟数字经济合作年"，这一年中，我国互联网企业在印度市场面临的监管环境急剧恶化。与此同时，东盟市场凭借着优越的地理位置、人口结构和经济发展态势，逐渐成为我国互联网企业海外业务的头号重镇。2020 年，东盟网民总规模预计将增长至 4.8 亿人，有望超越欧盟，成为仅次于中国和印度的全球第三大数字市场。且东盟国家年轻人口比例较高，未来 15 年，约 1.5 亿名东南亚居民将年满 15 岁，每年将有 1000 万人成为移动互联网新增用户，增长潜力巨大。中国企业在东盟投入颇丰，前述全球 50 大上市互联网企业中，东南亚仅有"Sea"一家公司上榜，腾讯是该公司第一大股东，持股比例高达 25.63%。

在电子商务行业，东南亚六国 [2] 电商市场的前两名全部被中国互联网企业投资或收购的企业占据。具体而言，腾讯投资的 Sea 旗下有电商平台 Shopee，截至 2020 年第二季度末，该平台月访问量在东南亚六国均排名第一 [3]。阿里巴巴收购的电商平台 Lazada 在东南亚市场暂居第二，该平台月访问量在马来西亚、新加坡、泰国、菲律宾四个东南亚国家排名第 2，

---

[1] 阿里巴巴、腾讯、小米、百度、京东、字节跳动、美团、滴滴 8 家企业，原始数据来自《时代周报》，国家工业信息安全发展研究中心整理。

[2] 指印度尼西亚、菲律宾、马来西亚、泰国、新加坡、越南 6 个经济发展情况较好的东盟国家。

[3] 数据来源：iPrice，下同。

在印度尼西亚、越南排名第 4。阿里巴巴投资的 Tokopedia 平台在印度尼西亚月访问量排名第 2，京东投资的 Tiki 平台在越南月访问量排名第 2。这些主要由中国企业支持的电商平台占据东南亚电商市场的绝大部分份额，影响力远超亚马逊、Ebay 等美国电商企业。

在网络内容行业，中国网络内容巨头腾讯在东南亚市场搭建起了完整的网络内容版图。在游戏领域，腾讯投资的 Sea 公司旗下有 Garena 平台，是东南亚地区最具影响力的游戏企业之一，代理了腾讯旗下包括《英雄联盟》在内的多款明星游戏。此外，腾讯还投资了越南最大的游戏公司 VNG。在视频领域，腾讯面向东南亚开发 WeTV（腾讯视频海外版 App），并支持 VNG 开发了视频平台 Zing。在直播领域，腾讯与虎牙合作开发了主攻东南亚和拉美市场的游戏直播平台 NIMO TV。在音乐领域，腾讯旗下的 JOOX music 也在泰国市场积极发力。其他企业中，字节跳动旗下的 Tiktok 在东南亚市场大受欢迎，并投资了印度尼西亚新闻推荐阅读平台 BABE。欢聚时代开发的直播软件 Bigo Live 在泰国、印度尼西亚、越南等市场快速发展。网易游戏、爱奇艺视频等也纷纷进军东盟市场。

在互联网与传统服务相融合上，中美分别在东南亚占据一定份额。在金融领域，腾讯投资的 Sea 和阿里巴巴旗下的 Lazada 分别开发了网络钱包 Seamoney 和 Lazada Wallet。蚂蚁金服则与其合作伙伴在泰国、菲律宾、马来西亚、印度尼西亚、越南等国推出了 TrueMoney、Mynt、TnGD、Dana、eMonkey 等多款移动支付产品。在物流领域，菜鸟、京东、顺丰等中国企业都积极耕耘东盟市场。此外，腾讯、京东、美团先后投资印度尼西亚出行和外卖平台 Go-Jek，该企业同时接受谷歌投资。滴滴则投资东南亚打车平台 Grab，该企业同时接受 Uber 投资。

在其他行业，UC 浏览器、WPS、茄子快传、猎豹清理大师，Camera 360，Wifi 万能钥匙等中国 App 也在东盟国家市场逐渐普及，使我国互联网企业在东盟市场的整体生态更加丰富。

# 三、我国大型互联网企业发展中的五大挑战

2020 年，我国大型互联网企业在逆势增长的同时，也带来了一些问题和挑战。一是互联网企业在占据市场份额后，与实体经济和线上经营者的利润分配问题。二是人工智能技术应用中，算法对底层劳动者的偏见和对消费者的信息茧房问题。三是互联网企业在东中西部、南北部发展不平衡，由此引发的区域分配不均问题。四是美国、欧盟、印度等全球多个经济体监管态势趋紧，带来的海外业务合规成本提升问题。五是互联网企业相互间竞争加剧，"强制二选一"破坏行业生态问题。

## （一）反垄断悬而未决，实体经济和线上经营者利益受损

随着互联网行业快速发展，互联网企业占据的市场份额、资本、数据日益增长，广大中小企业对平台的依赖度显著提升，反垄断问题越发凸显。本文认为，互联网领域反垄断不应仅着眼于互联网企业之间的竞争，而是应该主要看到互联网行业占据市场支配地位后对实体经济和广大线上经营者的挤压作用。这一问题尤其体现在电子商务行业和互联网与传统服务相融合行业。

表 20-39　2016—2020 年我国网上零售额及其占社会消费品零售总额比重[1]

| 时间 | 网上零售额/亿元 | 占社会消费品零售总额比重 | 增长的百分点 |
|---|---|---|---|
| 2016 年 | 51556 | 12.6% | 1.8 |
| 2017 年 | 71751 | 15% | 2.4 |
| 2018 年 | 90065 | 18.4% | 3.4 |
| 2019 年 | 106324 | 20.7% | 2.3 |
| 2020 年 | 117601 | 24.9% | 4.2 |

在电子商务行业，如表 20-39 所示，近年来电子商务渠道在社会消费

---

[1] 数据来源于商务部，比重数据为实物商品网上零售额与社会消费品零售总额的比。

品零售总额中所占的比重持续提升，而在疫情影响下，2020 年网上零售占社会消费品零售总额的比重猛涨 4.2 个百分点，网络渠道越来越成为各个商家售卖商品的主战场。这导致平台上经营者（网店卖家和品牌商）对互联网平台依赖度显著提升，互联网平台向经营者加收"技术服务费"（佣金），平台上中小商家和生产制造厂商的利润正在向大型互联网平台快速转移。如表 20-40 所示，近年来，我国电商平台技术服务收入增幅始终高于电子商务交易额总增长率，同时也高于信息技术服务全行业的收入增幅。电商平台技术服务收入的增长率最高可超过电子商务交易总额增长率的 4 倍，可见电商平台收入的增长并不主要来源于行业发展，而是来源于对中小商家利润的挤占。在这样的背景下，平台上开设网店的中小商家及其联系的制造企业盈利空间在持续缩减。

表 20-40　2017—2020 年电商平台技术服务收入增长情况 [1]

| 时间 | 电子商务交易额总增长率 | 电子商务平台技术服务收入增幅 | 信息技术服务收入增幅 |
|---|---|---|---|
| 2017 年 | 11.7% | 30.3% | 16.8% |
| 2018 年 | 8.5% | 21.9% | 17.6% |
| 2019 年 | 6.7% | 28.1% | 18.4% |
| 2020 年 | 4.5% | 10.5% | 15.2% |

在互联网与传统服务相融合的行业，受新冠肺炎疫情的影响，餐饮、教育、房屋租售、生鲜零售等传统服务业正加速向线上转型。如前所述，2020 年我国互联网与传统服务相融合行业企业市值增速高达 102.67%，远高于另外三个行业。与此同时，这些"O2O"企业与实体服务业间的利润分配问题也日益凸显。2020 年 4 月，重庆、四川、河北、云南等多地的餐饮协会曾先后公开呼吁美团、饿了么等平台降低佣金费率。另外，互联网平台在 2020 年大力发展"社区团购"，使用了巨额补贴，但整个商业模式并未创造新的价值。巨额补贴下的价格战虽使消费者买到了"便宜菜"，

---

[1] 电子商务总交易额增长率数据来源于商务部。信息技术服务收入增幅和电子商务平台技术服务收入增幅数据来源于工业和信息化部运行协调监测局。

但也挤占了广大蔬菜零售商、菜市场的生存空间，其中一部分被淘汰，另一部分被迫转型为"团长"，为互联网平台打工。如果放任其发展，未来生鲜零售行业将出现"挤出效应"，菜市场和蔬菜零售商的利润将向互联网平台转移，实体服务业的议价能力仍会减弱。

## （二）技术伦理缺位，算法偏见、信息茧房带来社会隐患

人工智能技术是互联网企业赖以提升效率、创造价值的重要基础，但由于技术伦理的缺位，算法已经开始带来社会隐患。一是"AI监工"问题。2020年，《人物》杂志经过近半年的调查，发布文章《外卖骑手，困在系统里》，引起社会广泛关注。调查显示，智能算法为底层劳动者分派任务的规则日益严苛，没有考虑到劳动者实际操作中的困难，有些平台算法为外卖骑手规划的出行路线直接违反了交通规则，骑手不得不承担闯红灯、逆行的风险。在平台模式下，快递员、外卖骑手、网约车司机等新兴职业的从业者往往身兼多职，大多没有与互联网平台形成稳定的雇佣关系，有些众包劳动者甚至没有签订任何合同，其获得劳动保障与社会保障的难度就此较大。"AI监工"之下，如何保障这数以百万计劳动者的权益已经成为亟待解决的问题。

二是"信息茧房"问题。在互联网诞生之初，舆论普遍认为其会降低获取信息的成本，使人们更趋向于相互理解。然而，移动互联网如今的发展已经表明了这一猜想的不切实际性。在社交媒体上，无论是中国的微信、微博，还是美国的脸书、推特，其用户都倾向于关注本社群内的、与自己原有意见趋同的信息源。而在新闻资讯平台上，智能算法更是集中向用户推荐其所感兴趣或认同的内容，这无形中固化了不同群体间的意见分歧，使社会偏见难以消弭。美国的政治"极化"、欧洲的"民粹"抬头，都与算法推荐下的信息茧房存在直接联系，其带来的潜在社会隐患不容小觑。

除技术伦理以外，我国互联网企业在技术研发方面也存在短板。相比于美国企业，我国企业更重视应用创新和商业模式创新，对关键核心

技术的探索尚处初级阶段。虽然涌现出阿里云、百度 AI 等技术实力雄厚的企业，但我国企业整体技术创新实力仍逊于美国竞争对手。CB Insights 发布的"2020 全球 AI 百强创业公司榜单"中，美国企业共有 65 家入选，我国企业则仅有 6 家。2020 年，在新冠疫情的影响下，我国互联网企业研发投入增速有所回落。工业和信息化部运行监测协调局的数据显示，2020，我国规模以上互联网企业投入研发经费 788 亿元，同比增长 6%，研发经费占同期业务收入的比重仅为 6.14%，且增速比上年回落 17.1 个百分点。有的企业动辄把"百亿补贴"投入"菜篮子"，却吝于在科技创新上加大投入。

## （三）数字鸿沟依然严峻，数字经济区域协同发展待破局

前文提到，我国大型互联网上市企业 93.97% 的市值集中在了北上杭深四大城市，我国互联网企业的区域分布虽较美国更为合理，但仍带来了**区域鸿沟扩大**的隐患。在互联网行业，传统的东西部差距、"入世"以来的南北部差距都十分明显。

如表 20-41 所示，东部地区占我国大型互联网企业总数的 92.5% 和总市值的 95.44%，中、西部地区所占的份额极小。

表 20-41　我国大型互联网企业东中西部分布情况 [1]

| 区域 | 企业数量/家 | 数量占比 | 总市值/亿美元 | 市值占比 |
| --- | --- | --- | --- | --- |
| 东部地区 | 37 | 92.5% | 25018.54 | 95.78% |
| 中部地区 | 2 | 5% | 311.13 | 1.19% |
| 西部地区 | 1 | 2.5% | 792.14 | 3.03% |

[1] 本表中的东部、中部、西部按照全国人大六届四次会议通过的"七五"计划和全国人大八届五次会议决定，即将北京、天津、河北、辽宁、上海、江苏、浙江、福建、山东、广东、海南、港澳台等划入东部，将山西、内蒙古、吉林、黑龙江、安徽、江西、河南、湖北、湖南、广西划入中部，将四川、贵州、云南、西藏、陕西、甘肃、青海、宁夏、新疆、重庆划入西部。数据指标上，企业数量包括独角兽企业和上市企业，共 40 家，市值指标只统计上市企业，共 30 家。

如表 20-42 所示，南北部企业数量虽均为 20 家，但北部地区企业的市值占比不足南部地区企业的 40%。且北部企业中的 95%都集中在北京市，北部其他省市仅 1 家企业上榜。

表 20-42　我国大型互联网企业南北部分布情况[4]

| 区域 | 企业数量/家 | 数量占比 | 总市值/亿美元 | 市值占比 |
| --- | --- | --- | --- | --- |
| 北部地区 | 20 | 50% | 7248.86 | 27.75% |
| 南部地区 | 20 | 50% | 18872.95 | 72.24% |

虽然领先的互联网企业集中在北上杭深等几个大城市，但我国数字市场的用户却分布于全国各地。易观数据显示，北京、上海、杭州、深圳 4 个城市的数字用户占比约为 10%，高达 90%的数字用户分布于一线城市以外地区，且欠发达地区在互联网领域新增用户中占据较大比重。阿里巴巴最新年报显示，该企业 2020 财年超过 70%的新增年活跃用户来自欠发达地区。企业集中在四大城市，用户却分散在全国其他地区的矛盾导致了多方位的鸿沟，其他地区省市的消费能力、数据资源、税收利益、人才供给正在加速向北上杭深转移。

在消费领域，以天猫平台上的电子商务交易额为例，大量中西部、北部省市的在天猫平台上的总购买额远远超过该省份的总销售额，且差值持续扩大，出现"省域电子商务交易逆差"，详见表 20-43。这可能会引发这些省市的"产业空心化"问题，当地居民更多通过电商平台"跨省消费"，使得这些省市的数据资源和消费能力向东部、南部省份转移，压缩了当地生产制造企业的市场，或将对这些省份的就业和消费增长带来隐患。

---

[4] 本表中的南部地区、北部地区划分主要采我国传统的南北分界线（秦岭淮河一线），北部省市包括山东、河南、山西、陕西、甘肃、青海、新疆、河北、天津、北京、内蒙古、辽宁、吉林、黑龙江、宁夏，南部省份包括江苏、安徽、湖北、重庆、四川、西藏、云南、贵州、湖南、江西、广西、广东、福建、浙江、上海、海南、港澳台等。

表 20-43　部分省份在天猫平台总销售额与总购买额差值表[5]　单位：亿元

| 省份 | 2017 年 | 2018 年 | 2019 年 |
|------|---------|---------|---------|
| 河北 | −26.95 | −38.43 | −50.6 |
| 山西 | −26.24 | −35.04 | −47.78 |
| 安徽 | — | −39.59 | −67.8 |
| 云南 | — | −30.02 | −37.53 |
| 天津 | — | −10.52 | −16 |

在税收领域，现行税收规则下，企业纳税地点往往以登记注册地或机构所在地来确定。互联网企业往往可以在不设物理经营机构的情况下跨省开展线上经营，这使得全国数字消费市场的税收向互联网企业所在的北京、上海、浙江、广东四个省市聚集，造成中西部、北部大量省市在税收分配上的劣势地位。其他地区的用户是互联网企业的消费者、内容创造者、数据提供者，但他们所在的省市难以对互联网平台的收入课税。同时，这些地区餐饮、酒店、旅游、教育、房屋租售等传统服务业向线上转移的趋势，也令其原本的课税基础受到侵蚀，产生了"虹吸效应"。

## （四）全球监管态势趋紧，海外业务合规成本大幅度提升

2020 年，全球对互联网行业的监管政策不断收紧，主要体现在美国、欧盟、印度三个经济体，该三个经济体的网民规模均超过 2.5 亿人，是全球数字市场的重要组成部分和数字经济国际监管的风向标。其中，美国、印度的监管政策直接指向我国企业，使我国互联网企业海外业务合规成本大幅提升。

在美国，联邦政府和州政府纷纷对谷歌、脸书等本土互联网企业发起反垄断调查和诉讼。而对于我国企业，时任总统特朗普带领的政府反复以国家安全为由，试图禁止美国实体和个人与抖音海外版（TikTok）和微信海外版（WeChat）进行交易，这两个中国 App 在美国面临下架。美国政

---

[5] 数据来源：国家互联网应急中心内部监测。

府一度尝试帮助微软等企业收购 TikTok，或迫使字节跳动将 TikTok 拆分给美国企业。

在欧洲，2019 年 12 月上任的新一届欧盟委员会将原本负责反垄断事务的"竞争委员"升格为欧委会数字化副主席，并于 2020 年对亚马逊提起反垄断诉讼，对苹果、脸书发起反垄断调查。2020 年 2 月，欧盟发布《人工智能白皮书》，建议针对人工智能领域建立更严格的监管框架，并采取涵盖事前、事中、事后等各个环节的长臂管辖。7 月，欧盟正式实施《关于提高在线平台交易的公平性和透明度条例》，力图加强针对线上平台的投资并购审查，避免境外巨头形成技术锁定。12 月，欧盟公布《数字服务法案》和《数字市场法案》草案，使互联网企业面临最高达营业额 10%的巨额罚款，甚至可能被下令拆分。另外，英国、法国、意大利、西班牙、奥地利、捷克等欧洲国家还在 2020 年推进了自身的"数字税"改革。

在印度，该国电子信息技术部于 2020 年 6 月、7 月、9 月、11 月先后 4 次下令封禁了共 267 款中国 App，包括 TikTok、茄子快传、快手、微信、微信读书、QQ、百度、百度地图、微博、新浪新闻、网易新闻、阴阳师、阿里速卖通、支付宝、淘宝 Live、钉钉、芒果 TV、绝地求生等众多知名 App。

## （五）恶性竞争屡禁不止，"强制二选一"问题时有发生

随着全球监管态势趋紧，我国大型互联网企业更加注重本土业务，对有限国内市场的竞争日趋激烈，甚至有时表现为恶性竞争。其中，尤其突出的问题是"强制二选一"，即领先的互联网平台利用其市场优势地位，强迫平台上的商家退出竞争对手平台的行为。这一行为破坏了互联网行业的竞争生态，对各主要平台企业和产业链上各环节经营者都带来不利影响。

对平台上的经营者而言，"强制二选一"破坏了他们的自主经营权，使广大商家承受了利益损失。接受"二选一"的商家损失了在其他平台交易的机会成本，对领先平台的依赖度进一步提升，更难抵御"技术服务费"

上涨的要求。拒绝"二选一"的商家则面临着在领先平台销售额的断崖式下跌，平台会对他们采取搜索降权、削减活动资源、提高服务费、锁死后台、强行下架和屏蔽等各类"制裁"措施。

对于消费者而言，"强制二选一"限制了消费者的选择权。平台在推行"二选一"的过程中会自动过滤掉一部分商品，消费者因此而不能接触到这部分商品的信息，在挑选商品的时候无形中受制于平台的算法，致使消费者在选择机会、范围、内容等方面均受到限制，降低了购物体验。同时，"二选一"也强化了领先平台的锁定效应，减少了平台相互之间的比价，使得近年来的"购物节"活动徒有其表。

对于互联网企业而言，"强制二选一"使其陷入"逐底竞争"和"囚徒困境"。当前，我国大型互联网企业在自身优势领域主动采取"二选一"的同时，也在自身的弱势领域被动遭受"二选一"。例如，在综合电商领域对京东和拼多多开展"二选一"的阿里巴巴，在餐饮外卖领域遭受美团"二选一"，在酒店和旅游领域则遭受携程"二选一"；美团在餐饮外卖领域推行"二选一"，但在酒店和出行领域分别受到携程和滴滴的"二选一"；滴滴在出行领域向美团、嘀嗒等竞争对手"二选一"，但在外卖领域则遭到美团和饿了么的"二选一"。总的来看，"二选一"更像是一种"囚徒困境"，没有绝对的赢家，也令全行业距离提升服务质量、创新技术水平的良性竞争之路越来越远。

## 四、对策建议

针对行业发展中的问题和挑战，要以满足人民日益增长的美好生活需要为根本目的，统筹发展和安全，加快建设现代化经济体系，加快构建以国内大循环为主体、国内国际双循环相互促进的新发展格局，推进国家治理体系和治理能力现代化，实现经济行稳致远、社会安定和谐。

一是分别运用《中华人民共和国反垄断法》（以下简称《反垄断法》）和《中华人民共和国反不正当竞争法》（以下简称《反不正当竞争法》），

优化互联网行业竞争生态，维护中小企业和实体经济权益。由市场监督管理总局、工业和信息化部、国家发展和改革委员会、中共中央网络安全和信息化委员会办公室、商务部等部门成立跨部门工作机制，统一监管步伐。对于电子商务平台与线上经营者争利、O2O 企业与传统服务业争利的问题，宜用《反垄断法》，限制电子商务企业技术服务费过度上涨，约束 O2O 行业恶意补贴，维护平台上经营者和实体经济权益。对于互联网平台相互间恶性竞争的"强制二选一"问题，宜用《反不正当竞争法》，避免在《反垄断法》框架下难以认定相关市场和市场支配地位的困境，尽快采取灵活行动。

二是建立健全基于目的地原则的税收分配机制，解决区域间税收利益分配不公平不合理问题。研究借鉴欧盟委员会在 2018 年 3 月发布的两项数字税提案和 OECD 关于数字税问题的"双支柱"计划，探索构建以"显著数字化存在"代替"物理常设机构"的新联结度规则，推动互联网企业的税收收入向用户所在地合理转移。研究借鉴美国电子商务销售税改革，推动流转税适应性改革，协调不同地区间的税收分配问题。

三是探索数字经济时代的算法监管规则，推动互联网平台服务的非歧视和公平透明。研究借鉴欧盟委员会《数字服务法案》和《数字市场法案》草案关于"算法公开"和"在线危害"的规定，解决算法推荐下的信息茧房、大数据杀熟等问题，避免社会极化。尽快完善相关法律法规，明确界定劳动关系，建立健全适应平台经济发展、顺应灵活用工形势的劳动标准体系，维护众包劳动者权益。

四是扩大中欧、中国—东盟数字经济合作，营造良好国际环境。落实 2020 年 9 月中欧领导人会晤和 11 月中德领导人通话共识，加快推进中欧数字对话机制建设，推动中欧数字伙伴关系走深向实。以《中欧投资协定》接近达成为契机，尽快启动《中欧自贸协定》《中英自贸协定》谈判进程。鼓励我国数字企业与欧洲企业成立合资公司，共同开发"一带一路"沿线市场，做大中欧共同利益，降低"脱钩"风险。延续"中国—东盟数字经济合作年"相关成果，协助东南亚国家建设新型基础设施。

　　五是大力支持互联网企业拓展海外业务，利用美国企业增速放缓的"窗口期"抢占关键市场。由数字经济主管部门在互联网企业海外利益集中的国家和地区设置"数字参赞"，深入了解所在地数字经济发展情况和有关风险。适当放宽对外投资审查标准，支持我国互联网企业收购欧洲技术、知识产权，投资东盟市场。简化境外投资项目审批和企业核准程序，利用现有援外项目机制，将更多互联网企业纳入援外项目资助范围。加强政企联动和政企协调机制，有效借助当地使馆服务出海企业。鼓励互联网企业运营设置"隔离墙"，最大限度实现业务数据、设施架构、组织人事和企业决策等关键环节的隔离安排，更好应对有关风险。

**参考资料**

1.　CB Insights. 2020 全球 AI 百强创业公司榜单，2020-03。

2.　易观. 中国数字用户年度分析 2019，2020-01。

3.　樊重俊，等. 中国电子商务发展报告 2019—2020，2020-09。

4.　iPrice Group. 2020 年 Q3 东南亚电商报告，2020-11。

5.　iPrice Group. 2020 年 Q2 东南亚电商报告，2020-09。

6.　路广通. 2019 年我国大型互联网企业发展报告，工业和信息化蓝皮书：2019—2020 数字经济发展报告，电子工业出版社，2020-07。

7.　人物. 外卖骑手，困在系统里，2020-09。

8.　商务部电子商务和信息化司. 中国电子商务报告 2019，中国商务出版社，2020-07。

9.　王一鹤，等. 东盟数字经济发展情况报告，工信安全智库，2020-02。

10.　信息技术与创新基金会. 中国在国际数字经济中的竞争力，2020-11。

11.　中国互联网协会. 中国互联网发展报告（2019），2019-07。

12.　中国互联网协会. 中国互联网企业综合实力研究报告（2020 年），

2020-10。

13．中国互联网络信息中心．第 45 次中国互联网络发展状况统计报告，2020-04。

14．中国互联网络信息中心．第 46 次中国互联网络发展状况统计报告，2020-09。

# V 附 录

**Appendices**

## B.21

# 数字经济领域相关政策及指数

### 附录 A　2020 年主要国家（地区）数字经济相关政策文件和报告

| 领域 | 国家（地区） | 发布机构 | 发布时间 | 文件名称 | 类型 |
|---|---|---|---|---|---|
| 基础设施 | 中国 | 工业和信息化部 | 2020-02 | 《关于做好宽带网络建设维护助力企业复工复产有关工作的通知》 | 通知 |
| | | 工业和信息化部 | 2020-03 | 《关于推动 5G 加快发展的通知》 | 通知 |
| | | 工业和信息化部 | 2020-03 | 《2020 年 IPv6 端到端贯通能力提升专项行动》 | 政策 |
| | | 工业和信息化部 | 2020-05 | 《关于深入推进移动物联网全面发展的通知》 | 通知 |
| | 美国 | 众议院、参议院 | 2020-12 | 《物联网网络安全改进法案》 | 法律 |
| 数据要素 | 中国 | 工业和信息化部 | 2020-02 | 《工业数据分类分级指南（试行）》 | 法规 |
| | | 中共中央、国务院 | 2020-04 | 《关于构建更加完善的要素市场化配置体制机制的意见》 | 意见 |
| | | 中共中央、国务院 | 2020-05 | 《关于新时代加快完善社会主义市场经济体制的意见》 | 意见 |
| | | 工业和信息化部 | 2020-05 | 《关于工业大数据发展的指导意见》 | 意见 |

续表

| 领域 | 国家（地区） | 发布机构 | 发布时间 | 文件名称 | 类型 |
|---|---|---|---|---|---|
| 数据要素 | 美国 | 国防部 | 2020-10 | 《国防部数据战略》 | 战略 |
| | 欧盟 | 欧盟委员会 | 2020-02 | 《欧洲数据战略》 | 战略 |
| | 德国 | 数据保护机关 | 2020-04 | 《GDPR数据控制者处理者协议文本》 | 法规 |
| | 英国 | 数字、文化、媒体和体育部 | 2020-10 | 《国家数据战略》 | 战略 |
| 数字产业 | 中国 | 工业和信息化部 | 2020-02 | 《关于有序推动工业通信业企业复工复产的指导意见》 | 意见 |
| | | 工业和信息化部 | 2020-02 | 《关于运用新一代信息技术支撑服务疫情防控和复工复产工作的通知》 | 通知 |
| | | 国家标准化管理委员会等5部门 | 2020-08 | 《国家新一代人工智能标准体系建设指南》 | 指南 |
| | 美国 | 白宫 | 2020-02 | 《美国量子网络战略构想》 | 战略 |
| | | 白宫 | 2020-02 | 《美国人工智能行动：第一年度报告》 | 报告 |
| | | 参议院 | 2020-06 | 《为美国生产半导体（CHIPS）制定有益激励措施的法案》 | 法律 |
| | | 国会 | 2020-06 | 《军队人工智能法案》 | 法规 |
| | | 白宫 | 2020-10 | 《关键与新兴技术国家战略》 | 战略 |
| | 欧盟 | 欧盟委员会 | 2020-02 | 《人工智能白皮书——欧洲追求卓越和信任的策略》 | 战略 |
| | 英国 | 国防科学与技术实验室 | 2020-07 | 《量子信息处理技术布局2020：英国防务与安全前景》 | 战略 |
| | 韩国 | 韩国政府 | 2020-10 | 《人工智能半导体产业发展战略》 | 战略 |
| 产业数字化 | 中国 | 农业农村部、中共中央网络安全和信息化委员会办公室 | 2020-01 | 《数字农业农村发展规划（2019—2025）》 | 规划 |
| | | 工业和信息化部 | 2020-03 | 《关于推动工业互联网加快发展的通知》 | 通知 |
| | | 工业和信息化部 | 2020-03 | 《中小企业数字化赋能专项行动方案》 | 政策 |
| | | 工业和信息化部 | 2020-03 | 《关于进一步做好新冠肺炎疫情防控期间宽带网络助教助学工作的通知》 | 通知 |

| 领域 | 国家（地区） | 发布机构 | 发布时间 | 文件名称 | 类型 |
|---|---|---|---|---|---|
| 产业数字化 | 中国 | 国家发展和改革委员会、中共中央网络安全和信息化委员会办公室 | 2020-04 | 《关于推进"上云用数赋智"行动 培育新经济发展实施方案》 | 政策 |
| | | 国家发展和改革委员会等13部门 | 2020-04 | 《关于支持新业态新模式健康发展 激活消费市场带动扩大就业的意见》 | 政策 |
| | | 文化和旅游部 | 2020-11 | 《关于推动数字文化产业高质量发展的意见》 | 意见 |
| | | 文化和旅游部等10部门 | 2020-11 | 《深化"互联网+旅游"推动旅游业高质量发展的意见》 | 政策 |
| | | 文化和旅游部 | 2020-12 | 《关于进一步优化营商环境推动互联网上网服务行业规范发展的通知》 | 通知 |
| | | 国家卫生健康委员会等3部门 | 2020-12 | 《关于深入推进"互联网+医疗健康""五个一"服务行动的通知》 | 通知 |
| | 欧盟 | 欧盟委员会 | 2020-02 | 《塑造欧洲数字未来》 | 战略 |
| | | 欧盟委员会 | 2020-03 | 《欧洲新工业战略》 | 战略 |
| | | 欧盟委员会 | 2020-10 | 《欧洲技能议程》 | 战略 |
| | 德国 | 联邦经济和能源部 | 2020-01 | 《数字化转型战略》 | 战略 |
| 数字治理 | 中国 | 第十三届全国人民代表大会第三次会议 | 2020-05 | 《中华人民共和国民法典》 | 法律 |
| | | 商务部 | 2020-06 | 《网络零售平台合规管理指南（征求意见稿）》 | 法规 |
| | | 全国人民代表大会常务委员会法制工作委员会 | 2020-10 | 《中华人民共和国个人信息保护法（草案）》 | 法规 |
| | | 国家市场监督管理总局 | 2020-11 | 《关于平台经济领域的反垄断指南（征求意见稿）》 | 指南 |
| | | 国务院办公厅 | 2020-11 | 《关于切实解决老年人运用智能技术困难实施方案的通知》 | 通知 |
| | | 国务院办公厅 | 2020-12 | 《关于进一步完善失信约束制度构建诚信建设长效机制的指导意见》 | 意见 |

| 领域 | 国家（地区） | 发布机构 | 发布时间 | 文件名称 | 类型 |
|---|---|---|---|---|---|
| 数字治理 | 美国 | 白宫 | 2020-01 | 《人工智能应用规范指南》 | 指南 |
| | | 众议院反垄断委员会 | 2020-10 | 《数字市场竞争调查》 | 报告 |
| | | 参议院 | 2020-11 | 《国家生物识别信息隐私法》 | 法律 |
| | 欧盟 | 数据保护委员会 | 2020-02 | 《车联网个人数据保护指南（征求意见稿）》 | 指南 |
| | | 欧盟议会 | 2020-07 | 《关于提高在线平台交易的公平性和透明度条例》 | 法规 |
| | | 欧盟委员会 | 2020-12 | 《数字服务法案》 | 法规 |
| | | 欧盟委员会 | 2020-12 | 《数字市场法案》 | 法规 |
| | 英国 | 金融行为监督局 | 2020-01 | 《加密资产消费研究报告（2020）》 | 报告 |
| | | 信息专员办公室 | 2020-08 | 《儿童适龄设计准则》 | 指南 |
| | 韩国 | 国会 | 2020-01 | 《个人信息保护法》 | 法规 |
| | | 国会 | 2020-01 | 《信用信息法》 | 法规 |
| | | 国会 | 2020-05 | 《信息通信网法》 | 法规 |
| 国际合作 | G20 | G20 | 2020-03 | 《二十国集团领导人应对新冠肺炎特别峰会声明》 | 倡议 |
| | | G20 数字经济部长会议 | 2020-04 | 《二十国集团数字经济部长特别会议应对新冠肺炎声明》 | 倡议 |
| | 美国 | 贸易代表办公室 | 2020-03 | 《中国 WTO 合规 2019 年的报告》 | 报告 |
| | 新加坡和新西兰、智利 | | 2020-06 | 《数字经济伙伴关系协定》（DEPA） | 协定 |
| | 韩国、新加坡 | | 2020-06 | "韩国-新加坡数字伙伴关系协定" | 协定 |
| | 新加坡、澳大利亚 | | 2020-08 | 《数字经济协定》（DEA） | 协定 |
| | 美国、英国 | | 2020-09 | 《人工智能研究与开发合作宣言》 | 协定 |
| | 中国、东盟、日本、韩国、澳大利亚 | | 2020-11 | 《区域全面经济伙伴关系协定》（RCEP） | 协定 |
| | 中国、欧盟 | | 2020-12 | 《中欧投资协定》 | 协定 |

资料来源：国家工业信息安全发展研究中心整理。

附录 B　全球电子政务发展指数（EGDI）排名（2008—2020 年）

| 经济体 | 排名 | | | | | | |
|---|---|---|---|---|---|---|---|
| | 2008 年 | 2010 年 | 2012 年 | 2014 年 | 2016 年 | 2018 年 | 2020 年 |
| 丹麦 | 2 | 7 | 4 | 16 | 9 | 1 | 1 |
| 韩国 | 6 | 1 | 1 | 1 | 3 | 3 | 2 |
| 爱沙尼亚 | 13 | 20 | 20 | 15 | 13 | 16 | 3 |
| 芬兰 | 15 | 19 | 9 | 10 | 5 | 6 | 4 |
| 澳大利亚 | 8 | 8 | 12 | 2 | 2 | 2 | 5 |
| 瑞典 | 1 | 12 | 7 | 14 | 6 | 5 | 6 |
| 英国 | 10 | 4 | 3 | 8 | 1 | 4 | 7 |
| 新西兰 | 18 | 14 | 13 | 9 | 8 | 8 | 8 |
| 美国 | 4 | 2 | 5 | 7 | 12 | 11 | 9 |
| 荷兰 | 5 | 5 | 2 | 5 | 7 | 13 | 10 |
| 新加坡 | 23 | 11 | 10 | 3 | 4 | 7 | 11 |
| 冰岛 | 21 | 22 | 22 | 19 | 27 | 19 | 12 |
| 挪威 | 3 | 6 | 8 | 13 | 18 | 14 | 13 |
| 日本 | 11 | 17 | 18 | 6 | 11 | 10 | 14 |
| 奥地利 | 16 | 24 | 21 | 20 | 16 | 20 | 15 |
| 瑞士 | 12 | 18 | 15 | 30 | 28 | 15 | 16 |
| 西班牙 | 30 | 9 | 23 | 12 | 17 | 117 | 17 |
| 塞浦路斯 | 35 | 42 | 45 | 58 | 64 | 36 | 18 |
| 法国 | 9 | 10 | 6 | 4 | 10 | 9 | 19 |
| 立陶宛 | 28 | 28 | 29 | 29 | 23 | 40 | 20 |
| 阿拉伯联合酋长国 | 32 | 49 | 28 | 32 | 29 | 21 | 21 |
| 马耳他 | 29 | 30 | 35 | 40 | 30 | 30 | 22 |
| 斯洛文尼亚 | 26 | 29 | 25 | 41 | 21 | 37 | 23 |
| 波兰 | 33 | 45 | 47 | 42 | 36 | 33 | 24 |
| 德国 | 22 | 15 | 17 | 21 | 15 | 12 | 25 |
| 乌拉圭 | 48 | 36 | 50 | 26 | 34 | 34 | 26 |
| 爱尔兰 | 19 | 21 | 34 | 22 | 26 | 22 | 27 |
| 加拿大 | 7 | 3 | 11 | 11 | 14 | 23 | 28 |
| 哈萨克斯坦 | 81 | 46 | 38 | 28 | 33 | 39 | 29 |

| 经济体 | 排名 | | | | | | |
|---|---|---|---|---|---|---|---|
| | 2008 年 | 2010 年 | 2012 年 | 2014 年 | 2016 年 | 2018 年 | 2020 年 |
| 以色列 | 17 | 26 | 16 | 17 | 20 | 31 | 30 |
| 列支敦士登 | 49 | 23 | 14 | 35 | 32 | 25 | 31 |
| 阿根廷 | 39 | 48 | 56 | 46 | 41 | 43 | 32 |
| 卢森堡 | 14 | 25 | 19 | 24 | 25 | 18 | 33 |
| 智利 | 40 | 34 | 39 | 33 | 42 | 42 | 34 |
| 葡萄牙 | 31 | 39 | 33 | 37 | 38 | 29 | 35 |
| 俄罗斯 | 60 | 59 | 27 | 27 | 35 | 32 | 36 |
| 意大利 | 27 | 38 | 32 | 23 | 22 | 24 | 37 |
| 巴林 | 42 | 13 | 36 | 18 | 24 | 26 | 38 |
| 捷克 | 25 | 33 | 46 | 53 | 50 | 54 | 39 |
| 白俄罗斯 | 56 | 64 | 61 | 55 | 49 | 38 | 40 |
| 比利时 | 24 | 16 | 24 | 25 | 19 | 27 | 41 |
| 希腊 | 44 | 41 | 37 | 34 | 43 | 35 | 42 |
| 沙特阿拉伯 | 70 | 58 | 41 | 36 | 44 | 52 | 43 |
| 保加利亚 | 43 | 44 | 60 | 73 | 52 | 47 | 44 |
| 科威特 | 57 | 50 | 63 | 49 | 40 | 41 | 45 |
| 中国 | 65 | 72 | 78 | 70 | 63 | 65 | 45 |
| 马来西亚 | 34 | 32 | 40 | 52 | 60 | 48 | 47 |
| 斯洛伐克 | 38 | 43 | 53 | 51 | 67 | 50 | 48 |
| 拉脱维亚 | 36 | 37 | 42 | 31 | 45 | 57 | 49 |
| 阿曼 | 84 | 82 | 64 | 48 | 66 | 63 | 50 |
| 克罗地亚 | 47 | 35 | 30 | 47 | 37 | 55 | 51 |
| 匈牙利 | 30 | 27 | 31 | 39 | 46 | 45 | 52 |
| 土耳其 | 76 | 69 | 80 | 71 | 68 | 53 | 53 |
| 巴西 | 45 | 61 | 59 | 57 | 51 | 44 | 54 |
| 罗马尼亚 | 51 | 47 | 62 | 64 | 75 | 67 | 55 |
| 哥斯达黎加 | 59 | 71 | 77 | 54 | 53 | 56 | 56 |
| 泰国 | 64 | 76 | 92 | 102 | 77 | 73 | 57 |
| 塞尔维亚 | 77 | 81 | 51 | 69 | 39 | 49 | 58 |
| 阿尔巴尼亚 | 86 | 85 | 86 | 84 | 82 | 74 | 59 |

续表

| 经济体 | 排名 | | | | | | |
|---|---|---|---|---|---|---|---|
| | 2008 年 | 2010 年 | 2012 年 | 2014 年 | 2016 年 | 2018 年 | 2020 年 |
| 文莱 | 87 | 68 | 54 | 86 | 83 | 59 | 60 |
| 墨西哥 | 37 | 56 | 55 | 63 | 59 | 64 | 61 |
| 巴巴多斯 | 46 | 40 | 44 | 59 | 54 | 46 | 62 |
| 毛里求斯 | 63 | 77 | 93 | 76 | 58 | 66 | 63 |
| 摩纳哥 | — | — | 26 | 38 | 31 | 28 | 64 |
| 格鲁吉亚 | 90 | — | 72 | 56 | 61 | 60 | 65 |
| 卡塔尔 | 53 | 62 | 48 | 44 | 48 | 51 | 66 |
| 哥伦比亚 | 52 | 31 | 43 | 50 | 57 | 61 | 67 |
| 亚美尼亚 | 103 | 110 | 94 | 61 | 87 | 87 | 68 |
| 乌克兰 | 41 | 54 | 68 | 87 | 62 | 82 | 69 |
| 阿塞拜疆 | 89 | 83 | 96 | 68 | 56 | 70 | 70 |
| 秘鲁 | 55 | 63 | 82 | 72 | 81 | 77 | 71 |
| 北马其顿 | 73 | 52 | 70 | 96 | 69 | 79 | 72 |
| 巴哈马 | 71 | 65 | 65 | 92 | 93 | 72 | 73 |
| 厄瓜多尔 | 75 | 95 | 102 | 83 | 74 | 84 | 74 |
| 黑山 | 100 | 60 | 57 | 45 | 47 | 58 | 75 |
| 塞舌尔 | 69 | 104 | 84 | 81 | 86 | 83 | 76 |
| 菲律宾 | 66 | 78 | 88 | 95 | 71 | 75 | 77 |
| 南非 | 61 | 97 | 101 | 93 | 76 | 68 | 78 |
| 摩尔多瓦 | 93 | 80 | 69 | 66 | 65 | 69 | 79 |
| 安道尔 | 58 | 57 | 58 | 43 | 55 | 62 | 80 |
| 特立尼达和多巴哥 | 54 | 67 | 67 | 91 | 70 | 78 | 81 |
| 吉尔吉斯斯坦 | 102 | 91 | 99 | 101 | 97 | 91 | 82 |
| 巴拿马 | 83 | 79 | 66 | 77 | 99 | 85 | 83 |
| 斯里兰卡 | 101 | 111 | 115 | 74 | 79 | 94 | 84 |
| 越南 | 91 | 90 | 83 | 99 | 89 | 88 | 85 |
| 乌兹别克斯坦 | 109 | 87 | 91 | 100 | 80 | 81 | 86 |

| 经济体 | 排名 | | | | | | |
|---|---|---|---|---|---|---|---|
| | 2008 年 | 2010 年 | 2012 年 | 2014 年 | 2016 年 | 2018 年 | 2020 年 |
| 印度尼西亚 | 106 | 109 | 97 | 106 | 116 | 107 | 87 |
| 伊朗 | 108 | 102 | 100 | 105 | 106 | 86 | 88 |
| 斐济 | 105 | 113 | 105 | 85 | 96 | 102 | 89 |
| 突尼斯 | 124 | 66 | 103 | 75 | 72 | 80 | 90 |
| 蒙古 | 82 | 53 | 76 | 65 | 84 | 92 | 91 |
| 巴拉圭 | 88 | 101 | 104 | 122 | 95 | 108 | 92 |
| 波黑 | 94 | 74 | 79 | 97 | 92 | 105 | 93 |
| 圣基茨和尼维斯 | 78 | 75 | 81 | 90 | 94 | 71 | 94 |
| 圣马力诺 | — | — | 52 | 62 | 78 | 76 | 95 |
| 玻利维亚 | 72 | 98 | 106 | 103 | 101 | 103 | 96 |
| 安提瓜和巴布达 | 96 | 55 | 49 | 60 | 100 | 90 | 97 |
| 多米尼克 | 116 | 105 | 73 | 107 | 98 | 93 | 98 |
| 多米尼加 | 68 | 84 | 89 | 110 | 109 | 95 | 99 |
| 印度 | 113 | 119 | 125 | 118 | 107 | 96 | 100 |
| 加纳 | 138 | 147 | 145 | 123 | 120 | 101 | 101 |
| 格林纳达 | 92 | 99 | 75 | 78 | 88 | 89 | 102 |
| 不丹 | 134 | 152 | 152 | 143 | 133 | 126 | 103 |
| 纳米比亚 | 126 | 125 | 123 | 117 | 125 | 121 | 104 |
| 马尔代夫 | 95 | 92 | 95 | 94 | 117 | 97 | 105 |
| 摩洛哥 | 140 | 126 | 120 | 82 | 85 | 110 | 106 |
| 萨尔瓦多 | 67 | 73 | 74 | 88 | 104 | 100 | 107 |
| 汤加 | 112 | 116 | 111 | 98 | 105 | 109 | 108 |
| 圣文森特和格林纳丁斯 | 98 | 94 | 85 | 113 | 115 | 104 | 109 |
| 佛得角 | 104 | 108 | 118 | 127 | 103 | 112 | 110 |
| 埃及 | 79 | 86 | 107 | 80 | 108 | 114 | 111 |
| 圣卢西亚 | 80 | 88 | 90 | 104 | 114 | 119 | 112 |
| 加蓬 | 129 | 123 | 129 | 131 | 129 | 125 | 113 |

续表

| 经济体 | 排名 | | | | | | |
|---|---|---|---|---|---|---|---|
| | 2008 年 | 2010 年 | 2012 年 | 2014 年 | 2016 年 | 2018 年 | 2020 年 |
| 牙买加 | 85 | 89 | 108 | 109 | 112 | 118 | 114 |
| 博茨瓦纳 | 118 | 117 | 121 | 112 | 113 | 127 | 115 |
| 肯尼亚 | 122 | 124 | 119 | 119 | 119 | 122 | 116 |
| 约旦 | 50 | 51 | 98 | 79 | 91 | 98 | 117 |
| 委内瑞拉 | 62 | 70 | 71 | 67 | 90 | 106 | 118 |
| 孟加拉国 | 142 | 134 | 150 | 148 | 124 | 115 | 119 |
| 阿尔及利亚 | 121 | 131 | 132 | 136 | 150 | 130 | 120 |
| 危地马拉 | 99 | 112 | 112 | 133 | 102 | 113 | 121 |
| 苏里南 | 123 | 127 | 116 | 115 | 110 | 116 | 122 |
| 尼加拉瓜 | 117 | 118 | 130 | 147 | 123 | 129 | 123 |
| 柬埔寨 | 139 | 140 | 155 | 139 | 158 | 145 | 124 |
| 帕劳 | — | 103 | 113 | 108 | 111 | 111 | 125 |
| 津巴布韦 | 137 | 129 | 133 | 126 | 134 | 146 | 126 |
| 黎巴嫩 | 74 | 93 | 87 | 89 | 73 | 99 | 127 |
| 斯威士兰 | 125 | 145 | 144 | 138 | 136 | 141 | 128 |
| 圭亚那 | 97 | 106 | 109 | 124 | 126 | 124 | 129 |
| 卢旺达 | 141 | 148 | 140 | 125 | 138 | 120 | 130 |
| 叙利亚 | 119 | 133 | 128 | 135 | 137 | 152 | 131 |
| 尼泊尔 | 150 | 153 | 164 | 165 | 135 | 117 | 132 |
| 塔吉克斯坦 | 132 | 122 | 122 | 129 | 139 | 131 | 133 |
| 东帝汶 | 155 | 162 | 170 | 161 | 160 | 142 | 134 |
| 莱索托 | 114 | 121 | 136 | 153 | 154 | 167 | 135 |
| 伯利兹 | 107 | 120 | 124 | 120 | 122 | 132 | 136 |
| 乌干达 | 133 | 142 | 143 | 156 | 128 | 135 | 137 |
| 洪都拉斯 | 110 | 107 | 117 | 114 | 127 | 123 | 138 |
| 科特迪瓦 | 173 | 144 | 166 | 171 | 175 | 172 | 139 |
| 古巴 | 111 | 96 | 110 | 116 | 131 | 134 | 140 |
| 尼日利亚 | 136 | 150 | 162 | 141 | 143 | 143 | 141 |
| 瓦努阿图 | 154 | 155 | 135 | 159 | 149 | 137 | 142 |
| 伊拉克 | 151 | 136 | 137 | 134 | 141 | 155 | 143 |

| 经济体 | 排名 | | | | | | |
|---|---|---|---|---|---|---|---|
| | 2008 年 | 2010 年 | 2012 年 | 2014 年 | 2016 年 | 2018 年 | 2020 年 |
| 喀麦隆 | 149 | 149 | 147 | 144 | 155 | 136 | 144 |
| 基里巴斯 | — | — | 149 | 132 | 145 | 153 | 145 |
| 缅甸 | 144 | 141 | 160 | 175 | 169 | 157 | 146 |
| 多哥 | 160 | 165 | 178 | 162 | 147 | 138 | 147 |
| 赞比亚 | 158 | 143 | 154 | 163 | 132 | 133 | 148 |
| 萨摩亚 | 115 | 115 | 114 | 111 | 121 | 128 | 149 |
| 塞内加尔 | 153 | 163 | 163 | 151 | 144 | 150 | 150 |
| 图瓦卢 | — | — | 134 | 137 | 151 | 144 | 151 |
| 坦桑尼亚 | 143 | 137 | 139 | 146 | 130 | 139 | 152 |
| 巴基斯坦 | 131 | 146 | 156 | 158 | 159 | 148 | 153 |
| 瑙鲁 | — | — | 141 | 145 | 152 | 158 | 154 |
| 圣多美和普林西比 | 130 | 128 | 138 | 169 | 168 | 154 | 155 |
| 马绍尔群岛 | — | — | 146 | 142 | 156 | 149 | 156 |
| 贝宁 | 171 | 173 | 179 | 180 | 177 | 159 | 157 |
| 土库曼斯坦 | 128 | 130 | 126 | 128 | 140 | 147 | 158 |
| 安哥拉 | 127 | 132 | 142 | 140 | 142 | 156 | 159 |
| 刚果 | 148 | 135 | 157 | 160 | 162 | 164 | 160 |
| 密克罗尼西亚联邦 | — | — | 127 | 130 | 146 | 161 | 161 |
| 利比亚 | 120 | 114 | — | 121 | 118 | 140 | 162 |
| 莫桑比克 | 152 | 161 | 158 | 164 | 172 | 160 | 163 |
| 布基纳法索 | 176 | 178 | 185 | 178 | 185 | 165 | 164 |
| 马拉维 | 146 | 159 | 159 | 166 | 166 | 175 | 165 |
| 所罗门群岛 | 147 | 156 | 168 | 170 | 164 | 169 | 166 |
| 老挝 | 156 | 151 | 153 | 152 | 148 | 162 | 167 |
| 布隆迪 | 174 | 174 | 173 | 172 | 173 | 166 | 168 |
| 阿富汗 | 167 | 168 | 184 | 173 | 171 | 177 | 169 |
| 苏丹 | 161 | 154 | 165 | 154 | 161 | 180 | 170 |
| 马里 | 175 | 176 | 183 | 181 | 182 | 178 | 171 |

| 经济体 | 排名 | | | | | | |
|---|---|---|---|---|---|---|---|
| | 2008 年 | 2010 年 | 2012 年 | 2014 年 | 2016 年 | 2018 年 | 2020 年 |
| 马达加斯加 | 135 | 139 | 148 | 155 | 163 | 170 | 172 |
| 也门 | 164 | 164 | 167 | 150 | 174 | 186 | 173 |
| 塞拉利昂 | 178 | 177 | 186 | 186 | 186 | 174 | 174 |
| 巴布亚新几内亚 | 166 | 171 | 177 | 188 | 179 | 171 | 175 |
| 毛里塔尼亚 | 168 | 157 | 181 | 174 | 184 | 183 | 176 |
| 科摩罗 | 170 | 160 | 171 | 177 | 176 | 182 | 177 |
| 埃塞俄比亚 | 172 | 172 | 172 | 157 | 157 | 151 | 178 |
| 吉布提 | 157 | 170 | 176 | 184 | 187 | 179 | 179 |
| 海地 | 165 | 169 | 187 | 176 | 178 | 163 | 180 |
| 冈比亚 | 159 | 167 | 161 | 167 | 167 | 168 | 181 |
| 利比里亚 | 163 | 166 | 169 | 179 | 170 | 173 | 182 |
| 几内亚 | 180 | 180 | — | 190 | 189 | 184 | 183 |
| 刚果民主共和国 | 162 | 158 | 174 | 183 | 180 | 176 | 184 |
| 赤道几内亚 | 145 | 138 | 151 | 168 | 165 | 181 | 185 |
| 几内亚比绍 | 177 | 179 | 182 | 182 | 181 | 187 | 186 |
| 朝鲜 | — | — | 131 | 149 | 153 | 185 | 187 |
| 尼日尔 | 181 | 183 | 188 | 191 | 192 | 192 | 188 |
| 乍得 | 182 | 182 | 189 | 189 | 188 | 190 | 189 |
| 中非 | 179 | 181 | — | 187 | 191 | 188 | 190 |
| 索马里 | — | — | 190 | 193 | 193 | 193 | 191 |
| 厄立特里亚 | 169 | 175 | 180 | 192 | 190 | 189 | 192 |
| 南苏丹 | — | — | 175 | 185 | 183 | 191 | 193 |

资料来源：联合国《电子政务调查报告》。

附录 C　联合国贸易和发展会议 B2C 电子商务指数（2019—2020 年）

| 2020 年排名 | 国家/地区 | 得分/分 | 2019 年排名 |
|:---:|:---:|:---:|:---:|
| 1 | 瑞士 | 95.9 | 2 |
| 2 | 荷兰 | 95.8 | 1 |
| 3 | 丹麦 | 94.5 | 6 |
| 4 | 新加坡 | 94.4 | 3 |
| 5 | 英国 | 93.6 | 4 |
| 6 | 德国 | 93.4 | 9 |
| 7 | 芬兰 | 93.4 | 5 |
| 8 | 爱尔兰 | 93.4 | 7 |
| 9 | 挪威 | 92.6 | 8 |
| 10 | 中国香港 | 91.8 | 14 |
| 11 | 新西兰 | 91.8 | 10 |
| 12 | 美国 | 91.0 | 13 |
| 13 | 加拿大 | 90.8 | 11 |
| 14 | 爱沙尼亚 | 90.8 | 15 |
| 15 | 瑞典 | 90.8 | 17 |
| 16 | 澳大利亚 | 90.6 | 12 |
| 17 | 法国 | 90.0 | 16 |
| 18 | 韩国 | 89.8 | 19 |
| 19 | 奥地利 | 88.8 | 18 |
| 20 | 日本 | 88.7 | 21 |
| 21 | 比利时 | 86.8 | 20 |
| 22 | 捷克共和国 | 85.8 | 24 |
| 23 | 斯洛伐克 | 85.7 | 25 |
| 24 | 西班牙 | 84.9 | 34 |
| 25 | 克罗地亚 | 84.0 | 27 |
| 26 | 以色列 | 83.9 | 22 |
| 27 | 立陶宛 | 82.6 | 30 |
| 28 | 波兰 | 82.2 | 32 |
| 29 | 意大利 | 81.8 | 36 |
| 30 | 马来西亚 | 81.3 | 31 |
| 31 | 匈牙利 | 80.5 | 38 |

| 2020 年排名 | 国家/地区 | 得分/分 | 2019 年排名 |
|:---:|:---:|:---:|:---:|
| 32 | 冰岛 | 80.3 | 26 |
| 33 | 希腊 | 79.2 | 41 |
| 34 | 斯洛文尼亚 | 78.8 | 33 |
| 35 | 白俄罗斯 | 78.8 | 37 |
| 36 | 卢森堡 | 78.4 | 29 |
| 37 | 阿拉伯联合酋长国 | 78.2 | 28 |
| 38 | 塞浦路斯 | 78.1 | 23 |
| 39 | 拉脱维亚 | 77.8 | 35 |
| 40 | 葡萄牙 | 77.5 | 42 |
| 41 | 俄罗斯 | 76.6 | 40 |
| 42 | 泰国 | 76.0 | 48 |
| 43 | 塞尔维亚 | 75.3 | 44 |
| 44 | 伊朗 | 75.0 | 45 |
| 45 | 罗马尼亚 | 75.0 | 46 |
| 46 | 保加利亚 | 73.9 | 39 |
| 47 | 格鲁吉亚 | 73.6 | 51 |
| 48 | 马耳他 | 72.9 | 43 |
| 49 | 沙特阿拉伯 | 72.3 | 49 |
| 50 | 卡塔尔 | 72.1 | 47 |
| 51 | 乌克兰 | 71.2 | 52 |
| 52 | 北马其顿 | 71.1 | 50 |
| 53 | 摩尔多瓦 | 70.8 | 53 |
| 54 | 阿曼 | 70.6 | 60 |
| 55 | 中国 | 70.1 | 55 |
| 56 | 哥斯达黎加 | 68.8 | 62 |
| 57 | 土耳其 | 68.8 | 54 |
| 58 | 科威特 | 68.7 | 57 |
| 59 | 智利 | 68.4 | 61 |
| 60 | 哈萨克斯坦 | 68.2 | 56 |
| 61 | 蒙古 | 65.0 | 59 |
| 62 | 巴西 | 63.5 | 72 |

续表

| 2020 年排名 | 国家/地区 | 得分/分 | 2019 年排名 |
|:---:|:---:|:---:|:---:|
| 63 | 越南 | 61.6 | 66 |
| 64 | 黎巴嫩 | 60.4 | 69 |
| 65 | 阿塞拜疆 | 60.0 | 63 |
| 66 | 巴林 | 59.7 | 67 |
| 67 | 多米尼加 | 59.3 | 68 |
| 68 | 哥伦比亚 | 59.1 | 65 |
| 69 | 毛里求斯 | 58.4 | 58 |
| 70 | 波斯尼亚和黑塞哥维那 | 58.1 | 64 |
| 71 | 印度 | 57.1 | 75 |
| 72 | 乌拉圭 | 56.6 | 76 |
| 73 | 南非 | 56.5 | 73 |
| 74 | 牙买加 | 55.0 | 70 |
| 75 | 特立尼达和多巴哥 | 54.9 | 71 |
| 76 | 约旦 | 54.7 | 80 |
| 77 | 突尼斯 | 54.6 | 74 |
| 78 | 黑山 | 54.0 | 77 |
| 79 | 秘鲁 | 52.5 | 91 |
| 80 | 阿尔及利亚 | 52.2 | 109 |
| 81 | 加纳 | 51.9 | 101 |
| 82 | 阿根廷 | 50.9 | 82 |
| 83 | 印度尼西亚 | 50.1 | 85 |
| 84 | 亚美尼亚 | 49.9 | 78 |
| 85 | 利比亚 | 49.7 | 83 |
| 86 | 阿尔巴尼亚 | 49.5 | 81 |
| 87 | 巴拿马 | 49.5 | 90 |
| 88 | 肯尼亚 | 49.0 | 89 |
| 89 | 伯利兹 | 48.6 | 92 |
| 90 | 委内瑞拉 | 48.0 | 79 |
| 91 | 斯里兰卡 | 47.8 | 87 |
| 92 | 巴拉圭 | 47.1 | 84 |
| 93 | 墨西哥 | 46.8 | 93 |

续表

| 2020 年排名 | 国家/地区 | 得分/分 | 2019 年排名 |
|---|---|---|---|
| 94 | 尼日利亚 | 46.2 | 88 |
| 95 | 摩洛哥 | 44.8 | 97 |
| 96 | 菲律宾 | 44.7 | 86 |
| 97 | 吉尔吉斯斯坦 | 44.3 | 110 |
| 98 | 洪都拉斯 | 44.2 | 96 |
| 99 | 塞内加尔 | 44.1 | 98 |
| 100 | 纳米比亚 | 43.9 | 95 |
| 101 | 老挝 | 40.6 | 112 |
| 102 | 厄瓜多尔 | 39.5 | 100 |
| 103 | 玻利维亚 | 39.2 | 102 |
| 104 | 博茨瓦纳 | 38.7 | 106 |
| 105 | 加蓬 | 38.0 | 108 |
| 106 | 萨尔瓦多 | 37.0 | 105 |
| 107 | 乌兹别克斯坦 | 37.0 | 94 |
| 108 | 危地马拉 | 36.8 | 113 |
| 109 | 埃及 | 36.6 | 107 |
| 110 | 坦桑尼亚 | 36.6 | 99 |
| 111 | 喀麦隆 | 35.5 | 115 |
| 112 | 乌干达 | 34.9 | 104 |
| 113 | 尼泊尔 | 34.3 | 111 |
| 114 | 不丹 | 33.6 | 117 |
| 115 | 孟加拉国 | 33.3 | 103 |
| 116 | 巴基斯坦 | 32.5 | 114 |
| 117 | 柬埔寨 | 31.1 | 121 |
| 118 | 津巴布韦 | 30.5 | 116 |
| 119 | 科特迪瓦 | 30.4 | 119 |
| 120 | 赞比亚 | 30.0 | 125 |
| 121 | 塔吉克斯坦 | 30.0 | 130 |
| 122 | 尼加拉瓜 | 29.0 | 124 |
| 123 | 斯威士兰 | 28.4 | 123 |
| 124 | 卢旺达 | 28.3 | 127 |

| 2020 年排名 | 国家/地区 | 得分/分 | 2019 年排名 |
|---|---|---|---|
| 125 | 吉布提 | 27.7 | 126 |
| 126 | 埃塞俄比亚 | 27.5 | 120 |
| 127 | 莱索托 | 27.4 | 118 |
| 128 | 安哥拉 | 26.0 | 122 |
| 129 | 伊拉克 | 25.4 | 132 |
| 130 | 缅甸 | 24.0 | 128 |
| 131 | 多哥 | 23.2 | 129 |
| 132 | 苏丹 | 21.7 | 131 |
| 133 | 叙利亚 | 21.1 | 135 |
| 134 | 贝宁 | 20.7 | 140 |
| 135 | 海地 | 20.2 | 138 |
| 136 | 莫桑比克 | 20.1 | 136 |
| 137 | 马达加斯加 | 19.2 | 134 |
| 138 | 也门 | 18.5 | 141 |
| 139 | 布基纳法索 | 18.4 | 143 |
| 140 | 几内亚 | 18.1 | 146 |
| 141 | 马拉维 | 18.0 | 139 |
| 142 | 马里 | 17.5 | 133 |
| 143 | 阿富汗 | 17.1 | 142 |
| 144 | 利比里亚 | 16.9 | 144 |
| 145 | 毛里塔尼亚 | 15.0 | 145 |
| 146 | 塞拉利昂 | 14.4 | 137 |
| 147 | 刚果 | 12.9 | 148 |
| 148 | 刚果民主共和国 | 12.8 | 147 |
| 149 | 科摩罗 | 12.0 | 149 |
| 150 | 布隆迪 | 8.3 | 150 |
| 151 | 乍得 | 7.1 | 151 |
| 152 | 尼日尔 | 5.6 | 152 |

资料来源：联合国贸易和发展会议。

# 2020 年数字经济领域十大事件

## 一、国际数字经济领域十大事件

（1）2020 年 2 月 19 日，欧盟对外发布《塑造欧洲数字未来》《欧洲数据战略》和《人工智能智能白皮书》三份政策文件，标志着欧盟正式启动"数字新政"。

（2）2020 年 3 月和 4 月，二十国集团（G20）分别召开领导人特别峰会和数字经济部长特别会议，讨论以数字技术应对新冠肺炎和促进全球经济复苏问题，并发布《G20 数字经济部长应对新冠肺炎声明》。

（3）2020 年 6 月，美国一次性宣布对欧盟、意大利、西班牙、英国、奥地利、捷克、巴西、印度、印度尼西亚、土耳其 10 个贸易伙伴正在提议或已经实施的数字税发起"301"调查，并于同月退出了 OECD 全球数字税谈判。

（4）2020 年 6 月 12 日，2020 年中国—东盟数字经济合作年开幕式通过网络视频形式举行。本次合作年以"集智聚力共战疫 互利共赢同发展"为主题，是中国和东盟继中国—东盟创新年、中国—东盟媒体交流年等活动之后的又一重要活动。

（5）2020 年 9 月 8 日，我国国务委员兼外交部部长王毅在"抓住数字机遇，共谋合作发展"国际研讨会高级别会议上发表题为《坚守多边主义倡导公平正义 携手合作共赢》的主旨讲话，提出《全球数据安全倡议》。倡议呼吁各国秉持发展和安全并重的原则，平衡处理技术进步、经济发展与保护国家安全和社会公共利益的关系，并欢迎全球信息技术企业支持倡议。

（6）2020年9月9日，英国政府发布《国家数据战略》，为英国如何处理和投资数据以促进经济发展构建了框架。

（7）2020年11月，《区域全面经济伙伴关系协定》正式签署，当前世界上人口最多、经贸规模最大、最具发展潜力的自由贸易区正式起航，电子商务是其中重要组成部分。

（8）2020年12月，欧盟委员会发布《数字服务法案》和《数字市场法案》草案，该两法案分别聚焦线上服务监管和数字市场公平竞争，对科技企业的监管力度空前，被视作全球最严格的科技监管法规。

（9）2020年12月20日，G20沙特会议再次将数字经济测度作为数字经济部长宣言的重要议题，并给出《G20迈向数字经济测度共同框架路线图》，其中对数字经济的定义是：数字经济涵盖依赖于或显著获益于利用数字投入的所有经济活动，这些投入包括数字技术、数字基础设施、数字服务和数据，指包括政府在内，所有在其经济活动中利用数字投入的生产者和消费者。

（10）2020年12月30日，历经七年35轮谈判之后，中欧领导人共同宣布如期完成中欧投资协定谈判。

## 二、国内数字经济领域十大事件

（1）2020年1月2日，国家市场监督管理总局公布了《<反垄断法>修订草案（公开征求意见稿）》，新增互联网领域的反垄断条款。

（2）2020年3月30日，中共中央、国务院发布《关于构建更加完善的要素市场化配置体制机制的意见》，提出要加快培育数据要素市场，推进政府数据开放共享，提升社会数据资源价值，加强数据资源整合和安全保护。

（3）2020年4月，国家发展和改革委员会、中共中央网络安全和信息化委员会办公室联合印发《关于推进"上云用数赋智"行动 培育新经济发展实施方案》明确，大力培育数字经济新业态，深入推进企业数字化转型，打造数据供应链，以数据流引领物资流、人才流、技术流、资金流，形成产业链上下游和跨行业融合的数字化生态体系，构建设备数字化—生产线数字化—车间数字化—工厂数字化—企业数字化—产业链数字化—数字化生态的典型范式。

（4）2020年4月，商务部会同中共中央网络安全和信息化委员会办公室、工业和信息化部联合认定中关村软件园等12个园区为国家数字服务出口基地，将努力打造成我国发展数字贸易的重要载体和数字服务出口的集聚区。

（5）2020年4月20日，国家发展和改革委员会首次就"新基建"概念和内涵做出正式的解释。经初步研究认为，新型基础设施，是以"新发展理念为引领，以技术创新为驱动，以信息网络为基础，面向高质量发展需要，提供数字转型、智能升级、融合创新等服务的基础设施体系"。

（6）2020年5月，中国首部《中华人民共和国民法典》公布，将网络虚拟财产、数据等纳入民法保护范围。

（7）2020年7月，国家发展和改革委员会等13部门联合发布《关于支持新业态新模式健康发展 激活消费市场带动扩大就业的意见》。

（8）2020年10月29日，中国共产党第十九届中央委员会第五次全体会议通过《中共中央关于制定国民经济和社会发展第十四个五年规划和2035年远景目标的建议》提出，发展数字经济，推进数字产业化和产业数字化，推动数字经济和实体经济深度融合，打造具有国际竞争力的数字产业集群。加强数字社会、数字政府建设，提升公共服务、社会治理等数字化智能化水平。

（9）2020年11月12日，第23次中国—东盟（10+1）领导人会议以视频方式成功举行，会议发表了《中国—东盟关于建立数字经济合作伙伴关系的倡议》，双方同意抓住数字机遇，打造互信互利、包容、创新、共赢的数字经济合作伙伴关系，加强在数字技术防疫抗疫、数字基础设施、产业数字化转型、智慧城市、网络空间和网络安全等领域的合作。

（10）2020 年 12 月 28 日，广东深圳市六届人大常委会第四十六次会议首次审议了《深圳经济特区数据暂行条例（草案）》。这是我国首部数据领域的综合性专门立法，首次提出"数据权益"保护，明确规定收集、处理涉及隐私的个人数据须得到明示同意。